中国高职院校
治理现代化报告
（2022）

北 京 财 贸 职 业 学 院
高 等 职 业 教 育 治 理 体 系 建 设 发 展 联 盟　编著
中国职业技术教育学会质量保障与评价专业委员会

中国商务出版社
CHINA COMMERCE AND TRADE PRESS
·北京·

图书在版编目（CIP）数据

中国高职院校治理现代化报告. 2022／北京财贸职业学院，高等职业教育治理体系建设发展联盟，中国职业技术教育学会质量保障与评价专业委员会编著. —北京：中国商务出版社，2022.12

ISBN 978-7-5103-4575-3

Ⅰ. ①中… Ⅱ. ①北…②高… Ⅲ. ①高等职业教育—学校管理—研究报告—中国—2022 Ⅳ. ①G718.5

中国版本图书馆 CIP 数据核字（2022）第 245466 号

中国高职院校治理现代化报告（2022）

ZHONGGUO GAOZHI YUANXIAO ZHILI XIANDAIHUA BAOGAO（2022）

北 京 财 贸 职 业 学 院
高 等 职 业 教 育 治 理 体 系 建 设 发 展 联 盟　编著
中国职业技术教育学会质量保障与评价专业委员会

出　　版：中国商务出版社	
地　　址：北京市东城区安外东后巷 28 号	邮　　编：100710
责任部门：融媒事业部（010-64515164）	
策划编辑：云　天　张永生	
责任编辑：杨　晨	
直销客服：010-64515164	
总 发 行：中国商务出版社发行部（010-64208388　64515150）	
网购零售：中国商务出版社淘宝店（010-64286917）	
网　　址：http://www.cctpress.com	
网　　店：https://shop595663922.taobao.com	
邮　　箱：631229517@qq.com	
排　　版：北京天逸合文化有限公司	
印　　刷：宝蕾元仁浩（天津）印刷有限公司	
开　　本：787 毫米×1092 毫米　1/16	插　　页：1
印　　张：29.25	字　　数：556 千字
版　　次：2022 年 12 月第 1 版	印　　次：2022 年 12 月第 1 次印刷
书　　号：ISBN 978-7-5103-4575-3	
定　　价：98.00 元	

凡所购本版图书如有印装质量问题，请与本社印制部联系（电话：010-64248236）

序

首个高职教育领域的治理现代化报告将要出版，这反映了中国高职院校在治理现代化方面研究与实践取得的最新成果。

《中国高职院校治理现代化报告（2022）》（以下简称《报告》）由北京财贸职业学院联合中国职业技术教育学会质量保障与评价专业委员会共同策划组织编写。北京财贸职业学院是国家首批"双高计划"建设院校，2020年率先牵头全国160余家成员单位成立了高等职业教育治理体系建设发展联盟（以下简称"联盟"）。北京财贸职业学院作为联盟理事长单位，联合中国职业技术教育学会质量保障与评价专业委员会（以下简称"质保评价专委会"）对全国216所高职院校治理现代化建设成效与路径进行全面梳理与总结，形成了这本《报告》。质保评价专委会是中国职业技术教育学会的分支机构，是专门从事职业教育质量保障与评价理论和实践研究的专业机构。质保评价专委会以提高职业教育质量为己任，积极服务和推动职业院校在职业教育评价领域的学术研究与实践探索、内部质量保障体系的构建与完善、教育教学与管理的改革创新，促进职业院校治理水平的提升。

教育治理是国家治理体系的重要组成部分，加强职业教育治理体系建设，提升职业院校治理能力，对于深入实施创新驱动发展战略，创造更大技术技能人才红利，加快转方式、调结构、促升级具有十分重要的意义。当前我国高等职业教育正处于提质培优、增值赋能的机遇期和改革攻坚的关键期，伴随国家发展职业教育诸多政策的出台，职业教育改革创新，完善治理体系、提升治理能力，不断提高新时代高职院校治理现代化水平摆在了重要位置。在职业教育战线深入学习贯彻党的二十大精神，加快推进高等职业教育高质量发展之际，《报告》的编写与出版，将有力推进高职院校和职业教育治理现代化建设，为中国式现代化理论与实践创新贡献职教智慧。

作为全国首个高职教育领域的治理现代化报告，其具有 3 个显著特征：

一、新视角，多角度阐述高职院校治理现代化的理论与实践

治理现代化是国家治理的必然选择，是中国式现代化的实践探索。教育治理现代化作为国家治理现代化的子领域，是治理现代化理念在教育领域的全面贯彻、落实、推进和实现。高职院校作为高素质技术技能人才培养的新高地，在国家现代化治理加速推进、职业教育实施提质培优行动的背景下，健全内部治理体系、提升治理水平、推进治理能力现代化是推动其高质量发展的治本之策，是促进职业教育提质培优的重要路径，也是加快推进职业教育治理体系和治理能力现代化的内在要求。《报告》从职业教育专业大类的新视角重点对 10 个专业大类的 216 所高职院校治理现代化建设的共性特征和个性特征进行了总结提炼，并梳理出高职院校治理现代化建设的 7 个有效路径。《报告》研究发现，2019 年特别是"双高计划"推出以来，我国高职院校在治理体系建设和治理能力水平方面均得到显著提升，标准化、制度化、规范化程度不断提高，职业教育的类型特征也不断强化，特别是在党建引领、建章立制、校企多元治理、质量管理、民主监督、二级管理、数字治理、文化治理等几大方面取得了良好的建设成效。

二、多维度，全方位展示典型案例院校治理改革的宝贵经验

高职院校治理体系是一个复杂庞大的系统，包含多个子体系。职业教育作为一种不同于普通教育的类型，高职院校在践行教育治理理论的基础上，又依据自身学校定位、专业特点、区域产业特色等，形成了彰显特色的高职院校治理体系，在建设路径的实践探索中既体现了具有共性的统一规律，也展示了独特性。本报告研究对象主要是国家"双高计划"的院校，在一定程度上它们代表着我国高等职业教育的最高水平。55 所高职院校的典型案例内容丰富，主题鲜明，对分析我国高等职业院校治理体系建设发展现状、探究发展路径具有重要参考价值。《报告》从多维度、全方位聚焦高职院校治理能力现代化，总

结高职院校治理经验，既展示了中国职业教育治理领域的改革发展成果，也为世界职教提供了"中国方案"。

三、聚合力，充分发挥联盟共同体和质保评价专委会的智库作用

党的十九届四中全会聚焦国家治理体系，提出构建充满活力的社会治理共同体，形成基层社会治理新格局；党的二十大报告进一步强调了治理共同体建设。"共同体理论"不仅适用于高职院校治理的研究，也适用于治理组织的建设。北京财贸职业学院、联盟其他成员院校和质保评价专委会一起，密切合作，发挥各自优势，积极服务国家现代职业教育体系建设，围绕高等职业院校治理的热点、难点问题，开展交流研讨、课题研究，总结凝练各地、各校在治理方面好的做法、经验和规律，切实把职教领域的制度优势和改革实践中的先进经验转化为治理效能。《报告》作为各方共同合作的重要智库成果，很好地展现了共同体的力量，营造了职教生态的良好氛围。

"万物得其本者生，百事得其道者成。"治理现代化的建设具有法治性、系统性、民主性、生态性和发展性，高职院校治理现代化建设是一个持续改革的过程，治理的最终目标是要达到"良序善治"。高职院校要坚持为党育人、为国育才，以高质量发展为主线，全面提高技术技能人才培养质量，不断探索高职院校治理模式的"中国之治"与"中国方案"，以高职院校治理现代化助力中国式现代化。

我们也应清醒地认识到，高职院校治理现代化建设还有很长一段路要走，还有许多工作要做。希望北京财贸职业院校与联盟成员院校持续做好治理体系和治理能力现代化的深入研究，院校之间要加强沟通与交流，相互学习、相互借鉴、相互促进、共同提高；院校与政府、行业企业、研究院所之间也要加强合作，形成多元主体参与的共同治理机制。希望质保评价专委会继续组织开展体现职业教育发展规律和中国实际的质量保障和评价体系建设学术活动，助力职业教育治理能力水平提升。

衷心希望以本报告的出版为契机，高等职业教育治理体系建设发展联盟与质保评价专委会继续定期出版发布系列相关研究成果，形成中国职业教育治理现代化研究品牌；继续加强深度合作，搭建更多更大的学习培训平台，开展更深入更有效的交流合作，共同为提升中国高职院校治理现代化水平，推动职业教育高质量发展贡献智慧和力量。

中国职业技术教育学会常务副会长

王扬南

前　言

　　高职院校治理现代化，是高职院校高质量发展的重要内容和推动高等职业教育现代化的根本要求，是实现国家治理体系和治理能力现代化的迫切需要。高职院校治理现代化必将推进职业教育现代化助力中国式现代化。

　　北京财贸职业学院作为全国首批高职"双高计划"建设单位，始终致力于完善学校治理体系建设和提升治理能力现代化水平。2020 年 11 月，学校牵头成立了高等职业教育治理体系建设发展联盟并担任理事长单位，目前有成员单位 160 余家。联盟成立两年多来，积极推进高职院校治理体系和治理能力现代化发展，定期发起"高等职业院校治理体系建设论坛"为高职院校搭建共同交流展示的平台，促进资源共享、互学互鉴，共同推动高职教育治理理论与实践创新发展。2022 年，北京财贸职业学院、中国职业技术教育学会质量保障与评价专业委员会共同联合以高等职业教育治理体系建设发展联盟成员院校为主的全国多所高职院校，对中国高职院校主要是"双高计划"建设院校近年来在推进治理现代化方面的建设成效和实践路径进行全面梳理与总结，形成了《中国高职院校治理现代化报告（2022）》。

　　本报告以全国 197 所"双高计划"建设高职院校的中期绩效评价报告和 2022 年度高等职业教育质量年报为主要参考资料，并重点结合 55 所高职院校（其中包括 36 所"双高计划"院校和 19 所非"双高计划"院校）治理现代化典型案例进行分析。本报告以"治理现代化建设"为核心，聚焦"建设成效与建设路径"，通过对全国 216 所高职院校治理现代化建设的横向与纵向对比研究，重点分析高职院校在治理现代化建设方面的成效和路径。报告总体分为上下两篇，上篇为理论篇——高职院校治理的现状研究；下篇为实践篇——高职院校治理的典型案例。上篇包括三章：第一章介绍高职院校治理现代化建设背景，从国家治理背景下高职院校治理现代化的逻辑、政策阐述和理论视角下的治理现代化进行宏观分析。第二章展示高职院校治理现代化建设成效。从共性特征和个性特征两方面，以职业教育专业大类为划分依据，通过分析十大类高职院校的治理异同点，展示高职院校治理现代化的成果与特色。第三章梳理高职院校治理现代化建设路径，总结提炼了高职院校治理现代化的 7 个主要路径。下篇为高职院校治理的典型案例展示，精选全国 55 所高职院校治理现代化典型案例，全面展示其在治理现代化建设的特色经验与做法。

作为我国高职教育领域首个治理现代化报告，全书力求突出 3 个特点：一是立足中国本土化视角，重点分析中国高职院校在治理体系和治理能力现代化建设的主要对策和典型做法。坚定道路自信、制度自信和文化自信。二是样本量翔实充足，报告对全国 216 所高职院校治理建设和成效进行梳理分析，覆盖面广，研究视角宽，凸显职业教育类型特色。三是以典型案例展示的方式聚焦高职院校治理成果，报告遴选了全国 55 个典型高职院校治理案例，全面展示高职院校在治理现代化过程中的探索与成效。

本报告是集体智慧的结晶，报告的策划与组织编写由北京财贸职业学院、中国职业技术教育学会质量保障与评价专业委员会牵头负责，全国 55 所高职院校的职教同仁参与编制。编写工作还得到了多方面的支持，衷心感谢高等职业教育治理体系建设发展联盟相关院校的鼎力支持，感谢中国商务出版社编辑们的辛苦付出。

本书是国内首部关于高职院校治理现代化建设的报告，希望报告的出版能够为教育行政部门提供参考，为职业教育办学者提供理论指导和实践经验借鉴，在推进中国式现代化的新征程中，坚持寻找高职院校治理现代化的"中国之治"与"中国方案"，不断促进职业教育高质量发展。由于受研究视角和文本数据的局限及编写时间紧促的制约，本报告的疏漏和不足在所难免，不妥之处敬请广大读者批评指正。

目 录

理论篇
高职院校治理的现状研究

实践篇

高职院校治理的典型案例

目　录

附　录

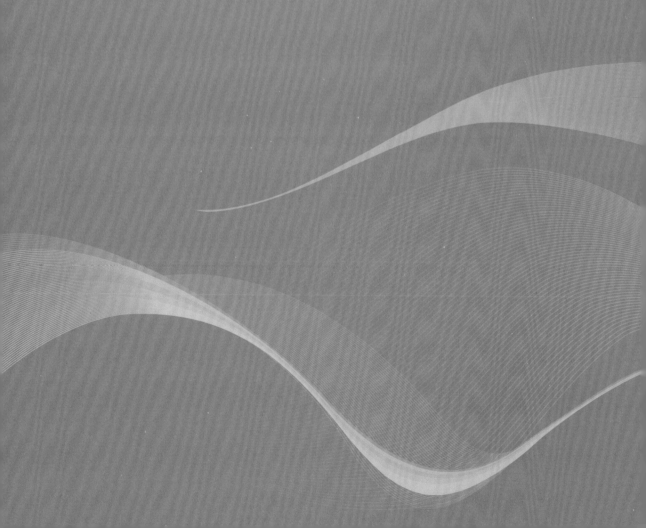

理论篇

高职院校治理的现状研究

第一章　高职院校治理现代化建设背景

一、国家治理背景下的高职院校治理现代化

2013 年，"国家治理现代化"作为全面深化改革总目标经党的十八届三中全会提出，十九届四中全会进一步做出了推进国家治理体系和治理能力现代化若干重大问题的决定，明确了"我国国家治理体系和治理能力是中国特色社会主义制度及其执行能力的集中体现"。国家"十四五"发展规划将"国家治理效能得到新提升"列为"十四五"时期经济社会发展主要目标。

国家治理体系和治理能力现代化是党和国家在政治制度、经济制度、行政制度、社会制度、司法制度等领域深化改革的重要体现。教育治理现代化作为国家治理现代化的子领域，是治理现代化理念在教育领域的全面贯彻、落实、推进和实现。中共中央、国务院印发的《中国教育现代化 2035》明确提出要"推进教育治理体系和治理能力现代化"。

"职业教育治理体系和治理能力现代化"是"教育治理体系和治理能力现代化"总目标在职业教育领域的延伸，是我国职业教育改革和发展亟待探讨和解决的关键问题。高等职业教育伴随着改革开放异军突起。当前，我国高职院校的数量已占普通高校的半壁江山，高职院校治理现代化是职业教育治理现代化的重要组成部分。在各级党委和政府的坚强领导下，职教战线追逐梦想，砥砺奋进，用智慧和双手书写了职业教育改革和发展的壮丽篇章，形成了现代职业教育的"中国方案"和"中国道路"。党的十八大以来，特别是十九大以后，中国特色社会主义进入新时代，为实现中华民族伟大复兴的中国梦，党和国家加快发展现代职业教育。职业教育在技能技术积累和人才培养、惠及全民、阻断贫困代际传递方面责任重大，成为全面建成小康社会的重要推动力量。

　　包括高职院校在内的高校治理现代化，是推动高等教育现代化的根本要求，是实现国家治理体系和治理能力现代化的迫切需要。高校肩负着培养人才的特殊使命，根据国家治理的需要培养合格人才，走上生产建设管理服务第一线的毕业生将成为提升国家治理能力的生力军。同时作为重要的社会组织，高校治理早已嵌入国家治理框架中，其有效的治理实践具有其他社会组织所不具备的示范功能，将对社会起到引领与促进作用。

　　纵观改革开放以来中国高校治理变革的历程，有3个显著的时间节点：一是以1985年颁布的《中共中央关于教育体制改革的决定》为起点，高校内部管理体制改革全面启动，党委领导下的校长负责制得以确立。二是以2010年中共中央、国务院颁布的《国家中长期教育改革和发展规划纲要（2010—2020年)》为标志，"完善中国特色现代大学制度"成为大学治理的主线。落实和扩大办学自主权，完善治理结构，加强章程建设，扩大社会合作等方面不断推进改革。三是2019年，党的十九届四中全会对推进国家治理体系和治理能力现代化做出了全面部署，高校治理从此汇入国家治理的快车道。

　　党的十八大以来，党中央、国务院高度重视职业教育。政府把职业教育作为与普通教育同等重要的类型教育，不断加大政策供给创新制度设计，加快建设现代职业教育体系，构建多元办学格局和现代治理体系。当前职业教育正处于爬坡过坎、提质培优的历史转折点上，正处于大改革、大发展、大作为的历史最好时期。新的角色定位以及新的改革创新任务，要求高职院校的发展模式要从规模扩张转向内涵式高质量发展。因此，要进一步完善"依法办学、自主管理、民主监督、社会参与"的中国特色现代大学制度，充分调动广大师生员工的积极性，不断提升治理水平和治理效能，办好人民满意的大学。

　　优化治理机制是建设中国特色大学制度的核心，也是新时代高职院校实现高质量发展的先决条件，而治理机制的完善有赖于各利益相关者的深度参与。高职院校的利益相关者从内部看，包括教师、学生、管理人员等；从外部看，包括政府、社会、行业、企业、校友等。高职院校治理建设因此可以分为内部治理和外部治理两个维度，内部治理机制主要处理大学内部各利益相关者之间的关系，是政治权力、行政权力、学术权力、民主权力4种权力的分配、制约和利益实现的机制设计；外部治理机制则关涉大学与外部利益相关者之间的关系，构建基于学校发展需求的学校、政府、社会、行业、企业相互融合的外部治理机制。教育治理现代化强调"在教育现代化程序和规则下对各相关方进行调解，不以任何一方为权威，而是各方平等、合作、互动地处理教育公共事务",注重"教育法治框架下的各方平等、合作、互动"。^① 因此,高职院校治理现代化也要求以促进学校发展为目的,在依法治校的框架内,各利益相关主体平等、合作、互动,共同参与治理。

二、国家政策阐述中的高职院校治理现代化

党的十九大以来,国家在关于职业教育办学治校方面出台了一系列相关法规、政策,为高职院校治理现代化建设提供了强有力的支撑和保障。

2017 年,《国务院办公厅关于深化产教融合的若干意见》提出要加快学校治理结构改革。建立健全职业学校和高等学校理事会制度,鼓励引入行业企业、科研院所、社会组织等多方参与。推动学校优化内部治理,充分体现一线教学科研机构自主权,积极发展跨学科、跨专业教学和科研组织。

2019 年 1 月,国务院印发的《国家职业教育改革实施方案》提出"职业教育与普通教育是两种不同教育类型,具有同等重要地位",整体搭建了职业教育体制机制改革的"四梁八柱"。该方案明确了我国职业教育制度框架和改革的蓝图。该方案还提出"经过 5~10 年左右时间,职业教育基本完成由政府举办为主向政府统筹管理、社会多元办学的格局转变,……由参照普通教育办学模式向企业社会参与、专业特色鲜明的类型教育转变"。

2019 年 2 月,中共中央、国务院印发《中国教育现代化 2035》明确提出要推进教育治理体系和治理能力现代化:提高教育法治化水平,构建完备的教育法律法规体系,健全学校办学法律支持体系。健全教育法律实施和监管机制;提升政府管理服务水平,提升政府综合运用法律、标准、信息服务等现代治理手段的能力和水平;健全教育督导体制机制,提高教育督导的权威性和实效性;提高学校自主管理能力,完善学校治理结构,继续加强高等学校章程建设;鼓励民办学校按照非营利性和营利性两种组织属性开展现代学校制度改革创新;推动社会参与教育治理常态化,建立健全社会参与学校管理和教育评价监管机制。

2019 年 3 月,《教育部 财政部关于实施中国特色高水平高职学校和专业建设计划的意见》第十一条提出提升学校治理水平:健全内部治理体系,完善以章程为核心的现代职业学校制度体系,形成学校自主管理、自我约束的体制机制,推进治理能力现代化。健全学校、行业、企业、社区等共同参与的学校理事会或董事会,发挥咨询、

---

① 王占仁. 教育治理能力现代化与教育决策者的观念更新 [J]. 国家教育行政学院学报,2020 (01):7-8.

协商、议事和监督作用；设立校级学术委员会，统筹行使学术事务的决策、审议、评定和咨询等职权；设立校级专业建设委员会和教材选用委员会，指导和促进专业建设和教学改革；发挥教职工代表大会作用，审议学校重大问题；优化内部治理结构，扩大二级院系管理自主权，发展跨专业教学组织。

2020年4月，教育部等九部门印发《职业教育提质培优行动计划（2020—2023年)》，提出要实施职业教育治理能力提升行动，要健全职业教育标准体系、完善办学质量监管评价机制、打造高素质专业化管理队伍。其中，完善办学质量监管评价机制里明确说明要"完善以章程为核心的校内规则制度体系，健全职业学校内部治理结构，深入推进职业学校教学工作诊断与改进制度建设，切实发挥学校质量保证主体作用"。

2020年10月，中共中央、国务院印发《深化新时代教育评价改革总体方案》，提出要提高教育治理能力和水平，加快推进教育现代化、建设教育强国、办好人民满意的教育。

2021年10月，中共中央办公厅、国务院办公厅印发《关于推动现代职业教育高质量发展的意见》，系统梳理中国职业教育改革实践经验，从巩固职业教育类型定位、推进不同层次职业教育纵向贯通、促进不同类型教育横向融通等方面强化了职业教育类型特色，明确了构建现代职业教育体系的目标、框架、重点任务、制度安排。

2022年5月，新修订的《中华人民共和国职业教育法》正式实施，明确指出"职业教育是与普通教育具有同等重要地位的教育类型，是国民教育体系和人力资源开发的重要组成部分，是培养多样化人才、传承技术技能、促进就业创业的重要途径"明确了职业教育的类型地位在法律层面得到了保障；"职业教育实行政府统筹、分级管理、地方为主、行业指导、校企合作、社会参与"，指出了职业教育治理的结构。

2022年，党的二十大报告提到"治理"这一词汇的频次共为50次。报告还提出完善社会治理体系；健全共建共治共享的社会治理制度，提升社会治理效能；建设人人有责、人人尽责、人人享有的社会治理共同体。

2022年12月，中共中央办公厅、国务院办公厅印发《关于深化现代职业教育体系建设改革的意见》，持续推进现代职业教育体系建设改革，优化职业教育类型定位；进一步深化职业教育体系建设改革，着力破解一些长期制约职业教育改革发展的瓶颈问题。

三、不同理论视角下的高职院校治理现代化

高职院校治理是指为了构建现代职业教育体系，由具有高职院校治理能力的人或组织，以整个社会为主体和落脚点，实施治理的高职院校与高职学生、学生家长、行

业企业、政府、普通高等教育、国家整个教育体系等之间相互关系行为的总称。① 以下着重展示 5 种理论视角下的高职院校治理现代化建设思路。

(一) 治理理论与高职院校治理现代化

治理理论兴起于 20 世纪 90 年代西方的治理理论,由政府失效、市场失效以及全球治理等问题催生而出,是为缓解西方资本主义国家内部矛盾提出的一种解决方案。治理理论的提出表明政府治理模式从"统治"到"治理"的转变。追根溯源,英语中的"治理"(governance) 是拉丁语和古希腊语中的"掌舵"一词,原意为"控制、引导或操纵",与"统治"(government) 常交叉使用。20 世纪末,西方政治学、管理学、经济学学者赋予"治理"新的含义,与 government 的意蕴显著不同。治理理论的创始人之一詹姆斯·罗西瑙将治理定义为一系列活动里的管理机制,与统治不同,治理的主体未必是政府,也无须依靠强制力量而使别人服从。联合国全球治理委员会对治理做出了权威的界定:"治理是各种公共的或私人的个人和机构管理其共同事务的诸多方式的总和,是使相互冲突或不同利益得以调和并且采取联合行动的持续的过程。既包括有权迫使人们服从的正式制度安排和规则,也包括各种人们同意或以为符合其利益的非正式的制度安排。"治理的表述有一个共同点,即强调权力的分化和双向运行。治理的价值诉求可以概括为民主、参与、协商、合作。治理机制的运行,不再仅仅依靠政府权威,而是社会多元主体意见表达、参与互动的结果。

治理理论被引入国内后,成为学术界和政府部门的热点议题。在社会资源配置中,不仅国家会失效,市场会失效,治理也可能失效。针对如何克服治理的失效,学术界又提出了"善治"的观点。进入 21 世纪,随着国家、社会、市场的深化改革,制度变迁和社会转型促使行为主体日趋多元化,公民行使民主权利的渠道更加丰富,形式更加多样。治理理论解释范围不断拓展到更广阔的领域,大到如国家、政府、城市治理等,小到如大学、社区、乡村治理等。"推进国家治理体系和治理能力现代化"经由中共十八届三中全会提出,十九届四中全会进一步强调,并作为一项长期战略任务实施。习近平总书记指出:"治理和管理一字之差,体现的是系统治理、依法治理、源头治理、综合施策。"政治学学者、北京大学教授俞可平综合西方诸多治理概念,将治理的基本含义概括为:官方的或民间的公共管理组织在一个既定的范围内运用公共权威维持秩序,满足公众的需要;治理的目的是在各种不同的制度关系中运用权力去引导、控制

---

① 查吉德. 高职院校治理结构的理论与实证研究 [M]. 广州:广东高等教育出版社,2020.

和规范公民的各种活动，以最大限度地增进公共利益；治理是一种公共管理活动和公共管理过程，包括必要的公共权威、管理规则、治理机制和治理方式。作为我国官方术语的"治理"与西方的"治理"在价值取向和政治主张上都有着显著区别。政治学学者、北京大学教授王浦劬指出："社会主义国家的国家治理，本质上既是政治统治之'治'与政治管理之'理'的有机结合，也是政治管理之'治'与'理'的有机结合。""国家治理的总体战略是党的领导、人民当家作主和依法治国有机结合。"

在教育领域，《中国教育现代化2035》明确提出"推进教育治理体系和治理能力现代化"。高校治理现代化，是推动高等教育现代化的根本要求，是实现国家治理体系和治理能力现代化的迫切需要。高等学校肩负着培养人才的特殊使命，根据国家治理的需要培养合格人才，走上生产建设管理服务第一线的毕业生将成为提升国家治理能力的生力军。同时作为重要的社会组织，高校治理早已嵌入国家治理框架中，其有效的治理实践具有其他社会组织所不具备的示范功能，将对社会起到引领与促进作用。

（二）共生理论与高职院校治理现代化

共生理论最早起源于生物学，由德国学者德贝里最先提出，后逐渐应用于经济学和管理学等社会科学领域，社会科学中的人与人、企业与企业之间相互联系、互相影响，类似于生物学的共生关系。共生理论的三要素包括共生单元、共生环境、共生模式：共生单元是指共生关系中的生物主体，共生的"生物"是构成共生关系的基本单位；共生环境指共生单元存在其发展所需要的外部环境总和；共生模式是指共生单元之间的利益或资源获取方式，可分为寄生、偏利共生和互惠共生。共生理论的核心强调生态系统从非对称性向互惠共生的演变发展过程，旨在强调通过合作互补、平等公正、共同发展的思路，达成对称性互惠共生格局。

高职院校治理涉及多个主体，即存在多个共生单元，包括学校、政府、企业、社会组织、教师、学生、家长等，形成多种共生现象。高职院校的治理应认清各利益主体在系统中所处的"生态位"，发挥各自的功能；应重视各利益主体在不同互动关系中利益的表达与实现；应着眼于全局和系统，树立多中心、多机制、多模式的治理理念；应是内外齐治、内外驱动的治理；应是动态的、主动的治理；要重视制度、机制的完善并置于首要位置。

（三）复杂性理论与高职院校治理现代化

复杂性理论是研究复杂系统行为与性质的诸多理论构成的体系。复杂性理论揭示了社会系统与自然系统、生物系统存在着许多相似的规律，基本上可以解释自然界和社会领域主体的适应、演变和进化现象，能够解释社会系统从无序到有序、从低级到高级、从简单到复杂的进化机制，对自然界复杂系统和社会复杂组织的演变和发展的认识具有方法论意义。基本上可以解释自然界和社会领域主体的适应、演变和进化现象，能够解释社会系统从简单到复杂的进化机制。

高职院校属于社会组织，高职院校有着高等教育和职业教育的双重性质，是一个复杂系统。它犹如一个生命体，有着适应外界环境、自我复制、自我生长、自我进化的功能。从外部来看，主要存在着院校与政府的权力和责任关系、院校与企业行业的协作关系、院校与市场的信息对称关系；从内部来看，主要存在着学校党政关系、行政与学术关系、民主与集权关系等。因此，高职院校要进行系统分析、结构改革，才能把握高职院校治理的核心。要主动融入社会经济发展，要厘清组织内外权责关系，要充分运用内外信息和资源。

（四）利益相关者理论与高职院校治理现代化

利益相关者理论源自管理学，是西方学者针对公司治理而提出的全新治理思想。"利益相关者"的概念最早由斯坦福大学一个研究小组在 1963 年提出，之后利益相关者理论在公司治理理论中得到广泛研究和应用。利益相关者理论的核心内容是：受组织利益影响的不仅仅是出资人，还包括所有利益相关者。美国经济学家弗里曼认为利益相关者是指那些能够影响企业目标实现，或者能被企业目标实现过程影响的任何个人和群体。美国经济学家亨利·罗索夫斯基将利益相关者理论引入高等教育领域。在其著作《美国校园文化——学生、教授、管理》中，他列举了大学的四类利益相关者群体，并按照与大学关系的重要程度进行排序，最重要的群体是教师、行政主管和学生；重要的利益相关者是董事、校友和捐赠者；"部分影响者"的利益相关者是科研经费提供者、产学研合作者、贷款提供者；次要利益相关者是公众、社区、媒体等。

职业教育的跨界属性，使其与区域经济社会发展的关系更为紧密。高职院校内部和外部利益相关者都是职业院校治理的重要参与者。不同利益相关者有不同的利益诉求，相对完善的高职院校治理机制就是利益相关者相互博弈的结果。利益相关者就是能够影响组织目标实现或者组织在目标实现过程中所能影响的团体和个人。如果没有利益相关者的积极参与，职业教育很难实现办学目标。因此要建立一定的机制，让利益相关者参与职业教育治理。从某种意义上说，利益相关者之间冲突解决的过程就是高职院校不断完善治理机制的过程。高职院校治理机制建设重点在于梳理利益相关者之间的关系，找寻共同价值诉求。在高职院校治理变革中，利益多元化凸显，各利益相关者会有自己的利益诉求和行为取向，有相互一致的，也有相互矛盾的，高职院校的治理结构和治理机制就是各利益相关者相互博弈的结果。

（五）共同体理论与高职院校治理现代化

"共同体"这一概念来自古希腊，最初的含义是指在城邦里设立的市民共同体。亚里士多德认为，城邦就是最具有代表性的共同体，"所有城邦都是某种共同体，所有共同体都是为了某种共同的善而建立的。"他还认为，人们是生活于一个共同体之中，人们通过对善的共同追求来获得相应的利益，国家就是一个德性意义上的"至善"共同体。[①] 关于共同体理论的起源和发展主要源于马克思。共同体理论是马克思主义理论的重要组成部分，马克思将共同体分为以下两部分：虚幻的共同体和真正的共同体。虚幻的共同体主要是指在社会生产力不发达的情况下，腐朽的资本主义和资产阶级所代表的旧社会。马克思认为真正的共同体，也是马克思的最高理想，就是在共产主义这个共同体社会中，实现每个人的自由而全面的发展。在马克思奠定共同体理论之后，斐迪南·滕尼斯在1887年所出版的《共同体与社会》一书中对共同体的定义进行了详细的界定。滕尼斯将"共同体"与"社会"进行了区分，并在书中详细论述了共同体与社会的区别，在滕尼斯看来，共同体和社会是存在于人类发展历程中的两种不同的社会生活方式。共同体的本质是人类血缘、感情、伦理等的结合，其基本特征是人类之间拥有一种纯朴、亲密的自然感情，相互之间不存在利益关系，这是一种有机的联系。另外，滕尼斯将共同体分为以下3种类型：血缘共同体、地缘共同体和业缘共同体。

作为一种集体行动，治理的要义是多元主体参与，基础是共同体理念，目标是共同治理。伴随着不同的时代背景，共同体理论的概念、核心要义与实践路径都在不断地被修正和补充。将共同体置于中国本土化语境下，从习近平总书记所提出的宏观层面"中华民族共同体""人类命运共同体"到中观层面"社会治理共同体"，再到微观层面"社区共同体""职业教育共同体"等概念来看，国家在不同层面背景下都致力于构建基于"社会团结""公共利益"之上的共同体，职业教育也不例外。党的二十大报告再次明确要"健全共建共治共享的社会治理制度，提升社会治理效能。建设人人有

---

① 朱丽君. 共同体理论的传播、流变及影响［J］. 山西大学学报（哲学社会科学版），2019，42（03）：84-90.

责、人人尽责、人人享有的社会治理共同体。"对职业教育而言在其变革和推进内部治理的道路上，"共同体"理论应成为其变革治理方式的有力理论支撑。

新时代我国职业教育进入了高质量发展的重要阶段，本科层次职业教育不断推进。推进高职院校治理体系和治理能力现代化，是实现高职教育内涵式发展的需要，也是实现教育现代化和建设教育强国的重要途径。党的十八大以来，国家治理体系现代化和治理能力提升不仅成为一种国家意志，而且成为各级政府及各类组织管理综合改革的目标。2014年五四青年节，习近平总书记在北京大学与师生座谈时对大学提出要求："全国高等院校要走在教育改革前列，紧紧围绕立德树人的根本任务，加快构建充满活力、富有效率、更加开放、有利于学校科学发展的体制机制，当好教育改革排头兵。"

高职院校要实现高质量发展，就必须要基于职业教育类型教育的定位，建立系统完备、科学规范、运行有效的现代治理体系，推进治理能力现代化。高职院校治理是一项复杂的系统工程，有了近年来特别是"双高校"建设以来的改革实践和宝贵经验，又有国家一系列政策支持和制度设计，高职院校治理现代化建设正在扎实有序推进。然而，我们也必须清醒地认识到，高职院校治理体系和治理能力建设还有很长一段路要走，还有许多工作要做。这既需要我们在理论上思考，实践中探索，也需要院校与院校之间加强沟通与交流，相互学习、相互借鉴、相互促进、共同提高，更需要院校与政府、行业企业、研究院所之间加强合作，形成多元主体参与的共同治理机制。通过更新治理理念、改进治理方式、重构治理制度，高职院校治理将朝着善治的目标不断迈进，并成为学校发展提速增效的强大助推器，引领新时代职业教育实现高质量发展，为建设教育强国、人才强国做出重要贡献。

第二章　高职院校治理现代化建设成效

2019 年以来，特别是"双高计划"推出以来，我国高职院校在治理体系建设水平和治理能力方面均显著提升，建设成效显著。标准化、制度化、规范化程度不断提高，职业教育的类型特征不断强化，特别是在党建引领、建章立制、校企多元治理、质量管理、民主监督、二级管理、数字治理等几大方面取得了良好的建设成效。

本报告以全国 197 所"双高计划"建设高职院校的中期绩效评价报告和 2022 年度高等职业教育质量年报为主要参考资料，重点结合 55 所高职院校（其中包括 36 所"双高计划"院校和 19 所非"双高计划"院校）。

高职院校治理体系正在趋于完善。共性与个性并存的治理实践体现出高职教育"和而不同"。共性是高职院校走向教育治理现代化、规范化、制度化和法治化的必然要求和基本方向；个性是高职院校根据本校实际情况对高职院校治理体系作出的实际回应，是体现专业大类特色、区域特色、学校发展特色的重要载体。

一、高职院校治理现代化建设的共性特征

根据对 216 所高职院校核心治理文本进行词频分析，剔除一些非相关词，排在前 30 的治理高频词汇为"党委、制度、体系、建设、内部、质量、委员会、完善、章程、学术、改革、教育、发展、专业、教学、二级、评价、绩效、诊改、参与、创新、民主、结构、依法、理事会、组织、两级、教职工、学生、多元"，具体情况见表 2-1。

表 2-1　排名前 30 的治理高频词汇

排序	高频词	排序	高频词
1	党委	3	体系
2	制度	4	建设

续　表

排序	高频词	排序	高频词
5	内部	18	绩效
6	质量	19	诊改
7	委员会	20	参与
8	完善	21	创新
9	章程	22	民主
10	学术	23	结构
11	改革	24	依法
12	教育	25	理事会
13	发展	26	组织
14	专业	27	两级
15	教学	28	教职工
16	二级	29	学生
17	评价	30	多元

通过对比 216 所高职院校高频词结果，再结合治理政策、治理理论中治理核心特征及要素内容归纳核心治理关键词，统计分析文本后得出 15 组治理特征关键词分布情况，其中，216 所高职院校治理均提到了"党委"或"党""章程"或"制度"，显示它们成为治理体系建设的核心，其他组关键词将在第三章建设路径中进行分析（见表2-2、图2-1）。

表 2-2　15 组治理特征关键词覆盖学校情况

序号	含有任一特征词	特征归类	覆盖学校/所	占比
1	党委/党	党的领导	216	100.00%
2	章程/制度	章程为核心的制度体系	216	100.00%
3	质量/诊改		194	89.81%
4	依法/法/法治		161	74.54%
5	数字/数据/智慧/信息		160	74.07%
6	委员会	内部治理	145	67.13%
7	二级/机构		133	61.57%
8	学术		133	61.57%
9	民主		124	57.41%

续　表

序号	含有任一特征词	特征归类	覆盖学校/所	占比
10	校园	内部治理	116	53.70%
11	文化		116	53.70%
12	绩效		115	53.24%
13	校企/产教/融合	外部治理	112	51.85%
14	理事会		90	41.67%
15	多元/共治/共享/共建		87	40.28%

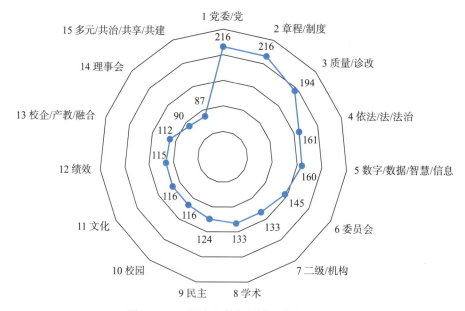

图 2-1　15 组治理特征关键词分布雷达图

全国 216 所高职院校在建设治理体系方面的共性特征主要有以下四方面：

1. 持续加强党建引领

加强党对高校教育工作的领导，是办好中国教育的根本保证。坚持党建引领，是高职院校深化内部治理体系的首要措施。高校党建引领主要包括政治引领、组织引领与思想引领等三方面。高职院校需要突出党的政治引领作用，牢牢掌握党对高校工作的领导权，全面加强党的领导和党的建设。教育部、财政部关于《实施中国特色高水平高职学校和专业建设计划的意见》指出："加强党的建设需要落实党委领导下的校长负责制，充分发挥党组织在学校的领导核心和政治核心作用，牢牢把握意识形态主动权。加强基层党组织建设，将党的建设与学校事业发展同部署、同落实、同考评，有效发挥基层党组织战斗堡垒作用和共产党员先锋模范作用。"党的二十大报告也明确提出："推进以党建引领基层治理，把基层党组织建设成为有效实现党的领导的坚强战斗堡垒。"216所高职院校不断加强思想理论武装与意识形态阵地建设，坚持以党的创新理论武装头脑，学校党委夯实管党治校主体责任，落实党委领导下的校长负责制。

北京财贸职业学院坚持党建引领，赋能事业发展。学校党委以高站位党建引领学校高质量发展，始终高举习近平新时代中国特色社会主义思想伟大旗帜，牢牢把握社会主义办学方向，全面落实立德树人根本任务，充分发挥党组织的政治功能和组织功能，努力将党的政治优势、组织优势转化为推动事业发展的强大力量，为学校高质量发展提供了坚强的政治保证。坚持"政治、思想、机制、创新、组织、监督"六赋能，实现学校事业高质量的内涵发展。学校坚持完善党委领导下的校长负责制，制定实施办法，修订党委常委会、校长办公会议事规则，健全基层党组织议事决策、政治把关、发挥作用长效机制，坚持党委领导、章程为核、文化为基、共同创造、多元参与，实现组织体系完善、运行体系规范、制度体系健全、服务体系有力的学校现代治理体系日趋完善。

天津现代职业技术学院一是坚持和完善党委领导下的校长负责制，履行管党治党、办学治校主体责任，切实做到"把方向、管大局、作决策、抓班子、带队伍、保落实"。二是根据学院发展及存在问题，党委书记对领导班子成员进行集体谈话，进一步明确分工职责。三是党委书记发挥"头雁效应"，带头落实"四个亲自"要求，积极落实第一责任人责任，全力管好班子、带好队伍、抓好落实，支持、指导和督促领导班子其他成员开展工作。四是严格落实党员领导干部"双重"组织生活等制度，在中层后备干部中，开展"立志做立德树人典范，在本职岗位建功立业"主题演讲活动等，努力塑造一支政治坚定、作风过硬、团结奋进、务实创新、廉洁勤政的干部队伍。

河南工业职业技术学院深入落实教育部党建"双创"工作要求，注重创建品牌，推进基层党组织"对标争先"，实施党支部建设"两化一创"强基引领行动计划，开展"达标引领""提质引领""创优引领"三大行动，全面推进党支部标准化规范化建设，创建国家级、省级、校级样板党支部。坚持党建带团建和群建，建设党团活动室，指导工会、学生会、社团等群众组织开展活动。坚持支部建设与高水平专业群建设齐推进，实施党务干部"领雁计划"和教师党支部书记"双带头人"培育计划。

长沙民政职业技术学院印发《基层党组织提升工程实施方案》，实施党建工作项目制。形成了一个党总支一个特色，一个党员一面旗帜的基层党组织党建工作整体布局，涌现出一批优秀党员师生代表。该校坚持强化党员教育培训，大力提升党员发展水平与党员质量。与国家教育行政学院合作，联合打造云党校平台，实现了干部、党务工作者、师生党员、发展对象和入党积极分子教育培训全覆盖，参学率、培训合格率两个100%。在全省教育系统基层党建工作示范点建设中，该校党委被认定为全省高校基层党建示范点。

2. 完善以章程为核心的制度体系

大学章程是高校的"宪章"，也是大学治理结构的基础与内部准则。高职院校的内部治理逻辑决定了其改革的首要目标需要以章程为统领，完善其制度体系。章程作为高校的"基本法"，是高职院校的法治基础。完善以章程为核心的制度体系是高职院校法治治理和依法治校的基本方略，是确保高职院校平稳运行的基础保障，是高职院校迈进高校治理体系现代化建设的根基。全国216所高职院校正在逐步形成以章程为引领，各项配套制度为支撑的、与现代职业教育类型特征相匹配的制度体系，力争实现全面性、系统性与整体性。

广东水利电力职业技术学院在加强党的建设、综合办学管理、教学科研、产教融合、创新团队建设、创新创业、激励机制、科技服务、绩效管理、内控等方面出台优化了60多项改革发展措施，人才培养、师资建设、专业群建设等各个方面协同推进，构建了行业特色现代职业院校系统治理制度体系。其中，出台产业学院建设管理办法、科研项目管理办法、技能大师工作室管理办法、教学创新团队建设与管理办法、学院"双高计划"项目及资金管理办法、创新创业教育实践平台管理办法等，在推动校企产教深度融合、加快科研和技术成果转化、培育新型教学创新团队、组建技能大师工作室、推进项目化管理、实施项目负责人负责制等方面实现了制度上的优化甚至突破，体制机制效能活力进一步释放，治理保障基础进一步夯实。

江苏农牧科技职业学院在推进章程建设方面的经验也值得借鉴。以章程建设为抓手，围绕人才培养模式改革、工作手册式教材开发等制订系列制度。2019年度、2020年度该校党委、行政共发文85项。加强对制度执行情况的监督、检查，保证各项规章制度能有效地发挥作用。进一步加强学校制度信息化建设，在该校自主开发的教育教学一体化平台实施制度的信息化管理，强化制度执行的动态监控，提高制度执行效率，更好地为师生做好服务。

西安铁路职业技术学院健全完善以"一章八制"为核心的中国特色社会主义现代大学制度，建立"学校章程、部门制度、岗位标准"纵向贯通的三级制度体系，明晰了部门职能和岗位职责、细化了工作流程与工作规范；设立了党委会、院长办公会等 31 个常设议事机构，完善党委会议事规则，完善"三重一大"决策体系。建立"周研判、月考核、季点评、年总结"机制，强化对重点工作和重要决策的督促检查。

武汉交通职业学院对照发展需求及工作实际，构建制度更新长效机制，确保制度的科学性与时效性。以章程统摄学校各项规章制度的革新工作，通过立、改、继、废等方式，完善党务管理、财务管理、人事管理、资产管理、科研管理、教师教学管理等重点领域的规章制度，同时建立与学校所处发展阶段和服务对象相适应，切实符合高素质技术技能人才培养规律和特点的各项规章制度，构建具有交通运输职业教育特色的内部管理制度体系。学校现行规章制度共 271 项，各项工作制度齐全完备，确保了工作有法可依。

3. 不断优化内部治理结构

216 所高职院校不断优化内部治理结构，具体体现在以下三方面：第一，扩大二级院系的管理自主权。充分给予二级学院办学自主权，发挥其独特的办学优势，充分调动其办学资源，发挥二级学院在课程设置、招生就业、人才招聘等方面的主观能动性。第二，设立校级学术委员会，并积极筹建校级专业建设委员会和教材选用委员会，指导和促进专业建设和教学改革。学术委员会是现代大学制度的重要组成部分，高校内部治理要求学术委员会充分发挥其责任与职权，真正担负起学术决策与学术治理的使命。第三，各高职院校都在不断完善教职工代表大会和工会等制度，充分增强教职工的民主决策和民主监督权利，发扬教职工的主人翁精神。

宁夏职业技术学院建立健全学术委员会、专业建设委员会、教材选用委员会等学术治理组织，以各自章程为依据规范运行机制，明确职责范围、议事规则和决策程序。建立学术评价体系，充分发挥多元学术治理组织在专业（群）规划建设和改革、资源配置、协同发展、人才培养等方面的积极作用，促进教学资源、实训条件、师资力量的共建共享。健全教材选用标准和质量评价反馈制度，为教材的选用和建设把关，为其提供指导和咨询，营造浓厚优良的学术氛围，实现专家治校、教授治学。

浙江工贸职业技术学院强化二级学院职能，明确其作为专业群人才培养、科技创新、社会服务、文化传承和国际交流等复合型职能的基本承载主体。深化学校二级管理改革，不断完善《二级管理改革实施办法》《二级学院党政联席会议制度》《二级学院考核管理办法》《二级学院经费划拨与管理办法》等制度体系，采用目标导向机制提升二级学院办学效益。学校层面逐步从过程管理过渡到目标管理，根据制度政策和总体战略制定原则性意见，履行服务、指导、协调、保障、监督等职能，但不干涉二级学院在人事、财政及业务决策方面的自主权。从而推进治理重心不断向二级学院下沉，充分激发基层办学活力。

芜湖职业技术学院推进民主治校、依法治校，定期召开教代会，召开教代会执委会议 19 次，召开团代会学代会，推进学校治理民主化。坚持和完善学生早餐会制度，召开校长（书记）早餐会 6 次，加强学生校长助理队伍建设。畅通师生员工参与民主决策、民主管理渠道，扩大二级学院自主权，推进学校治理能力现代化。

东营职业学院完善二级学院党总支（直属党支部）会议、党政联席会议议事规则。深化职称评聘改革，创新专业技术岗位直聘制度，建立"代表性成果"评价方式，拓宽教师晋升通道。改革内部分配机制，完善薪酬激励机制，激发师生干事创业的积极性。扎实推进二级学院管理自主化。推动管理重心下移，完善二级学院职责与管理权限，构建"平台—项目—成果—绩效""四位一体"治理体系，推进产教深度融合、资源共享和协同发展。

4. 健全外部治理机制，促进多元主体参与

216 所高职院校在健全外部治理机制的过程中均围绕多元协同治理模式，践行政、行、企及校友等利益相关者参与互动，推进共建共治、共享共赢。职业教育区别于高等教育的重要区别就在于职业教育以产业为根基，需要与行业、产业、企业等主体密切联系。2022 年 12 月，中共中央办公厅、国务院办公厅出台的《关于深化现代职业教育体系建设改革的意见》指出："坚持以教促产、以产助教、产教融合、产学结合，延伸教育链、服务产业链、支撑供应链、打造人才链、提升价值链，推动形成同市场需求相适应、同产业结构相匹配的现代职业教育结构和区域布局。"

实践证明，高职院校想要不断提升治理能力，需要社会多元主体（包括企业、政府、行业等）的广泛参与，才能够最大限度地发挥多元协同治理的优势，提升高职院校的治理水平。

盐城工业职业技术学院大力推进现代纺织技术专业群和中德先进职业教育合作项目（SGAVE）建设工作，与江苏悦达集团、天虹集团结成了深度校企合作，积累了丰富的校企合作国际化的办学经验，通过搭建基于语言中心、文化交流中心等一体的、旨在技术技能积累创新的国际化协作平台，完善了"五维融通、四证融合"人才培养模式，优化了"双平台+三模块+三方向"专业课程体系，学校加快与"走出去"企业合作步伐，与天虹纺织集团有限公司（越南）率先开展跨国现代学徒制合作，校企共建"人才培养基地"和"海外实训基地"。

济南职业学院树立"与品牌为伍，与巨人同行"校企合作理念，党委牵头定期研究解决校企合作中的重点难点问题，在校企合作重大问题上支持院部、专业、教师大胆探索创新，设立了校企合作办公室，建立了校企合作理事会，依据《济南职业学院校企合作管理办法》，指导、督促院部具体开展相关工作。

广西职业技术学院充分发挥行业协会作用，牵头成立了学校理事会、中国—东盟边境职业教育联盟、中国农垦职业教育联盟、广西茶业职业教育集团、广西物流职业教育集团、中国茶业职业教育集团，形成"一会三集团两联盟"的多元化合作办学格局。健全完善理事会、产业学院、职教集团、合作联盟等办学平台运行体制机制，由此形成了政、企、行、校、校友责权明晰、利益共享、风险共担的协同治校、办学的格局。

无锡商业职业技术学院聚焦产教深度融合，优化集团协同治理体系。坚持政行企校联动，组建了专业建设与教学改革委员会、校企合作工作委员会、"1+X"证书推广中心、区块链商科专委会等集团共治平台，统筹推进校企行深度合作，创新校企协同育人模式，不断完善以理事会（常务理事会）决策、秘书处联络协调、委员会项目运行和监事会监督工作架构，构建多元共治、多维协同集团治理体系。积极探索推行会议轮值承办制和集团项目承接制，以优质合作项目提升集团聚合力。

二、高职院校治理现代化建设的个性特征

职业教育的办学定位是为不同产业行业提供高素质技术技能人才。职业教育与行业发展联系日益紧密，专业是连接职业教育与行业的核心节点，是办好职业教育的基石。专业的增减与调整是反映行业变化趋势和职业教育改革的风向标，只有把握好专业方向，才能够针对行业特点培养出高素质技术技能人才。

依照《职业教育专业目录（2021 年）》，按照高职院校的特色与核心专业作为划分依据，本报告将 216 所高职院校归纳为农林牧渔大类；装备制造、生物与化工、资源环境与安全大类；交通运输大类；电子与信息大类；能源能力与材料大类、土木建筑、水利大类；财经商贸大类；轻工纺织、文化艺术大类；旅游、公共服务与管理、公安与司法大类；医药卫生、食品药品与粮食大类；综合类等十类。

（一）农林牧渔大类

农业的生产和发展与人们的生活密切相关。正如习近平总书记于 2018 年 9 月 25 日在黑龙江省考察时所说："中国人要把饭碗端在自己手里，而且要装自己的粮食。"中

国作为一个人口大国和农业大国，粮食安全是支撑中国经济发展与国家安全的重要保障，农林牧渔大类对人们的生活与生产发展至关重要。农林牧渔大类高职院校为我国现代农牧业转型提供了大量的复合型技术技能人才，推动了现代农牧业的可持续发展，培养农林牧渔技能型人才是农林渔牧专业大类创新和发展的核心要素。上述高职院校在深化治理改革的过程中都呈现出不同程度的探索与创新，并均在健全内部治理体系方面取得了较大突破。

研究对象包含的 14 所农林牧渔大类高职院校，见表 2-3。

表 2-3　14 所农林牧渔大类高职院校①

排序	学校名称	排序	学校名称
1	北京农业职业学院	8	江苏农牧科技职业学院
2	成都农业科技职业学院	9	江西环境工程职业学院
3	河南农业职业学院	10	辽宁农业职业技术学院
4	黑龙江农业工程职业学院	11	山东畜牧兽医职业学院
5	黑龙江农业经济职业学院	12	苏州农业职业技术学院
6	湖南生物机电职业技术学院	13	新疆农业职业技术学院
7	江苏农林职业技术学院	14	杨凌职业技术学院

农林牧渔大类高职院校较为突出和典型的共性特征有以下两点：

1. 内部质量保证体系逐步建立

其中，共 10 所高职院校具有此特征。教育质量是高职院校的核心竞争力。农林牧渔大类高职院校在推进内部治理过程中的共性特点是每所高校都力争建立健全内部质量保证体系。高职院校内部质量保证体系是在教育管办评分离的背景下，运用一定的考评方法，对高职院校的内部治理进行动态的考评和监督，其目的在于提高高职院校教育教学质量、深化人才培养模式改革、优化高职院校资源配置等。农林牧渔大类高职院校都在初步建立或完善内部质量保证体系，通过事前制定标准、事中监督预警、事后开展诊断改进，实现了从管理变为治理、从事后变为事前、从主观变为客观、从偶尔变为常态的治理转变。

成都农业科技职业学院建立"8 字型质量改进螺旋"，按照"目标—标准—计划—组织—实施—诊断—激励—学习—创新—改进"完整的工作流程，根据实时动态数据，开展动静结合、及时预警监测、即时跟进改进的自我诊断和改进工作，形成常态化、

---

① 表 2-3 至表 2-12 中学校按拼音首字母排序。

实时化的诊改工作机制。同时又加强了多方合作，健全了社会监督体系。

江苏农林职业技术学院在全面推进内部质量保证体系建设与运行的同时，以目标、标准与制度体系建设为基础，建立完善"五纵五横"网络化联动结构、"8 字型质量改进螺旋"基本运行单元、"双引擎"（文化、机制）常态化动力机制及"一平台"智能化技术支撑，创新"333"内部质量保证体系运行模式，构建出网络化、全覆盖、具有较强预警功能和激励作用的内部质量保证体系，形成以"自觉、自省、自律、自查、自纠、追求卓越"为主要特征的质量文化。其在质量体系的建设过程中强化了内部质量保证体系建设，提升了其内部治理的水平。

2. 充分构建信息化治理模式

其中，共 9 所高职院校具有此特征。现代信息技术的迅猛发展正在深刻改变人类的生产生活方式并促进社会经济结构转型。第四次工业革命决定了高职院校未来的治理模式应以信息化为主导、以大数据为依托。构建基于大数据和互联网技术的信息化治理体系是未来高职院校深化治理体系建设的关键步骤。在农林牧渔大类的高职院校中，很多高校都已经开展了关于信息化治理的探索，并取得了诸多成效，进一步提升了高职院校的教育与民主管理的效率。通过重塑与构建学校信息化治理体系，农林牧渔大类高职院校不仅提高了办学治校工作效率，而且通过大数据技术对信息进行加工、整理、分析，以更好地修正与反思其治理手段所存在的不足，改进内部治理体系。

北京农业职业学院在其治理过程中充分构建了信息化的治理体系，大幅度提升了其信息化建设水平。2021 年，北京农业职业学院贯彻落实《职业院校数字校园规范》和《高等学校数学校园建设规范》两个文件，围绕"十四五"规划，加快信息化治理体系构建，深化了部门间的协同创新治理，在充分挖掘平台潜力的同时，也稳步提升了该校信息化建设水平。为充分满足各中层单位管理与服务需求，该校信息中心依托企业微信云服务运营商提供的低代码（aPaaS）平台，在此前表单流程能力的基础上，着力构建多表单、多流程、强耦合的信息服务"轻应用"开发能力。

新疆农业职业技术学院于 2020 年启动了构建校本共享数据中心、实施数据治理工作。该校制定了《新疆农业职业技术学院数据治理及全域数据中心建设方案》，进行数据管理体系顶层设计，通过数据治理建设全域数据中心，建设全域数据资源的管理和服务体系。该校还制定了《新疆农业职业技术学基础信息编码规范》及数据标准，在国家标准、教育部标准、行业标准和学院已有标准的基础上，兼顾各个标准之间的兼容性、一致性，建立形成了一套符合学院自身实际的、可扩展的管理信息化标准，各系统数据均按编码规范进行编制；制定了信息系统数据的使用规范，目前全域数据中心已经实现了与人事系统、学工系统、教务系统、迎新系统、缴费系统、网络教学平台项目、智慧食堂系统、人脸识别等系统部分数据的对接。通过近一年的建设，校本数据中心已基本满足数据共享、数据交换及数据统计分析、监测与预警的需要。数据标准也在逐步完善中，数据治理经验不断积累。

江苏农牧科技职业学院通过打造校本数据中心，构建智慧校园数智生态；推动融合共享发展，构建智慧校园智服生态；融合资产、房产数据，提高资产管理水平。该校利用智能图形技术，联动房产、资产数据，实现以房管物、以物明责，形成多维报表绘就资产画像，实现资产全生命周期数字化管理，让资产台账更清晰、分级管控更科学、资产利用更高效。

总体来看，农林牧渔大类高职院校在深化内部治理改革的过程中主要倾向于完善内部质量保证体系、充分构建信息化治理模式等两方面来着手进行改革，成效明显。近些年，农林牧渔行业也在不断进行产业升级与改造，这就要求高职院校需要通过完善内部质量保证体系、信息化治理等手段来更新专业人才培养方案，提升人才培养质量，充实内部治理框架。

（二）装备制造、生物与化工、资源环境与安全大类

将装备制造、生物与化工、资源环境与安全等三大类专业归纳聚类的主要原因在于，上述三类专业在我国第二产业中占比较大，在专业发展与治理手段上具有共性。通过对38所装备制造、生物与化工、资源环境与安全大类高职院校案例进行分析发现，在深化内部治理改革过程中具有许多值得借鉴的经验与措施。其中最为鲜明的特色是由于装备制造、生物与化工、资源环境与安全大类的专业定位与学科性质，其二级学院放权、产教融合与校企合作的特性最为明显。许多装备制造、生物与化工、资源环境与安全大类高职院校校企合作力度较大，以产业定专业、以岗位职责定课程内容。与此同时，上述高职院校在充分放权的基础上，通过重新修订学院绩效考核制度来激发教师工作积极性。可以看到，在装备制造、生物与化工、资源环境与安全大类高职院校不断深化治理改革的努力下，一支新时代的高技术技能人才大军，正向着全面建设社会主义现代化强国奋进。

研究对象包含的38所装备制造、生物与化工、资源环境与安全大类高职院校，见表2-4。

表2-4　38所装备制造、生物与化工、资源环境与安全大类高职院校

排序	学校名称	排序	学校名称
1	安徽机电职业技术学院	20	江苏航运职业技术学院
2	北京电子科技职业学院	21	江西应用技术职业学院
3	北京工业职业技术学院	22	昆明工业职业技术学院
4	渤海船舶职业学院	23	兰州资源环境职业技术大学
5	长春汽车工业高等专科学校	24	辽宁机电职业技术学院
6	长沙航空职业技术学院	25	内蒙古机电职业技术学院
7	常州工程职业技术学院	26	山西机电职业技术学院
8	常州机电职业技术学院	27	陕西工业职业技术学院
9	成都航空职业技术学院	28	陕西国防工业职业技术学院
10	重庆工程职业技术学院	29	陕西能源职业技术学院
11	重庆工业职业技术学院	30	四川工程职业技术学院
12	重庆航天职业技术学院	31	苏州工业职业技术学院
13	广东机电职业技术学院	32	唐山工业职业技术学院
14	广州民航职业技术学院	33	天津轻工职业技术学院
15	河北科技工程职业技术大学	34	武汉船舶职业技术学院
16	河南工业职业技术学院	35	西安航空职业技术学院
17	湖南工业职业技术学院	36	云南机电职业技术学院
18	湖南汽车工程职业学院	37	浙江工业职业技术学院
19	济南工程职业技术学院	38	浙江机电职业技术学院

装备制造、生物与化工、资源环境与安全大类高职院校较为突出和典型的共性特征有以下三点：

1. 扩大二级院系管理自主权

其中，共27所高职院校具有此特征。随着中国现代大学制度的逐步完善，高校治理结构不断优化，其管理重心也在逐步下移。二级学院是否组织有序、充满活力，决定着高职院校的人才培养与科学研究水平的高低，因为高职院校的人才培养、专业建设、课程设置、学术研究等工作都是以二级学院为载体来完成的。可以说，二级学院已成为高校治理的核心主体。给予二级学院充分的管理权力，完善二级学院的治理结构是高职院校深化治理改革的关键。因此，在构建新型校—院关系上，装备制造、生物与化工、资源环境与安全大类高职院校已经开始积极地行动。

渤海船舶职业技术学院结合学院实际出台了机构改革方案，通过建立二级学院，

调整机构职责，改革机构设置，优化职能配置和资源配给，进一步提高了职能部门、二级学院效率效能，内部治理体系结构合理、系统完备、科学规范、运行高效，为建设一流高职院校提供了有力保障。与此同时，该校探索和实施了针对双主体二级学院的管理体制，秉承渐进性原则，进一步激发双主体二级学院的办学活力和改革热情，在双主体二级学院实施"两步走"。

济南工程职业技术学院不断完善以校理事会为纽带的社会参与办学体制、以学术委员会为核心的学术权力运行机制、以"二级管理"为枢纽的内部运行体制，促进管理重心下移、二级学院由教学单位向办学单位转变。积极落实办学自主权，自主设立内设机构，自主设置岗位，自主确定用人计划，自主确定招考标准、内容、程序，自主招聘各类人才。以能力与业绩为基础，强化人事制度改革，推行教师全员竞聘，人尽其才、才尽其用、优绩优酬。以助推学生个性化发展、全面发展为目标，以弹性学制、学分转换为重点推行学分制改革。

苏州工业职业技术学院完善二级系（院）党政联席议事制度，充实二级系（院）领导力量，发挥二级系（院）人才培养主体作用。厘清部门和岗位工作职责，在人事管理、财务管理、采购管理等方面加强制度规范，开展废改立工作，不仅建立了二级教代会制度，同时还增设了二级学术委员会。

2. 构建产教协同战略联盟

其中，共 26 所高职院校具有此特征。新修订的《中华人民共和国职业教育法》第九条指出："国家鼓励发展多种层次和形式的职业教育，推进多元办学，支持社会力量广泛、平等参与职业教育。国家发挥企业的重要办学主体作用，推动企业深度参与职业教育，鼓励企业举办高质量职业教育。"产教融合、校企合作是实现经济转型升级和区域产业发展的必然要求，是高职院校办学的核心宗旨。产教融合要求高职院校的专业设置必须契合产业发展要求、课程与实训内容必须贴合岗位职责与生产实际。因此，装备制造、生物与化工、资源环境与安全大类高职院校都将产教融合、校企合作这两大目标作为深化内部治理改革的重要抓手。

浙江工业职业技术学院与市人社局、市经信局、市退役军人事务局等部门共建绍兴市公共实训基地（国家级实训基地）、浙江省工业设计基地、退役军人学院等"两基地四学院"；与龙头企业合作设立多种模式产业学院 6 个，如与浙江万丰奥威汽轮股份有限公司等 5 家企业联合创办智能制造产业学院，与绍兴中芯集成电路制造股份有限公司共建集成电路制造产业学院等；组建学校发展智库和理事会，引入政府相关人员、研究学者、行业企业管理者与技术人员等校外智力资源，实现企业参与、社会监督。

重庆工程职业技术学院做到学校与政府、产业、行业、企业五方联动，推进校企一体，打造出标准化人才培养模式、"双师"素质人才队伍结构、校企一体化课程体系、产教融合实训基地。与新大陆、中兴通讯和华为公司联合办学，成立了新大陆物联网学院、中兴通讯信息学院、华为人工智能学院等产业学院，形成了"双主体、七共同"育人机制。学校与企业各展所长、各得其所，共建共管、共享共赢，建立了校企多元办学的体制机制，树立了多元参与办学的典范。

陕西工业职业技术学院营造"政行企校研"协同发展的陀螺之面。发挥资源共享、优势互补作用，制定理事会架构下的会议制度和议事规则。按照利益共享、合作共赢原则，该校牵头组建了全国机械行业材料成型与控制技术职教集团、陕西装备制造业职教集团、陕西工院校企协同育人战略联盟，"朋友圈"已有600余家成员单位，逐步形成了政府指导、学校主导、行业推动、企业参与的现代职教办学特色。

3. 修订学院绩效考核制度

其中，共22所高职院校具有此特征。一套公平、公正、具备激励性的绩效考核制度是调动高职院校教师工作积极性，促进人才队伍建设，推动学科与专业群发展的有效途径。如果绩效考核制度实施不公平，将会严重打击教师工作的积极性，制约高校的健康发展。因此，建立公正与完善的绩效考核制度是推动高校内部治理改革的重要任务。在装备制造、生物与化工、资源环境与安全大类高职院校中，很多高职院校都将重新修订学院绩效考核制度作为"十四五"规划和建设高水平院校的关键任务指标。装备制造、生物与化工、资源环境与安全大类高职院校关于绩效考核制度的改革主要体现在两方面：首先，人事制度的改革，充分放宽人员的评聘条件，坚决破除"五唯"，力求不拘一格"降"人才；其次，制定关于工作任务的绩效考核制度，通过设定关于工作任务的考核指标来全方位、客观地考核教师完成工作的基本情况，根据考核结果对内部治理进行调整与完善。

西安航空职业技术学院修订绩效考核制度体现在以下五方面：一是干部考核，对校级领导干部按照所分管部门的"双高"任务进展实行绩效考核；中层领导干部的提拔选用和考核将与"双高"任务和年度重点工作相结合。二是职称评聘，人事处制定以学校"十四五"高质量发展重点工作和"双高"任务为导向的职称评定办法，鼓励和支持教师潜心育人、干事创业，坚决破除"五唯"。三是两级考核，再次修订两级考核办法，将"双高"任务列入其中，加大了"双高"任务的权重系数，突出了"双高"业绩导向。四是质量工程，修订印发质量工程奖励标准，进一步鼓励教师推出国家级高质量成果。五是荣誉体系，党政办统筹各类荣誉，修订相关奖励标准，国家级、省级以上奖励政策向对学校发展作出突出贡献的集体和个人倾斜。

武汉船舶职业技术学院在完善绩效考核制度的过程中侧重于可持续与人才培养，该校优化了学院内部绩效考核评价体系，建立了任务绩效系统和大数据分析与决策系统；并根据学院专业特色，修订了船员教育和培训质量管理体系文件，引入第三方评价，对人才培养质量、办学治校水平、重大项目推进进行检测，构建了多方协同的可持续发展保障机制。不同高职院校在推进绩效管理改革的过程中虽然做法略有不同，但其主要目标都是为了激发学院教师的工作积极性，将公平与公正的分配制度融入学院内部治理当中。

装备制造、生物与化工、资源环境与安全大类高职院校的专业特性就决定了其需要最大限度地发挥产教融合与校企合作，通过企业等多元主体的积极融入来充分激发高校的办学活力，以进一步促进学生的动手操作能力，培养更多高技能人才。产教融合与校企合作的决策路径就决定了高职院校需要不断下放权力，给予二级学院更多的自主权来完善和丰富其管理制度，包括重新修订绩效考核制度，通过灵活、完善的管理制度，在最大程度上激发教师的干事活力，建立"学校—企业—教师—学生"的良性生态圈，进一步提升人才培养质量。

（三）交通运输大类

交通运输行业主要由铁路、公路、水路、民航、邮政、城市客运等六大板块构成。交通运输事业事关我国经济发展命脉，是国家重要的支柱型产业。近年来，交通运输业发展飞速。以铁路为例，截至 2021 年末，全国铁路营业里程达到 15.0 万公里，全年完成旅客发送量 26.12 亿人、货物总发送量 47.74 亿吨。其中高铁营业里程达到 4 万公里，稳居世界第一。[①] 在中国大跨步迈向交通强国的道路上，交通运输业同时向信息化、智能化、品质化和环保化方向转型。交通运输大类高职院校立足我国交通运输业，服务全国经济，为全国交通事业发展培养了大批高素质应用型技能人才和管理人才。

研究对象包含的 26 所交通运输大类高职院校，见表 2-5。

---

① 交通运输部. 2021 年交通运输行业发展统计公报. ［2022-8-19］. http://www.gov.cn/shuju/2022-05/25/content_ 5692174.htm.

表2-5　26所交通运输大类高职院校

排序	学校名称	排序	学校名称
1	北京交通运输职业学院	14	辽宁省交通高等专科学校
2	福建船政交通职业学院	15	南京铁道职业技术学院
3	广州铁路职业技术学院	16	青海交通职业技术学院
4	贵州交通职业技术学院	17	山东交通职业学院
5	哈尔滨铁道职业技术学院	18	陕西铁路工程职业技术学院
6	湖北交通职业技术学院	19	石家庄铁路职业技术学院
7	湖南交通职业技术学院	20	四川交通职业技术学院
8	湖南铁道职业技术学院	21	天津交通职业学院
9	湖南铁路科技职业技术学院	22	武汉交通职业学院
10	吉林交通职业技术学院	23	武汉铁路职业技术学院
11	吉林铁道职业技术学院	24	西安铁路职业技术学院
12	江苏海事职业技术学院	25	浙江交通职业技术学院
13	江西交通职业技术学院	26	郑州铁路职业技术学院

交通运输大类高职院校较为突出和典型的共性特征有以下两点：

1. 发挥学校理事会和职教集团的作用

其中，共18所高职院校具有此特征。职教集团是职业院校、行业企业等多元主体为实现资源的共建共享、优势互补而建立的教育集团。各高职院校在推进集团化办学的过程中，通过建立职教集团的方式来推进高职院校内外部治理结构的改革，有利于推动高职院校构建职业院校"命运共同体"，进一步推动多元主体参与到高职院校的治理中，加速资源和信息的整合与共享，推动现代职业教育体系的建立。

西安铁路职业技术学院发挥轨道交通职教集团平台作用，吸纳轨道交通行业上下游企业，完善理事会章程及议事规则，实施"院+基地+中心"建设工程，校企共建产业学院、教融合实训基地、协同创新中心，集团成员共同开展合作办学、订单培养、技术研发等，完善各项管理机制，不断推进职教集团实体化运行。

广州铁路职业技术学院召开第二届理事会第一次会议，研讨理事会章程，明确理事职责，审议第二届理事会名单，进一步深化政府主导、行业指导、企业参与的职业教育办学体制机制，增强学校与社会的联系、合作，建立健全政府、企业、社会共同支持和监督学校发展的长效机制，形成政、校、行、企"协同决策—执行实施—指导服务—监督管理"的理事会治理体系，推动了学校现代化治理。

青海交通职业技术学院按照"完善机制、深化融合、共建共享、协同育人"的原则，以"集团化办学""现代学徒制""企业订单班""校企合作联盟""校内外实训基地"等为载体，推行"三对接"，即专业设置对接产业需求，课程内容对接职业标准，教学内容对接生产过程，以健全机制、完善制度为保障，以拓宽路径、提升层次为手段，打造校企命运共同体，促进校企协同发展。

2. 积极发挥教职工代表大会作用

其中，共17所高职院校具有此特征。教职工代表大会充分代表着高校行使民主监督的功能，是高校走向法治化、民主化的重要标志。教职工代表大会制度是代表着高校教师有知情权、监督权、建议权、参与权，教职工代表大会制度是高职院校加速构建治理体系的重要抓手和重要举措。教代会对于维护教职工的合法权益、化解教职工矛盾、促进教职工关系协调发展、激发教师干事活力等方面有着重要的作用。

湖南铁路科技职业技术学院制定了《湖南铁路科技职业技术学院教职工代表大会实施办法》《湖南铁路科技职业技术学院教代会提案工作实施办法》等教代会相关制度，明确了教代会的组成、职责、会议规则及议事程序，并将教代会视为教职工政治生活的大事，按要求召开教代会，落实教代会工作决议，畅通教职工参与民主决策、民主管理、民主监督渠道，激发教职工主人翁责任感。

陕西铁路工程职业技术学院完善校内民主管理和监督机制，认真落实学校《教职工代表大会规定》，对关乎学校发展和教职工切身利益的重大事项，以及教职工普遍关心的热点焦点问题，均召开专题教代会，听取教职工代表的意见，由教代会表决通过。该校坚持信息公开制度，进一步扩大学校在招生考试、财务资产及收费、人事师资、教学质量、学生管理服务等方面的信息公开力度，保障师生员工、社会公众对学院重大事项、重要制度的知情权，接受利益相关方的监督。

交通运输大类高职院校在高校内部治理现代化的过程中主要集中在以下两方面的改革：第一，发挥学校理事会和职教集团的作用；第二，积极发挥教职工代表大会作用。实际上，高职院校的理事会制度和教职工代表大会制度不仅能够激发校企办学活力，还能充分释放高职院校的民主监督权利。

（四）电子与信息大类

信息技术促进全球产业结构变革与调整，全球经济格局因互联网技术得以重新洗牌，人类社会正式开启第四次工业革命，智能化时代拉开帷幕。目前，人工智能、大数据、区块链、物联网等技术日益融入经济与社会发展等领域的全过程。其辐射范围之广、影响程度之深前所未有，互联网技术已成为中国打赢"经济战"的关键密钥。我国电子与信息大类高职院校紧跟时代脉搏，积极培养了大批以"新工科"为主的互联网技术技能型人才。

研究对象包含的 14 所电子与信息大类高职院校，见表 2-6。

表 2-6　14 所电子与信息大类高职院校

排序	学校名称	排序	学校名称
1	北京信息职业技术学院	8	深圳信息职业技术学院
2	常州信息职业技术学院	9	石家庄邮电职业技术学院
3	重庆电子工程职业学院	10	四川邮电职业技术学院
4	福建信息职业技术学院	11	天津电子信息职业技术学院
5	广东科学技术职业学院	12	天津现代职业技术学院
6	贵州轻工职业技术学院	13	武汉软件工程职业学院
7	南京信息职业技术学院	14	金华职业技术学院怀卡托国际学院

电子与信息大类高职院校较为突出和典型的共性特征有以下两点：

1. 打造智慧校园，加强数字治理

其中，共 9 所高职院校具有此特征。党的二十大首次将"推进教育数字化"写入二十大报告中，赋予了教育在全面建设社会主义现代化国家的新使命。2022 年 11 月 14 日，教育部党组书记、部长怀进鹏在中国教育科学研究院调研教育科研工作时提出："要汇聚静态资源和动态数据持续加强国家教育数字化资源中心建设，着力提升师生数字化素养和能力，积极运用人工智能、大数据等技术助学、助教、助管、助研，探索数据赋能学习型社会建设，加强教育数字化开放合作，全力打造数字教育的中国思想、中国理念、中国方案。"

电子与信息大类高职院校在加强校园信息化办公平台建设、通过互联网技术打造数字校园方面的经验值得其余高校借鉴。电子与信息类高职院校利用其专业优势，将校园打造成为更高效、快捷、便利的智慧校园。智慧校园与校园信息化办公平台的建设提高了教师的工作效率，其无纸化的办公方式还大大节省了办公经费；利用互联网技术红利，其公开、透明的工作方式有利于打通高职院校内部治理体系，极大地发挥信息技术在学校治理中的辅助性作用，体现了电子与信息大类高职院校的专业特点。

福建信息职业技术学院平潭校区师生事务服务中心于 2021 年 3 月正式启用。该中心自启动以来，不断完善服务工作体系和信息化配套设施建设，进一步明确事项办理流程和审核、审批前置材料清单等，充分利用智慧校园应用系统，构建形成线上线下综合服务平台，以"数据多跑路"促进"师生少跑腿"，努力打造材料最少、流程最简、服务最优的办事模式，办事效率不断提高，办事流程不断精简，为师生提供了更高效、更贴心的全方位服务，是完善学校治理体系、提升学校内部治理效能的"试验田"。

天津现代职业技术学院自 2021 年加强校园信息化办公平台建设、智慧校园建设以来，完成了数据共享交换平台建设，以数据价值应用为导向，以全员数据治理文化为核心，以信息化为工具，建立长期、安全、可控、可持续的数据全生命周期治理体系。在数据服务平台支持下，从以管理为主转变为以服务为主的改革，提高了数据资产的利用率；坚持"定期度量，持续改进"的原则，建立健全数据质量持续度量、问题改进的循环，提高数据质量。该校建立了数据资产目录及元数据的数据资源池，形成数据统一定义、统一管理，以此来实现数据的治理工作，满足数据共享，提升数据的服务质量。

武汉软件工程职业学院构建数据支撑的评估决策分析体系，实现科学化治理；延伸服务链条，便捷服务流程，满足个性需求，实现精细化治理；打破数据壁垒，消除信息孤岛，推进跨部门跨领域跨层级联动，实现协同化治理。动态优化 OA 系统，开展信息技术培训，提高日常办公的数字化水平。

2. 创新目标量化考核机制

其中，共 8 所高职院校具有此特征。目标量化考核即在一个考核周期内，通过制定任务目标对教师完成工作情况进行考核的一种方式。量化考核机制由于其客观性与公正性，已逐渐被引入高职院校绩效考核制度改革中，其目的在于很大程度上激发教师的工作积极性，在实现工作目标的过程中不断总结、不断反思、不断修正。在电子与信息大类高校中，可以明显看到上述高校均在不断革新绩效考核制度，创新目标量化考核机制。

重庆电子工程职业学院坚持"上下沟通、自主保证"的总体思路，以内设机构职责为基础，以"双高"项目建设任务与绩效指标为主干，结合职能部门重点工作任务，通过横向和纵向对比，形成职能部门发展性考核指标和年度核心指标；坚持"层层分解、考核关联"的总体思路，在职能部门将年度任务分解到二级学院的基础上，编制出台了职能部门、二级学院、"双高"项目、党建、科处级干部和教职工 6 大类考核实施方案；坚持"一次采集、全面应用"的总体思路，根据年度考核实施方案，开发党建工作、处科级干部考核功能模块，修改已有的功能模块，全面支撑 6 大类考核；坚持"把握逻辑、有序推进"的总体思路，组织考核牵头部门，按照采集数据与满意度调查、考核实施、综合评议、学校审定 4 个环节有序推进考核工作。形成学校年度任务 1 套，年度考核实施方案 1 套。

广东科学技术职业学院建立"查、奖、罚"三位一体质量保证奖惩机制。学校将质量建设与部门绩效考核、标志性成果奖励、教学优秀奖励、教学事故处理、行政事故处罚挂钩，全面构建学校内部质量保证奖罚机制。完善学校《事业编制教职工奖励性绩效工资考核分配试行办法》《教学事故认定与处理办法》《行政事故认定与处理办法》《校长教学质量奖评选办法》等制度，将质量建设与部门绩效、奖励、行政事故处罚相挂钩。

电子与信息大类高职院校在推进高校内部治理改革过程中主要聚焦于以下两方面：第一，打造智慧校园，加强数字治理；第二，创新目标量化考核机制。可以看到，构建信息化的办公平台、加速智慧校园的构建较为符合电子与信息大类高职院校的专业特点，电子与信息类高职院校的强势专业主要为计算机科学与技术，因此，上述高职院校在治理过程中更趋于依托互联网与大数据，构建较为完善的校园信息化平台，从而提升教师办事效率。

（五）能源动力与材料、土木建筑、水利大类

《国务院关于加快培育和发展战略性新兴产业的决定》指出："根据战略性新兴产业的发展阶段和特点，目前主要发展方向与任务放在新能源产业、新材料产业、新能源汽车产业、节能环保产业等七大新兴产业。"[①] 将能源动力与材料、土木建筑、水利等三类专业归纳为一起，来源于其产业和行业的相似性。能源动力与材料、土木建筑、水利大类专业对战略性新兴产业非常重要。在能源动力与材料、土木建筑、水利大类高职院校中，可以看到各高校在探索内部治理过程中主要偏向于积极开展学校理事会和教职工代表大会制度，推动人事分配制度改革，调整机构改革等方面。

研究对象包含的 20 所能源动力与材料、土木建筑、水利大类高职院校，见表 2-7。

---

① 中华人民共和国中央人民政府. 国务院关于加快培育和发展战略性新兴产业的决定. [2022-8-22]. http://www.gov.cn/zhengce/content/2010-10/18/content_ 1274.htm.

表2-7　20所能源动力与材料、土木建筑、水利大类高职院校

排序	学校名称	排序	学校名称
1	安徽水利水电职业技术学院	11	昆明冶金高等专科学校
2	重庆电力高等专科学校	12	兰州石化职业技术大学
3	重庆水利电力职业技术学院	13	辽宁石化职业技术学院
4	广东水利电力职业技术学院	14	内蒙古建筑职业技术学院
5	广西建设职业技术学院	15	山西工程职业学院
6	河北工业职业技术大学	16	上海城建职业学院
7	河北石油职业技术大学	17	四川建筑职业技术学院
8	黑龙江建筑职业技术学院	18	武汉电力职业技术学院
9	黄河水利职业技术学院	19	徐州工业职业技术学院
10	江苏建筑职业技术学院	20	浙江建设职业技术学院

能源动力与材料、土木建筑、水利大类高职院校较为突出和典型的共性特征有以下三点：

1. 积极开展学校理事会和教职工代表大会制度改革

其中，共12所高职院校具有此特征。教职工通过教代会制度，听取校领导班子的年度工作报告，并审议学校重大问题，这种方式进一步强化了高校民主监督的效能，教职工的公共权力得以进一步释放，该举措是加强高职院校依法治校、构建法治化校园的重要抓手。在能源动力与材料、土木建筑、水利大类高职院校中，大部分高校都在不断完善教代会制度与理事会制度，以立法形式将教代会制度和理事会制度确立为学校的基本制度，这是高职院校从管理迈向治理的成熟表现。

河北石油职业技术大学推行"健全内部治理体系、实现办学开放化和民主化、改革校系两级管理体制、完善内部质量监控体系和实施质量评价多元化"五大举措。以《河北石油职业技术大学章程》为依据，完善现代职业学校制度体系，认真落实"一章八制"；充分发挥学术委员会和校务委员会（理事会）的作用，重构系部建制；同时结合学校发展实际，修订了党政联席会制度、教师申诉制度、信息公开办法等12项制度，着力强化了民主管理。

广西建设职业技术学院在内部治理过程中不断完善民主治理机制。该校修订了《教职工代表大会实施办法》，制定《教职工代表大会提案工作委员会工作细则》《教代会执行委员会工作细则》，进一步完善教职工代表大会制度体系。与此同时，该校设立校园议事厅，出台《校园议事厅管理制度》，召开教职工代表大会、学生代表大会，开

展学校领导接待日、工会主席接待日、学生民主座谈会等活动，师生参与学校民主管理的渠道不断拓宽。由此可见，构建较为完善的教代会制度与理事会制度可以有效加强高职院校的民主治理与民主监督。

2. 推动人事制度改革

其中，共 11 所高职院校具有此特征。选拔人才的基本标志在于是否拥有一流的创造力与执行力，应当以取得突破性成果来衡量人才的创造力和对人才的选拔。高职院校是否能够培养出优秀人才的重要决定因素是教师。教师的工作能力与工作态度极大影响一所高校的教育质量。因此，推动人事制度改革是完善高职院校治理体系，提升高校教育质量的重要因素。

兰州石化职业技术大学在评价改革、激发组织活力、赋能人才方面的经验和措施值得借鉴。该校坚持目标导向和问题导向相结合，坚持守正和创新相统一，构建分工合作、统一协调的监督和评价结构。以评价主体多元化、评价导向科学化、评价标准特色化和评价手段现代化的成效表征为指引，克服"五唯"倾向，优化组织评价、改进人才评价、健全分配制度、完善干部选拔任用机制，营造干事创业氛围，激发组织的活力，同时也赋能人才发展。

黑龙江建筑职业技术学院不断推动人事分配制度改革，加强激励机制建设。该校以内设机构改革为契机，调整岗位津贴和课时酬金的标准和分配办法。在理顺组织架构和人力资源配置基础上，重新修订《绩效津贴实施办法》，在普遍提高标准的前提下，扩大不同岗位间级差，解决岗位津贴扁平化结构，使不同群体间获得与业绩、贡献、责任相对应的绩效奖励。整合各系统各层面奖励性政策和制度，以教学为中心，以人才培养为宗旨，以提升科研水平为抓手，实施《奖励性绩效津贴实施办法》，实现激励机制建设。由此可见，人才选拔和正确的激励机制对于激发人才干事活力十分重要。因此，一套灵活、公平、公正的人才选拔和激励机制有利于选拔出优秀人才，使其继续参与到学校治理过程中。

上海城建职业学院落实"破五唯"要求。全面建立核心论文与学校重点发展业绩成果 X 项的替换规则，对不同类型教师的学术技术水平占综合能力评价的比重区别设置，实行差异化评聘；建立"突出贡献奖"制度，对"三全育人"、教学改革、指导大赛、社会服务等业绩显著的教师表彰奖励，形成教师评价的正确导向和鲜明特色。

3. 调整机构改革，发展跨专业教学组织

其中，共 10 所高职院校具有此特征。随着高职院校办学规模的不断扩大，高职院校的职能部门逐渐增多，内设机构的大幅度扩增给高职院校带来的是管理工作量的增

加、人力资本的浪费及工作效率的降低，不利于调动高校教师的干事积极性。因此，在高职院校推进内部治理体系改革的过程中，需要不断调整、合并、精简内设机构，促成机构改革，激发广大教师的工作积极性，提升内设机构的管理水平，提高工作效率。

黑龙江建筑职业技术学院在治理过程中开展内设机构设置改革，遵循"五大"原则，从而实现资源配置不断优化。该校制定了《内设机构改革工作实施方案》，广泛征求各部门和教职员工意见，统一思想认识，明确时间安排和步骤，精心组织稳妥推进实施。改革后，学院设有内设机构33个。其中，党政群管理机构16个，教学机构14个，教辅机构3个，严格按照教育部颁布的专业目录大类整合专业设置；各层级干部严格按照省编委办核准的干部职数，根据学院实际情况确定的岗位条件，引入竞争机制，优胜劣汰，进行重新聘用；同时压缩管理层级和减少行政人员编制数量，形成人员向二级系部流动的良好局面。

徐州工业职业技术学院完善制度，规范治理。成立学校制度建设领导小组，修订章程，修订考核方案，深化校院两级综合改革，提升内部治理。优化机构，改革创新。成立汽车工程学院、"双高"建设办公室等8个部门单位；将外事（港澳台）办公室等5个单位融合挂靠，各单位、部门责任更加明确、职能更加清晰，运行更加高效。发挥民主，促进协同。

昆明冶金高等专科学校基于专业群建设，推进校院两级治理体制机制改革，深化二级学院、特色产业学院管理，合理配置人、财、物、事的管理权限，不断推进管理重心下移，突出二级学院、产业学院的教育教学中心地位，强化人才培养质量绩效评价。完善跨专业、跨学院建设的专业群、实训基地、创新服务平台运行机制。通过自评与专业机构评估结合的方式，利用科学管理工具及指标，进行成果评估，不断改进。

能源动力与材料、土木建筑、水利大类高职院校在深化内部治理改革过程中主要通过积极开展学校理事会和教职工代表大会制度改革、推动人事制度改革、调整机构改革和发展跨专业教学组织等方式来深化其内部治理程度。上述三方面都体现出能源动力与材料、土木建筑、水利大类高职院校在深化内部治理过程中的"民主"过程。治理是一个走向民主的过程，通过开展教代会和理事会制度来充分释放教师的民主权利，以集中上的民主和民主上的集中相结合的方式来进一步提升教师的民主权利，让广大教师充分参与到学校治理中来。

（六）财经商贸大类

财经商贸大类专业人才培养服务于国家现代服务业。财经商贸大类专业是国民经济发展的基础性、战略性、先导性产业，为我国企业输送了大量财政税务、金融、财务会计、统计、工商管理、物流等岗位的人才，是我国企业优质人力资本的重要来源。伴随着互联网与数字经济的发展，财经商贸大类在众多专业和岗位上也呈现出数字化、智能化、信息化的特点。由于其专业特性，财经商贸大类高职院校与企业之间的联结非常紧密，因此在治理过程中呈现出明显的"多元共治"特点。许多财经类高职院校都在不断探索多元共治的治理路径，将企业、政府、社会等多元主体纳入其治理体系中。

研究对象包含的 23 所财经商贸大类高职院校，见表 2-8。

表 2-8　23 所财经商贸大类高职院校

排序	学校名称	排序	学校名称
1	安徽工商职业学院	13	江西外语外贸职业学院
2	安徽商贸职业技术学院	14	辽宁经济职业技术学院
3	北京财贸职业学院	15	宁夏工商职业技术学院
4	天津商务职业学院	16	山东商业职业技术学院
5	长沙商贸旅游职业技术学院	17	山西省财政税务专科学校
6	重庆财经职业学院	18	无锡商业职业技术学院
7	重庆工商职业学院	19	浙江工贸职业技术学院
8	广东工贸职业技术学院	20	浙江金融职业学院
9	广州科技贸易职业学院	21	浙江经济职业技术学院
10	海南经贸职业技术学院	22	浙江经贸职业技术学院
11	江苏经贸职业技术学院	23	浙江商业职业技术学院
12	江西财经职业学院		

财经商贸大类高职院校较为突出和典型的共性特征有以下三点：

1. 探索校—企多元共治模式

其中，共 19 所高校具有此特征。习近平总书记指出："人类正处在大发展大变革大调整时期。世界多极化、经济全球化深入发展……全球命运与共、休戚相关""要坚持合作共赢，构建人类命运共同体。"[①] 习近平总书记关于人类命运共同体的阐述表明：

---

① 习近平. 共同构建人类命运共同体——在联合国日内瓦总部的演讲. 人民日报，2017-1-20（002）.

只有相互合作，才能够互利共赢。教育也并不例外，职业教育的成功不能仅靠高校这唯一主体来完成，需要企业、政府、社会组织、公民团体等多元主体的共同参与，构建"教育共同体"来达成治理目标。《中国职业教育发展报告（2012—2022 年）》指出："截至 2021 年，全国组建约 1500 个职教集团，吸引 3 万多家企业参与，覆盖近70%的职业院校。培育 3000 多家产教融合型企业、试点建设 21 个产教融合型城市。"

北京财贸职业学院持续深化校企"双元育人"，构建"三联合、三对接、三融通"校企"双元育人"体系。依托北京商贸职教集团，建设"共同参与、共同建设、共同受益"的新型产教融合平台。聚集城市副中心优质资源，建立学校、园区、企业"1+1+N"合作运行机制，与通州运河商务区、环球影城、中智集团、中联集团等合作共建人才储备班、订单班、企业课堂、实训基地、大师工作室、技术应用研发服务中心等。学校是国家首批现代学徒制试点单位，北京商贸职教集团入选首批"全国示范性职教集团培育单位"，5 个企业冠名学院成立北京市工程师学院。2022 年，3 个校企合作案例入围"教育部产教融合典型案例"，1 个案例荣获"世界职业院校与技术大学联盟金奖"。

无锡商业职业技术学院在内部治理过程中不断聚焦产教深度融合，优化集团协同治理体系。坚持政行企校联动，组建了专业建设与教学改革委员会、校企合作工作委员会、"1+X"证书推广中心、区块链商科专委会等集团共治平台，统筹推进校企行深度合作，创新校企协同育人模式，不断完善以理事会（常务理事会）决策、秘书处联络协调、委员会项目运行和监事会监督工作架构，构建多元共治、多维协同集团治理体系。积极探索推行会议轮值承办制和集团项目承接制，以优质合作项目提升集团聚合力。

广州科技贸易职业学院构建了产教融合命运共同体，营造共建共治共享生态。该校设立 12 个产业学院，牵头组建粤港澳大湾区现代产业学院职教联盟，来自粤港澳大湾区 156 家院校、企业参加，制定有利于学校、企业共享各方资源的投入机制及产业学院运行机制，发挥企业先进设备的资源优势，构建政校行企命运共同体，依托产业学院资源和环境优势，校企共建融实训教学、技术开发、技能鉴定、社会培训等功能"四位一体"实践平台，可容纳 3500 人开展实践教学，实现校企共建共享资源、共培共育学生，营造共融共赢生态，实现校企文化融合，活力发展。

2. 完善内部质量保证体系

其中，共 17 所高职院校具有此特征。构建较为健全的内部质量保证体系是完善高职院校治理体系的重要组成部分。大部分财经商贸大类高职院校利用互联网与大数据技术组织开展其内部质量保证体系，以专业化的信息平台为媒介，保障其内部质量保证体系的顺利开展。

江苏经贸职业技术学院在探索内部质量保证体系中，组织开展基于大数据的内部治理评价体系研究，探索"制度管权、流程管事、风险可控、活动可溯"的保障机制。修订完善学校内部质量保证体系建设与运行实施方案，建成内部质量保证体系诊断与管理平台，形成具有网络化、全覆盖、较强预警功能和激励作用的内部质量保证运行机制，实现学校人才培养质量的持续提升。构建教学质量综合评价体系，推进教学质量保障平台建设，组建校、院二级督导队伍，实施教师执教能力综合测评，对学校教学工作全面实施监测、督导与评估，强化人才培养全过程质量管理。

重庆工商职业学院面向"高质量办学、高品质学习"，以师生内生需要为动力，全力打造学校质量保证目标体系、人才培养质量标准体系、大数据质量测评体系，搭建智慧校园服务平台，培育自我诊断与持续改进的现代质量文化，形成"三体系一平台一文化"系统集成的内部质量保证体系，将全校所有人员各方面工作都有机统一到高质量人才培养体系构建的主线上。

宁夏工商职业技术学院构建完善了四级内部质量保证组织体系。成立学校内部质量保证体系诊断与改进工作委员会，全面负责学校内部质量保证体系设计和政策制定，全面协调质量保证工作的开展；质量管理办公室负责执行质量监控、考核性诊断制度建立与运行等工作；成立由相关职能处室牵头的学校层面、专业层面、课程层面、教师层面、学生层面、平台建设层面6个工作组，全面负责各层面的诊断与改进工作；成立各部门、各教学单位质量保证小组，全面负责本部门诊断与改进工作。

3. 逐步提升管理服务效能

其中，共11所高职院校具有此特征。当前，我国高职院校在某种程度上仍然存在着行政管理陈旧、办公效率低下、办事流程烦琐等现象，究其原因在于高职院校没有从根本上改变其落后、低效的办事方式，没有建立信息化的办公系统，使得高校的资源配置没有完全发挥出其全部效能。财经商贸大类高职院校在探索学院内部治理休系的过程中不断提升各单位的管理服务效能，使"最多跑一次"成为学校在管理服务方面的口号。通过剔除较多无效且繁杂的办事流程与表格，简化教师的办事程序。得益于"多管齐下"的工作方式，办公效率得到了大幅度提升。

浙江工贸职业技术学院在提升内部管理效能的过程中不断深化二级管理机制改革扩大二级决策权限，提升管理服务效能。该校深化"最多跑一次"改革，实现校务服务事项数据共享、推进校务服务事项流程优化，实现95%事项"不用跑"，全力推进数字化改革，依据"四横两纵"信息化建设架构体系，建成数据中台、"一站式"服务大厅等平台，实现数据开放共享，提供校情数据分析，提供决策支持，提升治理能力和治理水平现代化。切实提高了师生的知心度和满意度。

长沙商贸旅游职业技术学院以教育信息化促进教学、科研和师生服务现代化，全面推进信息化建设和智能化深度应用。新建数据中心机房，增加互联网出口带宽，建立师生服务"一网通办"平台，优化教务和学工信息化服务平台，强化网络安全能力保障，学校信息化治理水平和教师信息化教学能力不断提升。

浙江经济职业技术学院全面推进数字化改革，系统推进校园智治，持续优化"最多跑一次"改革的校务服务平台，部署完成183项服务/审批事项，现有180项服务/审批事项可在线办理。

财经商贸大类高职院校在深化高校内部治理改革过程中主要在以下三方面：第一，探索校企多元共治模式，让多元主体充分参与到治理和改革中；第二，完善内部质量保证体系，通过构建"事前—事中—事后"的内部质量保证体系，提升教学质量；第三，逐步提升管理服务效能，通过优化办公流程等方法来逐步提升管理服务效能。由于其专业特性，财经商贸大类高职院校在专业建设上更需要加强多元主体之间的合作，让企业和社会这两个重要主体加入专业建设与内部治理中，实现多方的"共赢"。

（七）轻工纺织、文化艺术大类

将轻工纺织类专业与文化艺术类专业归纳为一大类出于以下两点考虑：第一，专业与产业上的共通性。轻工纺织类专业与文化艺术类专业具有专业上的相似性，并且两大类中的部分专业都位于相同的产业链。如轻工纺织大类中的现代纺织技术、服装设计与工艺、针织技术与针织服装等专业与文化艺术大类中的服装与服装设计、服装陈列与展示设计等专业都处于服装产业链上，其专业上的共通性有利于对轻工纺织类和文化艺术类的高职院校的治理手段进行比较与总结。第二，轻工纺织类与文化艺术类专业是文化传承、繁衍与创新的重要专业。上述两大类专业与人们的生活密切相关，是提升人民生活质量与生活水平的核心专业。如文化艺术类的人物形象设计、音乐表演、摄影与摄像艺术和轻工纺织类的化妆品技术、珠宝首饰技术与管理等专业都能够满足人们提升生活水平的要求。因此，本节将轻工纺织类与文化艺术类归纳为一类。

研究对象包含的12所轻工纺织、文化艺术大类高职院校，见表2-9。

表2-9 12所轻工纺织、文化艺术大类高职院校

排序	学校名称	排序	学校名称
1	成都纺织高等专科学校	7	上海工艺美术职业学院
2	广东轻工职业技术学院	8	苏州工艺美术职业技术学院
3	广州番禺职业技术学院	9	新疆轻工职业技术学院
4	湖南工艺美术职业学院	10	盐城工业职业技术学院
5	江苏工程职业技术学院	11	浙江艺术职业学院
6	山东科技职业学院	12	中山火炬职业技术学院

轻工纺织、文化艺术大类高职院校较为突出和典型的共性特征有以下两点：

1. 创新文化治理

其中，共7所高职院校具有此特征。高职院校深化治理体系的主要目的在于培养出更加优秀的高校毕业生，培养"大国工匠"与"能工巧匠"，为社会输送优质人才。因此，高职院校的治理也应当涵盖高校育人机制建设。高职院校实践育人机制是实现立德树人教育的根本目的，是全面提升教育质量的必然要求。一套具有创新性、完善、合理的育人机制，能够全方位提升学生思想、身体、能力等方面，提高学生的创造力、主观能动性与积极性，使学生树立"终身学习"的理念，培养高职学生的"工匠精神"。

成都纺织高等专科学校创建"扎根非遗、传承创新"的高职院校工匠精神孕育机制。学校与10余家单位共建"成都市蜀绣产业技术创新联盟"和"成都蜀绣工程技术研究中心"，建立蜀锦蜀绣研究中心、高新纺织品创新中心、西南少数民族服装服饰博物馆等，形成了"政府主导、行业指导、学校主体、企业参与"的"四联动"协同育人创新实践平台，构建"一二三五"培养体系，形成"三层三类"培养框架，举办技艺研习工坊，采用"大师+教授""能工巧匠+骨干教师"的现代"师徒传习式"教学方式，形成集"研究、陈列、传习"三位一体的非物质文化遗产阵地。复原古法技艺如复原汉代流传下来的即将失传的早期织造蜀锦的丁桥织机及其技艺等。规划职业技能标准，编写教育培训教材，创办刺绣专业，弥补技艺传承空白。

广州番禺职业技术学院一是坚持把"立德树人"作为根本任务，全面统筹育人资源和育人力量，构建十大育人体系，打造"一体化构建、两主体并重、三融合并举、七体系联动"的"1237"三全育人模式。二是聚焦育人任务，制定《广州番禺职业技术学院"三全育人"体制机制建设实施意见》，明确25项建设任务，开设"三全育人"专题网站，结合网络思想政治教育工作建设"易班"，立项"三全育人"精品培

育项目等，逐步凝练形成了以常态化、长效化党史学习为牵引的"一条主线、三个协同、五轮联动""五育并举"、"三全育人""135番职模式"。

2. 加强风控，重塑流程

其中，共6所高职院校具有此特征。当前，中国社会已进入风险社会。在风险社会中，每个人都无法独善其身，高校也不例外。加强风险控制与外部环境监督是提升高职院校治理环境安全性的重要举措。以新冠疫情防控为例，疫情防控是对高职院校基层治理与加强风险控制的一次重要考验和挑战。高校外部环境的多样性与复杂性就决定了学校在与多元主体的合作与接触中，不仅包含着正外部效应，也面临着许多负外部效应。因此，加强信息防控、提高抵抗风险的能力是高职院校完善内部环境治理的重要方面。

广东轻工职业技术学院在优化治理外部环境做优智能化内控，筑牢经济活动"数字防护墙"。该校云端重构项目管理业务流程，以"财务预算为主线、资金管控为核心、绩效管理为目标"，嵌入"管理制度化、制度流程化、流程岗位化、岗位职责化、职责表单化、表单信息化、信息数字化、数字智能化"的内控方法，聚焦在事务管理、经费使用、项目建设、监督评价等过程管理，通过预算、收支、采购、合同、资产、基建、监督、评价等业务模块之间的关联，配套组织、制度、决策、会议、"三公"、内部审计、督察督办等管理模块，实现经济业务活动全生命周期闭环管理。

上海工艺美术职业学院寻求专业力量，加强风险控制与外部监督。为了规范治理体系环境，学院启动了内部风控机制专项建设，引进专业会计师事务所，系统梳理预决算管理、收支管理、资产管理、合同管理、采购管理、科研项目管理、工程项目管理、信息化管理8大模块，推进内部控制建设，规范内部经济业务，实施内控流程再造，已完成前期招标工作。

轻工纺织、文化艺术大类高职院校在深化内部治理改革的过程中主要从创新文化治理和加强风控、重塑流程两方面着力，并取得了诸多成效，有效提升了轻工纺织、文化艺术大类高职院校的内部治理改革成效，对于深化高职院校内部治理改革有着极好的借鉴意义。高职院校不仅需要培养学生的专业技能，更需要提升学生的思想道德水平，培育更多的"大国工匠"与"能工巧匠"。

（八）旅游、公共管理与服务、公安与司法大类

将旅游类、公共管理与服务类、公安与司法类归纳为一类主要原因在于上述3个专业大类都属于我国第三产业，并处在转型升级的关键节点。当前，我国处于社会发

展与转型的快速阶段，人民对美好生活的需求日益增长，因此旅游、社会工作、民政服务与管理、智慧健康养老服务、现代家政服务业管理专业的人才需求量都在逐年增大。上述专业的扩充与壮大，对于服务社会发展、提升广大居民生活质量都有着非常重要的意义。因此，旅游、公共管理与服务、公安与司法大类高职院校也在致力于提升内部治理水平，通过完善民主监督机制、大数据治理等手段提升教学质量，培养更多的复合型人才，为我国第三产业与社会发展提供专业性人才队伍。

研究对象包含的 6 所旅游、公共管理与服务、公安与司法大类高职院校，见表2-10。

表2-10　6所旅游、公共管理与服务、公安与司法大类高职院校

排序	学校名称	排序	学校名称
1	北京劳动保障职业学院	4	青岛酒店管理职业技术学院
2	长沙民政职业技术学院	5	浙江警官职业学院
3	重庆城市管理职业学院	6	浙江旅游职业学院

旅游、公共管理与服务、公安与司法大类高职院校较为突出和典型的共性特征有以下两点：

1. 深入推进大数据治理工程

其中，共4所高职院校具有此特征。随着科技革命和产业革命，数字信息技术对经济社会发展起到了巨大的支撑和推进作用。习近平总书记多次强调"数字中国"与"数字经济"的重要性，"数字教育"是"数字中国"的一部分，其重要性不言而喻。2022 年 12 月 5 日，教育部部长怀进鹏出席 2022 国际人工智能与教育会议强调："我们要聚焦教育数字化变革中教师面临的机遇和挑战，展望科技赋能教师的新愿景，探索人工智能变革教学的新路径，以数字化为杠杆，为教师赋能，促进教学升级，撬动教育整体变革。"强化数字服务与大数据治理现已成为高职院校推进内部治理过程的重要环节。通过专业、高效、便捷的大数据技术来解决高职院校在治理过程中所面临的困难。

浙江旅游职业学院聚焦数据治理，强化数字服务，全面启动数据治理攻坚工程、校务服务提升工程、校园环境智治工程、教学改革深化工程、数智基建保障工程等5大工程，初步建成校园智慧大脑，实现"治理一中枢、填报一件事、决策一张图、应用三平台"的数据治理体系。在"治理一中枢"方面，梳理、重构业务场景，按照数据交互规则进行统一规范和编排，打通 22 个业务系统 528 张数据表之间的数据壁垒。

在"填报一件事"方面，构建教师教学、科研、社会实践等基础信息"一张表"，通过基础信息表数据交互和定制，实现 6 个部门 45 张校内表单"最多填一次"或"不用填"，切实解决了教师重复填表、多头填报的难题。在"决策一张图"方面，聚焦教学、科研、管理、生活等校园业务管理场景，开发"一项工作一看板"让数据充分赋能学校科学决策。在"应用三平台"方面，建立"浙旅院钉"掌上办平台，联结办事大厅、智慧后勤等应用场景，实现校内服务"掌上通办"。

2. 完善民主监督，审议学校重大问题

其中，共 3 所高职院校具有此特征。在旅游、公共管理与服务、公安与司法大类高职院校中，各高校不断完善民主监督。以互联网技术为手段，以办公信息平台为依托，通过定期检查与定期监督，对学校正在进行的项目和事物进行及时的修正与补充，以权利制约权力，还原风清气正的校园文化，保障教师与学生的基本利益。

北京劳动保障职业学院在 2021 年以完善制度和健全督查督办机制来促进院校治理水平。该校先后制定出台了《督查督办工作办法》《关于加强重要工作督查督办的通知》等工作制度，明确了督办工作内容，建立了台账，明确了责任部门和任务完成时限，在钉钉平台开通了"督查督办"专栏，在网上公开通报，接受全体教职员工的监督。在服务师生方面，学校进一步深化了"院处长走流程"、开通"校园 12345"专栏，学生可以随时进行信息沟通和反馈。"校园 12345"实行"一把手"工程，由学校党政小牵头，各个部门承办相关问题和建议，第一时间进行响应和解决，由主管院领导审核解决方法，学生进行满意度评价，直至学生满意方可结案。自开设以来为学生解决学习、生活等各类困难和问题共 129 项。

旅游、公共管理与服务、公安与司法大类高职院校在大数据治理工程和完善民主监督机制中取得了诸多成效，其治理经验对其他高校极具借鉴意义，其支撑第三产业发展的重要性已越来越凸显。

（九）医药卫生、食品药品与粮食大类

医药卫生、食品药品与粮食大类对于提高我国居民健康水平、提升国民生活质量等方面有着非常重要的意义。医药卫生、食品药品与粮食大类高校为我国医疗卫生事业和公共卫生管理事业提供了大批专业性医学、药学、食品学等专业技能人才，上述两大专业类别具有专业上的一致性与相似性。由于医药卫生专业与食品药品与粮食大类在专业上的严谨性，可以看到，上述专业高职院校的治理手段更侧重于完善学校内部业务流程，优化制度流程。同时，由于上述两类专业与医疗机构和制药厂等工作单

位合作非常密切，因此在其推动内部治理的过程当中，也侧重于与医院等医疗机构构建"校企共同体"，通过多元主体之间的社会合作来加强高职院校内部治理体系。

研究对象包含的 11 所医药卫生、食品药品与粮食大类高职院校，见表 2-11。

表 2-11　11 所医药卫生、食品药品与粮食大类高职院校

排序	学校名称	排序	学校名称
1	安徽医学高等专科学校	7	湖南化工职业技术学院
2	沧州医学高等专科学校	8	江苏食品药品职业技术学院
3	重庆三峡医药高等专科学校	9	内蒙古化工职业学院
4	重庆医药高等专科学校	10	山东药品食品职业学院
5	广东食品药品职业学院	11	天津医学高等专科学校
6	河北化工医药职业技术学院		

医药卫生、食品药品与粮食大类高职院校较为突出和典型的共性特征有以下两点：

1. 完善学校内部业务流程，优化制度流程

其中，共 10 所高职院校具有此特征。医药卫生、食品药品与粮食大类高职院校在完善治理体系的过程中均在不断完善学校内部业务流程，优化制度流程。高职院校作为人才培养与人才集聚的平台，一套高效、便捷的业务流程与制度流程可以提升高职院校的管理效能，促进高职院校整体的行政体制创新与效率的大幅度提升。

天津医学高等专科学校旨在通过完善制度体系建设与提升内部治理效能，促进学校制度化、规范化、科学化和信息化的管理水平，并修订了学校治理章程。根据职业教育改革需求，结合学校新时期发展方向，依托国家示范性现代卫生职业教育集团资源优势，该校紧紧围绕国家职教改革方案、"双高"建设要求，完成了学校"十四五"规划的制定。通过对学校制度体系构建，完善现代卫生职教制度标准，出台完善科研诚信体系、学术委员会章程、网络安全、教育评价、职工代表大会制度等 30 余项制度，通过制度执行，保证工作开展的标准化、流程化。学校将继续探索卫生职业院校规章制度体系建设，努力形成横向职能、纵向层级、纵横联动、共治共享的有效机制，创新构建制度理权、流程理事、过程可溯、结果可控的治理模式，进而不断提高治理效能，促进学校高水平发展。

内蒙古化工职业学院进一步完善规章制度，落实工作责任制学院结合"双高"建设，进一步深化以学院章程为核心的制度体系建设，全面提升学校治理水平。为进一步推进学院项目建设规范化，该校出台《内蒙古化工职业学院项目库建设及管理办法》

《内蒙古化工职业学院"双高计划"建设项目管理办法》等制度；为加强"双高"建设项目专项资金管理，制定了《内蒙古化工职业学院"双高"建设项目专项资金管理办法及绩效评价管理办法》；出台《内蒙古化工职业学院教师师德失范行为负面清单及处理办法（暂行）》《内蒙古化工职业学院重大事项报备办法（试行）》《内蒙古化工职业学院班主任任职资格准入考试管理办法》等涉及党群、教学、科研、学生、人事、财务、资产等各项专项制度，使学院管理更加规范，推进学院事业高质量发展。

江苏食品药品职业技术学院优化"1+N"内部治理执行制度体系。该校以章程为统领，以完善内控机制为主线，纵向分层，横向分类，以体系化、标准化、系统化和可操作为原则，全面梳理各项规章制度，制订与修订教科研、师生发展、干部交流轮岗和强制离岗等200余项配套执行制度，形成依法治校的现代化治理制度体系。

2. 构建"校企命运共同体"

其中，共7所高职院校具有此特征。医药卫生、食品药品与粮食大类高职院校通过构建"校企共同体"，提升学校治理水平，进而检查自我治理水平。我国高职院校未来的内部治理路径不再由单一主体构成，其需要多元主体的参与来共同形成良好的"治理生态圈"。通过企业等多元主体深度参与到学校内部治理的每一过程中，让学校能够全方位与企业进行对接，从而精准了解企业需求，来不断纠正自己在治理过程中不完善的地方。

重庆三峡医药高等专科学校优化办学环境，构建"五位一体"协同治理新模式。该校以职业教育集团化办学为载体，积极推进政府、学校、行业和社会之间协同治理新型关系的建设发展，共同打造共建共管共赢、有质量、类型特色突出的"国家示范性职业教育集团"。该校积极拓展新型合作关系，牵头组建"成渝双城经济圈医药卫生职业教育联盟"，牵头成立中华中医药学会职业教育创新发展联合体。推进了人才培养与社会用人在结构、类型、需求对接，创建医学职业教育与行业发展结合、与区域医院及重点企业结合、与就业保障结合的人才培养新路径。

山东药品食品职业学院坚持产教融合校企合作。强化高校、地方政府、行业协会、企业机构等多元主体协同，形成共建共管的组织架构，探索理事会、集团化办学，建设科学高效、保障有力的制度体系。该校通过制定《校企合作管理办法》及相关配套制度，充分发挥高校与地方政府、行业协会、企业机构等双方或多方办学主体作用，加强区域产业、教育、科技资源的统筹和部门之间的协调，推进共同建设、共同管理、共享资源，探索"校企联合""校园联合"等多种合作办学模式，实现现代产业学院可持续、内涵式创新发展新动能。为了突出高校科技创新和人才集聚优势，该校制定

《学院职务科技成果转化实施细则》等，强化"产学研用"体系化设计，增强服务产业发展的支撑作用，推动经济转型升级、培育经济发展新管理方式，将人才培养、教师发展、实习实训、创新创业、科技研发有机结合，打造集产、学、研、转、创、用于一体，互补、互利、互动、多赢的实体性人才培养创新平台，实现教育链、创新链、产业链的深度融合。

医药卫生、食品药品与粮食大类高职院校通过完善学校内部业务流程和构建校企命运共同体这两个维度来深化其内部治理改革。可以说，加速构建"校企命运共同体"是未来高职院校治理的最终归宿与发展趋势。高职院校的发展如果想要迈入新平台，就必须要向产教融合和校企合作方向持续发力。

（十）综合类

综合类高职院校专业分布较为广泛，专业门类较多。综合类高职院校为各行各业培养了诸多人才，并逐渐成为高校深化内部治理改革的"领头羊"。上述高职院校学科门类齐全且具备高度的专业敏感性，可根据行业和产业的发展需求以及社会经济未来发展趋势，对专业和学科内容进行增减，做到专业与行业发展匹配，课程内容与岗位匹配。综合类高职院校在探索内部治理体系过程中有许多经验值得我们借鉴。

研究对象包含 52 所综合类高职院校，见表 2-12。

表 2-12　52 所综合类高职院校

排序	学校名称	排序	学校名称
1	滨州职业学院	12	河南职业技术学院
2	长春职业技术学院	13	黑龙江职业学院
3	长江职业学院	14	湖北职业技术学院
4	成都职业技术学院	15	黄冈职业技术学院
5	重庆三峡职业学院	16	济南职业学院
6	东莞职业技术学院	17	金华职业技术学院
7	东营职业学院	18	九江职业技术学院
8	福州职业技术学院	19	酒泉职业技术学院
9	广西职业技术学院	20	黎明职业大学
10	哈尔滨职业技术学院	21	柳州职业技术学院
11	杭州职业技术学院	22	南宁职业技术学院

排序	学校名称	排序	学校名称
23	南通职业大学	38	铜仁职业技术学院
24	宁波职业技术学院	39	威海职业学院
25	宁夏职业技术学院	40	潍坊职业学院
26	秦皇岛职业技术学院	41	温州职业技术学院
27	青岛职业技术学院	42	无锡职业技术学院
28	日照职业技术学院	43	芜湖职业技术学院
29	山东职业学院	44	武汉职业技术学院
30	山西职业技术学院	45	咸阳职业技术学院
31	陕西职业技术学院	46	襄阳职业技术学院
32	深圳职业技术学院	47	许昌职业技术学院
33	沈阳职业技术学院	48	烟台职业学院
34	石家庄职业技术学院	49	岳阳职业技术学院
35	顺德职业技术学院	50	枣庄职业学院
36	天津渤海职业技术学院	51	漳州职业技术学院
37	天津市职业大学	52	淄博职业学院

综合类高职院校较为突出和典型的共性特征有以下两点：

1. 提高信息化保障能力

其中，共36所高职院校具有此特征。新时代，数据已经成为最新驱动力，信息化水平建设十分重要。综合类高职院校在提升内部治理水平的出发点与目标有别于其他类别的高校。其他高职院校侧重于通过信息化手段来提升教师的工作效率，同时加强校园网络空间安全。而综合类高职院校在提升其信息化水平中的主要目的是为了教师和学生的共同成长。这种通过信息化手段来提升学院师生思想与能力水平的方式以顺德职业技术学院、无锡职业技术学院、南宁职业技术学院、温州职业技术学院等4所高校最具代表性。

顺德职业技术学院运用ERP系统，实现教学、学工、团委、顶岗实习、招聘与就业、校友等的关键流程，提供学生生命周期全视图。该校通过建设教师全生命周期管理系统，围绕教职工核心基础数据管理，对教师全生命周期各大业务进行整合和变革。建设财务信息化管理系统，提高不同业务的协同性，为师生员工提供贴心的财务信息服务，实现用户角色数字化、业务过程标准和服务质量可量化。建设科研管理系统，实现各类科研项目全过程规范化、精准化管理，构建"科研+财务"线上横向协同机制。自研开发微信服务涵盖全校师生办公、学习、生活，包括事项审批、教学巡查、公告、课表、成绩、消费、上网、邮箱、报障等34项，及时自研开发"师生健康及行踪上报""校外人员来访预约""防疫宣传""云报到"等7个全新应用，加大数据分析力度，提升数据应用深度，支持疫情防控工作。

无锡职业技术学院打造"五全"智慧校园，实现了数字化治理。该校建成"五全"智慧校园，利用大数据、云计算、物联网、移动互联和人工智能等先进信息技术，建设全业务上网、全数据交互、全方位决策支持、全系统安全、全师生覆盖，推进信息化技术与教育教学、管理服务的深度融合，整体提升了学校信息化和内控建设水平。建设一网通办的平台体系，梳理170个流程，集成50多个业务应用系统，实现教学、学习、管理、生活全覆盖，建成全量数据中心，建设数据分析平台，不断发挥数据资源的效益，实现教学质量的实时监控和预警，为师生提供全方位的数字画像服务、为管理部门提供决策支持。

广西职业技术学院建设"广职智慧大脑"。该校加强科学决策将学校大数据、招生大数据、就业大数据、校友大数据和双创大数据有效融合，实现学校重要数据的监测、分析和可视化展示，为学校管理层进行科学决策提供依据。推进数据治理，信息技术与核心业务深度融合，建成数据共享中心和学院"微门户"，实现业务系统数据互通、数据共享；通过建设用人数据决策（新进教师精准画像）、学工资助决策、财务预算决策、后勤大数据决策等重点领域决策平台，建立学校大数据专题分析模型，支撑教育决策、管理和服务。

枣庄职业学院建设了统一的智能校园平台。该校打通数据壁垒，消除数据孤岛，建立统一的数据资源池，加强数据管理，推进业务数据共通共享，逐步形成以数据为基础的学校信息化治理能力。推进实施"一站式"服务、"枣职知早办、一网通办"信息化服务平台，建设诉求调处中心、信访接待中心、学生服务中心，全方位提升办学要素水平，提高师生满意度，形成全员全过程全方位育人格局。

2. 推动二级学院管理自主化

其中，共27所高职院校具有此特征。对学校二级学院进行放权管理已经成为高职院校深化内部治理改革的核心内容，随着从管理向治理模式的转变，高职院校不断下放校核心领导层的权力范围，将更多的决策权和管理权交给了二级学院，由二级学院自由掌握。在综合类高职院校中，我们也同样看到许多高校的领导将权力逐级下放，给予二级学院更多的自主管理权。

南通职业大学实施"群组院"。将一流专业群建设作为"双高"建设的突破点和着力点，按照"岗位相关、技术相近、基础相通"的组群原则来重新优化调整二级学院的专业分布，以专业群作为人才培养和资源配置的基层组织来组建学院，实现专业之间的"化学融合"，发挥"1+1>2"的集聚效能，有机整合课程资源、教师资源与实训资源，凝聚发展合力，实现共享效益最大化，更加有效地对接区域产业的发展需求。在实施"院办校"方面，调整学校与二级学院之间的关系，推动实施"院办校"，强化二级学院在学校高质量发展中的主体地位，优化职能处室和职责分工，实现由管理向服务、指导、评价转变，推行扁平化和网格化管理。制定学校、二级学院责权利清单，不断扩大二级学院办学自主权，赋予其在人才培养、科学研究、社会服务、文化传承与创新、国际交流与合作等办学职能上的主体地位及责任担当，支持学院创造性开展工作，实现"一院一策"。逐步探索二级学院的章程建设工作，推动教授治学和民主管理在二级学院扎根。

威海职业学院与企业共建山东海大航海技术专修学院、万斯达学院、顺通学院3个独立法人混合所有制二级学院，与家家悦集团、迪尚集团、新北洋等企业共建了12个校企合作二级学院。依托二级学院，举办校企合作专班54个，联合企业共同研究设置理论和实训课程，大量选聘企业师傅担任兼职教师，协同开展教学实习，学生在顶岗实习期间就能直接实岗工作。同时，建立"实习就业联动机制"，将连续多年吸纳毕业生就业的本地企业优先确定为实习合作单位，安排学生顶岗实习。

日照职业技术学院突出"简政放权、责任对等、目标管理"的校院两级管理改革原则，厘清校院两级职责边界，扩大二级系部办学自主权。该校明晰了学校和二级系部的职责和权限，构建重心向下的管理组织结构，减少行政部门管理层次，形成学校宏观决策、行政部门协调配合、二级系部实体运行的管理模式。强化二级系部办学主体意识，进一步明确了二级系部发展权、人事权、财务权、资产权、事业权等5项主要权力，促进二级系部由教学向办学职能转变。

东莞职业技术学院改变以往"一插到底""大包大揽"的管理模式，下移治理重心，强化二级学院办学主体地位。2016年，以2个系作为建设试点；2021年，在15个二级学院全面铺开。一是权责下放。对二级学院的教学科研、人事管理、经费使用等，都给予了一定的自主权。例如，在项目立项上，把国家级高水平专业群质量工程和科研项目的立项权限下放到二级学院，建立以标志性成果为导向的项目验收机制。二是人员下沉。班子成员每人挂钩帮带若干个二级学院党总支，帮助二级学院解决矛盾问题。以重新设立党总支为契机，选优配强二级学院领导班子。为分校区配齐配足工作人员，将更多的人力投放到二级学院。

综合类高职院校在专业上的全面性与综合性就决定了上述高校存在诸多强势与核心专业，在完善内部治理体系过程中主要从以下两方面着手：第一，提高信息化保障能力；第二，推动二级学院管理自主化。综合类高校的全面性决定了其不能在治理过程中只围绕一个方面进行，需要兼顾方方面面。信息化建设有利于提高教师的办公效率，扎实推进产业学院的建设有利于加速产教融合，推动二级学院管理自主化有利于激发教师干事活力，多措并举的做法有利于进一步完善综合类高校的治理体系。

总体来看，216 所高职院校治理现代化趋于标准化、制度化和规范化，同时在推进治理现代化过程中，不同专业大类的高职院校各有其经验和特色，每所高职院校也都在不断进行着创新与改革。随着改革的逐步推进，高职院校治理现代化建设都在趋于完善。全国高职院校的治理路径既有共性，也有个性。治理路径的共性包容个性，个性升华共性，共性与个性的辩证及统一构成了高职院校治理体系的多元生态圈。健全治理体系，提升治理能力，不断推进治理现代化建设，需要高职院校不断进行自我革新和自我重塑，通过管理标准化、秩序正规化、手段信息化、质量可控化，最终实现治理现代化。

第三章　高职院校治理现代化建设路径

高职院校治理体系是一个复杂庞大的系统，包含着治理目标、治理主体、治理手段、治理机制、治理效果、监测与评估等多个维度。正如前面不同理论视角下的高职院校治理现代化阐述所示，实施治理的高职院校涉及多个共生单元，要处理好与学生、学生家长、行业企业、政府、普通高等教育、国家整个教育体系等之间的相互共生利益关系。治理的目的在于提高组织效率、增进公共利益。职业教育作为一种特殊类型的教育，在遵循教育治理理论的基础上，各个高校又依据自身学校定位、专业特点、区域产业特色等差异形成了彰显特色的高职院校治理体系，在建设路径的实践探索中既有共性的统一规律，也展示出一定的特殊性和独特性。

结合样本高职院校治理体系建设的实践案例，我们发现，在"双高"建设的这3年时间里，各高职院校在治理体系建设和治理能力水平方面均得到了提升，初步形成了高职院校治理体系建设的基本思路：坚持党的领导，确保治理体系建设的正确航向；强化机制运行，提升治理体系建设的内生动力；落实根本任务，创新治理体系建设的路径方式；突出多元协同，营造治理体系建设的良好生态。高职院校结合类型特色和服务当地经济社会发展，凝练了一批特色经验做法，在推进依法治校、建设章程统领的制度体系，加强质量评价、健全多元协同的质量体系，深入二级管理、优化灵活高效的组织体系，改革内部结构、完善多方参与的民主体系，整合外部资源、营造共商共治的生态体系，升级数字治理、打造科学决策的智慧体系，推动文化建设、彰显职教特色的文化体系等7个方面形成了高职院校治理体系建设的核心要素和主要发展路径，体现了新时代职业教育高质量发展的新要求，基本形成了现代高等职业院校治理体系。

一、推进依法治校，建设章程统领的制度体系

法治是现代治理体系的本质特征，是实现教育治理体系和治理能力现代化的重要

标志。依法治教、依法行政、依法决策与执行是实现我国职业教育治理现代化及"善治"的前提和基础。为全面推进依法治教、依法办学、依法治校，推动高校提高治理体系和治理能力现代化水平，教育部制定了《高等学校法治工作测评指标》（教政法厅〔2021〕1号），指标涵盖领导和工作推动机制、规章制度建设、内部治理结构、法律风险防控、师生法治教育、师生权益保护、法治工作机构和队伍建设、法治工作成效等8个方面。

《高等学校章程制定暂行办法》（教育部第31号令）（以下简称《章程》）规定了我国大学章程的内容、章程制定程序及核准与监督。高职院校章程通常包括总则、管理机制、组织机构、教职工、学生、经费、社会服务和外部关系、学校标识等内容。《章程》根据学校实际与发展需要，科学设计学校的内部治理结构和组织框架，明确学校与内设机构，以及各管理层级、系统之间的职责权限，管理的程序与规则。按照有利于推进教授治学、民主管理，有利于调动基层组织积极性的原则，设置并规范学院（学部、系）、其他内设机构以及教学、科研基层组织的领导体制、管理制度。《章程》上承法律法规和国家政策，下接学校各项规章制度，是高校总的"宪章"，是学校依法自主办学、实施管理和履行公共职能的基本准则；是制定内部管理制度及规范性文件、实施办学和管理活动、开展社会合作的基本依据；是国家法律法规的"下位法"，也是学校制度体系中的"基本法""纲领法"和"最高法"。高校治理的制度化建设，其目的在于通过制度的指引及其理性权威将多元主体间的参与行为程序化、角色定位规范化、协商议事民主化，以形成章程统领下高效运转、沟通顺畅的治理新格局。依法治校，建设章程统领的制度体系是实现高校"善治"的逻辑起点和坚强保障。

（一）治理思路

推进依法治校，建设章程统领的制度体系重点围绕国家法律法规、政策文件与职业教育发展规律，理顺学校内部权力配置，依法治校，锚定方向；依法制章，推动学校治理变革。一是加强法治工作，成立法治工作领导小组，强化依法治校。根据教育部《高等学校法治工作测评指标》查漏补缺，以评促建，提高学校法治工作规范化、科学化水平，服务学校高质量发展。二是修订学校章程，完善党委领导下的校长负责制实施细则，完善理事会章程等顶层设计相关制度；推进制度创新，提高制度供给水平和制度建设质量，形成以章程为核心，规范统一、分类科学、层次清晰、运行高效的规章制度体系。三是做好学校内部规章制度的废、改、立、释、施工作。

（二）典型案例

按照该路径治理思路逻辑，典型院校具体做法如下：

北京财贸职业学院坚持依法治校，制定学校进一步加强法治工作的实施方案，调整优化法治工作领导小组，切实把依法治校作为学校治理的基本理念和基本方式，融入、贯穿学校工作全过程和各方面，不断提升运用法治思维和法治方式实施综合改革的能力和水平。坚持制度先行，修订学校章程，编制学校《内控手册》，编制并实施"十四五"事业发展规划和9个专项规划，制定学校"三全育人"综合改革方案；做好覆盖职业院校党建思政、专业建设、实习实训、校企合作、"双师型"教师队伍建设、社会服务等方面规章制度的废、改、立、释、施工作。

北京电子科技职业学院提高依法治校水平，及时修订学校章程，开展规章制度的废改立，制定/修订200余个制度文件，形成以章程为"基本法"、专项配套制度为支撑的规章制度体系。

北京农业职业学院成立法治工作领导小组，强化依法治校。开展了校内巡查，促进规范化运行。教职工对依法治校满意度为95.61%，治理成效得到了高度认可。坚持依法办学，全面推进依法治校，健全以《章程》为核心的现代学校制度体系。

浙江金融职业学院依法治校规范管理，把法治工作纳入学校发展规划和年度工作计划，并坚持每年开展法治专题学习不少于2次，每学期研究学校法治工作不少于1次；严格执行重大决策和规范性文件制发程序。学校每年年初拟定年度重大决策清单并实行动态管理；健全师生权益保护救济机制。严格教师、学生处理处分程序，严格执行处理、处分前的合法性审查规定。健全校内权益救济制度，确保教师、学生处分申诉处理委员会规范有效运行；完善法律顾问聘用制度。聘请浙江金道律师事务所律师为常年法律顾问。协助学校开展依法治校实践、法律培训及法律知识普及活动。对学校重大决策、规范性文件、重要规章制度等提供合法性审查与论证意见或建议。为学校师生提供法律咨询服务。集中受理开展人事管理、学生事务、合同审查等方面的法律咨询与服务。

山东职业学院以《章程》为引领，健全顶层规划下的依法治校工作推动机制，建强一支由"法务工作室+法治工作联络员+法律顾问"共同组成的法治队伍，创建"四渠道一保障"的师生权益维护模式和"四位一体"师生法治宣传教育模式，建设全面系统的规章制度体系、优化内部治理结构和构建以预防为主的法律风险防控体系，打造了"1123"依法治校工作特色，推动学校治理体系建设高质量发展。

辽宁机电职业技术学院以《章程》为核心，以根本制度，基本制度、具体制度为类别，在学校、专业、课程、教师和学生等5个层面，构建了以《质量手册》《程序文件》《部门工作手册》《制度汇编》《质量记录汇编》为架构的"两手册、一程序、两汇编"的"212"制度建设模式，持续推进学校制度体系建设。

兰州石化职业技术大学构建完整的制度体系。以国家法律法规规章为指导，制定实施《学校章程》的具体方案，以章程为引领健全基本制度，明确学校党建、队伍发展、财产管理、专业群建设、科研和社会服务等综合性、跨部门工作的思路、举措和责任。以基本管理制度为指导，开发指向管理部门、教辅单位职责的具体规章制度，使得学校的每一项管理和服务有章可循。建立规范的制度程序。学校实施 ISO 9001 质量管理体系，以国际化标准实施学校治理，按国际标准把好内部质量关。为加强制度制订（修订）计划性，避免制度"超期服役"、制度制定（修订）临时动议，学校质量管理体系文件换版工作及时推进，修订学校质量管理手册、修订完善岗位工作标准168个，其他标准36个，优化完善工作流程370项，程序文件61份。顺利通过新一轮质量管理体系再认证审核。

山东药品食品职业学院构建"1+N"制度体系，通过智慧校园系统完成对制度的"流程化"再造，建立了科学的决策机制、高效的执行机制、完善的监督机制。"1"是以《学院章程》为统领，"N"是围绕《章程》打造的一系列配套制度体系，主要包含"内部治理体系、思政育人体系、人才培养体系、科研服务体系、教育评价体系、协同办公体系"等。

青岛酒店管理职业技术学院优化和完善大学章程，突出章程在推进学院改革中的基础性作用。紧抓产教融合落地实施，构建运行、激励、监督三类机制并行的制度体系。建立"学院章程—规章制度—部门规范性文件和内部工作制度"三级管理制度框架，编印《学院规章制度汇编》，形成"制度管人、流程管事、过程可溯、透明和谐"的制度体系。

二、加强质量评价，健全多元协同的质量体系

要保障职业教育内部治理的成果，必须科学制定评价制度，鼓励职业教育的多方主体共同参与质量评价，构建动态调整反馈机制与内部质量保障体系。职业教育治理应实现动态调整，通过多元主体参与协同构建动态调整反馈机制，对职业教育质量进行多维度的综合评价。根据评价结果及时调整职业教育的专业课程设置、教学质量管理、招生考试就业、企业行业对接等各个环节，由评价结果倒逼改革。同时，还应构

建内部质量保障体系，加强内部质量标准建设和质量过程监控，加强政策环境和办学环境建设，建立健全准入退出机制，建立常态化、可持续性的投入工作机制。实现职业教育办学的调整与改善，提升职业教育现代化治理效率和水平。

（一）治理思路

加强质量评价，健全多元协同的质量体系重点围绕质量诊改、内部控制、绩效评价等多维质量治理手段，建立多层面的内部质量保障体系。一是构建落实"8字型质量改进螺旋"的内部质量保障运行机制，搭建教学诊断与改进平台。二是加强社会监督，开展第三方评价。三是依据需求导向、全员参与、过程导向、持续改进的全面质量管理标准，构建多层面质量保障体系。四是创新质量评价，信息化赋能质量管理。

（二）典型案例

按照该路径治理思路逻辑，典型院校具体做法如下：

北京财贸职业学院强化质量治理，创新性地研制了"六度"专业（群）核心竞争力评估体系，并对6个维度进行了指标细化，形成了一套完整的专业群核心竞争力评估办法，从"产业契合度、技术跟随度、城教融合度、校企协同度、国际对接度、利益方满意度"等6个维度重构专业群核心竞争力评估体系，建立专业群"调研一年一次、评价三年一次"的管理规范，通过红黄绿预警机制，形成培优汰劣的专业群管理与发展机制，实施专业分类管理。

江苏食品药品职业技术学院围绕ISO 27021质量管理"公正性""能力""责任""开放性""保密性""对投诉的回应"6项核心原则，重构包括内部治理、教学学习、服务发展、合作交流、创新创业和支撑引领6项一级指标的"6L"内部质量保证体系顶层框架，构建实施层框架、底层核心要素，充分融入"双高计划"、职教本科、人才培养状态数据、高基报表、省属高职院校高质量考核等外部考核指标和校本特色发展指标、标准。按照"事前"设计建标、"事中"常态纠偏、"事后"阶段改进三部曲，设计目标链与标准链，落实"8字型质量改进螺旋"，构建了框架稳定、指标全面、流程标准、组合灵活、评价可靠的内部质量保证体系。

淄博职业学院围绕学校、专业、课程、教师和学生等5个层面，进一步厘清了各层级质量目标、质量标准，运用绩效评价手段推动质量主体责任落实，搭建了"三中心一平台"校园数字化系统，构建了目标引领、标准保证、评价驱动、信息化赋能（以下简称OSEI）的内部质量保证体系，有效地促进了学校高质量发展。

辽宁机电职业技术学院创建以质量为核心的"诊、控、绩""三位一体"的学校治理大数据平台。建设校本人才培养状态数据分析平台、学校诊改系统、专业诊改系统、课程诊改系统、教师诊改系统、学生诊改系统、学校智慧绩效系统的"一平台六系统"的学校治理大数据平台，实现信息技术与学校管理深度融合，实现诊改、内控、绩效的信息化，推动学校管理模式创新，提高管理决策的科学性、质量管理的精准性、日常管理的高效性，提升学校治理现代化水平。

内蒙古机电职业技术学院强化"一切为了教学，一切服务教学"的理念，借鉴诊改试点院校的实践，逐步建立多元主体质量治理的"55821"诊断与改进工作模式。以打造学院发展、人才培养"目标链、标准链"为诊改逻辑起点，做实目标的质量标准；借助在全国职业高等院校人才培养工作状态数据采集与管理平台和学院内部质量管理平台、教学质量诊断与改进大数据平台，利用信息技术实现源头数据即时采集、过程实时监测预警与分析，加快推进构建学校、专业、课程、教师和学生 5 个层面实时诊改的常态化内部质量自主保证运行模式，努力构建可评、可测、可控、可改"四位一体"的教学质量监控体系。

深圳信息职业技术学院围绕"一个体系、一套指标、一个平台、一套机制、一条实施路径、一类文化、一批试点专业、一支团队"的"八个一"建设思路，进行内部质量诊断与改进工作的建设。以国际化视野，借鉴国际权威认证所遵循的核心理念，基于现代管理理论，立足学校发展规划和"双高计划"建设，建立"五纵五横一平台"+"质量立方"两维质量监控与评价系（"质量立方"指对专业进行基于"人、财、事"3 个诊断面的评价和改进，并能直观形成专业间的横向比较和同一专业不同时间序列的纵向比较）。完善"质量立标、质量监测、质量控制和质量提升"管理流程，形成常态化、网络化、全覆盖、具有较强预警功能和激励作用的内部质量保证体系，实现内部管理水平和人才培养质量持续提升。从而提高学校治理水平，增强办学实力，提升服务经济社会发展的能力和社会美誉度。

山东畜牧兽医职业学院建成"科学决策—高效执行—督导检查—反馈改进"闭环式治理体系。建立基于信息化的常态化内部质量保证体系和全覆盖可持续诊断与改进工作机制。被确定为省级诊改试点院校。学校建立了诊改运行、绩效考核、激励保障、质量报告等内部质量保证体系运行制度 50 多项。实施目标管理，强化绩效考核，做到目标可达、过程可溯、绩效可测、优绩优酬，制定师生竞赛、专业课程管理、教师培养等各项激励措施，极大激发了全体教职工干事创业积极性和内生动力。

深圳职业技术学院将提高教育教学质量作为内涵式发展的核心，建立全面质量手册，从专业、课程、课堂教学三个层面，构建质量标准体系，运用信息化方法实施全过程监测，自主研发"教学质量诊断与评价系统"，包含专业质量管理系统、课程质量管理系统、教学质量综合测评与诊断分析系统、教师自诊自测系统、学生—教师—督导 PDCA 反馈交流体系、内部质量改进与跟踪系统、状态数据 KPI 可视化分析系统共 7 大子系统。利用大数据技术，开展质量管理、数据服务、信息反馈，落实全员、全过程、全覆盖质量管理理念，形成基于大数据的全过程教学质量诊断与改进体系，保障学校人才培养的高位运行，助推学校教育教学管理数字化转型，形成高职院校质量保证体系建设运行示范效应。

三、深入二级管理，优化灵活高效的组织体系

高职校院关系与二级学院的治理是职业教育治理体系与治理能力现代化的重要内容，是激发学校办学活力、提升办学绩效的关键所在。学院制是我国高校组织结构的基本选择，从直线型走向扁平化的管理是高职校院关系的基本走向。要加强二级学院的权力运行、监督与制约，建立学院的权力负面清单制度，完善二级教代会制度，发挥二级学术委员会的作用，提升治理水平。高职院校在"双高计划"建设中，不断完善和调整组织机构设置、优化组织结构，提升组织效能，推进二级管理。校院（系）二级管理指高职院校在校院（系）二级建制的基础上，赋予院系一定的职责，并根据职责的需要将部分人权、财权、物权等逐步下放，将原有的以职能部门为主体的管理模式变为以院系为主体的管理模式，使院系在学院总体目标、原则的指导下，拥有足够的权力和利益，使其成为一个充满活力、相对独立的办学实体。

（一）治理思路

深入二级管理，优化灵活高效的组织体系重点围绕构建扁平化组织治理，提高组织效能，调整机构设置，优化职能协同；放权强院，以群建院，推进和完善二级学院自主管理。一是持续深化组织机构改革，适时进行调整、合并、重组。二是改革基层组织机构，采取"平台+学院""虚实结合"的运行模式，改革充分发挥专业群的集聚效应，实现团队、课程、教学标准深度融合。三是全面推行大学学院制管理，落实二级学院办学主体责任，扩大二级学院办学自主权，下放"五权"（发展权、管理权、人事权、财务权和资产权），形成两级管理运行机制。

（二）典型案例

按照该路径治理思路逻辑，典型院校具体做法如下：

河北工业职业技术大学实行院系两级管理模式，构建二级学院重大问题决策的支撑体系，建立健全党政分工合作、共同负责的领导机制。学校由"项目管理"向"服务监督"转变，从"指挥棒"升级为"推进器"、从"检测站"转型为"加油站"，对二级学院在经费投入、人事聘任、专业建设和人才培养等方面给予更大的自主权。实行任期目标责任制和年度目标责任制，完善与办学绩效相衔接的经费投入、资源配置方式，引导和激励学校深化改革发展、提高办学质量。

黑龙江农业经济职业学院将深化院系两级管理改革作为提升内部治理水平的有效途径，加强顶层设计，深化管理改革，推动二级系部从教学单位向办学单位转型。一是高瞻谋划，加强顶层设计。围绕"双高"建设方案，学院顶层设计院系两级管理改革方案，降低管理重心，下放管理权力，规范管理行为，激发二级系部办学积极性。二是健全机制，深化管理改革。建立与学院章程相配套，系统完备、科学规范、运行有效的制度体系，将两级管理制度和工作考核标准作为清单；将推进人事综合改革、实施绩效导向的系部目标考核方案作为评价机制，将教师业绩考核权、课时费二次分配权和奖励性绩效工资发放权下放到系部，构建起学院宏观管理、二级系部实体运行的管理模式，形成"权责清晰、制度规范、考核标准完善、激励体系健全"的院系两级管理体制，提升治理水平。三是结果导向，监督管理问效。将管理重心下移，系部有充分的用人权、绩效分配权、资源调配权和学生"一体化"管理权，有效调动系部领导班子等治理主体积极性；两级管理有效缩短了管理跨度，"放管服结合、责权利明晰"，使管理效能进一步优化；两级管理促进了系部专业团队和学生管理有机融合，使得产教融合、校企合作得以深化，系统设计、整体推进、自我诊改，适应教育市场和用人单位需要，人才培养质量显著提升。

重庆电子工程职业学院持续优化绩效分配制度，促进校院两级治理改革。创新目标量化考核机制。坚持"上下沟通、自主保证"的总体思路，以内设机构职责为基础，以"双高"项目建设任务与绩效指标为主干，结合职能部门重点工作任务，通过横向和纵向对比，形成职能部门发展性考核指标和年度核心指标；坚持"层层分解、考核关联"的总体思路，在职能部门将年度任务分解到二级学院的基础上，编制出台了职能部门、二级学院、"双高"项目、党建、科处级干部和教职工 6 大类考核实施方案；坚持"一次采集、全面应用"的总体思路，根据年度考核实施方案，开发党建工作、处科级干部考核功能模块，修改已有的功能模块，全面支撑 6 大类考核；坚持"把握逻辑、有序推进"的总体思路，组织考核牵头部门，按照采集数据与满意度调查、考核实施、综合评议、学校审定 4 个环节有序推进考核工作。形成学校年度任务 1 套，年度考核实施方案 1 套。

东营职业学院推动管理重心下移，完善二级学院职责与管理权限，构建"平台—项目—成果—绩效""四位一体"治理体系，推进产教深度融合、资源共享和协同发展。二级学院自主建成人工智能学院、健康产业学院、文化旅游商学院、知识产权学院、国瓷新材料学院、家庭教育学院、汽车工程学院、智能建造产业学院等，提高学校对产业转型升级的贡献率，增强学校创新资源对区域经济社会发展的驱动力。

南通职业大学不断优化学校内部现代治理结构。一是实施"群组院"。将一流专业群建设作为"双高"建设的突破点和着力点，按照"岗位相关、技术相近、基础相通"的组群原则来重新优化调整二级学院的专业分布，以专业群作为人才培养和资源配置的基层组织来组建学院，实现专业之间的"化学融合"，发挥"1+1>2"的集聚效能，有机整合课程资源、教师资源与实训资源，凝聚发展合力，实现共享效益最大化，更加有效地对接区域产业的发展需求。二是实施"院办校"。调整学校与二级学院之间的关系，推动实施"院办校"，强化二级学院在学校高质量发展中的主体地位，优化职能处室和职责分工，实现由管理向服务、指导、评价转变，推行扁平化和网格化管理。制定学校、二级学院责权利清单，不断扩大二级学院办学自主权，赋予其在人才培养、科学研究、社会服务、文化传承与创新、国际交流与合作等办学职能上的主体地位及责任担当，支持学院创造性地开展工作，实现"一院一策"。逐步探索二级学院的章程建设工作，推动教授治学和民主管理在二级学院扎根。

重庆工商职业学院推进"一院一策"试点，打造"跨融结合"特色化发展载体。以"1+2+4"高水平专业群建设为抓手，校院两级联动协同治理，全面推进"一院一策""一院一品"项目建设，开展跨类型跨层次教学改革实践，形成"多类型跨专业创新工作室集群""集团化办学"等一批高效治理支撑特色化发展的典型案例。学校通过专业跨界、统筹管理、产教融合、辐射引领等措施，重点打造跨专业超融合数字孪生型国家示范虚拟仿真实训基地，规避专业隔离、资源阻隔、交互隔绝的"形群而神散"的问题，促进综合类基地体制改革、赋能虚拟仿真专业人才培养、助力国家虚拟仿真实训基地发挥"群效应"。

东莞职业技术学院围绕专业群推动院系重构，重新成立二级学院 15 个，构建"1+4+2"的权责分配架构："1"，即强化学校党委集中统一领导。"4"，即对二级学院权责划分的 4 个原则。"2"，即理顺二级学院和行政教辅部门之间的关系。按照"分类施策，试点先行，权随事走，按需分权"的原则，区分独立校区学院、混合所有制学院、高水平专业群学院、普通二级学院 4 种不同类型，根据二级学院实际需要和承接能力有序下放权力，赋予二级学院更多办学自主权。制定权责清单，理顺二级院系和行政教辅部门的关系。

北京劳动保障职业学院扩大二级学院办学自主权。发挥二级学院党总支"压舱石"作用，把关学院教学改革；赋予二级学院人财物资源配置自主权，自行开展职称聘任、教师考评和绩效发放；落实"二级学院建专业群，教研室建专业，教师建课程"三级责任。

四、改革内部结构，完善多方参与的民主体系

提升治理能力的根本动力在于构建合理的职业教育治理结构，使各治理主体各在其位、各司其职、协调互动，以"民主化"为中心抓手，促进构建现代职业教育治理体系。治理组织建设及其协同运行是实现高校治理结构优化和治理能力提升，促进高等教育治理能力现代化的重要基础。完善高职院校内部治理结构，必须处理好政治权力、行政权力、学术权力和民主管理与监督权力的配置与制衡关系。我国高校内部民主的基本形式是教职工代表大会制度和学生代表大会制度，体现为广大师生通过教代会和学代会民主参与学校管理并对党政学权力加以监督，民主参与，有利于实现和保障师生的各项民主权利。通过积极的政治参与，个人权利能够得到最充分的实现；可以有效防止公共权力滥用，有效制约公共权力；有助于决策主体充分考虑和重视广大群众的利益和诉求，提高决策的科学性。

（一）治理思路

改革内部结构，完善多方参与的民主体系重点围绕健全校内学术委员会、专业建设与教学指导委员会、教材选用委员会等学术组织机构，充分发挥教代会、工代会、学代会等多元民主治理机制。一是健全校院两级学术组织，实行学术民主，突出学术委员会在学术评价、职称评定、专业设置、科学研究规划、人才培养质量评价等学术事务中的作用，发挥各级各类专业委员会的指导作用。二是完善院系两级教职工大会制度，提高民主议事能力，为学校治理建言献策。三是定期召开学生代表大会，按照各自权限规范运行权力的管理与运行，参与学校建设和发展。

（二）典型案例

按照该路径治理思路逻辑，典型院校具体做法如下：

哈尔滨职业技术学院健全委员会制，实现组合治理。建立了学校质量保证、学生

工作、财经工作、后勤服务、资产与招标采购、安全工作、智能校园建设、疫情防控、专业建设、教材选用等管理自治委员会。由管理部门人员、职教专家、行业企业专家及校内专业带头人组成领导小组，对内部管理各环节的重要事项进行审定，为校长办公会和党委会提供决策建议和意见。建立由学术委员会和思政工作委员会组成的学术自治委员会。完善学术管理、制度和规范，建立"外聘内轮"动态机制，强化学术治理。健全教代会、学代会民主治理机制。全面完善教职工代表大会制度，严把教职工代表选举、培训、履职三关，围绕重大事项、中心工作、热点问题3个层面选择议题，落实代表听取报告、审议通过、讨论决定、监督四项权利，贯通提案征集、处理、反馈3个环节，形成特色鲜明的"3343"运行模式。建立并完善学生代表大会制度，完善学生代表大会自我管理、自我教育、自我服务、自我发展的运行机制，保证学生全面参与学校治理，维护学生合法权益。

天津医学高等专科学校强化学术委员会职能，建成融合多元参与要素的学术治理制度，形成"教授治学"局面；建成融合集团资源优势的智库中心1个，建成师生共享的服务发展平台5个，建成共享型高水平实训基地，服务和保障"双高"建设和学校整体发展。牵头成立卫生职业院校高质量发展联盟，包括思政教育联盟、课程建设高质量发展联盟、卫生健康协作体，形成教育资源共建、共享新格局。

河北工业职业技术大学建立和完善学术权力运行体系，充分发挥学术委员会、专业技术职务评审委员会等学术组织在学校管理中的作用，吸纳更多行业企业领军人才、一线技术技能大师、职业教育专家等进入专业建设委员会，发挥其在专业结构调整、人才培养方案制定、课程体系构建、课程内容改革和师资实训建设等方面的促进作用。

湖南化工职业技术学院加强治理队伍建设，加强"专家型"行政管理队伍建设和强化改革型学术治理队伍（教师队伍）建设。以专业背景、专业能力和服务能力为导向，加强对学院行政队伍的培养工作。通过做强校级督导及完成省级适应社会能力需求评价考核，进一步完善质量目标、标准和制度体系，明确分级分层执行体系、健全执行责任体系，强化制度执行力，强化了内部治理文化建设，提升对学校各项事业发展的认同感。

秦皇岛职业技术学院建立健全校企合作办学理事会、学术委员会、教学工作委员会等机构，不断完善以学院章程为统领的现代大学制度体系。充分发挥教代会在民主决策中的积极作用，畅通广大师生反映意见渠道，充分吸收教职工意见，保证各种决策方案充分体现民意。积极推动教授治学和学术决策机构建设，积极发挥学术决策机构参与学院治理的积极作用。

日照职业技术学院健全民主管理体系。一是完善教职工代表大会制度。扩大教职工代表大会对学校办学指导思想、发展规划、重大改革方案及学校发展重大问题的审议权、评议监督权，强化教职工民主参与。建立教职工代表"定向询政"制度和常态化意见建议征集制度，保障教职工参与学校决策、行使民主管理和监督权。二是推进学代会、团代会等学生组织建设。深化"一心双环"团学组织格局，构建"多种模式、多重覆盖"的团建创新机制，开展社团建团、公寓建团、工作室建团和网络建团。推进落实学生组织改革方案，深入实施"青马工程"提升计划，持续加强"易班""青春日职"等学团网络平台建设，健全学生自我管理、自我发展、自我成长的工作机制。三是完善建言献策制度。实施校院领导与师生面对面谈心谈话制度，学校实行"季度谈"制度，二级系部实行"双月谈"制度，定期开展建言献策座谈会。定期开展"书记有约""校长有约"等活动，充分保障广大师生的知情权、表达权、参与权。建立优秀提案、建议奖励制度，形成人人参与学校发展的工作氛围。

芜湖职业技术学院推进民主治校，定期召开教代会、召开教代会执委会议、团代会、学代会，推进学校治理民主化。坚持和完善学生早餐会制度，召开校长（书记）早餐会，加强学生校长助理队伍建设。畅通师生员工参与民主决策、民主管理渠道，扩大二级学院自主权，推进学校治理能力现代化。

山东职业学院创新"四点"对话制、"山职12345"等民主管理模式。聚焦热点、解决难点、消除痛点、打通堵点，拓宽师生依法依规参与学校民主管理和监督的渠道。

江苏工程职业技术学院明确学生是学校治理主体，做到"上课的事，多听老师和学生的"，发挥学代会在学校民主管理和监督中的作用，调动青年学生参与学校改革发展的积极性，推进学校决策的科学化和民主化。

五、整合外部资源，营造共商共治的生态体系

《国家职业教育改革实施方案》明确指出职业教育治理体系建设要实现"三大转变"：经过5~10年左右时间，职业教育基本完成由政府举办为主向政府统筹管理、社会多元办学的格局转变，由追求规模扩张向提高质量转变，由参照普通教育办学模式向企业社会参与、专业特色鲜明的类型教育转变，大幅提升新时代职业教育现代化水平，为促进经济社会发展和提高国家竞争力提供优质人才资源支撑。因此，高职院校多元共治治理体系创新，应大力引进行业企业力量，吸纳社会力量办学，加快高等职业教育与校企深度融合、互联互通，提高校企合作质量，服务地方经济发展、产业转型升级，促进"一带一路"和国际化发展。高职院校的"类型"特征使得职业教育的

主体必须多元，治理结构也要求外部"多元共治"。外部多元共治的核心和目标均需要考虑主体多方利益的共赢，建设治理共同体，优化职业教育生态，形成良好的治理组织运行规则，从而实现治理组织的协同效应。

（一）治理思路

整合外部资源，营造共商共治的生态体系重点围绕多元协同治理模式，政、校、行、企等利益相关者参与互动，推进共建共治、共享共赢。一是积极发挥理事会、董事会作用。完善理事会章程，明确理事会在学校治理中的地位、权限、职责及其议事范围、议事规则，为政府、行业、企业等外部利益相关者参与治理创设条件。二是围绕高校服务社会与对外关系进行多元共治，推动形成高职院校在产教融合、校企合作方面的产业学院建设、职教集团建设治理机制。三是以"服务校友、服务学校"为宗旨，完善校友会章程，健全院系两级校友会组织机构，完善运行机制，引导校友参与学校治理，在人才培养、创业就业、实习实训等方面发挥积极作用。

（二）典型案例

按照该路径治理思路逻辑，典型院校具体做法如下：

广州铁路职业技术学院探索混合所有制和双元主体办学模式，建成 2 个混合所有制二级学院和 6 个校企合作双主体的产业学院，形成了多元办学的职业教育类型特色。定期召开理事会会议，进一步深化政府主导、行业指导、企业参与的职业教育办学体制机制，增强学校与社会的联系、合作，建立健全政府、企业、社会共同支持和监督学校发展的长效机制，形成政、校、行、企"协同决策—执行实施—指导服务—监督管理"的理事会治理体系，推动了学校现代化治理。学校先后以轨道交通学院、机电工程学院为主体，联合广州城市轨道交通培训学院、广州铁道车辆有限公司等企业成立了广州轨道交通技能学院及智能轨道交通装备学院两个混合所有制二级学院，实现了试点二级学院在模式、平台、系统、高度等方面的有效突破，优化以理事会为核心的政、校、行、企协同创新模式，构建协同创新"合金"模式；打造集人才培养、企业培训、咨询服务和成果转化为一体的"四位一体"混合所有制二级学院；创建了"四中心"一站式服务模式，创新放管结合对接系统；建立健全学院管理制度体系，建立制度创新战略高地。有效推动了试点二级学院校企合作、工学结合的纵深发展，打造了产教融合发展新业态。

深圳职业技术学院精准对接深圳科技、产业创新发展需求，与龙头企业、领军企业、科研机构等联合举办特色产业学院，为粤港澳大湾区和深圳国际科技、产业创新中心建设培育"大国工匠"。依托共建特色产业学院，探索多元化办学体制，整合优质社会资源，共建瞄准世界产业发展前沿和与重点产业相匹配的专业，校企共同开展党建、共同开发专业标准、共同开发课程标准、共同打造高水平"双师型"团队、共同解决"卡脖子"技术和工艺、共同制定行业标准、开发证书、共同开展创新创业、共同开展协同治理、共同"走出去"。

金华职业技术学院怀卡托国际学院是金华职业技术学院与新西兰怀卡托理工学院共同创办的非独立法人中外合作办学机构。自合作办学 8 年以来，探索形成了项目化教学与语言特色的"科技+艺术"专业集群发展的人才培养模式，培养科技创新与艺术创作紧密结合的跨学科、跨领域的复合型人才，更好地服务于国际社会经济文化的发展。

辽宁经济职业技术学院构建校企命运共同体协同思维，发挥校级理事会、行业企业参与教学评价委员会作用，提升特色产业学院治理能力，将校企"双边工作"转变为"内部事务"，打造校企命运共同体。以产业学院为平台，实施理事会治理模式，赋予产业学院改革所需的人权、事权、财权，建设科学高效、保障有力的制度体系。

山东交通职业学院混合所有制办学优势彰显，建成省级混合所有制试点二级院系 1 个，校企合作办学试点专业 8 个。航海专业群创新发展，混合所有制带动体制机制创新，股份制共建航海学院，实施董事会领导下的"准法人"治理机制，办学经验被 50 余所学校借鉴应用。

成都航空职业技术学院启动完善二级学院混合所有制办学模式，着力发挥人才资源、技术资源、设施设备、人才培养等方面的优势，围绕创新人才培养模式、"双师型"队伍建设、专业建设和课程开发，校企共建实训基地、开展培训项目、举办技能大赛、科研技术服务等创建共建项目，2020 年 9 月学校获批第一批示范性职业教育集团培育单位。搭建学校人才交流平台，进一步强化校友联络与沟通，建立以地区和专业为单位的校友联络关系。

海南经贸职业技术学院通过产教全面融合，对接海南自贸区（港）建设重点建设产业，匹配人才供给侧与需求侧，分批次重点打造涵盖旅游管理、国际经济与贸易、财经、新一代网络信息技术、工业自动控制、创意设计等 6 大专业群。通过进行群内国际化、共享型教学资源的建设，模块化、信息化的教学改革，探索"事业部"制群运行管理模式，以"调结构、促改建、重管理"为主要建设举措，最终达到以复合型人才培养支撑区域产业转型升级，以专业群创新型持续发展保障机制引领高校治理体制机制改革的目标。通过理事会、董事会集聚政府、行业企业、国外教育机构等资源和力量，建立多元协同共治、多方参与共管、多维互融共赢的办学管理机制。建成层次合理、协调一致且具有"海南经贸"风格的中国特色现代大学治理体系和具有中国特色、"海南经贸"特点的治理结构，构建起运行高效、方式灵活且能充分激发创造潜力、调动行业企业等各方积极参与产教融合、校企合作的良好环境，进而推动学校高质量发展。

广东机电职业技术学院在党委统一领导下，组建起学校、行业、企业、社区共同参与的理事会，发挥对办学治校、管理运行、专业建设等方面的咨询、协商、议事和监督作用，推动依法治校。学校与澳大利亚、德国、英国、柬埔寨、马来西亚、越南等国家或地区建立交流合作关系，是广东省对外开展职业教育交流的重要"窗口"之一。

六、升级数字治理，打造科学决策的智慧体系

大数据能够有效地集成各领域各方面的信息资源，为治理提供重要的数据基础和决策支撑，数据驱动的社会治理已成为一种新型治理模式并在世界各国迅速发展，数据驱动的教育治理模式已势不可挡。对我国职业教育治理而言，确定大数据职业教育发展战略，加强数据基础设施投入，推动职业教育治理数据公开，建立数据交流与分享平台，培育大数据职业教育治理思维，开展职业教育大数据的研究、开发和利用，对于实现职业教育治理现代化具有重要的战略意义。《教育部2022年工作要点》指出"要实施教育数字化战略行动，加快推进教育数字转型和智能升级"。通过数字化转型升级，有助于职业教育加大数据分析应用的力度、深度和效度，实现个性化、精准化资源信息的智能推荐和服务，为管理人员和决策者提供及时、全面、精准的数据支持，逐步形成"数治职教"治理新模式，解决好管理部门多、工作链条长、信息衰减快的问题。新时代高校要抓住国家教育数字化战略行动机遇，及时更新现代化治理手段与工具，拓宽治理场域，依托数字技术提升治理水平。

（一）治理思路

升级数字治理，打造科学决策的智慧体系重点围绕治理手段、方法和程序，加强数字协同，消除数据孤岛，建设智慧校园、促进科学决策。一是建设信息化服务"一站式"智慧平台：提升数据管理效能，实现动态采集分析状态数据，充分发挥数据作用，推动教育科学决策、精准管理和个性服务，提升治理水平。构建数字认证体系，

建设基于"一人一号"的数字认证互联互通互认体系，实现跨平台的单点登录，推动以智能终端为载体的多因子认证，探索手机短信、移动协同签名等多种认证方式，提升服务体验。二是微校园建设，实现电子签批、协同数据共享，让"数据多跑路，师生少跑腿"。进一步优化办公流程，实现全流程、全业务无纸化线上办公，提升管理效能，将办公应用向移动端延伸。三是进行"三个课堂"（智慧课堂、网络课堂、企业课堂）的基础环境建设和教学资源建设。发挥大数据分析和教学监测功能，绘制学习者画像，为提升教育教学质量提供决策依据。四是建设智慧校园，进行大数据平台的开发和综合利用。

（二）典型案例

按照该路径治理思路逻辑，典型院校具体做法如下：

天津现代职业技术学院加强校园信息化办公平台建设、智慧校园建设，完成了数据共享交换平台建设，以数据价值应用为导向，以全员数据治理文化为核心，以信息化为工具，建立长期、安全可控、可持续的数据全生命周期的数据治理体系，促进数据在"内增值，外增效"两方面的价值变现。坚持"一数一源，权责清晰"的原则，对学校专题数据进行确权，确定了每个数据项的责任单位、责任人、源头和流向，并纳入考核管理办法，帮助信息办建立数据溯源和职责认定机制，推动学校数据良性滚动；坚持"安全可控，便捷高效"的原则，建立更加规范的数据生产、加工、存储、变更、使用的管理和服务体系，实现了数据全过程安全管控；坚持"以用促建，以用促治"的原则，建立了数据资产服务平台，提升数据利用的便捷度和数据的易用性，扩大服务范围，面向其他业务管理员或者开发者实现数据的快速获取。在数据服务平台支持下，从管理为主转变为以服务为主的改革，提高数据资产的利用率；坚持"定期度量，持续改进"的原则，建立健全数据质量持续度量、问题改进的循环，提高数据质量。建立了数据资产目录以及元数据的数据资源池，形成数据统一定义、统一管理，以此来实现数据的治理工作，满足数据共享，提升数据的服务质量；坚持"目标分解，分步实现"的原则，以主题数据治理式为项目切入模式，例如对教学主题数据中教学评估、教学质量着重考察、归类、检测和完善，从而带动全校核心业务数据主题的循环治理。

长江职业学院依据"科学设计、分步实施、资源整合、数据共享"的指导思想，遵循"完善机制、融合创新、重在应用、服务全局"的建设原则，搭建统一门户、统一身份、统一数据的"三统一"平台；集成行政管理、教学管理、学生管理等18个数字化管理平台，通过大数据治理手段，提高了行政管理效率。学校建立了信息化建设"两级三层"CIO决策机制，即实行学校和行政职能部门两级，并形成以行政职能部门为主，覆盖决策、执行、应用3个层面的信息化建设统一协调决策机制，通过"信息互通、数据共享"等形式有效解决了跨部门、跨业务领域信息化工作不易协调、难以推进的问题，使大数据技术、信息互通与教育教学、行政管理的深度融合成为常态。

浙江商业职业技术学院作为全国首批数字校园实验校，全面推进教育教学与管理服务数字化转型，升级迭代智慧校园，瞄准数字化改革突破口，聚焦跨部门的高频业务事项，通过业务协同、数据共享、流程再造，搭建"智慧商院"融合门户，实现"一件事"联办，构建了覆盖全校的智慧教育服务体系。以"物联、数联、智联"为目标，学校深入推进"5G+云网"融合。依托教育大数据，构建数据支撑的评估决策分析体系，满足个性化服务需求；打破数据壁垒，消除信息孤岛。持续建设信息网络、平台系统、数字资源、智慧校园、创新应用、可信安全等新型基础设施，打造数据融合融通的智慧育人服务体系，有效服务师生的学习生活需求，保障了学校"双高"建设的有序推进。

常州工程职业技术学院灵活运用数据治理八法：顶层设计法、技术推动法、应用牵引法、标准先行法、监管驱动法、质量管控法、利益驱动法和项目建设法，变"不能"为"可能"，实现精准解决某一个问题到系统解决同类问题，更好地把数据变为资产，把对当前数据的分析作为预判未来发展的趋势，实现治理主体"一元"到"多元"的裂变。利用数据思维推动校园数治体系建设，发挥数据在推动教育教学改革、支撑专业动态调整、加速专业迭代转型、促进治理体系完善、实现精细精准管理等实践中的作用，提升学校数据治理能力和水平取得了较好的效果。

广西职业技术学院建设"广职智慧大脑"。该校加强科学决策，将学校大数据、招生大数据、就业大数据、校友大数据和双创大数据有效融合，实现学校重要数据的监测、分析和可视化展示，为学校管理层进行科学决策提供依据。推进数据治理、信息技术与核心业务深度融合，建成数据共享中心和学院"微门户"，实现业务系统数据互通、数据共享；通过建设用人数据决策（新进教师精准画像）、学工资助决策、财务预算决策、后勤大数据决策等重点领域决策平台，建立学校大数据专题分析模型，支撑教育决策、管理和服务。

南京信息职业技术学院以"马上办"服务大厅为平台，覆盖桌面移动端，为师生提供近300项服务，大幅缩短业务办理时间；集成教务、学工、人事等15个业务系统，构建基础大数据中心，开发出"学生在线学习""学业预警""疫情防控"等30项应用大数据，有力支撑学校治理工作。

无锡职业技术学院打造"五全"智慧校园，实现了数字化治理。该校建成"五全"智慧校园，利用大数据、云计算、物联网、移动互联和人工智能等先进信息技术，建设全业务上网、全数据交互、全方位决策支持、全系统安全、全师生覆盖，推进信息化技术与教育教学、管理服务的深度融合，整体提升了学校信息化和内控建设水平。建设一网通办的平台体系，梳理 170 个流程，集成 50 多个业务应用系统，实现教学、学习、管理、生活全覆盖，建成全量数据中心，建设数据分析平台，不断发挥数据资源的效益，实现教学质量的实时监控和预警，为师生提供全方位的数字画像服务、为管理部门提供决策支持。

辽宁省交通高等专科学校强化绩效导向，牵头制定辽宁省双高项目建设年度绩效考核指标体系，规划设计了 9 个一级指标、32 个二级指标、78 个三级指标和 197 个观测点，涵盖党的建设、人才培养、师资队伍、校企合作、服务能力、治理水平、国际交流等多方面，应用于辽宁省双高建设绩效考核和学校年度绩效考核，并作为辽宁省项目遴选、资金分配的重要依据。强化数据支撑，依据绩效指标体系定制开发辽宁省"双高"大数据平台、教育教学项目管理平台、教育教学项目大数据决策支持平台、高校内控管理平台 4 个决策分析平台，面向需求开展数据钻取和分析决策，反哺人才培养、专业建设、项目建设，检验内涵发展质量和成效，实现内涵建设可视化、信息化跟踪评价，为职业院校提供可复制、可借鉴经验。

七、推动文化建设，彰显职教特色的文化体系

高校是文化传承和知识创新的重要场所。文化能够作用于治理，根本原因就在于文化本身就具有"治理性"，是一种治理资源或者治理工具。大学文化治理的过程就是通过将大学文化嵌入在大学治理的结构和过程之中，通过释放大学文化的治理功能，最大限度地提升大学治理成效，提升大学治理能力。英国学者托尼·本尼特认为，文化是包含一系列知识、观念、意识的审美智性活动领域，在社会生活中起着重要的作用，它能让人自我与自我相遇，人们进行文化建构的过程实质上是包含了身份认同、规范标准、自我审视与反思、自我改革等多种形式和过程的一套独特的"自我技术系统"。高校在治理过程中需要营造良好的治理文化氛围，以调动多元主体参与的积极性。

（一）治理思路

推动文化建设，彰显职教特色的文化体系基于人的视角，在文化积淀的基础上，

通过良好的道德文化、制度文化、专业文化、育人文化等治理手段达到"善治"的境界。以文化治理代替制度刚性约束，通过对学校文化"认同—内化"的机制作用，形成治理主体的行为自觉。一是加强彰显职教特色的校园文化景观建设。二是建设软文化，打造校园特色文化品牌宣传。三是开展文化讲堂、工匠精神、劳模精神进校园等职教育人特色文化活动。

（二）典型案例

按照该路径治理思路逻辑，典型院校具体做法如下：

安徽商贸职业技术学院（以下简称"安商"）健全安商特色文化治理体系。深入挖掘和系统梳理百年安商深厚历史底蕴中包含的丰富文化教育资源，凝练学校核心文化，加强校园人文景观和学校特色文化建设；深入推进"文化兴校"战略，建设徽商文化等中华优秀传统文化网络在线课程，打造"徽商文化+""职教文化+"的系列校园文化品牌以及个性化的"一系一品牌"，创建省级文明校园，初步形成集环境文化、行为文化、制度文化和精神文化等为一体的安商文化体系。形成徽商文化与职教文化相融合的特色校园文化品牌。加强"徽商研究基地"建设，打造徽商与新商业研究高端智库；优化以文化人、以文育人环境，全面考核校园文化建设实施效果，动态调整特色文化建设实施方案；改革优秀教师、干部、学生评选方式，培育具有浓郁徽商特色和职教特质的优良校风、教风和学风，以文化治理代替制度刚性约束，打造人文安商、和谐安商与幸福安商。

枣庄职业学院坚持"文治"，构建"班墨奚"匠心文化育人体系，实现治理人文化。第一，构建"四个融入"的精神文化体系。一是融入校风校训，形成了"尚德尚能、励志励学"校训和"至诚至善、唯实唯新"的校风。二是融入思想政治教育工作，将社会主义核心价值观与工匠精神有机结合。三是融入教研科研。成立"班墨奚"职业教育思想研究院和工匠精神研究会。四是融入校本教材。编写《走进枣庄学工匠精神》等校本教材2种，在课程教学中诠释传播工匠精神。第二，构建"四层递进"的环境文化体系。实施工匠文化建设提升工程，建设了工匠文化博物馆、德廉教育馆、消防体验馆、尚德园、尚能园、尚善园、尚贤园、劝学园、天工园，以奚仲、鲁班、墨子等文化名人命名的道路和工匠文化广场。通过建设"三馆六园六路一广场"，逐步打造"馆园路场"四层递进的匠心文化环境。第三，构建"三个结合"的制度文化体系。一是匠心文化与企业文化相结合，积极引入行业、企业的管理体系，让学生从传统文化中适应现代企业制度。二是匠心文化与现代大学制度相结合，在制定学院章程、配套制度中，引领现代工匠精神塑造。三是匠心文化与书院制素质教育相结合，成立了君山书院和兰陵书院。第四，构建"五位一体"的行为文化体系。一是匠心文化与社团活动一体。二是匠心文化与劳动教育一体。三是匠心文化与实习实训、社会实践一体。四是匠心文化与主题教育一体。五是匠心文化与创新教育一体。建立了奚仲创新工作室、鲁班匠心坊、墨子创客空间。

河北科技工程职业技术大学营造现代大学治理生态，推进文化育人。坚持开放办学理念，系统建立全面对外开放、对师生开放的思想、制度、机制和平台体系，营造浓厚创新文化氛围，促进学校创新发展。对师生建立"开放包容、鼓励创新"的总体制度和激励机制，形成科研基地和科研创新项目向学生开放师生协同创新机制，搭建开放式创新实验室和学生创新创业孵化平台。推进国际交流中心建设，大力引进国际先进教育资源，推动优质资源对外输出，提升学校国际化办学水平。发扬军队院校管理传统，探索出党建引领、军风塑行、文化铸魂的"三三三"学生教育管理模式，用好党建思政教育的学生辅导员队伍、教工党员包班队伍和学生带班员队伍3支队伍，推行军风塑行的一日生活、学生带班员和5S精细化管理3项制度，融汇铸造人格的军队文化、企业文化和郭守敬科技文化等3种文化，实现党建引领学生政治方向，军人作风伴随学生成长，特色文化培养意志品质。

浙江工业职业技术学院以阳明心学文化为理论基础，以红色文化为匠心报国的底色，以校史文化为实践载体，形成以"知行合一"为核心的浙江工业职业技术学院特色文化氛围，打造实学实干实绩导向的治理体系"软环境"。深挖实学文化，激励唯实唯先。造立王阳明塑像，镌刻"知行合一"的核心思想；以"知行楼"命名教学楼；开设阳明心学课程；成立阳明心学研究院，开展阳明心学系列研究，发表了一批阳明心学研究文章。打造文化平台，浸润工匠精神。以"圆融"雕塑为校园景观带核心，展示融合、协作精神；持续运行"鉴湖问剑大讲堂""技术技能文化节""教师教育教学技能文化节"等文化平台，营造学术、技术、技能精进氛围；升级"黄酒酿造技艺"和"石桥营造技艺"非遗工艺展示馆，打造省级优秀传统文化普及教育基地，传承中华工匠精神。

重庆水利电力职业技术学院实施水文化育人"境堂戏"三大工程。一是实施水文化育人"环境工程"。以"融入"的方式进行校园环境建设，形成独具特色的可视、可感、可循、可悟的水文化教育场域。二是实施水文化育人"课堂工程"。突出课堂教学育人功能，构建以水文化为载体的教学课堂、素质拓展课堂和社会实践课堂于一体的课堂体系。三是实施水文化育人"戏剧工程"。创编"中华文化""地方文化"和

"行业文化"三台戏。通过剧幕形式，让学生在真实临摹、表演过程中，体验和感悟水文化的精神内涵，实现学生的体验式再现教育。营造水文化制度育人浓厚氛围。

杭州职业技术学院开展"最多跑一次""工匠摇篮"攻坚，建设工匠学院、工匠书院、工匠研究院、工匠文化博物馆和工匠培训中心等"三院一馆一中心"，构建政企校协同、产教科融合、育选用贯通的工匠培育体系。以"融善"为核心，以"融惟职道、善举业德"校训精神为指引，以数智创新为遵循，以"三院一馆一中心"建设为抓手，传承大学文化、融入区域文化、融通企业文化、培育工匠文化。

高职院校在加快实现高职院校治理体系和治理能力现代化的建设征途上，以"十四五"发展规划开局建设为契机，全面加强党的建设，坚决落实党委领导下的校长负责制，保证学校党委在治校办学中的领导权、决策权。在学校章程统领下，不断完善规章制度体系，不断推进内部治理能力建设，着力构建完善"党委领导、校长负责、依法治校、社会参与、民主管理"的高职院校内部治理结构，在治理体系建设的路径中不再"千校一面"，而是形成了个性与特色，治理体系的建设具有法治性、系统性、民主性、生态性和发展性，高职院校治理体系建设是一个持续改革的过程，治理的目标最终是要达到"良序善治"。

实践篇

高职院校治理的典型案例

首都站位　首善标准　首创精神
在新时代首都发展中谱写北京财贸
高质量发展新篇章

北京财贸职业学院

职业教育高质量发展迫切需要提升治理水平和治理效能，北京财贸职业学院作为高等职业院校治理体系建设发展联盟理事长单位，立足首都站位，坚持首善标准，发扬首创精神，在高职治理理论研究上不断深耕，在高职治理实践运行中不断探索。依法治校，依章治理，构建以党的建设为统领，以财贸文化为根基，以"制度保障体系、机制运行体系、多元共治体系、质量评价体系"等为支柱的现代高职院校治理体系，赋能学校事业发展，打造北京模式。

一、基本情况

北京财贸职业学院（北京市财贸管理干部学院）创建于 1958 年，学校是中国特色高水平高职学校建设单位、国家示范性高等职业院校、全国职业教育先进单位、全国高等职业教育创新发展行动计划优质校、全国毕业生就业典型经验高校、全国创新创业典型经验高校、全国五四红旗团委、教育部首批现代学徒制试点单位，全国高等职业院校治理体系建设发展联盟理事长单位。学校孕育了"植根财贸、与行业共成长"的基因，始终与首都现代服务业发展同频共振，服务城市副中心建设办学，瞄准京津冀协同发展办学。近年来，学校立足首都站位，融入首都发展，坚持首善标准，发扬首创精神，以建设"财贸特质、首都特色、国际知名"新商科职业院校为发展方向，以"中国服务"精品商学院为目标，为打造新时期职业教育高质量发展首善之区贡献北京财贸力量。

学校适应现代职业教育发展形势，优化学校治理结构，推进治理体系综合改革，在"十四五"规划中制定了《提升治理水平专项规划》，将治理体系和能力现代化作为实现职业教育高质量发展的推动力，发挥校党委领导核心作用，深化学校综合改革，探索财经商贸高职治理范式，贡献"北京财贸"方案。

二、主要做法

（一）坚持党建引领，赋能事业发展

学校党委以高站位党建引领学校高质量发展，始终高举习近平新时代中国特色社会主义思想伟大旗帜，牢牢把握社会主义办学方向，全面落实立德树人根本任务，充分发挥党组织的政治功能和组织功能，努力将党的政治优势、组织优势转化为推动事业发展的强大力量，为学校高质量发展提供了坚强的政治保证。坚持"政治、思想、机制、创新、组织、监督"六赋能，实现学校事业高质量的内涵发展。学校坚持完善党委领导下的校长负责制，制定实施办法，修订党委常委会、校长办公会议事规则，健全基层党组织议事决策、政治把关、发挥作用长效机制，党委领导、章程为核、文化为基、共同创造、多元参与，组织体系完善、运行体系规范、制度体系健全、服务体系有力的学校现代治理体系日趋完善。

（二）推进依法治校，强化制度刚性

坚持依法治校，制定学校进一步加强法治工作的实施方案，切实把依法治校作为学校治理的基本理念和基本方式，融入、贯穿学校工作全过程和各方面，不断提升运用法治思维和法治方式实施综合改革的能力和水平。坚持制度先行，修订学校章程，编制学校《内控手册》；编制并实施"十四五"事业发展规划和 9 个专项规划；制定学校"三全育人"综合改革方案；合理界定学校内部不同事务的决策权，探索建立师生代表参与学校决策的机制，健全科学民主决策机制；做好覆盖职业院校党建思政、专业建设、实习实训、校企合作、"双师型"教师队伍建设、社会服务等方面规章制度的废、改、立、释、施工作，建立权责清单，形成了以章程为核心，规范统一、分类科学、层次清晰、运行高效的规章制度体系。确保制度刚性执行，让制度成为明确规则、规范工作、约束行为的一把利剑。畅通师生反映问题的渠道，全面加强接诉即办、未诉先办，加大对办理结果的宣传教育引导。发挥《北京市职业院校教学管理通则》的规范与引领作用，不断推进学校教学管理制度化、科学化、规范化。

（三）优化机制运行，激发组织活力

学校优化机制运行，制定新的学校机构改革方案，落实二级学院办学主体责任，

扩大二级学院办学自主权，完善二级学院党组织会和党政联席会制度，形成以党组织会、党政联席会、行政例会、学术委员会、教职工大会和学生代表大会按照各自权限规范运行权力的二级学院管理与运行机制，推进二级学院产教融合、校企合作的机制创新。依据北京市《教学管理通则》开展教学管理贯标，建立"群院结合、协同教研"的专业群可持续发展机制，实现团队、课程、教学标准深度融合。推行教师分类发展绩效考核，深化奖励性绩效工资二级单位自主分配改革。2021 年开始实施新一轮的全员聘任工作方案，将绩效工资与教职工的工作量和实际业绩挂钩，优化管理、专技和工勤 3 支队伍的配置、管理和发展路径，让教师真正树立以学校发展为己任的事业观，实现高质高聘、优绩优酬，激发组织活力。先后出台了教师教育教学、科研、企业实践等 3 个成果奖励办法，修订发布《项目管理办法》和《采购管理办法》，落实项目全流程监管。

（四）健全民主参与，共建共治共享

学校健全以学术委员会为核心的学术管理体系与组织架构，科学设置校院两级学术组织架构。加强理事会制度建设，修订理事会章程，吸纳国内外职教专家、行业企业领军人物等进入理事会，积极发挥理事会在学校建设中的咨询、协商、议事和监督作用；修订校友会章程，健全学校校友会组织机构，完善运行机制，引导校友参与学校治理，在人才培养、创业就业、产教融合等方面发挥积极作用；完善教代会、工代会制度，深化团学工作改革，支持师生参与学校民主管理、民主监督。以发展目标汇聚力量，以人文关怀凝聚人心，强化协同共抓的大统战格局，凝聚爱校奉献的各方面优秀人才，形成共建共治共享的学校治理新格局。

（五）创新质量评价，助推"双高"建设

创立内部质量管理平台，分析课堂教学、专业建设、教师发展数据状态，找准教育教学薄弱环节，加强教学诊断及反馈。聚焦课堂主阵地，充分发挥教学督导委员会作用，多维度、全过程评价课堂教学效果。健全社会监督机制，开展第三方评价，探索建立以质量贡献为导向的教育质量评价指标体系。创新构建以"产业契合度、技术跟随度、城教融合度、校企协同度、国际对接度、利益方满意度"六度专业群核心竞争力为指标的专业群评估体系，通过红黄绿预警机制，形成培优汰劣的专业群管理与发展机制，实施专业分类管理。出台了《北京财贸职业学院项目管理办法》《北京财贸职业学院"双高""特高"项目资金管理办法（试行)》，明确了各项任务责任人和关键

成果，建立了"双高"建设管理平台、绩效评价中心，对"双高"任务建设进程和成果达成情况进行追踪，及时总结成果、发现问题、自我改进，每月定期发布"双高"建设月报，全面提升学校治理效能。学校质量保障体系在2022年中国国际服务贸易交易会上发布。

（六）浸润以文化人，建设智慧校园

学校以社会主义核心价值观为引领，营造向上向善文化氛围。传承中华优秀传统文化，深耕京商文化研究16年，创建"京商论坛"品牌；举办"财贸大讲堂"系列讲座，形成"跃动北京财贸""健康长跑+"等特色校园文化品牌，增强师生校园文化认同，提升校园文化育人功能。坚持正确舆论导向，强化宣传阵地建设，"北京财贸职业学院""财贸青年""北京财贸微学工"等一批校内新媒体同向发力，聚焦党史学习教育、"双高校"建设生动实践等开展校内校外宣传，聚焦一线教师推出《最美财贸人》系列，着力讲好新时代育人故事，传播育人正能量。浸润以文化人，提高文化服务质量，以润物细无声的力量实现高度自律和善治目标，以文化赋能学校现代治理体系构建。

学校智慧校园建设"一站式"服务平台，以数据共享促进教育管理业务流程优化再造，利用信息化手段支撑高等教育数据及业务治理体系改革新模式，推动教育决策由经验驱动向数据驱动转变、教育管理由单向管理向协同治理转变、教育服务由被动响应向主动服务转变，切实提高师生的获得感和幸福感。加快绿色学校建设，推进节能减排、垃圾分类和无纸化办公，持续优化线上流程。

三、治理成效

（一）立足首都站位，引领财经商贸人才培养模式改革

学校在发展过程中不断深化体制机制改革，着力破解制约发展的梗阻问题，深度激发内部活力，治理水平显著提升，在不断的自我革命中实现高质量发展。坚持立德树人、德技并修，强化为党育人、为国育才的使命担当，努力提升人才培养质量。以全面深化"三全育人"综合改革为切入，以财贸素养教育、创新创业教育、"扬长"教育实践为抓手构建财贸特色育人体系。独树"校企共育、专创融合、扬长发展"育人模式，引领财经商贸人才培养模式改革，培养具有"家国情怀、职业素养、工匠精神"的高素质、复合型技术技能人才，为首都经济社会发展提供人才支持。育人成效被

《光明日报》等主流媒体累计报道 160 次。荣获 2021 年北京市教育教学成果奖 8 项，学生"双创"比赛获省级及以上奖项位居北京第一。

（二）坚持首善标准，引领国家财经商贸专业建设改革

学校以首善标准引领国家财经商贸高职教育改革，牵头国家职教财经商贸大类专业目录修订，深度参与 22 个国家职教专业教学标准研制，覆盖 45% 财经商贸专业。牵头研发智慧财经和数字商贸专业群建设标准，在 2021 年中国国际服务贸易交易会发布并在全国 30 余所院校推广。牵头建立全国高等职业教育治理体系建设发展联盟并当选理事长单位，11 人入选新一届国家行（教）指委委员，位居北京第一，全国前十。聚焦数字经济新业态，优化布局财经、商贸、旅游、建管等八大类专业，覆盖首都现代服务业主要领域。用技术与文化赋能，建设智慧财经、现代商旅服务 2 个国家"双高"专业群和 5 个北京特高专业群，形成"契合产业、骨干引领、特色支撑"财经商贸专业群体系。率先以"六度"专业群核心竞争力评估为突破，创新构建专业群评估体系。会计和金融管理专业首家通过英国国家学历学位评估认证中心国际专业标准评估认证，并被其纳入"一带一路"桥梁计划，推广了中国职教标准。

（三）营造职教生态，深化"校园企"产城教多元融合

持续深化校企双元育人，构建"三联合、三对接、三融通"校企双元育人体系。依托北京商贸职教集团，建设"共同参与、共同建设、共同受益"的新型产教融合平台。聚集城市副中心优质资源，建立学校、园区、企业"1+1+N"合作运行机制，与通州运河商务区、环球影城、中智集团、中联集团等合作共建人才储备班、订单班、企业课堂、实训基地、大师工作室、技术应用研发服务中心等。学校是国家首批现代学徒制试点单位，北京商贸职教集团入选首批全国示范性职教集团培育单位，5 个企业冠名学院成为北京市工程师学院。2022 年，3 个校企合作案例入围教育部产教融合典型案例，1 个案例荣获世界职业院校与技术大学联盟金奖。

（四）面向首都需求，创新京商研究提升服务社会能力

服务北京两区建设，聚焦服务首都商业，首创京商研究，建设"中国服务"标准的首都商业智库。拥有北京国际商贸中心研究基地，是中国商业史学会会长单位、北京商业经济学会会长单位和王府井地区发展研究院主任专家单位。连续 17 年打造京商论坛品牌，主持或参与北京商业发展规划编制和多项国家行业产业标准的制定。发布

《中国社区商业"十四五"发展规划》等全国性行业报告 8 项。深耕"学历+技能"继续教育和社区培训，入选北京专业技术人员继续教育基地；携手东城社区，成立礼士社区学院，助力学习型城市建设；主动承担援疆项目，对口帮扶和田职业技术学院提质培优建设任务；帮扶 4 个低收入村成功脱低，帮扶经验入选国务院扶贫办优秀征文案例；服务乡村振兴，财贸学子通过直播帮助通州区西集镇农户售卖农产品项目，取得良好效益和社会评价。深度参与京津冀职业教育合作，在燕京职业技术学院设立"北京财贸职业学院廊坊校区"，开展跨省市"3+2"联合培养试点。

（五）加强国际交流，提升国际影响走向世界职教舞台

坚持服务首都"国际交往中心"功能定位，成立职业教育新商科国际联盟。不断深化与境外 30 余所高校的合作关系，牵头成立中英创新创业职业教育联盟（北京），率先通过国内首家会计、金融管理专业英国国家学历学位评估认证中心国际专业标准评估认证，入选首批教育部"中美高端技能型、应用型人才联合培养百千万交流计划"，入选 2022 亚洲教育论坛年会职业教育国际合作典型院校。近两年在北京服贸会发布国际教育服务成果 14 项，获世界职教联盟 2020 年卓越奖银奖、2022 年金奖，连续三年获评"亚太职业院校影响力 50 强"。

（执笔人：王凤宏　夏飞）

统筹布局 一体推进 协调发展
以推进治理体系和治理能力现代化
引领学校事业高质量发展

天津商务职业学院

党的二十大报告提出"以中国式现代化全面推进中华民族伟大复兴",教育、科技、人才是全面建设社会主义现代化国家的基础性、战略性支撑。职业教育是与经济社会发展联系最为紧密的教育形式,必须提高治理能力和治理能效,以高质量发展助推中国式现代化。天津商务职业学院紧紧抓住历史机遇,紧扣时代脉搏,立足新发展阶段、贯彻新发展理念、构建新发展格局,全面推进治理理念现代化、治理制度体系化、治理过程民主化、治理方式科学化、治理手段智慧化,不断探索现代高职院校治理体系和治理能力现代化建设,提升学校关键办学能力,开启学校事业高质量发展新篇章。

一、基本情况

天津商务职业学院始建于1955年,是天津市首批高职示范校、天津市"十一五""十二五"高水平示范校、"十三五"世界先进水平高职院校和"十四五"天津市高水平职业院校,获全国"黄炎培优秀学校奖",被评为天津市最美校园(高职组)第一名、2018—2020年度天津市文明校园。学校秉承"厚德尚能励学弘商"的校训,已为国家培养了15万余名高素质技术技能人才。近年来,学校发挥党委领导核心作用,紧贴天津市"一基地三区"功能定位,围绕"1+3+4"现代产业体系、天津市服务业扩大开放综合试点以及天津市国际消费中心城市和区域商贸中心城市等新的城市定位,深化综合改革,积极探索商科职业院校治理模式,主动融入京津冀协同发展战略,服务产业发展和天津"四高"城市建设。

二、主要做法

（一）坚持党的领导，推进治理理念现代化

学校坚持以习近平新时代中国特色社会主义思想为指引，坚持社会主义办学方向，以高质量党建引领事业高质量发展，落实立德树人根本任务，高质量肩负起"四个服务"的重大任务，立足天津、服务区域、示范全国，培养现代服务业高素质技术技能人才。通过领航工程、标杆院系、样板支部建设，切实增强党组织的凝聚力和战斗力，充分发挥党支部重要战斗堡垒作用，强调"以党支部为核心，以党员为骨干，把群众紧密地团结在党组织的周围"，确保全校上下坚持正确的政治方向，保证教学、科研等各项任务的顺利完成。以治理体系、治理能力现代化引导师生真正领悟高职院校治理真谛，使党建引领学校治理现代化的理念深植于每一名"商职人"的心田，汇聚全校上下干事创业的磅礴力量。

（二）坚持依法治校，推进治理制度体系化

坚持依法治校，修订学校章程，使章程更加符合法律法规要求、遵循高等职业教育规律、体现学校特色，通过章程确立学校的办学理念、发展定位和战略，明晰学校、学院以及师生的责任、权利与义务等。坚持守正创新，完善内部治理结构和运行机制，修订完善"三重一大"决策事项，党委会、校长办公会议事规则，落实党委领导下的校长负责制，党委切实发挥把方向、管大局、做决策、抓班子、保落实的作用，校长重在实施和管理，全面负责教学、科研和其他行政管理工作。紧紧围绕章程，完善细化相关的配套制度，健全完善教学管理、人才培养、思政工作、专业建设、实习实训、校企合作、学生管理等方面的制度，通过建章立制，形成了以章程为统领，相互衔接、互为促进的制度体系。内部控制体系日趋完善，成立审计处，审计工作扎实推进。

（三）守正创新，推进治理过程民主化

学校健全组织体系，严格按照上级相关组织设置要求，构建科学规范、切实可行的机构设置和操作规范，完善工会、教代会、学代会相关制度，明确履行教代会的民主管理、民主监督职责，确保教职工依法知悉校情、参与校政、议论校事、监督校务的权力。充分发挥工会、教代会、学代会在学校民主管理和监督中的作用，调动广大师生参与学校改革发展的积极性，推进学校决策的科学化和民主化，营造团结和谐、

奋发向上的良好氛围，综合提升治理效能。完善和健全学术委员会制度，订立学术委员会章程，统筹行使学术事务的决策、审议、评定和咨询等职权，充分发挥学术委员会在专业建设、学术评价、学术发展和学风建设等事项中的作用，促进学校教育事业科学发展。

（四）健全体制机制，推进治理方式科学化

学校自 2021 年实施校院两级分层管理体制改革，以权责划分为核心，整合优化学校教育教学资源，扩大二级学院在人、财、物方面的管理自主权，转变学校职能部门的治理职能，实现管理重心下移和责权利统一，形成学校宏观决策、部门协调配合、学院实体运行的治理模式。通过加快"学习型、服务型、创新型"机关职能管理部门建设，精简审批事项，增强谋划、组织、指导、服务等职能，逐步转变为战略管理、目标管理、服务型管理，确保校、院两级分层管理体制改革落到实处。通过制度化明确二级单位的责权利，研究二级学院党组织运行管理、作用发挥的体制机制，健全完善党政联席会议制度、二级学院党总支会议制度，设立学院综合办、教学办、学工办，配足管理服务人员，切实发挥好二级党组织的政治引领把关定向作用。出台相关人才招聘管理制度，彰显各学院、教学部选人用人的自主权。在招聘教师方面，由过去人事处统筹安排招聘变为各学院、教学部可以全程参与人员的选拔、考核、面试和录用；在引进高层次人才方面，组织人事部门和各学院（部）积极联动，主动拓宽渠道，采取灵活多样的方式挖掘人才，成效显著。出台职继协同创新工作实施意见和实施方案，统筹推进职业教育与继续教育协调发展，完善两级管理体制，强化继续教育学院管理职能，落实"管办分离"，最大限度激发二级学院发挥专业优势、资源优势的积极性，打造职继协同创新集合体，服务全民终身学习的现代职业教育体系建设。

（五）强化数据治理，推进治理手段智慧化

学校实施数字化转型，推进智慧校园建设。实施智能校园建设，打造智慧教室、智慧公寓，初步建成集身份识别、出入管控、能源管理、资源共享的服务保障体系，实现校园网络服务全覆盖。依托智能工作流和数据流引擎，搭建服务教学、办公、学生管理、财务管理、资产管理、后勤管理、校园安全和招标采购等的线上线下办事服务体系，实现了校园服务"一账户、一网络、一平台"的信息化建设格局。推进数据治理，实施数据治理机制建设，推动数据汇聚、共享、开放、开发，赋能学校职业教育高质量发展。

三、治理成效

（一）着眼服务大局，专业建设促发展

学校现有 8 个专业大类 36 个专业，构建了以重点专业为龙头，优先发展专业、特色专业和常规专业协调发展的现代服务业特色专业体系，组成了对接产业链的国际贸易、会展旅游、营销、会计、金融、信息技术、广告等专业群，其中国际贸易与会展旅游两个专业群于 2021 年被认定为天津市高水平专业群。学校获市级教学成果一等奖 5 项、二等奖 9 项。进出口单证实务、商务谈判英语口语、商务礼仪被评为国家级精品课程、国家精品资源共享课程及国家精品在线开放课程，另有市级精品课程、市级示范课程 13 门。11 名教师分获全国职业院校技能大赛教师教学能力比赛一、二、三等奖。

（二）落实"五育并举"，育人工作见实效

学校入选天津市"大思政课"示范校培育建设单位，建成 1 门市级思政精品课，2 门市级"课程思政"改革精品课，2 堂市级高校习近平新时代中国特色社会主义思想示范课，2 堂市级高校"课程思政"示范课程，学校党委书记讲授的思政课获评天津市首次"大学书记校长大课堂"优秀资源。学校获批天津市大中小学实践育人一体化精品线路一项，学生社会实践、志愿者服务、心理健康教育居于全市高职院校领先水平，学生荣获第一届"天津最美大学生士兵"、第十四届"全国见义勇为模范"等称号。学校思政工作多次被《天津日报》等主流媒体报道。在 2021 年天津市职业院校技能大赛暨 2022 年全国职业院校技能大赛选拔赛中，获 13 个一等奖，并有 70 人次获奖，在高职组金牌榜和奖牌榜上双双名列第二。在全国职业院校技能大赛国际赛暨首届世界职业院校技能大赛跨境电商赛项中获得金牌，在中华茶艺展演赛项中获第一名。在天津市第十五届运动会（大学生组）获得 10 金 10 银 4 铜，勇夺足球男女双冠。

（三）深化校企合作，育人模式谱新篇

学校坚持依托行业办学，是教育部认定的国家级"现代学徒制"试点单位、首批国家级示范性职业教育集团（联盟）培育单位，牵头组建天津市商务行业职业教育教学指导委员会，与 450 余家现代服务业龙头企业建立了深度校企合作关系，与京东集团共建京东跨境电商产业学院、与携程集团共建携程文旅产业学院，推进校企在区域发展、乡村振兴和教学实践等方面深度合作，打造国内具有引领效应的产教深度融合发展样板。实施"1.5+0.5+1"人才培养模式，通过校企合作、产教融合，实现高职

专业人才培养与企业职业岗位的无缝对接，2022 年实习转就业率 43%。

（四）坚持以师生为中心，民生工程取得新成效

学校积极构建"三全育人"就创业指导工作体系，校领导带队开展"访企拓岗促就业"专项行动，近三年，毕业生就业落实率位列全市高校前茅。健全完善后勤服务保障机制，对楼宇、设备和管网改造升级，持续推进节能减排。教室、公寓空调全覆盖、公共教学楼加装电梯等民心工程落实落地。提升改造大学生活动中心、教工餐厅，建设大学生事务服务中心、"一站式"学生社区服务中心、教职工活动中心，改善师生工作生活环境。推进校园绿化提升改造，建成森林公园、北山公园，校园环境进一步美化，被评为天津市"最美校园"，师生的幸福感、获得感不断增强。

（五）服务国家战略，助力创新驱动发展

积极落实职业教育东西协作对口帮扶，推进与甘肃林业职业技术学院对口支援及两校共建共帮庄浪县职业教育中心援甘工作。发挥学校专业优势，援建新疆和田职业技术学院，校企合作、专业群建设、新专业申报等方面提供智力支持。

学校积极融入"一带一路"倡议，在摩洛哥建成"鲁班工坊"，搭建天津职业教育与世界沟通的桥梁。先后与英国、美国、丹麦、韩国、泰国等 20 余个国家的院校建立友好合作关系，定期互派师生开展研修交流、教育合作、境外实习实训等。国际学生教育工作特色明显，国际学生规模连年保持天津市高职院校领先水平。我校也是目前天津市唯一具有港澳台招生资质的高职院校。连续 6 年天津市"海上丝路"项目招生人数和奖学金规模"双第一"。

（六）坚持防范在前，开创安全稳定新局面

高度重视国家安全工作，完善体制机制，出台贯彻落实党委国家安全责任制规定和提升学校涉稳风险预警能力的若干措施，推进国家安全教育。开展安全生产专项整治 3 年行动，加强防网络电信诈骗、反恐防暴宣传教育，组建校园"黄马甲"安全巡查队，严把交通、公寓、食品安全关，实现食品安全"零事故"。建成"师生诉求建议"反馈平台，畅通师生诉求反映渠道，接诉即办，快速处置师生急难愁盼问题。科学精准做好新冠疫情防控工作，落实落细各项防控举措，实现校园"零感染"，坚决守护师生生命健康安全。

（执笔人：黄丽文　荣宁宁）

全面提升治理水平　赋能"双高计划"建设

沧州医学高等专科学校

案例围绕完善现代大学制度体系，提升学校治理能力，助推学校事业的高质量发展论述了高职院校治理体系的构建，即以党建为引领，全面增强学校治理能力；以章程为核心，全面强化制度体系建设；以协同为目的，全面优化内部治理机制；以岗位绩效改革牵引，全面推进人事制度改革；以诊改为逻辑，全面提升质量自治成效等措施，为高职院校实现治理水平提升和治理能力现代化提供参考。

一、基本情况

在《中国教育现代化 2035》《关于实施中国特色高水平高职学校和专业建设计划的意见》《职业院校管理水平提升行动计划（2015—2018 年)》等文件中，都将治理体系现代化确定为改革发展的十大任务之一。当前，学校治理体系不完备、治理能力不充分、院企主体缺失是高职教育高质量发展面临的重大挑战。因此，强化职业院校教育教学管理，加快实现职业院校治理能力现代化意义非凡、事不容缓。近年来，沧州医学高等专科学校坚持以习近平新时代中国特色社会主义思想为指导，全面贯彻党的教育方针，紧紧围绕立德树人根本任务，秉承"办人民满意的大学"理念，聚焦民主治校、二级管理、质量保证等关键领域改革，持续推进以党建为引领、以章程为核心、以协同为目的、以诊改为逻辑、以专业群为核心重构二级学院的校院（企）双元育人内部治理体系和治理能力建设，为国家"双高计划"高水平专业群建设及河北省"双高计划"高水平高职学校建设提供强大动力和保障。下一步我校将以建设中国特色高水平高职学校为契机，按照"引领改革、支撑发展、中国特色、世界水平"的目标和要求，牢固树立新发展理念，进一步加强治理体系建设，不断激发办学活力，提高人才培养质量和社会服务水平，为服务地方经济发展和健康中国做出更大贡献。

二、主要做法

（一）以党建为引领，全面增强学校治理能力

学校坚持党对事业发展的全面领导，立足新发展阶段，贯彻新发展理念，科学把握教育发展规律，牢记为党育人、为国育才使命，确立了将学校"建成办学规模适度、教育质量优良、专业特色鲜明、办学优势突出的中国特色高水平医专，积极申办医学本科院校"的战略发展目标。创造性地制定了《以法治思维推进学校治理体系和治理能力现代化的实施意见》，加强对学校治理改革整体性、全局性、战略性问题的分析研究及总体谋划，实施以依法治校为牵引的一揽子内部治理改革与治理能力建设措施。

把社会主义核心价值观引领学校治理作为基础工程，推动"三进"工程、"三全育人"工程和"十大育人"精品项目建设，将思想政治教育融入教学、管理各岗位及各群体工作之中，努力构建大思政育人格局。积极推行党建领航工程、"党建+师德建设""党建+教育教学""党建+队伍建设""党建+团建"等"党建+"模式，夯实党支部"一个战斗堡垒"，突显党务干部和党员教师"两个示范"，实施校院（企）合作、产教融合和社会服务"三个拓展"，积极推进党建与教学双向融合、同频共振，取得了一批有影响力的党建成果。

紧扣立德树人根本任务，学校开展以新时代教育评价改革为导向的治理改革专项行动，统筹推进教育评价综合改革、办学体制机制改革、人事人才制度改革、内部运行管理改革等关键任务，协同推进专业建设、内部治理、办学和监督体系等重点领域改革工作。深化新时代教育评价改革，改进结果评价，强化过程评价，探索增值评价，健全综合评价，构建高质量人才培养工作体系，强化学校高质量发展动力机制建设。围绕现代职业教育内外部治理开展理论研究与实践探索，形成了《深化新时代教育评价改革实施方案》《努力构建符合实际、高水平的教育评价体系》等成果。

（二）以章程为核心，全面强化制度体系建设

建立以章程为核心的现代高职学校制度体系。认真做好"一章八制"建设，即学校章程和党委领导下的校长负责制、教职工代表大会制度、学术委员会制度、理事会制度、教师申诉制度、学生申诉制度、财经委员会制度、信息公开制度，推进学校治理体系和治理能力现代化。同时加强顶层设计，形成独具特色的"1个总体规划+10个专项规划+9个子规划"构成的"十四五"事业发展规划体系，一盘棋谋定建好"双高

计划"、建设本科层次院校等一系列战略任务。

对标《国家职业教育改革实施方案》《关于推动现代职业教育高质量发展的意见》等文件精神，结合学校教育改革需要，针对德技并修、"三教"改革、产教融合发展、科技创新等重点领域，精准靶向施策，制定修订教学科研、人事改革、师生发展、对外合作等方面的政策制度48项，为推进学校高质量发展提供有力制度支撑。

聚焦"双高计划"建设，基于国家、地方法律法规、事业发展和人才培养，持续开展学校规章制度的废止、修改、新建工作，加大制度"废改立"工作力度，按照规范统一、分类科学、层次清晰、运行高效的原则，确立了"学校章程—规章制度—部门规范性文件/内部工作制度"三级制度框架，以制度体系建设不断夯实内部治理基础，为推动学校高质量发展提供坚实基础。

坚持重大项目建设以制度为基。推动实施"双高"建设时，探索"中心集聚、节点支撑"的行企校协同推进机制，打造产教融合"生态圈"。探索"人随事走，费随事转"的任务建设机制，确保事事有人做、事事有钱办与事事有成果；探索"数据赋能、泛在融合"的全过程信息化管理机制，依托"大数据中心"智慧管理平台，实现项目过程信息化动态管理，及时公布项目建设要求、工作进展、建设成果等。

高度重视提高制度执行力，把制度执行力和治理能力作为干部选拔任用、考核评价的重要依据，用好考核评价这个"指挥棒"，建立了干部制度执行力和治理能力的考核评价机制。建立健全"实施、监督、考核"的管理机制，以制度为基础规范权力运行，有效推动业务协同、部门协同，破除管理壁垒，提升内部治理效能，激活师生创造力。

（三）以协同为目的，全面优化内部治理机制

加强办学治校体系和能力建设，完善内部治理结构，不断优化党委领导、集体决策、分工负责、民主管理的工作机制和运行模式。一是坚持和完善党委领导下的校长负责制，提高领导和决策水平；二是健全以学校章程为统领的制度体系，提高依法办学治校水平；三是优化党务行政管理体系，提高管理效能和工作效率；四是完善民主管理体系，提升民主管理水平；五是构建开放办学体系，形成社会参与的长效机制；六是健全风险防控和监督保障体系，促进学校科学和谐发展，构建了目标明确、层次清晰、相互协调、活力充沛的现代大学治理结构体系。

建立"双高"建设专班推进机制。以垂直管理取代扁平化管理，破除原有部门壁垒和条块分割模式，成立10个工作专班。建立"三个机制"，一是挂钩联系机制。每

个专班均由 1 位校领导挂钩联系、调研指导、协调督办,一个职能部门牵头,并形成多部门协同合作的专班,对指标考核内容及要点逐级进行统筹部署、协调推进。二是季度分析机制。每季度召开 1 次"双高"建设分析会,听取考核指标推进情况汇报,总结工作成绩,分析存在问题,部署下一阶段工作。三是调度推进机制。每项一级指标挂钩校领导每季度召开 1~2 次专题会或调度推进会,分析研判综合进展情况,集中研究解决存在问题与困难。

构建"以群建院、以群强院"运行机制。完善"融合衔接、动态调整"的专业群建设机制,组建临床医学院,消除群内各专业之间的壁垒,统一调配教学资源,充分发挥集聚效应。完善"注重内涵、整体提升"的专业群发展机制,系统设计人才培养方案,重构课程体系、课程内容,促进各专业间的资源共享、协同发展。坚持"服务、融入、引领"办学理念,构建紧密合作、优势互补、共同发展的医教联合体,实施"1.5+1.5"人才培养模式,在校院融合中深化教与学的结合、"双师"团队建设、人才培养与科研服务的协同,推动专业课程变革和学习方式的变革。

充分借助外部智力支持,围绕学校发展大局和重点工作开展论证评议、咨询指导等工作,提高学校重大决策的法治化、科学化、民主化水平。发挥政行企校合作理事会作用,建设行企共同参与的校系两级专业建设委员会、教材建设与选用委员会,协同推进产教融合。制定产业学院设立与管理办法、校企合作管理办法等。探索产教融合型特色学院建设模式,搭建校院(企)"联合主体、院企主导、共享收益、共担风险"的治理机制,形成了校院(企)"双元育人"生态。

(四) 以岗位绩效改革牵引,全面推进人事制度改革

构建科学高效的人事管理制度。学校完善教师发展目标、标准体系,设立教师发展中心,实施分类培养、分类管理和考核、分类评聘的动态工作机制;建立考核评估评价与选聘、任用、薪酬、奖惩等人事管理内容相关联动的配套管理办法;全面推行按岗聘用、竞聘上岗,逐步实现"人、岗、事"的合理配置。

推进岗位设置及岗位评聘改革。学校出台了《首轮岗位聘任周期考核实施办法》,制定岗位设置管理办法,明确岗位设置的原则、总量、类别、等级、各类岗位的基本任职条件、二级部门的岗位控制数和各类岗位的基本职责。制定岗位聘用管理办法,明确岗位聘用的原则和思路、组织机构、聘用程序、聘用条件、聘期任务、聘期待遇等。对于专业技术岗位,实行"低职高聘、高职低聘"竞争聘用机制,明确各级各类岗位的聘期任务,以及完成聘期任务后可以享受的聘期待遇。

搭建专业化、职业化的高职院校职称管理体系。学校结合国家、省最新相关政策文件，制定并完善《沧州医学高等专科学校职称评审办法》，围绕高职教育教学改革调整申报条件，完善评审程序。重点加强对师德师风、教学质量、实习实训、挂职锻炼、竞赛指导、学生管理、社会服务等工作的综合考核。

（五）以诊改为逻辑、全面提升质量自治成效

学校着力推进以质量诊断与改进为核心的内部治理改革，以提升办学治校育人全要素能效为主线，形成了涵盖"决策指挥、质量生成、资源建设、支持服务、监督控制 5 个系统，学校、专业、课程、教师、学生 5 个层面"的全要素网络化多元协同的综合治理架构和模式。

学校以师生内生需要为动力，全力打造质量保证目标体系、人才培养质量标准体系、大数据质量测评体系，搭建质量诊改数据服务平台，培育自我诊断与持续改进的质量自治文化，形成"五纵五横一平台"系统集成的内部质量保证体系，将二级系部人才培养工作和职能部门业务发展有机统一在质量诊改框架之下。强化大数据应用，形成全面质量管理内控机制，建立"8 字型"螺旋自我诊断与改进的工作机制。

制定业务岗位工作标准，建立内部质量保障体系。按照全面质量管理的理念，围绕学校、专业、课程、教师、学生等 5 个层面，对校内各二级单位归类。根据 SMART 原则对工作职责进行具体化描述，制定业务岗位工作标准。

完善培养质量标准体系，明确过程控制重点。完善专业、课程标准，形成由开发标准、条件标准、运行标准、结果标准组成的专业、课程逻辑相关的标准系列。建立分发展、分类别的教师发展标准，制定新任教师、合格教师、兼职教师、骨干教师、专业带头人、学术带头人等评聘、考核标准，服务内部质量诊改。

遵循内部质量诊改的逻辑，学校系统构建了"管理变治理、被动变主动、零散变系统、主观变客观、一时变日常"的内部质量诊改工作体系，治理过程持续向数据化、精细化、智能化、规范化转变，增强教师获得感和满意度。

整合现有信息系统数据资源，建设学校大数据中心，破解现有信息孤岛，整合信息资源，形成校本人才培养状态数据平台，对接教育部人才培养状态数据平台。根据过程数据采集与诊断需要，修订完善现有工作制度，提高网上业务办理水平，优化业务流程，简化审批程序，推进线上办公，激发教职工活力。

建立第三方参与学校办学评价和社会监督的机制，与 MYCOS 公司共建全国首家"医学专科院校人才培养质量评价协同研究中心"，连续 5 年开展第三方质量评价。实

现了外部评价与自我诊断核心指标数据的一体化，人才培养质量和社会影响力稳步提升。

三、治理成效

学校紧紧围绕推进"双高计划"建设、深入探索新时代医专高职教育治理新路径，不断完善依法治校的运行机制，科学规范学校治理，促使学校内生动力不断提升、办学活力不断增强。

一是管理水平不断提升。先后荣获国家"双高计划"建设单位、全国文明单位（文明校园）、全国职业院校校园文化建设"一校一品"学校、河北省优质专科高等职业院校、河北省高等学校先进集体、河北省高校领导班子考核优秀，连续多年获评省级文明单位（文明校园），顺利通过河北省思想政治理论课质量评估和省级诊改复核。

二是育人成效显著。近 3 年，通过教育部现代学徒制试点验收，教育部"1+X"证书通过率达 97.7%；全国职业院校技能大赛获奖 4 项；高等职业院校临床医学专业技能大赛一等奖 3 项；河北省职业院校技能大赛获奖 28 项；"互联网+"创新创业大赛、"挑战杯"等各级各类比赛获奖 107 项；就业率连续多年保持在 97% 以上。

三是形成鲜明特色。通过一核心（党的领导）、两体系（制度体系、质量保证体系）、四平台（理事会、学术委员会、教学工作委员会、教职工代表大会）建设，全力打造学校与师生共建、校地协同、校院（企）互融 3 个命运共同体，形成了内部治理改革的质量闭环，提升了内部治理的质量和成效，促进了学校高质量发展，赢得了社会各界普遍赞誉。

（执笔人：齐园园　陈勇）

完善现代大学治理体系，推进治理能力现代化

河北科技工程职业技术大学

治理体系是治理能力现代化的前提和基础，治理能力现代化是治理体系的目的和结果。河北科技工程职业技术大学以职业本科建设为契机，完善现代大学治理体系，不断优化治理结构，完善治理制度，创新治理路径，营造治理生态，进一步激发办学活力，不断推进院校治理能力现代化，取得了显著成效，为建设高水平职业技术大学奠定了治理基础。

一、基本情况

作为河北省首批公办本科层次职业院校，河北科技工程职业技术大学（原邢台职业技术学院）建校于 1979 年，原隶属于中国人民解放军原总后勤部，是我国最早举办高等职业教育的院校之一，1991 年率先承担全国高职教育试点任务，先后入选首批国家示范校、优质校、"双高校"建设序列，2021 年成为职业本科建设试点院校，探索形成了享誉全国的职业教育"邢台模式"，为全国职业教育高质量发展贡献了力量。

近年来，学校响应国家治理现代化改革要求，围绕职业本科学校建设要求，坚持和完善党委领导下的校长负责制，围绕培养德智体美劳全面发展的社会主义建设者和接班人的根本任务，完善以章程为核心的现代大学治理体系，搭建"党委核心、内外融合、递进优化"的治理架构，通过师生合作参与、企业联合办学、政府部门协作等协同创新，增强共同治理能力，有力推进了院校治理能力现代化。

二、主要做法

（一）优化现代大学治理结构，激发办学活力

党的十九大提出，到 21 世纪中叶实现国家治理体系和治理能力现代化。围绕立德

树人根本任务和职业本科学校建设标准，完善组织机构和岗位设置，切实做到分事行权、分岗设权、分级授权、定期轮岗。加强二级系部决策自主，修订《河北科技工程职业技术大学两级管理规定》，制定"院为实体"建设方案，促进管理重心下移，在教育教学、人事分配、科研管理和财务资产等方面进一步扩大二级系部办学自主权。实施职业本科教育改革，深化"分类管理、分级考核"人事分配制度改革，探索职称"评聘分离、能上能下"制度改革，营造人才"引得进、留得住、用得好"的用人环境。健全学术委员会、专业建设委员会、教学指导委员会、教材选用委员会等学术组织，完善各个委员会章程，确保学术权力与行政权力界限清晰，发挥专家治学功能。完善内控制度和校务公开制度，构建"智慧+"大数据、物联化管理体系。健全内部质量保证体系，以诊断与改进制度建设为抓手，依托"智慧邢职"校园信息化平台，持续完善教学诊改和教学质量保证体系。

（二）完善现代大学治理制度，推进依法依规治校

坚持党委领导下的校长负责制，健全党委统一领导，根据《高等学校章程制定暂行办法》，完善《党委议事规则》《院长办公会议事规则》，确保政治权力与行政权力界限清晰、责权统一，建立健全自主管理、自我约束的体制机制和制度体系。开展校内规章制度的全面梳理和修订完善工作，对党建、教学、科研、人事、财务、后勤等方面的管理制度进行了"留、废、改、立"，编印《科工大制度汇编》，极大地推动了管理工作的制度化、规范化和科学化建设。在制度建设的过程中，坚持实事求是的原则，广泛吸纳教职工意见，融入特色、实践、法治的制度建设精髓，切实实现了理论联系实际，着力规范解决办学问题，突出办学特色的制度建设目标，全面提升了学院依法依规办学的管理水平。

（三）创新现代大学治理路径，探索多元共治

按照"公办主导、市场参与、主体多元、国际合作"的思路，探索建立公有股份制、混合所有制的产教融合办学实体和产教融合平台，创新校企合作、国际合作协同育人机制。健全学校、行业、企业、社区等共同参与的学校理事会或董事会，健全理事会运行机制，充分发挥咨询、协商、议事和监督等外部治理作用，打造促进产学研紧密结合、共商合作发展建设事项的机构和平台。率先与际华服装集团校企共建"际华服装学院"，探索二级学院理事会管理体制，组建了由主管部门、地方政府、学校、合作企业、教师、学生、校友为代表的理事会。校企联合共建混合所有制产业学

院——路桥产业学院，以建筑工程技术专业群为基础，校企成立产业学院理事会，探索校企新型合作模式，形成了良性的运行机制，为后续开展多元主体办学奠定了良好基础。充分发挥"双代会"在院校民主建设中的作用是推进学院民主管理的重要保障，建立健全《工会工作细则》《教职工代表大会工作细则》等规章制度，充分发挥了工会、教代会的民主管理、民主监督职责。

（四）营造现代大学治理生态，推进文化育人

坚持开放办学理念，系统建立全面对外开放、对师生开放的思想、制度、机制和平台体系，营造浓厚创新文化氛围，促进学校创新发展。对师生建立"开放包容、鼓励创新"的总体制度和激励机制，形成科研基地和科研创新项目向学生开放师生协同创新机制，搭建开放式创新实验室和学生创新创业孵化平台。推进国际交流中心建设，大力引进国际先进教育资源，推动优质资源对外输出，提升学校国际化办学水平。发扬军队院校管理传统，探索出党建引领、军风塑行、文化铸魂的"三三三"学生教育管理模式，用好党建思政教育的学生辅导员队伍、教工党员包班队伍和学生带班员队伍 3 支队伍，推行军风塑行的一日生活、学生带班员和 5S 精细化管理 3 项制度，融汇铸造人格的军队文化、企业文化和郭守敬科技文化等 3 种文化，实现党建引领学生政治方向，军人作风伴随学生成长，特色文化培养意志品质。

三、治理成效

近年来，学校坚持以习近平新时代中国特色社会主义思想为指导，围绕"高水平建设、高质量发展"办学目标强基固本、量质并重、稳中求进，取得了突出成绩：学校成为全国创新创业深化改革示范校"国家优质校"和国家"双高计划"建设单位，入选全国职业院校创新创业、教学管理、服务贡献、育人成效等 6 个 50 强，合并转设成为职业本科学校，综合实力跃升明显，发展动力更加强劲，品牌特色进一步彰显。光明日报、中国青年报、中国教育报、新华社等各级各类主流媒体近 800 次报道学校办学情况和办学成就，学校知名度和影响力进一步增强。

（一）党的建设全面加强

坚持党委领导下的校长负责制，充分发挥校党委领导核心作用，深入开展党建"双创"工作，荣膺河北省首批党建工作示范高校，汽车工程系教师党支部荣膺全国党建工作样板支部。正风肃纪取得明显实效，政治生态风清气正。严格落实意识形态工

作责任制，深入开展"两学一做"学习教育、"不忘初心、牢记使命"主题教育，广大党员干部的理想信念和宗旨意识不断增强。构建"一主两辅"思想政治教育体系，全国首发立德树人质量报告，思政教师荣获首届全国高校思政课教学展示活动一、二等奖各 1 项。面对新冠疫情，校党委统抓统管、科学防治、指挥抗击，筑起校园疫情防控的坚固堡垒。

（二）创新发展成果提质赋能

聚焦质量提升，高质量落实了高职创新发展行动计划 9 大项目、38 项任务，取得 40 余项国家级标志性成果、100 余项省级标志性成果，获评国家级优质校和"双高校"。学校服务国家战略、区域转型能力更加深厚，构建国家、省、校三级重点专业建设体系和"三核双融"专业群布局，建成 8 个国家级骨干专业，汽车检测与维修技术专业群入选国家 A 档高水平专业群建设序列，服装设计与工艺专业群、智能制造专业群、新一代信息技术专业群入选省级高水平骨干专业群。学校发展保持在全国高职教育第一方阵。

（三）人才培养质量显著提高

打造"分流培养、分类成才"育人机制、"守敬科坊"技术创新拔尖人才培养模式，牵头成立河北省汽车、服装职教集团；深化高职"课堂革命"，打造出 3E 课堂特色教学名片，建成 12 门国家级精品资源共享课、1 门国家级精品在线开放课程、10 部"十三五"国家规划教材；建成省级大学生创业孵化示范园和众创空间，双创教学团队获全国职业院校教学能力比赛一等奖；学生获得全国职业技能大赛奖牌总数与一等奖项目数量均河北省第一、全国前列；人才培养质量显著提升，毕业生就业率突破 99%，实现了就业率和就业质量双提升。

（执笔人：魏伟　雷前虎）

以治理成效推动高质量发展

山西省财政税务专科学校

党的十九届四中全会全面开启了国家治理能力现代化的新时代。职业院校如何根据时代发展要求来推进治理体系建设，实现治理能力提升，促进自身高质量发展，是一个需要系统思考与全方位推进的重大理论与实践问题。山西省财政税务专科学校以机构职能优化协同高效为着力点，深化治理格局；以加强"四个体系"建设为实现路径，重构治理体系。坚持用习近平新时代中国特色社会主义思想统领办学治校各方面、贯穿教书育人全过程，不断推进治理体系和治理能力现代化，在办学治校各领域取得了丰硕的成果。

一、基本情况

山西省财政税务专科学校是一所办学历史悠久、办学特色鲜明、文化底蕴深厚的财经商贸类高职院校。学校坚持以立德树人为根本任务，扎根三晋大地，服务地方发展，努力培养更多高素质技术技能人才、能工巧匠、大国工匠，不断推动各项事业高质量发展。先后被评为"国家示范性高等职业院校""国家优质专科高等职业院校"、山西省"1331工程"建设单位、中国特色高水平高职学校建设单位、国家级依法治校示范校。

二、主要做法

（一）以机构职能优化协同高效为着力点，深化治理格局

学校坚持党的领导，遵循现代职业教育发展规律和要求，坚持推动机构职能优化协同高效，大力推进治理体系和治理能力现代化。以"一章八制"为总框架，逐步健

全现代大学制度体系，以"八个委员会"为抓手，逐步构建多元共治共管的治理模式，以质量为目标，多方位完善质量保证体系。努力形成"党委领导、校长负责、专家治学、民主管理、企业参与、社会监督"的治理结构，积极构建边界清晰、分工合理、权责一致、依法合规的现代高职学校治理体系。通过理论探索与实践，学校治理成效明显，为推动高质量发展提供了有力支撑。

（二）以加强"四个体系"建设为实现路径，重构治理体系

坚持用习近平新时代中国特色社会主义思想统领"管党治党、办学治校"各方面、贯穿教育教学全过程和人才培养各环节，从组织体系、制度体系、运行体系和评价体系"四个维度"着手，全方位建构并完善学校治理体系。

1."撤、并、建"一体推进，重构组织体系

坚持和加强党对学校工作的全面领导，坚持"党委领导下的校长负责制"，校党委发挥总揽全局、协调各方的领导核心作用，承担起"管党治党、办学治校"的主体责任，统筹推进党的领导体系、行政治理体系、群团工作体系等建设，不断优化组织机构设置、职能配置和权力运行。根据全面从严治党和新时期党的组织路线总要求，将党支部建在部门；根据民主治理和法治建设需求，学校成立学术委员会、教学指导委员会、财经委员会等机构；根据经济社会发展和产业结构调整，有序推进二级学院专业设置动态调整和更名，将社科部更名为马克思主义学院，商学院更名为数字商务学院，信息学院更名为信息科技学院，旅游学院更名为文化旅游学院；适应新一轮信息革命和产业革命，成立大数据学院、应用统计学院；根据治理改革和学校发展需求，将内部机构设置改革，人事部（教师工作部）更名为人力资源部（教师工作部），学生就业指导中心更名为招生就业中心，撤销学校企业合作办公室、实训中心，成立国有资产管理中心、质量控制中心。同时，按照新的机构设置进行职能优化配置，以期达到协同高效。

2."废、改、立"齐头并进，重构制度体系

从严治党、从严治事，制度先行。学校在"管党治党、办学治校"过程中，十分重视制度建设，靠制度管人管事，逐步构建以《章程》为核心、以"一章八制"为框架的制度体系，即不断健全学术委员会制度、财经委员会制度、专业建设委员会制度、教学指导委员会制度、教材工作委员会制度、学生申诉委员会制度等，逐步健全议事规则、党建工作、教学管理、学生管理、财务管理、人事管理（人才工作）、科研管理、教辅管理、后勤管理和监督评等学校治理制度框架，主要是修订完善《党委领导

下的校长负责制》《党委会议事决策制度》《校长办公会议议事决策制度》《学院党政联席会议制度》《教职工代表大会工作规程》《高层次人才引进及管理办法》等100多项校内制度，废除了一系列不适合发展要求的制度、办法，保障了学校规范管理、健康发展。

3."职、权、效"一体发力，重构运行体系

按照治理格局和制度安排，遵循"边界清晰、分工合理、权责一致、依法合规"工作运行原则，学校构建了决策科学、执行坚决、监督有力的权力运行体系，依法合规开展各项业务。《章程》和《党委领导下的校长负责制》是学校"决策、执行、落实"的根本制度，"八个委员"的决议是校长依法行政、开展工作的基本路径，教代会、团代会、学代会是广大师生参与学校治理、监督学校运行、保障师生权益的桥梁纽带。特别是学校党委提出的"1+N+1"重点工作保障落实运行机制，"1"是针对重大事项、重大任务，由党委提出方向性的指导意见，明确"要干什么""实现什么样的目标"；"N"是根据党委的意见，按照"成熟一个、研究一个、制定一个"的原则，党、政制定出具体的落实举措和政策制度，明确"怎么干、干成什么"的具体方法、路径和政策供给，有效提升工作落实的精准性、开放性和系统性；最后一个"1"是制定纪委监督检查的跟踪问效制度，围绕"责任落实没有""落实到位没有"两个问题，按照"交必办、办必果、果必报"的要求，由纪委牵头开展督促检查，保证责任落实，确保监督事项"事事有着落，件件有回音"。"1+N+1"运行机制与上述一起，形成了较为完善的法人治理体系、内控制度体系和民主监督体系。

4."绩、评、改"相互统一，重构评价体系

不断改革评价模式，构建全过程质量保障体系。在学校建立的"管理者评价、自我评价、服务对象评价、第三方评价""四位一体"的评价体系基础上，探索基于大数据的教学评价新模式，以数据平台为依托，将周期评价和即时评价相结合，实现课堂教学质量数据化评价；依托大数据职业能力服务系统，开展专业群建设诊断与改进，充分激发内部活力；引入第三方质量评价，追踪专业群毕业生的就业质量、发展状况等数据，与内部评价形成反馈机制，形成"业绩、评价、改进"相统一的全过程质量诊改机制，为推动学校改革发展提供决策依据。

三、治理成效

坚持用习近平新时代中国特色社会主义思想统领办学治校各方面、贯穿教书育人全过程，不断推进治理体系和治理能力现代化，在办学治校各领域取得了丰硕的成果。

（一）党的建设取得新建树

学校认真落实"管党治党、办学治校"主体责任，认真贯彻落实党委领导下的校长负责制，不断推进党建工作标准化规范化建设，基层党组织的凝聚力、创造力、战斗力进一步增强，成为推动学校高质量发展的"火车头"。财税学院教师党支部建成全国高校党建样板支部，旅游学院党总支成为首批全省高校党建标杆院系，人事部党支部成为首批全省高校党建样板支部，商学院教师党支部书记工作室成为首批全省高校"双带头人"教师党支部书记工作室。"双带头人、双肩挑"工程实现全覆盖。以党建带动群团组织建设，支持工会、共青团、学生会等群团组织，按照各自章程自主开展工作，充分发挥其联系师生、服务师生的桥梁纽带作用。学校被中华全国总工会授予"全国模范职工之家"称号。

（二）立德树人取得新成效

牢记"为党育人、为国育才"，毫不动摇把立德树人根本任务落到实处。构建"三全育人"工作格局，落实大思政各项工作，推动习近平新时代中国特色社会主义思想"三进"工作，建立校领导联系制度，完善集体备课制度。强化教师实践研修，建设VR思政实训室，提升思政课教学质量和效果。实施职业教育"铸魂育人"计划，拥有省级思政教育工作室1个、省级特色文化育人品牌8个、省级特色文化育人品牌培育项目1个、省级思政微课42个；坚持"红色文化打底色，晋商文化增亮色，搭建九大文化平台，建设三晋财经红色校园"的建设思路，建设8个文化研究与传播中心，成立6支红色文化宣传队，成立"筑梦人"讲师团、爱国主义教育讲师团、与抗大一分校和八路军太行纪念馆合作共建爱国主义教育基地，在全国高职院校"五个一百"爱国主义教育主题作品评选活动中，荣获一等奖11个、二等奖23个和三等奖54个；实施"四大文化工程"，打造出"红色沃土 英雄山西""四史"特色思政课程、"中国会计文化""毛泽东思想和中国特色社会主义理论体系概论"等国家级、省级精品在线开放课程，形成传承中华优秀文化经典品牌、传承革命文化的红色校园品牌、晋商文化研究品牌、"千山万水基金会"校友文化品牌等具有财专特色的系列校园文化品牌。学校连续多年被评为"山西省文明校园"。

（三）专业群建设取得新进展

立足山西经济转型的发展需求，按照"新技术、新标准、新业态、新模式"对高素质技术技能人才的要求，改造老专业、培育新专业、精心打造品牌专业，实施

"222"品牌专业群建设计划。优化调整专业结构，建立专业动态调整机制，停招3个专业，升级改造8个专业，新开设9个专业；牵头建成2项国家职业教育教学资源库，参与建设8项国家职业教育教学资源库，主持会计等3项全国职业教育专业教学标准，承办100余项国家和省级赛项，立项建设5个国家级重点建设专业、9个省级品牌专业和特色专业。学校被评为全国首批"数字化会计教育（DAEC）项目"标杆院校、"中国财税服务数字化建设典范单位"。

（四）"三教"改革取得新成果

着力打造五类具有"金标准、金资源、金课堂"的高职财经特色"金课"，先后建成1门国家级与3门省级精品在线开放课程，3门国家级与5门省级精品资源共享课，13门校级在线优质MOOC课程。牵头制定教育部会计、会计信息管理专业的教学标准，在财务机器人开发与应用、大数据财务分析等行业领域的课程研发成果居全国本、专科前列。人才工作取得丰硕成果，现有国务院政府特殊津贴专家1名，"国家高层次人才特殊支持计划"教学名师1名、"旅游教学名师"1名、"三晋英才"高端领军人才2名、拔尖骨干人才7名、青年优秀人才2名，以及山西省"双师型"教学名师、优秀教师28名。建成1支全国职业教育教师教学创新团队、1支"全国黄大年式教师团队"、3支省级职业教育教师教学创新团队、4支"结构化师资团队"和1支名师名家领衔的会计专业教学团队；建成1个山西省教科文卫体工会劳模创新工作室、1个省级传统工艺大师创新工作室、2个紧缺领域教师技术技能传承创新平台和6个省级中高职衔接名师工作室；11人荣获"三晋英才"称号，20余名教师在国家级、省级教学能力竞赛中获奖。荣获国家教学成果二等奖1项，立项山西省高等学校决策咨询（智库）研究项目1项；编写统编规划教材45部，自编教材46部，其中，入选"十三五"规划教材15部；"中国会计文化"课程被评为2020年度国家精品在线课程，获评2021年度全国首届教材建设一等奖，"出纳业务操作"课程获评二等奖；开展线上线下混合教学创新，以"翻转课堂""在线互动"等教学方法改革为重点，建设出纳业务操作、管理会计基础、会计基础等SPOC课堂；积极构建"学分银行"，将X证书、职业技能竞赛获奖、服兵役等资历纳入学分体系，实行免修免听、重修、主辅修、学分互认等。截至目前，6个专业群共获批30个职业技能"1+X"证书试点和14个证书考点。"人人持证、技能社会"培训取证工作扎实推进，学生在各类技能大赛中获得国家级奖项286项、省部级奖项612项。

（执笔人：秦华伟　李赟鹏　董国富）

教研为基、项目牵引、协同创优
推动高职院校内涵式发展改革与实践

辽宁省交通高等专科学校

辽宁省交通高等专科学校成立于 1951 年，是新中国第一所公路交通类专门学校。学校为国家首批 28 所高职示范校、全国交通行业和东北地区高职院校"双第一"、辽宁省唯一国家"双高计划"高水平学校建设单位（B 类）、辽宁省首批职业教育高水平现代化高职院校、全国职业院校教学管理 50 强、育人成效 50 强、服务贡献 50 强。学校始终坚持根植交通行业，厚积办学优势、服务产业需求，不断深化产教融合、校企合作，提高人才培养质量与科技服务能力，现已发展成为全国交通行业"旗舰院校"、辽宁省高职教育"领军院校"。

一、基本情况

党的十八大以来，各高职院校办学条件显著提升，但高职院校内涵建设水平无法对优质的办学条件形成有效驱动。学校总结国家示范校建设经验，结合省示范、省"双高计划"，总结构建了"教研为基、项目牵引、协同创优"内涵建设体系。

高等职业教育的核心在内涵，以内涵建设的关键在教师，教师整体能力提升在教研。学校以教研为基，《教研工作管理办法》等"2+1+7"制度体系为保障，构建了重点项目、一般项目、预研项目三级教育研究体系，在育人体系、项目管理、标准制定、教材开发、资源建设等开展重点研究。依托教育研究所形成的理念，以国家首批教学资源库、创新发展行动计划、国家"双高计划"等项目为牵引，形成了校级、省级、国家级层次递进的项目培育机制，构建了"双线并行、三级贯通、四维共育"的项目实践路径，带动了学校治理体系、育人体系、教学改革等全方位建设。依托教育项目建设的实践，以政府为引领、以行业为支撑、以企业为载体、以院校为主体，共同制定高层次行业标准和高质量人才培养标准，共同实施全过程项目管理和全链条技术支持，实现了"标准先行、实用高效"；共同研发绩效应用评价体系和数据决策支撑系统，共同引领交通行业技术革新和职业院校内涵发展，实现了"产教协同、项目共建"；构建了共生共长的协同创优体系，打通了产学研融合发展通道。

二、主要做法

（一）三级立项、应用导向，促进教师教研能力新提升

职业教育已从规模发展转向内涵发展新阶段，学校建立三级立项教研机制，重点项目突出高职领域前沿热点问题；一般项目侧重教师、教法、教材改革；预研项目训练青年教师教研基础能力。创新内涵发展路径，依托"2+1+7"（2个管理办法+1个工作规范+7个指导意见）制度保障体系，开展基础理论研究、争取重大项目立项、注入专项建设资金、开展重点项目建设、实施精准绩效考核，形成校内外多主体、多方式实践的"理论+实践"的系统化、高效化、精细化的内涵发展路径。教师研究参与率达92.3%，获得上级各类教研课题及教育专项数量全国领先、全省第一，提升了教师教育研究能力。突出"能力、质量、服务"导向，开展育人机制与教学方法改革、专业群建设、产教融合等人才培养瓶颈问题研究。在国家道桥职业教育高质量发展标准、"双线培养、分层递进"人才培养体系、"四位一体、一核两翼"教材建设模式、"练、训、产、创"实践能力培养模式、"思政+文化+行业"特色大思政课程体系等职业教育教学研究方向取得突破，将研究成果反哺教育教学实践，全力提升教师教研能力整体水平。实现了职业院校"内涵发展路径+多维教育研究"的理念创新。

（二）路径创新、整体拉动，构建内涵发展路径新范式

实施精准项目管理，以"精准确定目标、精准遴选项目、精准工作方法、精准落实机制、精准严格管控"的5个精准为导向，搭建"建设线"（由教育教学项目承担部门负责教育教学项目全过程的论证、采购、建设、验收及绩效）和"管理线"（由项目管理处、招标办、资产管理处、计划财务处、审计处组建项目核心管理组，全程指导、全面监控，实时推进项目实施，定期面向全校发布建设进度）的"双线并行"新模式，构建项目建设领导小组、项目核心管理组、项目实施工作组的"三级贯通"新体系，打造政府、行业、企业、学校"四维共育"新格局。创新"双线并行、三级贯通、四维共育"的项目实践路径。拉动学校整体发展，总结项目建设经验，调整专业结构布局，推进教育教学改革，优化师资队伍结构，深化"三全育人"改革，完善教育管理

体系，打造系列建设标准，瞄准新技术、新产业、新业态，凸显"学校资源与企业资源、教学科研与生产实际、人才培养与科技服务"三融合，形成"国家标准引领，行业标准共建，校级标准覆盖"为特色的一系列专业建设标准、项目建设标准、人才培养标准、行业技术标准和职业技能标准，在标准之上实现教学质量的提升和专业特色的凝练。拉动学校整体内涵提升，实现高质量发展。

（三）集聚共生、形成合力，打造多方协同创优新格局

建立协同组织，牵头组建东北三省一区"一带一路"职业教育国际联盟和全国路桥职教集团，打造华为 ICT 产业学院、新松机器人技术应用学院、沃尔沃建筑设备技术学院、沈飞民品学院、金诺会展学院、辽宁长风物流学院 6 个产业学院，辽宁省桥梁安全工程专业技术创新中心和智能网联与无人驾驶汽车研发服务协同创新中心 2 个省级协同创新中心，形成了校企双向交流协作共同体。实施协同育人，紧密对接行业先进标准，将新技术、新工艺、新标准融入人才培养全过程，以国家级、省级现代学徒制示范专业为引领，全面推行全校现代学徒制培养，实现专业群全覆盖，构建"1+双 X"证书体系（学历证书+"国家 X"证书+"校本 X"证书），建立贯穿人才培养全过程"1+10"（1 个"三全育人"综合改革领导小组，课程、科研、实践、文化、网络、心理、管理、服务、资助、组织 10 个育人体系）育人体系。实施了"三融合、三对接"的武警士官特色人才培养，开展了东北寒冷地区新材料、新能源汽车技术应用等技术服务，形成了"标准引领、应用为王"专业发展新格局，实现了协同育人、服务能力双提升。开展协同管理，政行企校共同建设"全面覆盖、全程防控、全员有责"的内控体系，共同研发绩效评价体系和数据决策支撑系统，开展项目可行性分析、备选库组建、跟踪监控、绩效评价和成果转化。

（四）绩效导向、数据支撑，创新决策治理评价新方法

强化绩效导向，牵头制定辽宁省"双高"项目建设年度绩效考核指标体系，规划设计了 9 个一级指标、32 个二级指标、78 个三级指标和 197 个观测点，涵盖党的建设、人才培养、师资队伍、校企合作、服务能力、治理水平、国际交流等方面，应用于辽宁省"双高"建设绩效考核和学校年度绩效考核，并作为辽宁省项目遴选、资金分配的重要依据。强化数据支撑，依据绩效指标体系定制开发辽宁省"双高"大数据平台、教育教学项目管理平台、教育教学项目大数据决策支持平台、高校内控管理平台 4 个决策分析平台，面向需求开展数据钻取和分析决策，反哺人才培养、专业建设、项目

建设，检验内涵发展质量和成效，实现内涵建设可视化、信息化跟踪评价，为职业院校提供可复制、可借鉴经验。辽宁省教育厅将大数据平台应用于辽宁省"双高"项目建设管理、年终绩效评价及终期验收，形成职业教育动态数据112GB，成为辽宁省职业院校教育教学项目管理、人才培养质量评估、职业教育供给侧分析的重要依托。

三、治理成效

（一）改革成效显著，推动高职院校内涵式发展

经过多年建设，学校以全国交通行业和东北地区高职院校"双第一"的成绩入选中国特色高水平高职学校建设单位，入选全国职业院校教学管理50强，被省政府评定为"职业教育改革成效明显的职业院校"。学校获精品资源共享课程、国家级课程思政示范课程、全国优秀教材一等奖、国家"万人计划"教学名师、全国高校黄大年式教师团队、全国优秀教育工作者、交通部青年科技英才等一系列国家级奖项。获国家专业建设教学资源库、国家轨道交通实训中心建设项目、创新发展行动计划、国家"双高计划"、提质培优行动计划、部省共建等一系列国家级专项。教师、学生获得全国职业院校技能大赛等国家级奖项140项，获得国家级教学成果二等奖4项，获奖数量及等级全国领先、辽宁第一。学校入选"十三五"国家规划教材24部，入选数量全国高等院校排名第五、职业院校排名第一。

（二）互通共享，引领高职院校协同发展

学校以建设道桥和汽车两个国际先进水平专业群为重点，坚持"一个目标、三步走"的总体建设思路，筑牢人才培养之基，打造复合型技术技能人才培养培训的品牌；发挥技术技能积累与创新服务之长，打造技术技能积累与创新服务的品牌；走品牌化创新发展之路，形成国际认可的制度规范与标准体系和发展模式。在金华职业技术学院、四川交通职业技术学院、辽宁经济职业技术学院等22所国家"双高计划"、辽宁省"双高"院校推广中，学校促进了全国职业院校教育理论研究、教育专项建设、产教融合发展等内涵建设的互通共享。

学校在中国高等教育学会学术年会等会议交流176次，受邀参加世界职业教育产教融合博览会、职业教育改革发展成就展。派出教师对口支援新疆交通职业技术学院、塔城职业技术学院，全国268所职业院校到校考察、学习、培训、交流。布基纳法索政府官员、加拿大百年理工学院、泰国达信职业技术学院教师到校考察、交流，在泰

国建立"鲁班学堂"师资培训基地。同时，为辽宁医药职业学院开展职业院校内涵发展专项培训，促使该校成功入选辽宁省第二批"双高"院校建设单位。

（三）育人成效显著，打造良好的社会声誉

2013 年，时任中共中央政治局委员、国务院副总理刘延东同志高度评价：辽宁省交通高等专科学校处于职业教育金字塔顶端，人才培养质量高，社会服务能力强，为交通行业输送了大量技能型人才，值得职业院校借鉴。2015 年，交通运输部人事教育司副司长时骏视察学校，高度评价学校对全国交通职业教育的引领和示范作用。

近十年，《中国交通报》《中国教育报》等国家主流媒体对学校内涵发展成效进行了30 余次专题报道。考生积极报考我校，97.96%的物理类专业录取分数超过本科控制分数线。毕业生发展良好，就业率 97.32%、3 年晋升率 65%，全国领先，辽宁第一。

（执笔人：任冰　王彤　张美娜）

加快从管理到治理转变
夯实高质量发展根基

辽宁石化职业技术学院

治理体系和治理能力现代化不仅是开展高职教育治理活动的重要依据，也是加强高职院校内涵建设、提升教育教学质量的关键目标。为全面提升治理水平，实现高质量发展，辽宁石化职业技术学院不断完善治理结构、深化综合改革，扎实推进人才培养模式改革、人事制度改革、科研体制机制改革等，加快从"管理"到"治理"转变，实现从外延式发展到内涵式发展的转变，构建起"党委全面领导、部门依法管理、学校自主办学、社会广泛参与、各方共同推进"的现代教育治理体系。

一、基本情况

教育是"国之大计、党之大计"，在我国国家制度和国家治理体系中具有基础性、战略性、全局性、先导性的重要作用。促进和实现大学治理现代化既是国家治理现代化的有机组成部分，也是实现高等教育现代化、建设高等教育强国的制度保障。

一直以来，学校秉承"质量立校、人才兴校、特色强校"的办学理念，聚焦立德树人根本任务，聚力内涵发展根本方向，聚汇产教融合、校企合作办学资源，按照"党委领导、校长负责、教授治学、民主管理、社会参与"的管理体制，以内涵建设强基础、以教学改革提质量、以质量管理增效益、以产教融合谋发展、以社会服务赢声望，在助推区域经济发展、产业转型升级的过程中，走出了一条产教融合特色育人道路，形成了与"建设省内领军、国内一流职业学院"的办学目标相匹配的特色治理模式，提升了内部治理的质量和成效，促进了学校高质量发展。

（一）建立健全科学民主决策机制

全面落实党委管党治党和办学治校主体责任，坚持党委领导，统筹规划顶层设计，切实履行党委把方向、管大局、作决策、抓班子、带队伍、保落实的职责，保证党的路线方针政策和上级决策部署有效贯彻执行。认真贯彻执行党委领导下的校长负责制，完善"三重一大"决策制度，明确党委会、校长办公会、学术委员会、学校工会等校级机构的职权范围。依法明确学校各类事务的决策权，明确学校决策机构的职权、程序和议事规则，推进学校决策的科学化、民主化和法治化。不断完善决策执行与监督机制，对重大决策的执行，加强跟踪决策实施情况督办，准确、全面评估决策执行效果。

（二）完善治理制度体系

坚持章程的核心地位。制定了符合学校实际、具备学校特色的章程，并以章程为统领，健全完善各项规章制度，不断规范内部治理体系。通过章程建设，提升对校内制度建设的统筹规划，提高制度建设质量，形成以章程为核心，规范统一、分类科学、层次清晰、运行高效的制度体系。

完善治理制度体系。以章程为统领，构建完善学校内部治理结构的具体制度，完善教学、科研、学生、人事等学校管理制度，建立健全各种办事程序、内部组织规则、议事规则等，依法切实管好用好办学自主权。

推进院系两级治理体制改革。按照"目标管理、成果导向"的基本原则，稳妥推进改革，有效激发各二级单位办学活力和内生动力，形成权责清晰、目标明确、制度规范、考核标准完善、激励体系健全、充满活力、富有效率、科学发展的两级治理体制机制。

遵循法治原则。坚持民主、公开、合法、合理、正当的原则，制定涉及师生利益的管理规定时，广泛征求师生意见，经过专家论证并建立完善的信息公开制度。涉及师生重大利益的制度制定，充分听取广大师生意见，体现和保障广大师生的合理诉求和合理权益。

（三）切实提高落实规章制度的执行力

加强制度实施和监督。学校设立专门机构监督章程和制度的执行，切实提高落实各项规章制度的执行力，同时将章程及以章程为统领的规章制度体系作为新进教师、新任领导干部的学习培训资料，以促进形成依法按章自主办学、自我约束的机制。

保障合法权益。学校在各项管理活动中严格执行民主程序，充分听取师生员工的意见，依法落实知情权、参与权、表达权和监督权，全面保障师生主体地位。

严格校务公开制度。规章制度内容直接涉及师生员工切身利益的，严格实行公示制度。建立诉求反馈制度，及时公开诉求办理情况。妥善处理校内矛盾纠纷，不断提高依法应对复杂情况的能力。

（四）以开展文化建设厚植文化根基

开展大学精神建设。大学精神是历代师生在学校发展进程中积淀形成的相对稳定的理想、信念与核心价值目标，是一所学校的"魂"，也是学校发展壮大的精神支柱。具体来说就是追求真理、改革创新、敢为人先、追逐梦想的精神与力量，使学校朝气蓬勃，形成爱生、尊师、爱校的氛围。

持续创建办学特色。大学文化是一个学校在办学过程中积淀下来的具有鲜明个性的办学特色，是教育质量最根本的体现，直接影响学校的办学视野和境界，制约着学校在办学过程中的方向和质量标准。文化素质教育体现着大学的文化品位，学生的文化素质正在向成为评价高职院校人才培养质量重要标准的方向推进。学校着眼于提高大学生的文化素质，提高教师的文化修养，塑造独具特色的文化个性，提高文化品位和格调，并将其体现在学校的日常工作、整体环境及师生员工的言谈举止中，渗透在学校的方方面面，以增强学校综合实力与竞争力。

培育内部治理文化。凝聚各利益相关主体，营造和谐氛围，发挥文化的隐性治理功能，特别要重视企业文化与学校文化的融合，通过建立常态化的机制，有意识地将产业文化、企业文化引入校园，形成独特的教学文化、课堂文化。明确分级分层执行体系，各二级单位是抓落实工作的主体，做到任务明确、措施有力、责任到人，确保执行彻底、落实到位。健全执行责任体系，实行"谁制定、谁负责"的主责部门负责制，制度出台后，主责部门要及时了解执行情况，制订落实计划，进行制度的宣传、解读、答疑、解释等工作。加强制度运行和执行的监督力度，建立科学的制度考评体系，将监督机制与考评制度结合起来，对违反制度和执行不力的情形进行严肃追责问责，提高制度刚性，增强制度权威性，激励执行者遵守各项制度的信心。

建立符合现代人才培养需要的质量文化。高校的根本任务是立德树人，教育服务的根本目标是将知识转化到提高人的劳动能力上，这是对高校办学水平的基本检验。因此，要建立科学的学校文化特别是质量文化，学校的一切工作均应围绕学生这个中心来展开，建立合理的师生关系模型与角色定位，以学生的学习为中心设计制度体系，以学生的发展为中心来制定评价机制，帮助学生构建四大支柱，即学会认知、学会做事、学会做人、学会共存，以实现真正意义上的学校发展。

二、主要做法

建设省内领军国内一流的职业学院，需要建立现代大学的运行机制。因此，要改变学校质量管理角色定位，由"生产者—消费者"向"工作者—客户"模式转化，建立制度，形成机制，让客户参与办学工作的全过程。要建立新型的科层治理体系，纵向成线，横向成面，科学确定各二级单位的工作职责，强化系部的主体功能，加大系部的办学自主权。改变机关工作方式，由管理监督向服务指导转化，形成全校为学生服务、为教学服务的工作文化。实行动车管理模型，推行以目标管理为基本驱动的各单位自主发展机制，形成顶层设计与基层自主发力的新型学院发展动力机制，构建新发展格局，推动学院高质量发展。

（一）以内涵建设强基础

瞿振元认为，内涵式发展强调的是结构优化、质量提高、实力增强，是一种相对的自然历史发展过程，发展更多是出自内在需求。内涵式发展道路主要通过内部的深入改革，激发活力，增强实力，提高竞争力，在量变引发质变的过程中，实现实质性的跨越式发展。

开展学校文化建设。贯彻落实创新、协调、绿色、开放、共享的新发展理念，突出面向现代化、面向世界、面向未来，着手传统文化、制度文化、质量文化建设。在文化建设过程中，本着守住"底线"、充实"底蕴"、磨砺"底色"的原则，在育人环境建设方面下功夫，开展底色磨砺工程，以人育人，以物育人，以法树人。

开展特色专业群建设。通过专业结构优化调整，形成优势特色专业群，增强服务区域经济发展能力，提升学校办学效益。

加强师资队伍建设。大力开展师德师风建设工作。高素质的教师队伍不仅仅体现在学术水平上，更重要的是要体现在育人全周期的各个环节、要素上。引导广大教师在工作态度、做人做事方面给予学生示范，规范开展人才培养工作；在提高课堂教学效果上下功夫，关心学生冷暖，规范学生行为，深入开展思想政治教育工作，在育人成效上花心思。努力提高教师队伍的学术水平，充分发挥职称评审的杠杆作用，调动教师投身教学和社会服务的积极性。加强思想政治理论教师队伍、辅导员队伍建设，实施达标行动计划。

加强教学服务队伍建设。努力打造素质高、能力强的行政管理队伍、教学辅助队伍、后勤服务队伍，通过去行政化改革，实现各层级人员职能的再定位，将科层体系下的管理转变为不同岗位的服务，建立起学校中所有人员为学生服务、所有管理人员和服务人员为教师服务的服务体系。

（二）以教学改革提质量

改革人才培养体系。探索 OBE 人才培养模式，实行学分制培养，建立起与国家学分银行对接的人才培养框架。按照国家专业标准和行业标准要求，科学设置各类课程，合理设置学分、学时，明确课程的基本目标，以课程目标为驱动，编制课程教学大纲，开展课程教学。在课程体系和教学内容的设计上，特别注重促进学生思想政治素养以及未来作为独立个体发展和社会成员成长所必需的素养的提升，增加素质类课程数量，创新机制，开展公民素养教育。在培养方案的构建上，强化两融合一对接，即将思想政治教育与教育全过程相融合，做好"课程思政"建设，做实"三全育人"体系；将创新创业教育与专业教育相融合，完善融教材建设、教学内容、学科竞赛、创新培训、创业孵化"五位一体"的创新创业教育体系，培养德智体美劳全面发展的社会主义建设者和接班人。

加强课程建设。积极开展国家级、省级精品课程培育，开展校内精品课程建设，大力开展学校视频资源课程建设工作，打造"金课"，剔除"水课"。

强化教材建设。完善教材建设与选用管理办法，严把选用教材的质量关。以教材建设为引领，扎实开展三进工作。学校将按照有特色、有创新、填空白、可推广的原则开展校级规划教材建设，特别要加强与行业、企业合作开展校级规划教材编写工作。

深化课堂改革。在教学内容、教学设计、教学方法等方面，以价值观教育引领，体现以学生的发展为中心、以学生的学习为中心、以学生的学习效果为中心，强调学生是学习和自主发展的主体，重视学生的内化过程，开发学生潜能，充分调动学生学习的自主性、积极性、创造性，为学生主动参与、独立思考、自主探究、相互合作等学习品质的形成提供教学环境和教学平台支撑。教学有模式，授课无定法，无论是项目驱动、伴随学习，还是启发式、合作式、参与式教学，或者线上线下混合式教学，只要有利于学生发展和学习效果，我们都给予鼓励和提倡。

（三）以质量管理增效益

推行多元评价制度。多方面的、动态评价学生培养，建立学校、用人单位、第三方参与的评价，评价方法多样化，采用笔试、面试、动手、成长档案袋等，实行即时评价、周评价、月评价、学期评价相结合的评价方式。

建立立体化教学监控体系。实行教学质量第一责任人制度，学校党政一把手为全校教学质量第一责任人，主管副院长是直接责任人；系（部）党政一把手为系（部）教学质量第一责任人，主管副主任是直接责任人。加强日常教学质量监控，建立期初、期中、期末三段式常规教学检查制度；健全领导、专家、同行、学生四级评教制度，完善各级评教的指标体系；加强教学督导队伍、学生信息员队伍建设，构建常规检查与临时抽查相结合、过程性评价与终结性评价相结合、质量督导与信息反馈相结合，全方位管理、全过程监控、全员参与、全面质量的日常教学质量监控体系。探索实施院、系两级教学质量年度报告发布制度，系部年度报告应准确分析教学基本状态，突出教学改革亮点、成就和经验，准确把握存在的问题，用数据和事实全面展示本单位人才培养状况和教学质量。

落实质量管理制度。建立"学生中心、产出导向、持续改进"的自省、自律、自查、自纠的质量文化体系，完善质量管理体系制度，规范各类教学活动与环节质量标准，确保各类教学活动结果证据的完整性和可追溯性，探索建立系部内审、学院评审、第三方外审的质量审核体系；探索建立根据质量审核评价作为各单位和个人年度考核依据的制度。

（四）以产教融合谋发展

校企合作、产教融合是当前我国职业教育改革发展的核心问题，对提高职业教育质量起主导和决定性作用。加强职教集团建设，做实"双元"人才培养模式，探索开展多元办学格局，开展校企共建二级学院，探索股份制、混合所有制办学模式，探索各类人才共育、过程共管、成果共享、责任共担的校企合作办学体制机制。

（五）以社会服务赢声望

全力提升就业质量。学校高度关注贫困生、学困生、特殊生的就业工作。积极打造产业学院平台，在科研上做出贡献，制定鼓励措施，突出成果转化。全力做好培训工作。加强与政府联系，开展培训基地建设，加强企业培训。加强服务"一带一路"能力。开展"走出去"建设，办学走出去，毕业生走出去，增强对国际留学生的吸引力。

三、治理成效

学校不断深化党政机构改革，强化体制机制建设，优化利用各类办学资源，切实提升治理体系和治理能力现代化水平，办学活力不断增强。

机构设置更加协同高效。按照"优化协同高效"原则，完成机构设置，进一步理顺管理体制机制，建成科学合理、权责明晰、协同高效的机构设置和运行体系。按照国家经济社会发展需要，围绕建设一流专业，完成院系设置调整，相关专业优势特色更加凸显。

治理体系更加健全完善。修订《辽宁石化职业技术学院章程》，形成以学校章程为核心的现代大学制度体系。健全完善以学术委员会为核心的学术组织架构和管理体系。内部控制体系日趋完善，审计工作扎实推进。健全教代会制度，加强群团组织建设，做好离退休工作，充分发挥民主党派和无党派人士建言献策、民主监督的作用，有效保障了广大教职员工的知情权、参与权和监督权。

各项事业取得显著成效。经过多年的发展建设，学校校企合作愈加深化，社会服务范围不断拓展，科研创新项目硕果累累，国际交流合作从无到有，人才队伍建设取得突破，党建引领作用持续强化，办学规模不断扩大，办学条件不断改善，人才培养质量不断提升，办学成就在社会上产生了广泛的影响力，2013年成为国家第一批骨干高职院校建设单位优秀校，2018年获批辽宁省"双高校"建设单位，并于2021年顺利通过验收，同年又获批兴辽卓越院校和卓越专业群A级立项建设学校。

高校的治理体系与时代发展、社会进步密切相关，既有社会性、时代性，又有高校自身的特殊性。学校将紧紧围绕"推进国家治理体系和治理能力现代化"的要求，以创新的思路和举措推动治理体系和治理能力革新发展，为加快建设省内领军、国内一流职业学院注入新的生机与活力。

（执笔人：于忠党　李英俊）

构建开放　民主　高效的院校治理体系

哈尔滨职业技术学院

　　哈尔滨职业技术学院（以下简称"哈职"）坚持服务东北老工业基地振兴建设和区域经济社会发展，积极构建彰显职教特色的"党委领导、依法治校，多元治理、监督评价"的现代化职业院校治理体系，为创建中国特色高水平高职学校提供了重要的制度、机制、标准和文化保障。

一、基本情况

　　学校以习近平新时代中国特色社会主义思想为指导，坚持社会主义办学方向，坚持立德树人根本使命，坚持为党育人、为国育才，坚持服务地方办学宗旨，以"校企合作、组合创新、多元共享"的发展理念，依托大项目建设，创新办学机制，不断深化内涵建设，持续提升治理能力与治理水平。建立了以章程为核心的"纵横双向"管理制度体系；组建了多元共治的治理机构体系；完善以工作质量为核心的标准体系；建立完善了以绩效考核为主体的评价体系；打造了一支坚强有力的管理干部队伍。学校的治理水平得到明显提升，取得了显著的办学成果，为创建中国特色职业本科大学打下了坚实的治理基础。

二、主要做法

（一）固化党委领导，依法治校的治理体系

　　坚持党委领导。严格贯彻落实党委领导下的校长负责制，坚持学校党委把方向、管大局、定战略，对学校一切工作实行全面领导。从战略全局的高度，用系统思维和法治方式引领、推动、保障学校改革发展。健全党委与行政决策机制，将党委和校长

议事决策固化到制度执行层面，确保党委统一领导、党政分工合作、协调运行。

坚持依法治校。厘清规范学校规章制度的制订主体，规范权限和制定程序，明确学校章程是核心，基本制度是关键，工作制度是保障，部门规章是基础，均不得违背现代法治原则和法治精神。校内设有法律顾问，签约第三方法律服务机构，为学校重要决策提供法律意见。党委理论中心组定期召开学习会议，学习法律法规，持续提高班子成员的法治意识和依法治校、依法办学能力。将法治观念和法治素养纳入干部考核内容。

（二）建立"纵横双向"的管理制度体系

完善"纵横双向"制度架构。以学校章程为核心，从纵向、横向建构制度体系。修订并完善各项规章制度，形成有效保障学校改革发展，系统完整并充分体现自治、民主、开放管理理念的现代大学管理制度体系。由学校各工作委员会、领导小组牵头，按照党建、行政、教学、科研、服务等领域进行分类建设。重点围绕质量自治、"学分银行"建设、专项扩招、"1+X"证书制度试点、中特高项目推进、应用技术大学建设、产教融合、绩效考核、高层次人才引进与管理等方面进行制度创新。在制度修订过程中，创新调研、编制、论证、试点、运行机制，做到有的放矢、科学严密、与时俱进，为学校改革发展提供有力的制度保障。

优化关键工作流程。优化与关键制度相关配套的执行流程，实现学院章程与规章制度、执行流程之间从原则层面到操作层面的有机衔接，借助信息化平台建设，强化制度执行，简化操作流程，加强监督检查。

（三）优化内部治理结构，构建多元治理体系

健全委员会制，实现组合治理。建立了学校质量保证、学生工作、财经工作、后勤服务、资产与招标采购、安全工作、智能校园建设、疫情防控、专业建设、教材选用等管理自治委员会。由管理部门人员、职教专家、行业企业专家及校内专业带头人组成领导小组，对内部管理各环节的重要事项进行审定，为校长办公会和党委会提供决策建议和意见。建立由学术委员会和思政工作委员会组成的学术自治委员会。完善学术管理、制度和规范，建立"外聘内轮"动态机制，强化学术治理。

健全教代会、学代会民主治理机制。全面完善教职工代表大会制度，严把教职工代表选举、培训、履职三关，围绕重大事项、中心工作、热点问题 3 个层面选择议题，落实代表听取报告、审议通过、讨论决定、监督 4 项权利，贯通提案征集、处理、反

馈 3 个环节，形成特色鲜明的"3343"运行模式。建立并完善学生代表大会制度，完善学代会自我管理、自我教育、自我服务、自我发展的运行机制，保证学生全面参与学校治理，维护学生合法权益。

建立服务社会双向治理机制。挖掘寒地经济发展的地域、资源和规模优势，与行业企业实施"人才共育、过程共管、成果共享、责任共担"。校企共建 5 个混合所有制二级学院、5 个协同创新中心，5 支科技创新团队，推进科技成果转化与技术协同创新，辐射带动中西部地区及省内中高职院校 14 所、哈尔滨所属区、县 18 所职教中心。构建"学校、二级学院、专业群"三层面专业建设理事会，由政府部门人员、行业和领先企业专家、科研院校专家、专业带头人等组成，采取定期例会和专题例会相结合的方式，对学校发展规划与定位、专业建设、产教融合等重大改革举措、重大项目等进行决策咨询、评估论证、协商和监督。对接地方重点产业，建设专业群，以专业群为核心重组 11 个二级学院、一个工业中心，形成了"专产生态共生"的专业治理机制。

（四）完善以工作质量标准为核心的标准体系

完善学校内部"55821"内部质量保证体系。遵循全员参与、全过程监控、全方位管理的"三全"原则，以全员参与为重点，将质量保证的重心向各层面责任主体下沉，通过"三环节"监控，以学校智能校园"六服务"为模式进行诊改，引导质量控制向"三共"（共创、共治、共享）和"五化"（标准化、智能化、常态化、规范化、精细化）治理水平提升，实现学校由质量管理向质量治理的转变。打造"五层面"可视化目标链和标准链，运行"8 字型质量改进螺旋"的自主质量保证机制，开发智能化质量管理平台，支撑全员参与、全方位管理、全过程监控的诊断与改进工作不断深入。

建立完善《专业诊断与改进运行管理办法》。推动常态化专业诊改机制形成，依托专业发展平台，利用数据化的业务流程进行专业的申报、监测预警及专业建设评估，为专业的动态调整提供有效的数据支持，实施线上与线下相结合的方式进行专业诊改。

（五）构建以绩效考核为核心的评价体系

实行院校"两级三类"绩效考评。坚持分级评定与分类评定、全面兼顾与突出重点、发展性评价与奖惩性评价相结合，定量与定性评价相结合的实行重大项目绩效考评。每年发布重大项目激励标准和细则，将为学校做出特殊贡献和卓越贡献的成果纳入职称评审方案，单独立项，额外加分。对"双高计划"项目实行岗位绩效、项目组绩效、研究组绩效、项目成果绩效等分类绩效管理，以绩效机制撬动大项目建设任务。

建立全员竞聘上岗的选人用人机制。激发干部职工自我提升的内生动力，形成科学有效的"要干事、能干事"的激励机制。以3年为一个聘期，连续实行六届全员竞聘上岗，建立"能者上、庸者下、劣者汰""人尽其才，才尽其用"的常态化选人用人机制，营造出人人奋进、干事谋事的良好局面。

（六）政企助力，营造良性发展的校园生态

政府政策加持助力。哈尔滨市将支持学校建设职业本科大学列入"十四五"发展规划，将生均拨款提高到市属本科高校同等水平；投入7330万元专项经费，支持学院建成国家骨干高职院校优秀单位；投入6亿元建设引导资金，2000万欧元德促贷款担保，支持学院建设共享、开放产学研用一体的职教园区；投入3亿元资金支持学院建设中国特色高水平高职学校项目。

拓展发展空间。校企共建共享开放的产学研用一体化的哈尔滨职教园区，占地面积59.6万平方米。融企业"资本、人员、设备、管理"等生产要素合作建设智能教学工场、职业网红培训工场、智能双创工场、智能诊改工场。实现教学与生产共享、资源与载体共享、科研与服务共享。提供技能实训和X证书实训、应用技术研发和员工培训服务。作为省内独具建设老工业基地振兴发展产教融合智能实训基地和申报区域性国际职业技能大赛训练基地。

校园文化深入渗透。把优秀传统文化、工匠精神、北大荒精神、铁人精神融入制度机制建设，生成"寒地艰苦创业"文化，注入人才培养方案、专业建设、科研与服务、国际办学等环节，提高师生的精神文化修养。把社会公德、职业道德、家庭美德、个人品德教育融入专业建设、产学研用、社会服务和国际合作等重大建设项目。构建"四位一体互融互导"文化内涵的建设体系。

三、治理成效

（一）管理水平持续提升

学校是国家"双高计划"建设单位，也是黑龙江省两轮省级"双高计划"建设单位，第一轮省"双高计划"考核优秀等级。近年来，获评全国高职院校教学管理、学生管理、服务贡献、国际影响力、产教融合等12个50强。国内最具影响力的"金平

果"高职院校排名，学校从 10 年前全国第 308 名跃升至 2022 年第 33 名，省内第一。全面形成以章程为核心的依法办学、自主管理、民主监督、社会参与的现代化管理制度体系，形成内部质量保证体系健全、激励机制完善的现代化治理运行机制，为建设高水平高职院校提供制度保障。建立了全员绩效考核评价机制，形成人员能上能下、一岗一绩、绩效分配格局，以奖优为主，分类考核，分级评定，奖励覆盖率为 100%，惠及全校教职工，极大激发了教职工干事创业的冲劲干劲，铸造了哈职力量、凝聚了哈职精神、彰显了哈职价值。

（二）育人成效显著

学校将红色艰苦创业精神、绿色生态文明素养、蓝色智能素养的底色教育融入人才培养全过程，培养了大批爱家乡、爱岗位、肯于艰苦创业的工匠型人才。毕业生就业率为 99.94%，就业对口率达到 91.98%，双证书获取率为 98.82%，雇主满意度为 96.61%，毕业生毕业 3 年职位晋升比例两年来一直保持在 13% 以上。为老工业基地再腾飞培养了一批批留得住、用得好的技术技能人才。

（三）社会影响广泛

学校治理体系不断成熟和完善，治理能力不断提升，成效显著得到社会各界广泛认可。先后介绍"内部质量保证体系诊断与改进""现代学徒制""资源库建设""职业教育走出去"等国字号项目建设经验 60 余次，与百余家高职院校进行学生管理、教学管理等治理经验交流，学习借鉴哈职在治理体系建设、质量保证体系完善、校企合作模式创新等方面进行的创新和改革举措。随着哈职—赞比亚分院的建立，哈职标准已经走出国门，真正践行着国家"一带一路"的发展倡议。

（四）制度文化特色鲜明

学校立足制度立校、文化强校，突出制度内化为文化的育人作用，将"寒地艰苦创业"文化基因注入育人各层面，不断探索文化建设路径，构建"理念、制度、环境、行为"互融互导的"四位一体"文化建设体系，以理念文化为先导，将制度文化固化于心，着力于环境文化滋养，形成行为文化自觉，打造了彰显哈职特色、内涵丰富的"寒地艰苦创业"文化品牌。

（执笔人：潘莉艳　邢芳菲　陈志平）

深化特色治理体系　创建本科职教强校

上海城建职业学院

进一步增强职业教育对行业产业能级提升、上海超大城市转型发展的适应性，提升一线高素质技术技能人才培养层次和水平，提高社会服务贡献度，促进自身高质量发展，把治理能力全面提升作为着力点，以依法治校为底线，以教育评价改革为牵引，以增强适应性为目标，以能力建设为主线，通过构建特色治理体系，着力创建本科层次职教强校。

一、基本情况

上海城建职业学院是国家优质专科高等职业院校、上海市一流专科高等职业院校。学校以城市建设、管理和服务为特色领域，立足上海、面向长三角、辐射全国、对接"一带一路"，着力为行业发展、产业升级提供高水平技术支撑和人才资源保障。在上海市委、市政府的大力支持下，学校着力创建国内领先、国际有影响力的本科层次职教强校。

为进一步增强学校对行业产业能级提升、上海超大城市转型发展的适应性，提升一线高素质技术技能人才培养层次和水平，提高社会服务贡献度，促进自身高质量发展，学校着力创建职教强校，大力推动"上海城建"特色治理体系建设。

学校坚持以依法治校为底线，把依法治校作为建设职教强校、增强内生动力、推动治理能力全面提升的必由之路。学校坚持以教育评价改革为牵引，落实深化新时代教育评价改革国家《深化新时代教育评价改革总体方案》和上海《上海市深化新时代教育评价改革实施方案》，全面激发内生动力和干事创业的活力。学校坚持以增强适应性为目标，找准深化产教融合、校企合作的突破口，提升与大型企业、头部企业合作能级，强化对中小微企业管理提升和技术支撑能力。学校坚持以能力建设为主线，贯穿办学治校始终，重点从人才培养体系、社会服务体系、院校治理体系等方面着力强化。

二、主要做法

（一）坚持以依法治校为底线

学校把贯彻落实党的教育方针、国家和上海关于教育改革发展的重大部署和相关政策作为办学治校的根本遵循，把法律法规作为学校决策办事、调整各方权利、责任和利益关系的基本准则。

强化制度基础。以建立"民主、法治、公平、高效"的治理体系为目标，持续推进制度体系建设，制度覆盖到决策、执行、监督、评价、管人、干事全过程。学校目前共制定、修订了 220 余项制度，形成层级清晰、职能完善、类型特点鲜明的制度体系。

强化顶层设计。学校全力编制"十四五"规划，以"建设人民城市，培育一流工匠"为主题，擘画今后 5 年事业发展的工作指南和全校师生员工共同奋斗的行动纲领。为了强化考核性，学校精心研制了 6 个模块 34 项指标，其中约束性指标 22 项、预期性指标 12 项，从而形成了细化的关键指标体系；为了提高完备性，学校规划由"1+8+X"构成，含 1 个总规、8 个专项规划及二级学院规划，形成完整规划体系。

强化《章程》引领。学校深入研制本科层次职业大学的新《章程》，重点突破解决学校定位和人才培养目标趋同、章程不完善和个性缺乏、章程中学生和企业主体缺失、培训服务和人文建设滞后等问题，为加快建成本科职业大学、全国职教强校提供强大引领。

强化执行成效。学校建立健全制度执行和监督体系，努力增强制度效能。2019 年获评上海市"依法治校标准校"，2020 年获评上海市"依法治校示范校"、上海市教委"信息公开优秀单位"，连续十年获"上海市文明单位"。

（二）坚持以教育评价改革为牵引

学校统筹推进育人方式、办学模式、管理体制、保障机制的改革，打出内部管理、人事薪酬、教学管理等制度改革"组合拳"，实现学校治理体系整体性流程再造和系统性机制重塑。

1. 学校评价

深化路径研究。把《总体方案》《实施方案》中上级对学校评价的要求主动融入学校教育教学的全领域、全过程、全方位。借鉴上海高校"二维分类"评价体系，探索二级学院"小机关、大学院"机构改革，激发二级学院的创新活力。

完善机制建设。对二级学院在人员聘用、绩效考核、薪酬分配等方面给予充分的"人、财、事"自主权，推动二级学院向自主创新的综合办学实体转变，引导二级学院差异化发展。

2. 教师评价

学校通过专任教师岗位分类设置、业绩分类考核、职称分类评聘等举措，把职称评聘与岗位晋级、聘期考核、绩效分配等一体化设计，努力构建以师德师风为基础、岗位职责为依据、选聘评聘为抓手、绩效评价为杠杆的教师分类评价体系。

完善"闭环"体系。围绕"红色基因、工匠精神、创新理念、全球视野"4个维度，制定《新时代劳模（工匠）文化育人师资队伍建设实施办法》，强化师德是教师队伍衡量的第一标准，形成教育、监督、激励、惩戒为一体的闭环体系。

激励各展所长。修订《岗位聘期考核实施细则》，完善《"双师"素质教师培养实施办法》，实行业绩分类考核。专任教师设置教学为主型、教学科研型、教学社会服务型三类岗位，允许三类岗位相关任务可相互替换。

落实"破五唯"要求。全面建立核心论文与学校重点发展业绩成果 X 项的替换规则，对不同类型的教师学术技术水平占综合能力评价的比重区别设置，实行差异化评聘；建立"突出贡献奖"制度，对"二全育人"、教学改革、指导大赛、社会服务等业绩显著的教师表彰奖励，形成教师评价的正确导向和鲜明特色。

3. 学生评价

构建"分阶段、分类别"评价体系。从学生素质教育体系、课堂学习体系、技能竞赛体系、教学管理体系和自主创新体系等方面，综合构建"分阶段、分类别"的学生素质评价体系。推行职教学分制改革，把"1+X"证书、技能竞赛、劳动教育等纳入学分，强化职教适应性。

培育"三全育人"新生态。建立学生资助管理中心，以资助育人为导向，建立健全更为精准的资助体系和评价机制；建立学生心理咨询中心，坚持育心与育德相结合；成立大学生艺术团，开展校园文化艺术节和阳光体育活动；构建以劳模（工匠）精神为主线，融思政课、综合素养、专业课"三位一体"的课程思政体系，培育"三全育人"新生态。

完善创新创业教育机制。学校推动形成深化双创融合、专创融合、产教融合的"三融教学体系"，形成联动校区、园区、社区的"三区实践平台"，形成整合青创、军创、乡创的"三创孵化落地"特色创新创业教育体系，推动创新创业成为评价人才培养质量的重要指标。2021 年全国职业院校技能大赛改革试点赛上，学校获奖数位列全国第六，蝉联中国国际"互联网+"大学生创新创业大赛金奖，连续两年入选全国高教协会学科竞赛百强院校等。

综合学校评价、教师评价、学生评价，学校着力构建完备特色评价体系。

（三）坚持以增强适应性为目标

学校以深化产教融合、校企合作为突破口，探索增强适应性的有效路径和机制建设。

推动专业布局优化。学校建有 14 个国家级骨干专业，数量居全国首位；建有 8 个上海市一流高职专业，数量居上海首位。学校以"数字化"推动专业布局调整，将原有 66 个专业调整为 43 个，形成对接产业链、创新链的"城建"特色的专业体系，从而增强专业设置与需求发展的契合度。

深化科研与社会服务。学校大力支持行业、企业特别是中小微企业的产品研发、技术进步和管理提升，着力补齐当前职教短板；依托专业实力和实训资源，构建科研和培训"双轮驱动"格局，积极参与企业职工技能提升行动，从而提高人才和技术对行业、企业的贡献度。学校创新人才培养模式，做实做优现代学徒制和职业技能等级证书制度，从而提高了人才供给与社会需求的匹配度。

强化教师队伍建设。学校大力推动校企共建教师发展中心，共建国家级教师创新团队，健全评价考核激励机制，在路径上，学校积极发展与位于产业链、创新链高端的龙头企业的合作，打通以校企合作促进产教融合的途径，助力中小微企业的人力资源开发和技术进步，完善产教融合生态圈。在机制上，注重准确把握学校和企业的合作需求，针对双方"痛点"设定具体合作项目，以精准合作扩大对接面，建立"互利共赢"的动力机制和"双元协同"的实施机制。在成效上，学校着力吸纳企业深度参与教育教学和人才培养，增进资源共享，联合开展专业建设、技术研发、实训基地建设，联合开发课程和教材；共建协同创新平台，共建"双师型"师资队伍，打造"校企合作升级版"，构建"校企共同体"。

学校成为上海市首家成功申请国家自然科学基金依托单位的高职院校；首次获批上海市哲学社会科学规划课题、上海市文教结合大师工作室，首次中标政府采购项目，首次获得教育部科发中心项目。横向科研经费从 2017 年的约 70 万元跃升至 2021 年的1300 多万元，连续 5 年实现高速增长，居全国同类院校第 71 名。

（四）坚持以能力建设为主线

学校把能力建设贯穿办学治校始终，重点从人才培养、社会服务、院校治理等方面推动强化。

着力构建完备的人才培养体系。学校深入探索"岗课赛证"相互融通，构建思政课+专业课+综合素养课+社会实践课的"四位一体"课程体系，思政课教师+专业教师+劳模导师+校内外专家的协同联动育人体系。学校开展 3 个高本贯通、14 个中高职贯通专业试点，1 个教育部立项、14 个上海市教委立项教学资源库建设；学校 2021 届毕业生就业率达 98.88%，签约率达 94.72%，在世界 500 强与国内 500 强、头部企业就业的比例近 10%，位居上海市同类院校前列。

着力构建高效的社会服务体系。学校着力构建以城市建设为主体、城市管理和服务为两翼的三类八大专业群，并建立跟随需求的专业动态调整机制。与 40 多家龙头企业深度合作，与 400 余家中小微企业广泛合作，共建 14 个产业学院、539 个校外实训基地、3 个国家级产教研用平台（中心）、1 个国家级大师工作室，着力强化社会服务体系建设。

着力构建健全的院校治理体系。学校坚持党委领导下的校长负责制，持续完善"一章八制"现代大学治理体系，发挥党建引领保障作用，实施双带头人制度；探索"以群建院"，推动二级学院向自主创新的综合办学实体转变；持续完善校、院两级治理体系，建立二级学院、专业群和专业互通衔接的有效机制。

学校常态化向社会发布人才培养质量报告、适应社会需求能力报告、就业质量报告。2020 年，"1+X"证书制度试点案例入选国家质量年报，9 个案例入选上海市质量年报；学校建立第三方教学督导制度；制定《内部质量保证体系建设与运行实施方案》，形成自主建设、自我管理、自觉诊改的质量建设机制。

三、治理成效

（一）始终坚持"一体化"推进

学校坚持党建引领，通过制度建设、依法治校、民主治校推进建章立制，编制《全面从严治党制度汇编》《党风廉政建设和党内监督工作制度汇编》，协同推进党风、政风、行风建设与院校治理体系建设。通过深化内部管理、人事制度、人才培养，优化治理环境；通过构建"三全育人"、劳模精神育人、专业人才培养，凸显育人实效；

通过加强校企合作、交流服务、质量监控，彰显社会影响，着力提高治理的规范化、精细化、科学化水平，获评全国高职院校治理体系建设优秀案例 50 强。

（二）积极探索"类型"特征

学校实现"地方离不开"，与行业龙头开展深度产教融合、校企合作，服务上海产业转型升级，近两年为上海输送各类技术技能人才 5281 多名，占毕业生总数的 84%。实现"业内都认可"，大力推动与企业联合开展各类教学资源建设，为政府、行业提供决策咨询、为中小微企业发展提供助力，2020 年为社会培训技术人员、企业员工、师资达 67820 人天，获得广泛认可。实现"国际可交流"，举办 7 期"一带一路"基础设施建设研修班，在泰国成立曼谷分院，成为上海首批招收国际生并在海外设立分校的高职院校；食品质量与安全专业等 2 个专业标准、3 门课程标准在国外 13 个院校推行，实现专业和课程标准双输出。

（三）不断深化"劳模（工匠）精神"育人特色

学校着力打造"中国系列"特色思政课"中国城事"、党史主题特色思政课"筑梦中国"，讲好中国故事、传承红色基因、培育匠心情怀。节目入选上海人民广播电台、上海教育电视台和"学习强国"等平台播放。学校成立"新时代劳模（工匠）精神教育中心"，当选为全国劳模文化研究联盟理事单位。

（执笔人：叶银忠　杨广军　李静）

数据思维推动校园数治体系和能力提升

常州工程职业技术学院

内部质量保证体系建立后，学校治理进入深水区，未来的治理形态、治理路径、治理方式如何变革，是困扰决策者和组织的难点问题。本案例提出利用数据思维推动校园数治体系建设，发挥数据在推动教育教学改革、支撑专业动态调整、加速专业迭代转型、促进治理体系完善、实现精细精准管理等实践中的作用，提升学校数据治理能力和水平取得了较好的效果。提议学校尽快建立和完善数据资产管理制度，维护和保障数据生成者的相关权益。

一、基本情况

党的十九届四中全会全面阐释国家治理体系和治理能力的内涵时指出：要"建立健全运用互联网、大数据、人工智能等技术手段进行行政管理的制度规则，推进数字政府建设，加强数据有序共享"，要"更加重视运用人工智能、互联网、大数据等现代信息技术手段提升治理能力和治理现代化水平"。中国信息通信研究院发布的《数字时代治理现代化研究报告》认为，充分运用现代信息技术手段，提升数字治理能力既是国家治理体系和治理能力现代化的重要内容，也是数字时代推进国家治理现代化的关键驱动力。校园治理体系和治理能力现代化是国家治理体系和治理能力现代化的重要组成部分，重视和加快数字在校园治理中的应用，是巩固内部质量保证体系建设，推进"双高"建设和学校高质量发展的重要举措。

学校智慧校园建设经历了硬件投入、软件铺陈的资金建设阶段，将迎来数据挖掘分析与应用的高潮。学校师生用户数据、教与学的行为数据、事项流程扭转数据、校园生活的零散数据构成了丰富的数字矿山，如何从中挖掘分析，提取关乎决策、方法、路径的有用信息，将是进一步健全治理体系，提升治理能力的又一突破口。

二、主要做法

通过数据找到解决问题的思路，把数据当作资产和生产力要素，通过对数据资料进行透视，提炼出有价值的信息，这就是数据思维。数据思维推动校园数治体系建设，需要树立"数据为王"的理念，树立数据全局观，准确把握数据的时代性，大数据的全局性，用好数据的实践性，预测干预的前瞻性，汇聚共享的开放性。灵活运用数据治理八法（见图1），可以变"不能"为"可能"，实现从精准解决某一个问题到系统解决同类问题，更好地把数据变为资产，把对当前数据的分析作为预判未来发展趋势的依据，实现治理主体"一元"到"多元"的裂变。

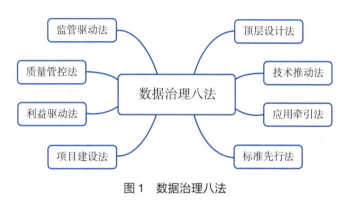

图 1　数据治理八法

案例一：数据思维推动教育教学改革

学校通过"系统设计、分步实施"的步骤构建智慧校园的平台应用、数字资源、智能设施和融合网络四大板块，开展学情分析，帮助教师精准施教（教学设计、教学实施、教学评价）；构建知识图谱，实现学生泛在学习（学习空间、学习过程、学习方式）；记录学习过程数据，开展学生发展评价（见图2）。

案例二：数据思维支撑专业动态调整

学校引入全国检验检测认证职教集团、中国检科院等机构，共建检测认证行业就业大数据服务平台（简称TIC）。抓取各类主流招聘网站的招聘需求信息，进行数据挖掘，分析学历要求、岗位需求、薪酬待遇、能力素养标准，关联学科专业及就业大数据，预判专业发展形势，实现专业动态调整预警机制。TIC平台从2019年起至今共沉淀了有效的行业专业招聘数据5.5亿条，日均数据增长超过5万条。平台能自动进行数据的智能采集、清洗和分析（见图3），支持多维度的智能数据搜索和图表定制，自动

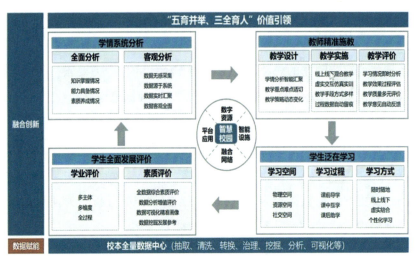

图 2 数据赋能教育教学改革

图 3 TIC 平台实时动态数据

生成《学科专业人才及就业大数据报告》，为修订专业人才培育方案提供科学依据。

案例三：数据思维加速专业迭代转型

学校的应用化工专业群与江苏石化产业共生。目前，江苏省共有化工企业 2400 家，化工产业主营业务产值超万亿元。《江苏省"十四五"化工产业高端发展规划》提出，未来江苏石化产业将形成"两带两极"产业空间格局，产业链发展方向发生重大转移，应用化工专业群的建设发展面临重要转折。近年来，常州动力电池蓬勃发展，一跃成为动力电池全球产业发展高地，呈现"链主集聚、链式发展"特色，未来产值可达千亿元。通过调研区域对"双碳"新兴产业的调研数据为专业转型可行性分析提供了重要论据。

案例四：数据思维促进治理体系完善

基于全域数据，学校构建了"55821"内部质量保证体系（见图 4），以校本数据中心为基础，从学校、专业、课程、教师、学生 5 个层面推进信息化建设，实现了学校决策指挥、质量生成、资源建设、服务发展和监测预警等多维度的数据治理方略。通过平台能实时看到课堂教学质量、审批扭转事项、应用日均访问量等数据。

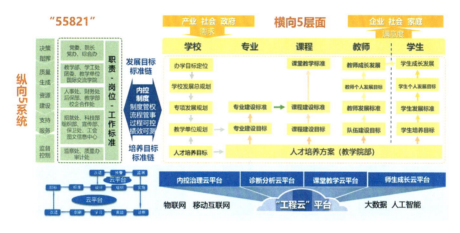

图 4 "55821" 内部质量保证体系示意图

全域数据还应用于学校诊断决策云平台。在"招投标工作"应用模块中（见图 5），通过流程再造，从采购立项、项目招标、采购实务、经费报销到资产入库，经办审批事项流程化、过程规范化、档案数字化，全域业务流程公开透明、过程可溯。学校内控体制建设得到了省纪委的高度评价，成为江苏省首批唯一的内控机制建设高校。

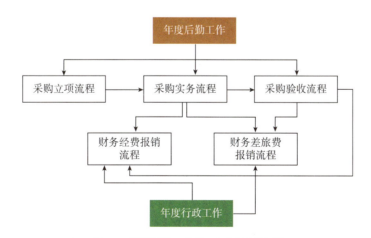

图 5 "招投标工作" 内部控制流程

案例五：数据思维实现精细精准管理

数字化赋能后勤治理的实践中，学校创新了合同节水项目管理的方式。通过开发水耗监测管理平台和供水管网渗漏监测系统，安装使用了50只远程智能水表和85个智慧探漏设备。2020年人均水耗较2019年下降30.33%，在大学城6所高校中连续保持最优，平均年节水约14万立方米，节约水费约54万元。学校入选2021年度水利部节水型高校、2021年度江苏省公共机构节能低碳示范单位。数字治理推动了后勤职能转变，促进后勤管理转型，加快后勤服务升级。近4年学校用水情况如图6所示。

图6　2018—2022年学校用水情况

数字化精准帮困助学实践中，深度运用学生的生活数据，预判学生的家庭经济状况，构建资助对象数据模型，结合学业情况，精准发放生活补助、助学金，提供勤工俭学岗位（见图7）。学校通过数据治理驱动精准资助，连续10年被评为江苏省学生资助绩效优秀等级。

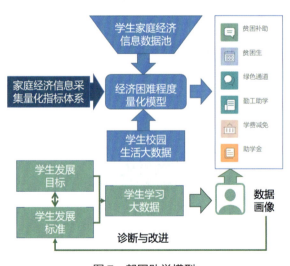

图7　帮困助学模型

三、治理成效

在数据思维的视角下，能够跳出学校看学校，跳出教育看教育圈。从战略层面，开阔宏观视野，聚焦微观领域。数据思维帮助学校构建宏观的立体链，科学研判学校与政府、行业企业、同类院校、生源单位的关系。数据思维帮助学校厘清微观的价值链，把学校的人才培养、科学研究、校企合作、文化传承、国际交流耦合到上下游的价值链中。在全校层面用数据思维推动数字治理体系建设和数据治理能力，主要有 3 个方面的经验。

一是提高全员数据思维意识。数据思维能力是领导干部的主要行政能力之一，要在研究、学习、实践中有意识地培养，养成调查整理数据、分析统计数据、决策参考数据、实践反馈数据的工作惯性。用数据决策，需要上行下效，逐渐形成学校行政工作的风气。

二是培养数据思维和数据工具使用能力。数据思维不同于经验主义，它能让我们摆脱思维定式，及时发现"黑天鹅"，预防"灰犀牛"。数据思维能力，是在长期使用数据、信赖数据的基础上培养起来的科学思维方式，用好数据解决问题，还需要掌握基本的数据工具。了解数据产生的源头，分辨数据类型，清洗垃圾数据，会使用数据处理软件和数学工具分析数据样本，得出相对科学的结论。

三是数据与问题场景结合，综合施策。数据思维的目的是更有效地、更准确地解决问题，因此，结合实践场景找准问题十分关键。行政工作是对研究、对政策的验证和落地，不能为了得到漂亮数据而耗费行政资源放大工作。解决问题的投入和产出，也应作为数据思维合理应用的数据条件。

正如前述列举的案例，数据思维可应用在学校的规划设计、制度建设、绩效考核、学生评价、后勤服务等各种场景。数据是用于分析决策的原料，在使用时，应特别注意去伪存真，参考其他相关背景、政策、实际等情况，综合考虑。大数据夹杂大量敏感信息，应慎重传播，保护隐私，避免法律纠纷。学校将建立和完善数据资产管理制度，维护数据生成者的相关权益。

（执笔人：李旭海　李雄威）

创新办学模式　激活发展能级
推动航海职业教育内涵式高质量发展

江苏航运职业技术学院

江苏航运职业技术学院通过组建理事会深化合作融入长三角区域经济社会发展、组建职教集团引领我国航海职教领域高质量发展、组建"一带一路"海事服务中心引领中国航海职业教育"走出去"，循序渐进地开展现代大学治理体系建设改革，取得了较为突出的成效，为航海类职业教育高质量办学提供了范式参考。

一、基本情况

江苏航运职业技术学院（原南通航运职业技术学院）始建于 1960 年，隶属江苏省交通运输厅，是一所拥有造船、用船、管船、港口、航道、物流等完备水上运输专业体系的航海类高职院校。长期以来，学校把现代大学治理体系建设摆在突出的位置，早在 2011 年就组建了南通航运职业技术学院理事会，2017 年牵头组建的全国航海职教集团获全国交通运输职业教育教学指导委员会批复成立，2020 年为更好地适应服务企业"走出去"需要，又组建"一带一路"海事服务中心。一系列现代大学治理体系改革使得学校在国内高等职业院校中享有较高的声誉，是中国特色高水平高职学校建设单位、国家优质高职院校、首批国家示范（骨干）高职院校、首批全国交通职业教育示范院校、首批江苏省示范性高职院校、首批江苏省高水平高职院校建设单位，是全国航海职教集团理事长单位、中国交通职业教育研究会职教分会理事长单位、江苏省航海学会常务副理事长（法人）单位、江苏省郑和研究会理事长单位，在就业质量、国际影响、服务贡献、教学资源等方面 10 次荣膺"全国 50 强"。

二、主要做法

（一）组建南通航运职业技术学院理事会，融入长三角区域经济社会发展

以自愿、平等、互助、互利为原则，以科学发展、特色发展、持续发展、人本发展、和谐发展为理念，以合作办学、合作育人、合作就业、合作发展为方向，联合江苏省交通运输厅、南通市人民政府、江苏海事局、中国海事服务中心、长航油运公司等近100家单位，组建南通航运职业技术学院理事会，全方位融入长三角区域经济社会发展。

1. 深化校企合作机制，服务长三角区域经济社会发展

通过理事会治理，健全完善校企合作管理制度，构建校企合作"多主体"办学机制，有效整合技术、人才、资金、政策、服务等要素，实现政府、行业、企业、院校等多元主体间的大联合、大协作、大创新，为实施上海国际航运中心建设、江苏沿海开发战略、长三角规划、南通国家级高等职业教育综合改革试验区建设等项目作出了应有的贡献，在更高层次上形成了区域群体创新的格局。

2. 深化校企人才共育机制，为长三角区域经济社会发展培养高素质技术技能人才

与理事单位共同制定人才培养方案，聘请理事企业单位专业技术骨干为兼职教师，共同致力于现代学徒制全过程人才培养，输送骨干教师积极参与企业实践，设立定点挂牌的实训、实习、就业基地，提升了师资队伍建设水平，提升了人才培养质量。

3. 深化校企服务平台共建机制，为长三角区域经济社会发展提供优质服务

理事单位共同打造江苏省级船舶工程研发中心、国家级船舶动力装置协同创新中心，校企共同致力于合作研发、合作共建，共同参与科技创新、科技研发、科技攻关，打造集教学、技术开发、培训、职业技能鉴定于一体的一流服务平台和产学研基地，增强了服务地方及区域经济社会的能力。

（二）组建全国航海职教集团，引领我国航海职教领域高质量发展

面对"海洋强国""航运强国"建设需求和复杂多变的全球经济形势及新技术对航海事业带来的深刻影响，学校在理事会的基础上，联合国内各主要航海职业院校、各主要航运企业、江苏省航海学会、江苏省郑和研究会、江苏省船员协会等，与新加坡、马来西亚、泰国、柬埔寨、中国台湾、中国香港等主要"海上丝绸之路"沿岸国家和地区的相关海事院校、航运企业，组建全国航海职业教育集团。

1. 凝聚多元主体，激发全国航海职业教育集团办学活力

以教育部《关于深入推进职业教育集团化办学的意见》为遵循，设立集团理事大会、常务理事会和秘书处等机构。根据航海类职业教育自身发展的需要，理事会下设航海技术、轮机工程技术、船舶电子电气技术、国际邮轮乘务等四个专业委员会及国际化合作交流、校企合作、船员培训等3个工作委员会。成员单位通过《全国航海职业教育集团章程》缔结，集团在该章程的规定下开展活动。各专业委员会及各工作委员会，以该章程为遵循制定相关《工作规程》。《全国航海职业教育集团章程》与《工作规程》在实际运行过程中不断修订完善，激发了成员单位共同致力于航海职业教育办学的活力。

2. 聚力整合优势资源，构筑我国航海职业教育"航母"

集团以统一的专业标准作为促进资源共享的基础，把统一、牢固的基础结构作为资源共享机制运行的依托，全力以赴致力于共享式航海类技术技能人才培养的探索与实践。由集团航海技术专业委员会、轮机工程技术专业委员会、船舶电子电气专业委员会分别完成的航海技术专业、轮机工程技术专业、船舶电子电气技术专业等航海类专业全国性专业教学标准由国家教育主管机关印发实施。在此基础上开展集团成员单位资源整合，以此平衡航海职业教育区域间、院校间的人才培养差距，提升我国航海职业教育整体人才培养质量。一是稳步实施学分互认。学生到资源有相对优势的航海类院校完成课程学习，考核合格后返回母校提交成绩单，由母校赋予学分。二是积极推广航海类专业国家级教学资源库的应用。由轮机工程技术专委会、航海技术专委会分别主导的轮机工程技术、航海技术专业国家级教学资源库，在成员院校间推广应用多年，已趋于成熟，是全国航海类职业教育教学优质资源开放共享的坚实保障。三是有序实施师资共享。集团院校间通过互派教师挂职及教学、专业教师培训、课题合作、远程教学共享等形式开展师资共享，师资共享形式在院校间有序开展，正逐步形成长效机制。四是扎实开展实习船共享。在交通运输部共享实习船联盟的指导下，实习船共享机制已初步建立，已促成航海类职业院校师生600余人次上船实习实训，取得了较好的效果。

3. 聚焦校企深度合作，创新全国航海职业教育产教深度融合新模式

针对新技术应用给船舶营运管理带来的新挑战和航运企业在船员技术技能更新培训以及航海类专业人才培养方面提出的新要求，集团以技术革新为契机，推动各专业委员会、校企合作工作委员会、船员培训工作委员会与国际高端海事技术企业、航运企业及相关配套企业的通力合作，构建集教学、职业培训、技能鉴定、技术开发和社

会服务于一体的高端技术互享平台的运作机制，创新校企深度合作、产教深度融合的实质共赢新模式。集团成员院校通过与高端企业共建高端技术互享平台，以技术调研、技术互访、产品购买等形式消化吸收高端技术，再以高端技术互享平台为依托，协助高端技术企业完成周边地区技术服务；为航运船舶管理人员提供高端技术技能培训；为船舶配套企业提供技术咨询，指导开展技术研发；在新技术应用领域，为行业企业提供技能鉴定和行业标准优化（制定）等服务。截至目前，在轮机工程技术专业委员会、航海技术专业委员会、校企合作工委会及船员培训工作委员会的联合运作下，集团成员单位的航海技术虚拟仿真高端技术中心、船舶智能柴油机高端技术中心、智能机舱高端实训中心均已建成，正在积极承担着相应社会服务职能，年培训量超过 10 万人次，还主持制定了《地效翼船指南》等多项全国性标准。

（三）组建"一带一路"海事服务中心，引领中国航海职业教育"走出去"

为积极响应国家"一带一路"倡议，不断拓宽与"一带一路"沿线国家和地区的国际合作渠道，搭建起国际化发展和交流的广阔平台，更好地服务中国企业"走出去"，学校在全国航海职教集团国际化合作交流委员会的基础上，与江苏国际海员服务有限公司、华洋海事中心有限公司、上海中船海员管理有限公司等 10 家航运企业合作成立"一带一路"海事服务中心，旨在加强国际海洋合作，深化中国与"一带一路"沿线国家和地区的航运交流。

1. 抓住国际化办学关键，畅通"一带一路"职教发展渠道

对标航海教育发达国家和地区高端人才培养机制，寻差距，补短板，优化升级自身航海职业教育体系；综合分析"一带一路"沿线航运行业企业人才需求现状，做出相应航海职业教育国际化高端发展规划；充分利用"互联网+"发展契机，革新国际航运人才市场招募新模式，使航海高端人才就业与国际船东人才需求实现无缝对接，取得较好的成效。

2. 建设"鲁班工坊"，推动"中文+职业教育"融合发展

与缅甸卓越之星海事培训学校合作在仰光成立"鲁班工坊"——缅甸海事培训中心，输出船舶操纵与避碰、船舶管理等核心课程，选派教师承接船长、轮机长等高级船员的培训工作，为 50 多家航运企业培训和招募缅甸籍船员近 300 人。

3. 弘扬郑和文化，提升海事教育国际交流影响力

以郑和文化传承为纽带，学校与新加坡教育技术学院、马来西亚海事学院等院校建立互访机制，每年近 50 名学生参加以"航海文化"为主题的游学活动。持续打造混

合所有制经济办学实体——中新（南通）国际海事培训中心，先后开发了包括船舶驾驶台资源管理、电子海图、海事资源管理等 8 个对境外培训项目，并获 DNV ISO 9001：2015 质量体系证书和海事局海事项目培训许可证书，为新加坡海鹰油轮、美国总统轮船、丽星邮轮集团公司、丹麦马士基公司等国际航运企业培训员工每年达 800 多人次，累计超过 5000 人次。

三、治理成效

学校内部治理建设的突出成效有效推动了航海类专业办学的特色发展。南通航运职业技术学院理事会校企合作成果——"基于'海上教学工厂'的高职航海类专业人才培养探索与实践"于 2014 年荣获国家级教学成果一等奖。全国航海职教集团建设成果——"基于'跨境校企共同体'的高职航海国际化人才培养探索与实践"于 2018 年荣获国家级教学成果一等奖。"一带一路"海事服务中心建设成果——中缅航海类专业人才培养项目入选第四批中国—东盟高职院校特色合作项目。学校通过航海类专业的突出办学成效向社会各界充分展示了治理体系建设的显著优势，多方参与办学的良好机制在校企共建中不断巩固，学校牵头组建的全国航海职教集团入围教育部"全国示范性职业教育集团（联盟）培育单位"。

理事会、集团及"一带一路"海事服务中心等建设成效有效推动了学校教育教学改革、人才培养等各项工作的全面高质量发展。学校 3 年共完成国家"双高计划"项目建设标志性成果国家级 67 项、省级 231 项、特色类 48 项。其中，《轮机英语》荣膺首届全国优秀教材建设奖一等奖，航海类专业率先以优秀等级通过中华人民共和国海事局航海教育水平评估，学生团队斩获中国海员技能大比武团体总冠军、大学生创新创业大赛全国总决赛金奖、全国职业院校技能大赛一等奖、数学建模国家一等奖。

面对全球新冠疫情对航海职业教育的深刻影响，学校凭借多方深度参与办学的优势，创新现代学徒制人才培养模式，革新校企人才供需机制，航海类、造船类、港口类专业办学规模和培养质量大幅提升，航海类毕业生 98% 高标准就业，上船签约率超过 87%，创国内新高，开创了业内公认的"服务海洋与航运强国建设——江苏航院模式"。典型工作经验——《聚焦国家需求 创新工作举措 为海洋与航运强国建设输送优质人才》，作为江苏省高职院校仅有的 2 个案例之一、全国高职院校 30 个案例之一，入选教育部"全国普通高校毕业生就业创业工作典型案例（100 个）"。

（执笔人：施祝斌）

构建"一核心三体系"内部治理体系
打造职业教育赋能乡村振兴特色强校

江苏农林职业技术学院

江苏农林职业技术学院坚持扎根中国农村大地办高职，坚持依法治校、质量立校和改革兴校，着眼"共治"，规整"章法"，省校"联考"，做实"诊改"，构建起以党委领导的治理架构为核心，以章程为统领的制度体系、以综合考核为总揽的评价体系、以"诊改"为抓手的内部质量保证体系为主要路径的"一核心三体系"高职院校内部治理体系。形成了植根"三农"的鲜明特色，打造了"质量农林"金字招牌，取得了一批国家级、省部级标志性成果，连续3年荣膺省高水平高职院校综合考核第一等次。

一、基本情况

江苏农林职业技术学院是一所以农林类专业为特色的省属公办高等职业技术学院。学校坐落于江苏省句容市，拥有校本部、茅山校区和江苏农博园、江苏茶博园，占地面积6000余亩，在校生13000多人。

学校坚持扎根中国农村大地办高职，确立了"以服务三农为宗旨、能力培养为核心，走产学研一体化之路"的办学理念和"课堂移村口、师生到田头、成果进农户、论文写大地"的践行思路，构建了"一核三维"内部治理体系，形成了鲜明的办学特色，取得了一批有影响力的办学成果，引领着全国农业职业教育的发展。

学校贯彻落实《教育部等五部门关于深化高等教育领域简政放权放管结合优化服务改革的若干意见》《国家职业教育改革实施方案》《深化新时代教育评价改革总体方案》《关于推动现代职业教育高质量发展的意见》和《中华人民共和国职业教育法》等法律文件精神，坚持以生为本、开放办学，坚持依法治校、质量立校和改革兴校，持续加强章程统领下的制度体系和治理体系建设，强化党对高校工作的全面领导，突破学校改革发展的瓶颈，瞄准农业农村现代化的需求，充分释放办学活力，着力提高办学质量，打造了以党委领导的治理架构为核心，以章程为统领的制度体系、以综合考核为总揽的评价体系、以"诊改"为抓手的内部质量保证体系为主要路径的"一核心三体系"高职院校内部治理体系，不断推进治理体系和治理能力现代化。

着眼"共治"，构建共建共享治理格局。不断完善党委领导下的校长负责制，进一步健全党委领导、校长负责、教授治学、民主管理、依法治校、社会参与的中国特色现代大学治理结构和体系。

规整"章法"，完善章程统领制度体系。以章程为统领，全面梳理学校制度规定，建立完善党对学院全面领导的制度体系、民主监督管理制度体系和多元共治制度体系。3年来制定修订重要制度50余项。

省校"联考"，优化教育教学评价体系。充分发挥考核指挥棒的作用，创新实施省考+校考综合考核，优化制度，简化过程，强化结果应用，以此深化评价改革，激发内生动力。连续3年荣膺省综合考核第一等次。

做实"诊改"，健全内部质量保证体系。通过完善质量管理标准、提升发展内生动力、形成诊改长效机制，成功打造了内部质量保证体系建设与运行"三驱动三对接三结合"的"三三三"模式和"质量农林"金字招牌。

二、主要做法

（一）完善治理制度链，打出多元共治组合拳

1. 建立完善党对学校全面领导的制度体系

学校在坚决贯彻执行《国家职业教育改革实施方案》和《中国教育现代化2035》精神的基础上，充分开展党委领导下的校长负责制、"三重一大"决策制度、党委会议事规则、院长办公会议事规则、党委巡察工作办法等举措，不断强化党对学院发展的全面领导。以章程为统领，制定修订《党委领导下的校长负责制实施细则》《党委会议事规则》《院长办公会议事规则》等基本制度体系，规范高效地进行决策、执行。3年来，合计制定（修订）重要制度50余项。

2. 建立完善民主监督管理制度体系

制定（修订）教职工代表大会、提案等系列制度，完善党务公开、院务公开、信息公开等重大制度，为教师权利、学生权利提供坚强制度保障。完善理事会章程、校友会办法等社会主体权利相关制度。充分发挥教职工代表大会审议学院章程、发展规

划等重大问题的职权和职能。畅通民主管理监督渠道，深入推进信息公开与社会监督，规范管理"领导信箱"，畅通信访渠道，建立"建言献策"专栏，启动"书记校长早餐会"，广泛听取师生员工的咨询、投诉、意见、建议，增强师生参与学院治理的主人翁意识和能力，保障师生和社会公众的合法权益。围绕"双高"建设等学院中心工作做好统战工作，绘就事业发展最大同心圆。

3. 建立完善多元共治制度体系

完善学术委员会的学术组织架构与管理体系，营造宽松高效的学术环境，充分发挥学术委员会在专业建设、学术评价、学术发展和学风与学术道德建设等学术事务上的重要作用。每年组织若干次学术委员会会议或学术交流、研讨活动，发布学术事务报告。完善专业建设委员会，设置教材选用委员会，指导和促进专业（群）建设和教材、教法改革。

突出二级院系办学主体地位，深化二级院系治理改革实践，探索建立二级教代会制度和教授委员会制度，进一步下放治理权限、下移管理重心，充分赋予二级学院在人事管理、经费使用、日常管理、收入分配、校企合作等方面的自主权。加大二级学院在进人用人、奖励性绩效等薪酬分配上的决策权。在事务管理上形成二级学院自主管理、自我约束的体制机制。

健全举办者、学院、行业、企业、校友、地方政府、社区等共同参与的理事会制度，贯彻执行《江苏农林职业技术学院理事会章程》，定期召开理事大会及专门委员会会议，有效发挥理事会在学院发展目标、战略规划、专业建设、年度预决算、重大改革、学院章程修订等重大问题上的咨询、协商、审议与监督功能。

（二）挥好考核指挥棒，提振"双高"建设精气神

1. 优化综合考核制度

坚持改革创新，激发内生动力和办学活力。推进"最多跑一次"改革，推进职能部门由"管理"向"服务"的转变。深化全员岗位聘任制改革，统筹建设好教学、管理、服务队伍，优化岗位设置，最大限度地实现人岗匹配。深化绩效考核与薪酬分配制度改革，绩效工资与教学、科研成果挂钩。建立健全改革创新容错纠错机制，鼓励在"双高"建设中大胆试、大胆闯，激发和保护干部队伍敢于担当、干事创业的积极性、主动性、创造性。充分发挥考核指挥棒的作用，针对分条线考核存在的弊端和问题，创新实施"省考+校考"综合考核改革，设计综合考核实施办法及实施方案，涵盖高质量发展、党的建设、服务满意度三大类指标，完善"发展性增量"考核评价机制。

2. 简化综合考核过程

考核过程主要包括"一表、一会、一调查"，即量化指标表、综合考核述职会和单位治理及服务满意度调查，不必提供纸质材料。综合考核述职会用一天时间完成，分为党组织负责人汇报党的建设重点亮点和二级学院、综合部门、直属单位负责人汇报全年重点工作、日常工作效能、综合项目两个阶段。通过述职，互相增进了解、交流沟通、互相取长补短、学习提高。

3. 强化综合考核结果应用

加大考核结果在绩效分配、干部评价等中的应用，考核结果突出"实"，从实事看政绩，从政绩看干部，真正体现优绩优酬。部门获得学院综合考核第一等次的，其干部一般为个人优秀，其职工优秀比例高于学校平均值10%，执行第一等次奖励性绩效，二级部门的分配权限为95%，激发干部、职工同心协力干事业的干劲。

（三）创新"诊改"新模式，打造"质量农林"金字招牌

1. "三对接"，完善质量管理标准

一是对接世界标杆，对标找差，着力打造"中国特色、世界一流"的现代农业技术技能人才培养高地。创新"三自主四结合"个性化人才培养模式，"定制村干"培养模式写入2021年江苏省委"一号文件"。二是对接《悉尼协议》等国际范式，借鉴《悉尼协议》等通用标准。设立了890个标准项，组建现代农业职教国际联盟，为世界农业职业教育提供中国方案。三是对接"乡村振兴"等国家战略，坚持"带着农民干，帮着农民赚"的服务宗旨，建设乡村振兴学院，将其打造成集理论研究、科技服务和人才培养于一体的综合供给中心。

2. "三驱动"，提升发展内生动力

一是将质量文化浸润作为内部质量保证体系运行的"孵化器"，厚植"新禾育人"内涵，增亮"人文农林"底色，加强"质量农林"宣传，逐步形成禾木质量文化。二是将管理机制创新作为内部质量保证体系运行的"发动机"，建立章程统领的现代大学制度，发挥多元治理优势，重视监督执行落实，推进学院治理体系和治理能力现代化。三是将大数据技术分析作为内部质量保证体系运行的"加速器"，以数据中心建设为核心，完成信息化平台、校园信息化驾驶舱建设，实现了信息互联、实时共享。

3. "三结合"，形成诊改长效机制

一是结合日常管理。全面提升办公、教学和社会服务的效率与质量，努力实现由"师生跑断腿"向"云端轻松行"转变，形成"一站式"服务。二是结合"双高"建

设。确保"双高"计划目标任务层层分解到部门、学院和个人，落实绩效指标任务。三是结合学院发展战略。有效建立教学质量监控网络，为制定"十四五"规划及长远发展定向引航，为落实中长期规划、年度重点工作设定闭环。

三、治理成效

学校初步建成了"一核心三体系"内部治理体系，成功打造了内部质量保证体系建设与运行"三驱动三对接三结合"的"三三三"模式，打造了"质量农林"金字招牌，建立起依法治校、质量立校、改革兴校的共建共治共享的治理格局。

（一）管理水平大幅提升，治理模式成效明显

学校内部、外部发展环境更加健康、高效，政产学研一体，政校行企联动，实现了办学活力的激发，办学实力的提升，办学贡献的增强。

覆盖教学、科研、服务、管理等职能的信息化平台更加优化便捷，职能部门的主要职责由"管理"转变为"服务"，广大干部、教职工的干事创业热情高涨，获得感、幸福感明显提升。在校院二级管理方面，学校进一步下放治理权限、下移管理重心，赋予二级学院更多更大的办学自主权，二级学院内部治理更加健全，办学活力得到更大激发。

（二）综合考核激发动力，质量农林深入人心

学校创新实施校级综合考核 3 年来，真正做到了"不同起点定目标、基于现状看发展、关注特色和增量"，进一步提升了评价的科学性、合理性和可行性，进一步激发了各二级单位、各部门和干部师生的自主发展动力。以综合考核为总揽，不断深化综合评价改革。学校连续 3 年荣膺省属高水平高职院校综合考核第一等次，荣获地方普通高校领导班子考核优秀等次、省纪委考核第一等次。

构建出"三驱动三对接三结合"质量管理模式，形成了自觉、自省、自律、自查、自纠的质量文化，立体支持和保障教育教学工作。师生质量主体意识明显增强，管理效能得到提升，运行成效明显，高分通过了省级诊改复核，成功打造了"质量农林"金字招牌，《中国青年报》《中国教育报》等主流媒体进行了专题报道。

（三）"双高"建设再创佳绩，服务发展再上台阶

学校"双高计划"取得了一批标志性成果，优化了高水平高职院校建设机制，构

建了现代农业专业集群，凝聚了服务乡村振兴强大合力。2021 年荣获省农业技术推广奖一等奖等 7 项、省教学成果奖特等奖等 5 项，2022 年新立项国家自然科学基金 4 项。2022 年 5 月 18 日，学校时任党委副书记、院长，现任党委书记简祖平参加全国政协调研座谈会并作题为《扛起光荣使命服务乡村振兴》的交流发言，学校坚持以立德树人为根本，以强农兴农为己任，扎根中国农村大地办高职，积极将职业教育的大有可为转化为农林人大有作为的办学实践，积极为服务乡村振兴战略做出突出贡献，受到与会领导的高度评价。

学校内部治理体系的完善和能力水平提升，提振了"双高"建设精气神，而"双高计划"的顺利推进，又不断推进治理体系和治理能力现代化，二者相辅相成，相互促进。

（执笔人：陈凡学　孙兴民　孙启国）

"六维一体、五权协同、自我革新、数字赋能"内部治理体系

江苏农牧科技职业学院

党的十九届四中全会提出"到新中国成立一百年时,全面实现国家治理体系和治理能力现代化"。《教育部 财政部关于实施中国特色高水平高职学校和专业建设计划的意见》(教职成〔2019〕5 号)将"提升学校治理水平,推进治理能力现代化"作为"双高计划"的十大项目之一。治理体系和治理能力现代化是高职院校高质量发展的重点和基础。本案例总结了江苏农牧科技职业学院在构建"六维一体、五权协同、自我革新、数字赋能"高职院校内部治理体系方面的实践举措、建设成效,供其他高职院校参考。

一、基本情况

江苏农牧科技职业学院办学 65 年来,始终坚持中国共产党的领导,坚持社会主义办学方向,坚持中国共产党对职业学校基层组织领导的校长负责制,发挥党委会领导决策作用和校长办公会行政权力,保障学术委员会、专业(群)建设委员会、教材建设与选用委员会等运用学术权力推进专家治学。高效落实教代会、学代会办学治校民主管理监督权,发挥学校理事会咨询、协商、审议与监督权力。党委领导、校长负责、专家治学、民主管理、企业参与、社会监督"六维一体"共筑办学共治结构(见图1),建立了政治权力、行政权力、学术权力、民主权力、咨询监督权力"五权协同"机制(见图2),通过经费预算和内部治理绩效评价指标体系、内部质量保证体系和办学质量多元评价体系融合不断推进自我革新,打造数智校园应用生态、数字赋能高效治理体系,形成了具有现代高等职业教育特点和校本特色的学院绿色治理体系且高效运行,有效促进学校高水平建设与高质量发展。

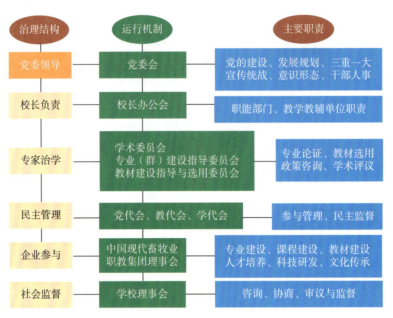

图1 "六维一体"治理结构

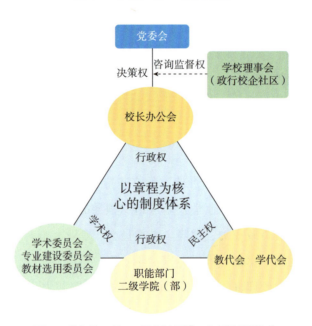

图2 "六维一体、五权协同"内部治理模式

二、主要做法

（一）党建引领指明治理根本方向

学校始终坚持社会主义办学方向，以习近平新时代中国特色社会主义思想为指引，

落实党管高校的主体责任，以党的领导统领学院改革与事业发展，通过实施"铸魂育人""立德树人""群雁齐飞""头雁领航"四大工程，积极打造学院"党徽耀课堂，党旗插田间"的党建品牌，不断提升学院党建工作质量和水平，保证学校治理的最根本方向，在学校党委领导下，依法履行学校法定代表人和行政领导人的职责。

（二）"六维一体"共筑办学、共治结构

完善理事会架构和运行机制。形成学校理事会章程草案，通过理事会大会审议通过定稿。起草理事会召开的准备性文件材料。完善理事会制度，理事会网站、微信群正常高效使用，召开理事会年会。开展理事会成员对学校工作满意度调查，开展教职工对理事会工作满意度调查。

完善以章程为核心的内部治理制度体系。修订学校章程，以章程建设为抓手，围绕人才培养模式改革、工作手册式教材开发等制定系列制度。2019 年、2020 年度学校党委、行政共发文 85 项。加强对制度执行情况的监督、检查，保证各项规章制度能有效地发挥作用。进一步加强学校制度信息化建设，在学校自主开发的教育教学一体化平台实施制度的信息化管理，强化制度执行的动态监控，提高制度执行效率，更好地为师生做好服务。

健全专家治学管理机制。修订学术委员会章程，保障学术委员会在学校党委领导下开展对学校的专业建设与发展、科学研究规划、科学研究成果等重要学术问题的咨询和审议。2019—2020 年共召开学术委员会 5 次，讨论高级职称评审办法的修订等重要工作。2019—2021 年组织近百名教职工召开学术治理座谈会 4 次，开展满意度调查，共收集各类意见建议 90 余条，并经学术委员讨论后制定整改措施并落实。设立专业建设及教材选用委员会并制定相关章程。成立学校专业群建设领导小组、下设办公室，专业群建设办公室高效运转，完善专业群运行管理制度。

健全民主管理机制。教职工、学生分别通过教职工代表大会、学生代表大会、党员代表大会、团员代表大会参与学校民主治理与监督，行使民主权力。修订《重大事项预公开制度》等多项民主管理制度。召开四届四次教职工代表大会，促进学校决策科学化。教代会审议通过学校年度工作报告、财务预算报告及其他重大改革和重大问题解决方案的报告等。院务公开透明化，做到应公开尽公开。

深化产教融合。学校牵头建成国家第一批示范性职教集团，深化产教融合、校企合作和推进"三教"改革，形成了"畜禽宠农牧重彩、肉蛋奶健康中国"办学品牌。学校的校企合作企业作为学校理事会及中国现代畜牧业职教集团理事会成员单位、校

企合作项目及产教融合项目合作单位，选派代表作为学校学术委员会、专业建设委员会、教材建设与选用委员会成员、兼职教师或产业教授等，通过此类方式履行企业参与学校治理职能，行使企业的参与权力，推动该校办学与产业社会接轨。

建立社会监督机制。学校通过理事会监督作用及依法主动公开教育现代化建设监测以及人才培养工作状态采集与报送、数据采集与报送、接受第三方评估及省委省政府高质量考核、健全满意度调查机制并实施办学相关方满意度调查方式，主动接受政府、社会、行业企业、学生及家长等社会各方的监督，保障社会履行监督权力。

（三）"人财"共抓，激活发展内生动力

改革人事相关制度。一是实施岗位设置与绩效工资改革，健全重人才、重实绩、重贡献的分配制度，构建内部治理绩效评价指标体系，修订了部门职能及岗位职责与工作标准，制定行政处室、二级学院考核细则和对全院教职工的考核办法，开展绩效考核，营造奖勤罚懒大环境。二是探索教师职称评审改革，建立分类评价标准，完善聘任制度，激励教师潜心教书育人。

加强预算资金管理和使用。学校出台多项资金管理制度，建立学校层面和专业群层面以"双高计划"任务为基础的项目库全周期的滚动管理模式，助推项目建设提质增效。成立了专门的审计委员会，完善了学校内部审计监督管理体系。纪检、监察、审计部门全过程跟踪项目实施情况，并对重大项目建立了完善的跟踪审计工作机制，确保经费使用安全规范。建立了年度任务实施情况诊断与改进的工作机制，及时进行经费预算绩效评价。2019—2021 年学校总的支出预算执行率为 99.48%。学校"畅通会计工作内循环、夯实财务转型新基础"案例获全国职业高等院校财务治理优秀案例一等奖。

（四）质量自治体系推动自我革新

学校通过多种宣传形式增强全员质量意识，培育质量文化。构建了党委领导、行政统筹、质保委员会监督，各二级学院（部）为质量生成核心，五层面主管职能部门分工负责，质控办牵头组织、协调、服务的内部质量保证组织机构。建立校级质保委员会和二级学院（部）质量保证工作组，成立了学校督学团，健全专业建设团队和课程建设团队，落实了质量保证主体责任。通过打造质量"目标链"和质量"标准链"，构建"8字型"质量改进螺旋，建设教育教学一体化平台，形成了信息化支撑的"55821"内部质量保证体系架构。按照"事前设定目标标准、事中实施监测预警、事

后进行诊断改进"的运行流程，依托自主设计的教育教学一体化平台进行阶段诊断和常态纠偏，强化了质量生成自我保证和自我革新。

（五）数字赋能打造数智服务生态

学校通过打造校本数据中心，构建智慧校园数智生态。推动融合共享发展，构建智慧校园智服生态。融合资产、房产数据，提高资产管理水平。利用智能图形技术，联动房产、资产数据，实现以房管物、以物明责，形成多维报表绘就资产画像，实现资产全生命周期数字化管理，让资产台账更清晰、分级管控更科学、资产利用更高效。完善采购预审制度，融合申购流程和竞价网，让小额教科研仪器设备（服务）采购实现"一键办理"，缩短采购周期，为教师减负，让教师有更多时间、更多精力安心教学科研。畅通财务工作内循环，会计工作"零接触"。推行线上审批、物流报销，财务报销"零接触"，实现"让数据多跑路，让老师少跑腿"；建设银行系统电子回单本地化，通过"银企直联"，实现"银行'搬进'校，服务更高效"。

三、治理成效

治理水平显著提升。2021 年度满意度调查报告显示，学校教职工对学校工作整体满意率为 100%，超过"双高"建设任务 90% 目标值 10 个百分点；在校生对学校人才培养工作整体满意率为 98.34%，超过"双高"建设任务目标值（95%）3.34 个百分点；毕业生对学校人才培养工作整体满意率为 99.4%，超过"双高"建设任务 90% 目标值 9.4 个百分点；学生家长对学校人才培养工作整体满意率为 98.66%，超过"双高"建设任务 90% 目标值 8.66 个百分点；用人单位对学校人才培养工作整体满意率为 94.12%，超过"双高"建设预设的 90% 目标值。

办学满意度显著提升。麦可思学生成长评价报告（2019—2020 学年）数据显示：学校大一至大三学生对本校教学满意度分别为 96%、94%、95%。麦可思 2017 届毕业生培养目标达成与职业发展评价报告显示：学校 2017 届毕业生 3 年后自主创业比例为 9.7%。2019—2021 年为社会输送 12000 余名高素质技术技能毕业生，毕业生就业率均在 98% 以上，学生有 1754 人次荣获市厅级以上奖项，学校入选江苏省大学生职业生涯教育示范基地。

治理成效更加突出。2020 年获全国职业院校教学工作诊断与改进制度建设优秀案例。2021 年 37 个专业、808 门课程开展诊改，6 个专业、15 门课程通过诊改试点现场复核汇报，859 门课程在一体化平台完成课程资源库建设，资源数为 59060 个，430 位教师在平台开展混合式教学，累计平台开课 1110 门，顺利通过江苏省高职院校诊改试点复核。2019—2021 年共有 2 个省级案例、5 个小案例被省高等职业教育质量年度报告录用。自 2019 年以来，公开发表内部治理相关论文 14 篇。

特色创新更加凸显。学校主动适应数字化转型趋势，打造数智服务生态，质量自治体系推动自我革新，自主开发建成教育教学一体化平台，依托平台教育教学运行大数据，学校、专业、课程、教师、学生五层面联动式常态化开展教、学、考、评、管的诊断与改进，精准化管理与个性化服务双管齐下，实现了学校以教学治理为核心的内部治理实效的飞跃。

社会影响更加广泛。学校聚焦国家畜牧种业、乡村振兴、"强富美高"新江苏等国家区域战略，建有国家级水禽基因库和姜曲海猪保种场，助力赢得了"世界水禽看中国、中国水禽看泰州"的美誉。区域行业、企业、社会参与人才培养的满意率达 94.12%。在 2019 年国家高等职业教育"双高计划"建设遴选中，学校顺利入选中国特色高水平高职学校建设单位，畜牧兽医、食品药品监督管理两个专业群入选中国特色高水平高职专业群建设项目，在 2022 年"金平果"中国高职院校竞争力排行榜 1000 强中学校排名第 15 位，充分彰显了学校的办学实力和社会影响。

（执笔人：朱明苑　胡新岗　陈则东）

基于国际质量管理认证原则的治理体系
创新探索和实践

江苏食品药品职业技术学院

以 ISO 27021 国际质量管理认证的"公正性""能力""责任""开放性""保密性""对投诉的回应"6 项要义为原则，重构了全要素"6L"质量保证体系，同时开展内部治理、多元共治和"放管服"改革：建立了"1+N"治理制度、"三会"和"四查"机制；搭建了三层共治框架，"两会一联盟一集团"作为"一轴两翼"，"内校外园"作为共治实体，实施产教融合综合改革实践；开展四项人事分配制度及二级学院和职能部门"绑定"考核的"特区"试点改革，治理成效显著。

一、基本情况

学校始终以习近平新时代中国特色社会主义思想为指导，落实落细《国家职业教育改革实施方案》，努力开展职业院校现代化治理体系建设，重点开展了内部治理、多元共治和"放管服"三项改革。其中，内部治理核心致力于标准化、精细化制度、"三会"独立运行机制和"四查"监督有效机制建设；共治核心致力于三层共治框架的搭建、"一轴两翼"共治组织形式、运行机制以及"内校外园"的共治实体建设；"放管服"改革核心致力于以优势学院为"特区"试点，探索四项人事分配制度改革、二级学院和职能部门"绑定"式共同体考核制度改革、"能上能下"干部制度改革、团队构架和运行机制改革、"以群建院、以院建校"基层组织形式改革和治理标杆工程建设。基于学校三项治理改革的过程标准化、标准国际化、成效可测量、要素系统化需要，治理标准和过程引入 ISO 27021 国际质量管理认证的"公正性""能力""责任""开放性""保密性""对投诉的回应"6 项要义原则，重构了"6L"质量保证评价体系。经多年探索，现代化治理体系日趋成熟，内生动力充分激发，成果成效突出，社会影响广泛，为建设国际知名、国内一流的中国特色高水平高职院校提供强有力的组织机制和改革实践经验支撑。

二、主要做法

（一）优化现代职业院校治理体系，引领依法治校示范

1. 构建"四层四化"内部治理体系框架

以章程为统领，一是修订《党委领导下校长负责制实施细则》《校长办公会议事规则》，强化顶层议事的标准化；二是制定职能部门和直属单位《岗位职责》《工作标准化流程》，强化中层工作的精细化；三是修订《二级部党政联席制度议事规则》《二级院部班子分工指导意见》，强化业务基层运行的规范化；四是制定《教师守则》《学生守则》，强化单体层行为习惯的养成化。

2. 优化"1+N"内部治理执行制度体系

以章程为统领，以完善内控机制为主线，纵向分层，横向分类，以体系化、标准化、系统化和可操作为原则，全面梳理各项规章制度，制定修订教科研、师生发展、干部交流轮岗和强制离岗等200余项配套执行制度，形成依法治校的现代化治理制度体系。

3. 创新"三会"运行机制和"四查"并举监督机制

一是按照集权分立、民主管理和教授治学的原则调整学术委员会、专业建设委员会和教学工作委员会成员构成，强调"三会"领导与行政权的独立，编制"三会"标准化权责清单，制定行政权边界和解释规定，以制度形式确保"三会"行使审定权和仲裁权的独立性和权威性。二是细化专班导查、审计督查、纪委巡查和督导检查的权责清单，制定"四查"边界权规定和服务指导责任制，全面厘清决策权、执行权和监督权以及行政权和学术权的关系。

4. 打造基于 ISO 27021 国际质量管理认证原则的内部质量保证体系 3.0 版

围绕 ISO 27021 质量管理"公正性""能力""责任""开放性""保密性""对投诉的回应"6 项核心原则，重构包括内部治理、教学学习、服务发展、合作交流、创新创业和支撑引领 6 项一级指标的"6L"内部质量保证体系顶层框架，构建实施层框架、底层核心要素，充分融入"双高计划"、职教本科、人才培养状态数据、高基报表、省属高职院校高质量考核等外部考核指标和校本特色发展指标、标准。按照"事前"设计建标、"事中"常态纠偏、"事后"阶段改进三部曲，设计目标链与标准链，落实"8 字型质量改进螺旋"，构建了框架稳定、指标全面、流程标准、组合灵活、评价可靠的内部质量保证体系。

5. 构建大部制便捷办事格局

全面梳理办事程序，整合两级办事内控点，建立大部制办事机制，简化办事流程，依托智慧校园，构建线上办事"一张网"，线下跑腿"零距离"，配套线上办事风险内控和监督检查反馈机制，确保高效且规范。

（二）优化多方参与的共治体系，打造开放办学样板

1. 优化形成一轴两翼的"两会一联盟一集团"共治组织运行机制

以江苏省食品职教集团企业为主轴开展深度产教融合，以办学理事会和中国食品药品职教联盟为左翼开展协商、决策和资源整合等治理，以由银行、校友、集团合作企业组成的学校基金会为右翼，为学校治理发展提供资金和资源等支撑；优化组织决策层、实施层和监督层三层治理制度，按照"学校对接政府、二级部门对接行企、专业对接产业"建立工作机制，为产教融合、校企合作命运共同体的打造保驾护航。

2. 对接需求打造多类型"内校外园"的共治实体

一是校地共建"产业园区"。聚焦江苏省"3+3"绿色食品特色产业发展，与洪泽区人民政府共建江苏食品科技产业园、与淮阴区人民政府共建江苏淮安国家农业科技园、与淮阴高新区产业园共建 CMA 认证食品药品检验中心。二是校行共建特色产业学院。与国际中餐业联合会和省餐协共建国际淮扬菜学院和龙虾学院。三是校企共建混合所有制学院。与江苏天士力帝益药业、淮扬菜集团、中国农业银行等头部企业合作，共建特色产业学院和大数据中心。共治实体以共赢为纽带，共同投资和管理，探索形成多形式特色共治机制。

3. 依托大数据中心辅助科学决策

在原有以创新平台载体专家智库助推决策的基础上，与中国农业银行、阿里和麦可思等企业合作，开展大数据治理和运用，在合作框架内探索数据系统共建，努力构建基于行业发展、行企业态、岗位需求、消费习惯等大数据的决策分析模型，有效避免经验决策带来的滞后和偏差。

4. 构建政校行企多方参与的内外结合三层共治指标评价体系

构建了由学校、政府、社会（行业组织、集团企业、学生和家长代表）的三层共治主体，按照 ISO 27021 质量管理原则，构建了包括治理制度、治理能力、治理文化、集团化办学、混合所有制办学、技术技能积累等 59 项核心要素指标，与麦可思等第三方评价机构合作实施共治评价，以信息化平台为载体开展诊断和提升，确保治理成效可评、可测、可靠。

（三）深化"放管服"改革，形成内生动力激发典范

1. 以"特区"为试点深化"四项"两级管理制度改革

全面实施基于教师分类发展和目标导向的岗位设置和聘任、岗位目标管理与考核、绩效工资分配、专业技术资格评聘四项制度改革。在国家"双高"专业群和省品牌专业群试点：讲师以下职称自评、副高和正高职称院校同主导评审；学校负责战略指导和目标评价，根据绩效目标实现度动态调整二级学院行政管理、财务管理、干部任用、人才配置、资源调配、收入二次分配、专业群动态调整等权限，突出强化二级学院自主发展、自我管理，形成"一级治校、二级办学"。

2. 推行二级学院和职能部门"绑定"考核和"能上能下"制度

以绩效目标为抓手，试点职能部门与头部二级学院共同负责制和权责清单制，采用过程考核和目标考核相结合的方式，实施交流轮岗、优秀升岗、强制离岗制度，有效形成职能部门主动服务和参与二级学院建设的"三全大服务、大部制"共治格局。

3. 优化团队构架和"3+3"运行机制

构建由教学名师、产业导师、企业大师等组成的结构化平台梯队，分类设置"固定岗""流动岗"和"特聘岗"3个岗位，围绕人才培养、技术创新、标准制定、创业孵化、成果转化、文化传承等绩效目标，制定基于项目绩效的团队激励约束机制和流动机制，形成纵向传帮带、横向流通互补和交叉协同攻关三维良性循环。

4. 实施"410"高质量发展标杆工程

以标杆树典型，制定二级学院、骨干教师、管理骨干和大学生4个层面"十个一"评价标准，挖掘二级学院和职能部门在专业建设、以群建院、多类型办学、师生发展、管理服务等方面的突出成效和典型，形成可复制可推广的治理机制和成果，推动全校治理体系创新。

三、治理成效

1. 管理水平显著提升

学校依法管理制度体系更加完善，多元共治作用充分发挥，以院建校活力充分激发。质量保证体系高质量通过省专家组复核，创新举措入选2022年度质量年报，被省教育厅邀请为全省高职院校开展治理举措培训。

2. 协同育人成效凸显

一是构建了两项"五对接、五融合"多元共治协同育人机制，获教学成果一等奖，

推荐至教育部 2 项。二是以院建校的职业类型特征彰显。学校"4+0"专业学生考研成功率达 20%，西藏学生护考通过率达 97%，毕业生斯朗巴珍等成为全国勤学励志典型，被央视等国家级媒体广泛宣传报道。三是创新了学业支持运行机制，《中国教育报》等媒体深度报道了学校从"困学"到"善学"的办学纪实。

3. 治理成果突出

近 5 年来，获国家"双高计划"建设单位、国家教学成果奖、国家样板党支部等国家级集体项目和荣誉 52 项、省国际品牌专业等省级项目和荣誉 200 余项；入选国家教师创新团队、国家产业导师等国家人才计划 6 项，省突出贡献专家等 70 余项；获国家级资源库、精品在线课程、优秀教材等国家级资源类成果 22 项，省级近 100 项。教学能力大赛、"互联网+"、技能大赛等国家级竞赛获奖 12 项，省级 40 余项；多主体合作共建产业园区、产业学院、创新基地、境内外办学培训基地 32 个，国际输出教学标准 2 个。

4. 治理特色鲜明

一是重构了基于 ISO 27021 国际质量管理认证原则的"6L"内部质量保证体系。该体系框架稳定、指标系统、要素全面、流程标准、组合灵活、评价可靠，有效避免了专项考核和碎片化考核的主体不一及评价结果的不全面和应用受限。二是学校横向内外治理和纵向两级治理均有质量评价体系可依。内部治理、多元参与共治和"410"标杆工程均实现了设计科学、执行有力、监督有效、成效可测。三是以约束清单的方式厘清了行政权、学术权和监督权。边界更为清晰，保障更为有力。四是实施了"特区"试点、以点带面的"绑定式"放管服改革。二级学院和职能部门"绑定式"考核、自主权下放与绩效"绑定式"量化匹配等制度的改革，强力激发了内生动力和创造性，有效推动了治理体系的高效运行。

5. 社会影响广泛

学校在内部治理体系创新、产教融合协同育人机制创新、"内校外园"服务产业升级和乡村振兴运行机制创新、国际化办学机制创新和服务"一带一路"倡议等方面积累了可复制可推广的丰富治理成果，被央视、《光明日报》等国家级媒体报道 80 余次。受邀在中国—东盟职业教育发展大会、校长联席会、中国职教学会等大会做主旨演讲 40 余次，多次入选国家"双师"素质比例 50 强、职业院校教师发展指数 100 强、高职院校科研与社会服务竞争力 100 强等。

（执笔人：焦宇知　朱晓庆　张林）

聚焦数字化治理　提升教育质量
持续推进治理能力和治理体系现代化建设

无锡职业技术学院

推进教育数字化是党的二十大提出的明确要求，无锡职业技术学院以建设"五全智慧校园"为抓手，扎实开展数字化治理，系统设计学校数字化治理体系，构建了权责明晰、分工协作、结构合理、运行顺畅的体制机制，持续激发学校的治理新效能，服务学校事业高质量发展。

一、基本情况

无锡职业技术学院以建立符合无锡职院实际、具有无锡职院特色的现代大学制度为目标，以内部治理能力提升年为抓手，健全了以内涵发展为导向的管理制度，构建了权责明晰、分工协作、结构合理、运行顺畅的体制机制，持续激发学校的治理新效能。学校以《无锡职业技术学院章程》为统领，系统设计学校数字化治理体系，不断完善内部治理能力。持续推进内部质量保证体系 3.0 和内控管理平台建设，实现制度管权、流程管事、过程可溯、绩效可测，成为第一个通过全国诊改试点复核的高职院校，并在全国职业教育教学工作诊断与改进工作会议做典型经验交流，全面推广内部质保体系诊断与改进成功经验。优化机构设置，完善两级管理体制，扩大二级学院管理自主权，发展跨专业教学组织，各办学要素活力迸发、师生员工的创造性全面释放。加强多方合作，完善社会参与机制，形成了治理多元共治生态，构建了良好的学校与政府、社会的关系，充分发挥理事会、专业建设委员会等的作用。坚持共商共治，完善管理监督机制，完善了各类信息公开制度，年均公开各类事项不少于 1000 件，保障教职工、学生、社会公众对学校重大事项、重要制度的知情权，接受利益相关方的监督。

二、主要做法

（一）健全科学决策体系，共谋学校发展

1. 以章程为统领，完善内部治理制度架构

加强顶层设计，根据上级文件精神，修订完善学校章程。通过体系化梳理和系统化设计为学校内部治理体系的建设提供政策保障。坚持和完善党委领导下的校长负责制，认真落实《中国共产党普通高等学校基层组织工作条例》，修订党委会、院长办公会等校级决策会议议事规则，涉及学校"三重一大"事项，坚持由党委领导班子集体研究作出决定，充分发挥好党委"统揽全局、协调各方"的领导核心作用和政治核心作用。推动校内规章制度的"废、改、立"工作。出台和修订完善了共计400余项规章制度，系统分类、汇编了学校新版规章制度，将学校制度分类汇总为党群管理、行政管理、教学管理和学生管理四大板块，通过体系化架构，完善学校内部治理的制度保障，进一步推进了现代大学制度建设。

2. 坚持简政放权，明晰校院两级管理职责

学校进一步扩大二级学院办学自主权，进一步明晰学校、职能部门、二级学院三方两级的职责，理顺体制，转换机制，不断提高管理效率与效益。以岗位聘任为契机，探索建立"两级管理、两级考核、两级分配"机制，明确二级学院在专业建设、人才培养、科学研究、学生管理等方面的职责，赋予学院履行职责必需的人、财、物管理权。

3. 加强多方合作，完善社会参与机制

学校着力增强理事会的代表性和权威性，健全与理事单位之间的协商、合作机制，充分发挥行业、企业和社区理事的作用，智能制造企业、行业高层次专家在理事会占比30%以上。学校以制造强国战略的实施为契机，牵头组建了由30多所装备制造龙头企业和60多所行业职业院校组成的全国机械行业智能制造职业教育集团，同时结合江苏省汽车职业教育集团，无锡市物联网职业教育集团建设，通过加强集团内各成员单位间的合作，优化资源配置，实现人才培养与产业、职业岗位对接，专业课程内容与职业标准对接，教学过程与生产过程对接，同时实现与企业物质、智力资源的集中与共享，校企共建8个产业学院，建立了《产业学院建设与管理办法》，探索产教融合体制机制改革与实践路径的有机衔接，通过为企业提供技术服务，将生产、科研中不断出现的新技术、新成果及社会经济发展前沿知识，转化为教学、科技资源，建成省级

科技创新团队7个，建成8个省级技术创新与研发中心，建有汽车检测与维修等2个教育部现代学徒制试点专业，有力强化了职教集团服务育人和服务企业的双重功能，实现各方共赢的良好局面。

（二）打造"五全"智慧校园，实现数字化治理

1. 推进数据资源开发利用

学校建成"五全"智慧校园，利用大数据、云计算、物联网、移动互联和人工智能等先进信息技术，建设全业务上网、全数据交互、全方位决策支持、全系统安全、全师生覆盖，推进信息化技术与教育教学、管理服务的深度融合，整体提升了学校信息化和内控建设水平。建设一网通办的平台体系，梳理170个流程，集成50多个业务应用系统，实现教学、学习、管理、生活全覆盖，建成全量数据中心，建设数据分析平台，不断发挥数据资源的效益，实现教学质量的实时监控和预警，为师生提供全方位的数字画像服务、为管理部门提供决策支持。以"一个大脑、二个体系、三层架构、四个平台"为抓手，坚持数据驱动，业数融通，保障学校智慧运行，学校成为教育部首批7所职教智慧大脑项目的试点单位之一，当前学校动态运行数据在教育部职教智慧大脑平台上实时呈现。

2. 全面推进内控体系建设

率先建成"预算内控绩效一体化平台"，提升学校内控管理水平。秉承"预算为主线、绩效为导向、内控为抓手"的理念，出台了《无锡职业技术学院内控手册》及《无锡职业技术学院内控缺陷整改方案》。2022年，在全国职业院校中率先启动内控体系2.0版即全校行政及党务各职能部门的全业务工作的内部控制体系建设，着力建设以全生命周期项目库为核心的预算绩效管理体系，在学校层面推动预算绩效和内控的融合，压实各部门、各单位绩效主体责任，推进预算绩效内控管理一体化，为职业院校全业务流程内部控制提供标准体系。

3. 建设和谐平安校园

加大现代化治理思维下的智慧技防与物防建设力度，健全维护校园稳定和人防、技防、物防、协防"四位一体"的综合防控体系，通过组织领导体系全面完善、安全队伍全面过硬、安全教育引导全面覆盖、技防物防建设全面加强、隐患排查与演练全面落实、综合治理能力全面提升等"六个全面"的扎实举措，学校安全工作机制日趋完善，安全防控体系渐趋科学，校园管理秩序日益规范，师生安全感明显提升。

（三）提升数字化治理能力，服务人才培养

1. 搭建基于私有云的数字化学习中心

以两个国家级资源库建设为龙头，带动全课程信息化建设，支持线上线下混合教学，不断丰富数字化资源，尤其是虚拟仿真资源，为学生的自主、无缝学习提供数字化资源支持。

2. 持续推进内部质量保证体系3.0建设

以建设"服务、融合、应用"为核心的智慧校园为信息化支撑，建立学校、专业、课程、教师、学生5个层面目标与标准链，以"8字型质量改进螺旋"为体系运行单元，深入推进学校内部质量保证体系诊断与改进。分别建立五层面质量螺旋，系统化设计质量保证制度体系，勾画智能"画像"，为教师和学生个人提供可视化自诊。相关成果集成《高职院校质量保证体系诊断与改进　无锡职业技术学院实践案例》专著。

3. 构建"五层面四模块"质量保证制度（见图1）

将学校办学理念、办学定位、人才培养目标；专业设置与条件、专业建设与改革；教师队伍与建设；课程建设与改革、课堂教学与实践；学生成长成才等工作要素归纳，形成学校、专业、课程、师资、学生5个层面质量保证主体，每个主体构建既相对独立又适当交叉联动的自我质量保证机制，保障履行人才培养工作质量保证的主体责任。

四模块制度体系设计要素。依据"8字型质量改进螺旋"工作模式运行要素，将决策制度、执行制度、评估制度按规划标准、运行管理、约束激励、研究实践"四模块"系统设计了教学质量保证制度架构，"四模块"系统层层递进形成循环系统，通过

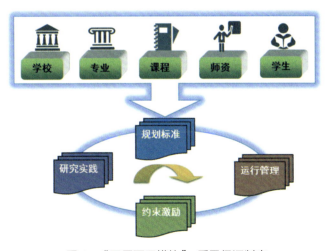

图1　"五层面四模块"质量保证制度

对标运行、约束激励、发展研究调整规划标准，实现了教学质量的螺旋式上升。实现了"三个转变"，即：以目标与标准链为引领实现了事后管理向事前管理的转变，以全过程质量监测与控制实现过程管理灰箱白箱化的转变，以优化体制机制建设实现约束管理向自觉行为的转变。全面提高了学校党政执行力和人才培养质量。

三、治理成效

高效的民主管理机制和高质量的数字化校园建设水平，有效地提升了学校的美誉度和内部治理水平，为学校的高质量发展提供了强大动力，有力地提升了学校现代大学制度建设品质。2019 年入选国家"双高计划"A 档学校，2019—2021 年连续 3 年蝉联江苏省普通高校高水平高职院校综合考核第一等次，在 2022 年中国高职高专院校竞争力排行榜上位列全国第三。

有力地促进了学生成长成才。实施"互联网+"精准就业信息服务，毕业生在相关专业领域高端岗位就业率达 43.22%，雇主满意度达 97.59%。学生全面可持续发展的能力持续增强，在全国职业院校技能大赛等国家级或国家行业性学科、技能大赛中获一等奖 70 余项。近 200 名大学生获得"全国优秀共青团员""全国大学生自强之星"等国家和省荣誉。

有力地提升了教育教学改革成效。着力打造智能制造专业集群，形成了"双标同步、三集统筹"专业集群模式。2021 年中央广播电视总台《新闻联播》报道了学校建设智能制造专业集群，赋能产业发展的成功经验。教育教学改革相关成果获 2021 年江苏省教育成果特等奖 1 项、一等奖 2 项、二等奖 3 项。系统推进智造特色"三金"工程，申获国家教材建设特等奖 1 项、国家示范性虚拟仿真实训基地 1 个，获批国家精品在线开放课程 2 门。扎实推进内部质量保证体系，高质量通过全国职业院校诊改复核，成为全国第一所正式通过复核的高职院校。

有力地增强了科技应用能力。多元共商共治，推进了产教融合、校企合作成效。主持和主要参与制定国家标准、行业标准 10 项。师生年平均申获专利 800 多项，在库有效专利 3023 件，位居全国高职院校第一。专利技术转化 286 项，实现技术交易 5966.7 万元。成立了 3 个千万元级研究所，8 个产业学院，建有省级研发中心 4 个，牵头组建国家、省、市职教集团各 1 个，有效促进科技成果转化，近 4 年纵横向科研到账经费达 1.09 亿元。学校主持国家自科基金、国家社科基金、教育部人文课题等省部级以上课题 40 余项，荣获省级科技成果奖、人文社科奖、教育科学优秀成果奖等 10 余项。"育训互促"深度融合技能培训与产业需求，2021 年社会培训量达 18 万人日，获批国家"十四五"教育强国工程，国家示范性职业教育集团。

学校先后荣获"全国职业教育先进单位""全国教育系统先进集体""全国机械行业文明单位""全国职业院校数字化校园样板校""黄炎培职业教育杰出贡献奖""省文明单位""省教学工作先进高校""省教育人才先进单位""省高质量平安校园""省教育宣传工作先进单位"江苏省首批"智慧校园示范校""省高等学校先进基层党组织"等荣誉称号。

（执笔人：程继明　孙杰　黄佳怡）

构建"学校+"交流合作格局
提升"国际+"综合治理能力

盐城工业职业技术学院

近年来，党和国家通过修订法律、出台政策等多种方式全面推动现代职业教育高质量发展。高职院校需要通过加快治理体系、提升治理能力水平，加快改革创新步伐，打造自身特色，赢得自身发展空间。盐城工业职业技术学院充分发挥自身优势，紧贴国家经济社会发展需求，构建"学校+政府+园区+企业"的多维度合作格局，稳步提升了"国际+教学+科研+文化"综合治理能力，走出了一条具有"盐工院"特色的办学道路，获得了良好的社会反响和国际声誉。

一、基本情况

盐城工业职业技术学院是盐城地区第一所省属公办高职学院，是服务盐城地方经济主战场的省级示范性综合型高职学院，是江苏省的中国特色高水平高职学校建设单位。学校坚守育人初心使命，以党建统领学校全方位发展，坚持以创新为抓手，引领区域高职教育。创新发展思路，大力实施"质量立校、人才强校、特色铸校、创新活校、和谐兴校"五大方略；创新办学体制，成立学校理事会，构建完善了"政行校企"合作办学体制机制；创新育人模式，探索形成了"双链对接、双教融合、双证融通、双元互动"的"四双"育人模式；创新高职文化，持续深化"三全育人"综合改革，将学校文化与企业文化、行业文化、地域文化有机融合，弘扬铁军精神，建设铁军文化园，培育形成了"求实"文化；创新服务载体，全力构建科技研发、资源共享、职教联盟、社会培训四大服务平台；创新合作办学，与江苏科技大学、盐城师范学院开展"4+0"联合培养本科生项目。学校召开教职工暨工会会员代表大会。

学校对标"双高"标准，推进"六高"建设，优化学校内部治理体系，召开二级教代会，深化两级管理。完善职称改革与绩效管理方案，构建以质量贡献为导向的评价体系。加强制度"废、改、立",形成了较为完善的制度体系。近年来,学校坚持以开放合作为引领、以机制创新为动力,不断加强与国（境）内外高等院校、科研机构交流合作,积极融入"一带一路"高质量发展,在科学研究、人才培养、师生交流、文化活动等多个领域拓展办学空间,大力推进职业教育改革和国际化发展步伐,用高质量的教育国际化能力建设助力学校治理体系和治理能力取得长足进步和发展。

二、主要做法

（一）背景分析

近年来,党和国家十分重视职业教育的发展。新修订的《中华人民共和国职业教育法》于 2022 年 5 月 1 日正式施行,以法律的形式确立了职业教育地位,为职业教育治理体系和治理能力建设、实现高质量发展指明了方向。当前,国内外形势复杂,世界面临百年未有之大变局。党的十九届五中全会提出"加快构建以国内大循环为主体、国内国际双循环相互促进的新发展格局"。强化国际产能合作是推进"双循环"的重要路径,是我国进一步加大改革开放,实施"一带一路"高质量建设,参与全球经济治理的战略举措。《关于推动现代职业教育高质量发展的意见》中明确提出要"坚持产教融合、校企合作,推动形成产教良性互动、校企优势互补的发展格局"。高等职业教育要积极服务于"双循环"新发展格局下的国际产能合作需求,从参与全球人力资源配置和人才国际竞争,参与全球职业教育治理体系的视角,提升战略定位,提高国际化办学水平,为我国现代化经济体系建设和"一带一路"建设提供更高质量的人力资源保障服务。

（二）实施路径

学校通过强化校地、校园、校校、校企之间的多个维度的教育合作,推进了"联动政府、协同行业、对接园区、携手企业"的合作办学机制,实现了"共谋共融、共聚共振、共建共进、共享共赢"的良性循环,形成了"互动协同、推动进步、联动发展"的崭新局面,引领了区域高职教育发展,提升了国际化办学水平。

1. 响应转型发展战略,紧贴地方产业转型

盐城工业职业技术学院坐落在江苏省盐城市,这里拥有世界自然遗产、国家级产业园、国家级高新区,目前已基本形成汽车、钢铁、新能源和电子信息四大主导产业,发展潜力巨大。学校秉承"职业立身,技术报国"办学理念。学校主动回应地方经济

转型发展需要，以"服务地方产业需要、保障地方人才体系"为宗旨，积极引入国（境）外科技、人力资源，创建技术转移中心、产业学院，实现了地方产业转型与学校内涵建设共融发展：一是"搭平台"，学校牵头成立了江苏省沿海经济带高职院校技术转移联盟和中乌（盐城）国际技术转移中心，引进国内外高端人才和高端技术资源；二是"找对人"，通过设立省级科研平台开放课题，与国（境）外高校、科研院所在机械制造、电子信息、新能源、新材料等领域开展协同创新研究；三是"唱好戏"，学校深度融入盐城当地县区发展，例如，联合乌克兰基辅国立大学、马卡洛夫国立造船大学等高校，携手共建智能制造学院（建湖），引导企业开展产业急需人才的订单式培养。

2. 携手中韩产业园区，提升办学综合效益

学校坐落在中韩（盐城）产业园，这里是国务院批复的产城融合核心区，集聚了现代起亚、摩比斯、SKI、京信电子等1000多家韩资企业，是江苏沿海发展战略向纵深开拓的新高地。2017年底，在盐城经济技术开发区的主导下，学校联合韩国全州VI-SION大学，建设中韩产业学院，精准培养园区企业紧缺的技术技能人才，升级应用技术研发和创新创业服务平台。学校与韩国全洲VISION大学、园区企业开展合作，重点围绕园区急需的汽车、机电等类等专业，建设产教融合实训基地；依托学校省工程技术研发中心、省技术转移中心、培训中心和3个省优秀科技创新团队，三方共同开展技术研发、技术转移及创新创业服务。近年来，通过与园区之间深入合作，学校现实了"人才培养质量"和"技术服务水平"双提升。

3. 承接多方优势资源，开展多元合作交流

目前，在江苏省教育厅、外办（港澳办）、高教学会、教育国际交流协会等各方指引下，学校与欧美、中亚、东南亚等国以及中国台湾地区相关高校达成了协议，在师生学历提升、专业建设、科技研究、文化交流等方面开展合作：一是与美国、加拿大、韩国、乌克兰等国家高校签署联合办学协议，引进优质教育资源，为双方师生访问、访学搭建起"立交桥"；二是与美国文森斯大学达成学士学位联合培养协议，确定学分转换方案，为学校毕业生赴外高校深造设立了"直通车"；三是与乌克兰、哈萨克斯坦、塔吉克斯坦等国高校、相关海外中资企业签署来华留学生联合培养协议，为"一带一路"国家的青年到我国深造铺设了"高速路"。

4. 服务企业成长需求，务实推进校企合作

学校大力推进现代纺织技术专业群和中德先进职业教育合作项目（SGAVE）建设工作，与江苏悦达集团、天虹集团结成了深度校企合作，积累了丰富的校企合作国际化的办学经验，通过搭建基于语言中心、文化交流中心等一体的、旨在技术技能积累

创新的国际化协作平台，完善了"五维融通、四证融合"人才培养模式，优化了"双平台+三模块+三方向"专业课程体系，打造了"国际影响大、学术能力优、文化包容强"的多元师资队伍，构建了"中文+职业技能"特色教学资源，建立了基于《悉尼协议》的质量保障体系；学校加快与"走出去"企业合作的步伐，与天虹纺织集团有限公司（越南）率先开展跨国现代学徒制合作，校企共建"人才培养基地"和"海外实训基地"。

此外，学校还加大对院校治理工作与开放办学相关理论和实践成果的宣传力度，获得了同行以及社会的广泛认可，也进一步增强了学校发展的信心和底气。2021年5月，学校提交的《坚持院校治理"四立"理念，实现国际化发展"质效"双赢》入选《江苏省高等职业教育质量年度报告（2021）》优秀案例；在2020第五届中国（青岛）世界职业教育大会和2021年江苏省高教学会外国留学生教育管理研究委员会年会上，学校受邀以《倡导"和美"文化理念，助推留学生教育治理创新》为题进行了专题交流，获得高度认可；2020年11月，《中国教育报》以《顶天立地建平台　贴近企业做学问》为题介绍了学校精准定位服务生产一线的情况；2021年11月，在第九届苏台高等职业教育校长联席会议学术年会上，校领导以《构建多维度合作格局　提升国际化办学水平》为题进行了交流，获得与会人员广泛好评；2021年12月，《扬子晚报》全文刊载了报告内容。

三、治理成效

（一）特色总结

1. 发挥办学优势，服务地方发展

地方经济是高职院校办学发展的主战场。学校主动适应产业结构调整和转型升级需要，立足盐城，面向江苏，融入长三角，积极践行"两海两绿"路径，助力"四新盐城"建设；学校主动与地方产业园区携手，发挥各自优势，制定激励政策，实现了"人才、技术、资源、信息"等要素共聚，形成了"产业需求、人才供给、技术应用"等利益共振，学校服务地方经济发展的实力和影响力逐渐增强。

2. 提升治理能力，注重内涵式发展

学校加快内部治理能力建设，推进教学诊断改进，积极创新组织管理模式，践行"以文化人、和适管理、文质兼美"的"和而不同，美美与共"开放办学理念，从国（境）内外优秀高校发展中汲取经验，更好地服务国家、地方、产业发展，以"加深理

解、多元协同、优势互补"的原则，建立起校校间底层合作关系，与国（境）内外高校达成多元合作关系，放大资源集聚效应，推动国际合作交流的内涵式发展。

3. 聚焦校企合作，产教融合发展

企业作为工业经济发展主体，是引领创新发展和转型升级的先行者、主力军，是职业院校发展的"好兄弟"。学校通过建设产业学院，培育产业教授，密切校企合作关系，把职业教育的教科研项目和课题活动落在"生产建设一线"，"把论文写在祖国的大地上"；通过"校企轮转、师徒对接、双员一体"方式开展现代学徒制试点研究与实践，实现学生从学员到职员"无缝"过渡，教学过程与就业岗位、职业资格标准与教学内容"零对接"。学校荣获江苏省技术转移联盟技术转移工作促进奖。

（二）成效分析

1. 学校综合声誉逐年提高

学校在江苏省 2019 年度、2021 年度地方普通高校综合考核中荣获第一等次，成功入选江苏省中国特色高水平高职学校建设单位；荣膺"江苏省来华留学生教育先进集体""全国高职院校国际影响力 50 强""中国职业院校世界竞争力 50 强""江苏省技术转移工作促进奖"；2022 年，全国职业院校技能大赛"现代电气控制系统安装与调试"赛项中荣获一等奖。

2. 开放办学能力逐年提高

学校面向俄罗斯、哈萨克斯坦、塔吉克斯坦、越南等 8 个国家开展留学生教育，现有在校留学生 200 多人，办学规模位居全省高职院校前列；学校成为首批"江苏高职院校'一带一路'人才培养合作联盟"和"江苏—德国高职教育合作联盟"成员单位；现代纺织技术专业获选"2022 年高校国际化人才培养品牌专业建设项目"。

3. 科技成果水平逐年提高

学校国际科技合作类项目获批数位列全省高职院校第一；教师获首届世界发明创新专利金奖、日内瓦国际发明展银奖各 1 项；近 3 年，学校获批"江苏省外国专家工作室" 1 个、省政策引导类计划（引进外国人才专项） 4 项、省政策引导类计划（国际科技合作项目） 2 项，科技部外专项目 5 项，国际科技合作类项目获批数量位居全省高职院校第一；申报的黄海湿地生态监测系统的研究与开发工作获得"国家高端外国专家引进计划"立项资助，实现了国家级科研项目零的突破。

（执笔人：孙卫芳　孔凯　吴建国）

数字赋能，打造职业院校内部治理升级版

杭州职业技术学院

党的二十大报告提出建设数字中国，"加快发展数字经济，促进数字经济和实体经济深度融合，打造具有国际竞争力的数字产业集群""推进教育数字化，建设全民终身学习的学习型社会、学习型大国"；到 2035 年，基本实现国家治理体系和治理能力现代化。教育部、财政部印发实施的《关于实施中国特色高水平高职学校和专业建设计划的意见》，提出推进"一加强、四打造、五提升"改革任务，要"提升学校治理水平"。推进数字化改革，加快推动治理体系和治理水平现代化已经成为高职院校高质量发展的应有之意和必由之路。

一、基本情况

杭州职业技术学院坚持以习近平新时代中国特色社会主义思想为指导，全面贯彻落实党的十九大和十九届历次全会，以及党的二十大精神，全面贯彻落实党的教育方针，围绕"忠实践行'八八战略'、奋力打造'重要窗口'、高质量发展建设共同富裕示范区"的主题主线，紧扣浙江省数字化改革目标和"数智杭州"战略发展目标，以数字化改革为总牵引，撬动学校各方面改革，办好人民满意的教育。综合运用数字化技术、数字化思维、数字化认知，对教育治理的体制机制、组织架构、方式流程、手段工具进行全方位系统性重塑，高效构建教育治理新平台、新机制、新模式，高水平推进教育治理现代化，打造"数智杭职·工匠摇篮"，为争创社会主义教育现代化先行省、示范区赋能助力。

在具体实施过程中，学校坚持分析、综合、迭代的逻辑思维，通过"构建 1 个主体单元—完善 3 大支撑体系—提升 6 项关键能力—创新 X 个场景应用"的实施路径，着眼数字赋能治理现代化发展，整体设计、统筹实施"数智杭职"建设工程。

1. 构建 1 个主体单元——共享大数据仓

数据是现代职业教育体系建设过程中的重要生产要素和核心驱动力。构建"数智杭职"大数据仓，实现各类数据资源的集成汇聚，促进不同部门、不同层级之间数据贯通共享，驱动教学创新、学习创新、服务创新、管理创新。

2. 完善 3 大支撑体系——工作体系、标准体系、技术体系

工作体系包括数字化改革的政策、制度与工作规范，是推动全校协同开展数字化改革的重要保障。标准体系包括数字化数据标准、建设标准、评价标准等，是实现学校治理业务全面数字化的关键遵循。技术体系包括校园云、数字校园等数字基础设施，是支撑数字校园高质量发展的底座基石。

3. 提升 6 项关键能力——智能感知、主动服务、精准管理、科学决策、立体监督、高效协同

提升感知、服务、管理、决策、监督、协同 6 个方面的数字化、智能化水平，实现治理业务全在线和治理数据全贯通，加快推动感知从"局部"到"全景"的转变，服务从"需求"到"供给"的转变，管理从"碎片"到"整体"的转变，决策从"经验"到"模型"的转变，监督从"单一"到"多元"的转变，协同从"有界"到"无限"的转变。

4. 创新 X 个场景应用

围绕制定学校发展规划、提升教学质量、促进学生发展、落实督导监管、提高治理水平、强化服务保障等学校核心业务，系统设计学校治理数字化场景，打造跨层级、跨系统、跨部门、跨业务的典型应用，为教育数字化应用生态体系注入发展动能。

二、主要做法

学校立足"双高建设"新阶段，瞄准举办职业本科教育新目标，坚持系统思维与系统方法，将"双高计划"与"提质培优""升本创大"有机融合，推动内部治理机制不断完善。

1. 升级和完善基础设施体系

升级和完善网络、中心机房、服务器等信息化建设基础设施，完善"数智杭职"基础应用平台，升级信息门户、数据中心、办事大厅等数据 & 业务中台系统的建设，建设和升级 5G、WiFi6、IPv6 等基础设施，实现智能监控、智能门禁门锁、智能安防、智能水电设备等物联终端统一集成整合，建设基于人脸识别、指纹、二维码、一卡通等智能化设备应用的基础支撑平台，推进无感知智能系统建设。

2. 建立数字化标准规范体系

规范推进"数智杭职"建设，提高学校数字化建设与应用能力。研制教育数据、业务、应用、运行等标准与规范，构建教育数据质量评价模型，建立学校数字化标准规范体系。一是核心业务规范。按照各类主体职能，梳理细化核心业务，编制学校业务图谱，明确业务间协同关系，优化再造业务流程。二是共享数据标准。规范数据采集、存储、传输、治理、使用、共享、开放等全周期的数据活动。按照学校业务规范细化数据粒度，形成共享数据目录。开展数据释义，明确数据内涵，开展数据分类分级，明确数据的共享、开放属性和范围。三是平台接口标准。明确信息化项目建设和集成标准，规范新建项目，确保数据充分回流，有效支撑决策管理。四是数字化改革工作评价体系。建立和健全数字化改革工作评价体系，从治理体系、智慧环境、智慧教育、网络安全、特色与创新、人才培养等多方面建立评价指标，适时组织开展"数字化改革"工作评价活动，并定期发布"数字化改革"工作推进报告。

3. 强化网络信息安全防护体系

基于学校云部署统一的安全防护能力，加强风险监测与应急响应能力建设，加强核心数据安全管控与小散系统安全保障。健全关键信息基础设施保护制度和网络安全等级保护制度，建立网络安全协调防控和指挥体系，开展信息通报、协调指挥、应急处置等工作。

4. 建设共享大数据仓系统

基于数据中心，面向全体师生、二级学院和部门，建立基于数据空间与数据管道的共享大数据仓，实现共享数据无感采集、动态汇聚、智能治理、授权使用。基于业务、数据标准化工作，确立以师生与机构为核心的统一赋码体系，将教育数据逐步转换为数据服务能力，建立数据所有部门、使用部门与应用服务提供部门之间的对等共享通道，推动通过第三方数字化应用的数据回归学校，以数据充分共享支撑学校数字化改革。

5. 优化一体化网上办事平台

以服务师生为根本，从减少师生跑路和重复填表入手，按照"大平台、小前端、移动化、富生态"的框架思路，通过数据资源互联共享、业务服务融合创新，全力推动"互联网+校务服务"，构建开放共享的"一体化网上办事平台"，形成以师生为中心的服务体系，支撑师生办事"最多跑一次""数据多跑路，师生少跑路"，为师生提供统一的兼具规模化和个性化为一体的服务平台，实现一网受理和整体服务。

6. 建立"预算—绩效—内控"一体化管理平台

构建"预算—绩效—内控"一体化管理平台，以财务内控机制建设为抓手，从决策、执行以及监督三个层面建设学校内控体系。一是决策层面，主要是涉及学校决策事项，包括但不限于党代会、职代会、党政联席会议、党委会、校长办公会、教学委员会、学术委员会、各种领导小组等，规范各自决策的事项、决策的流程、决策结果的使用（决策后的传导执行）。二是执行层面，根据学校的决策和相关文件要求，在日常运行过程中的规范性和协同性问题，具体包括"6+X"，其中"6"是指国家要求的"规定动作"，主要包括预算、支出、合同、基建、资产、采购，"X"是根据学校实际的"自选动作"，如校企合作、招生、人才引进、学生资助、下属企业管理等。每一类业务通过"管理制度化、制度流程化、流程岗位化、岗位责任化、责任表单化、表单信息化"来实现。三是监督层面，主要是对学校层面的决策和业务层面的执行在实际运行中进行全方位、全过程、全覆盖的监督，及时发现问题、反馈问题、解决问题。

7. 建设"杭职大脑"驾驶舱系统

强化大数据关联分析、综合指挥、趋势预测等方面的综合应用，加强多源数据关联整合，增强决策、管理与服务的关联度，统筹推进学校党建工作、组织规范管理、智慧纪检监察、学生综合素质评价、学生思想政治教育、平安校园建设、专业发展预警、科研学术分析、教师队伍优化提升、学生就业形势分析、"产、学、研"开放合作、领导决策支撑等领域在数字赋能方面的协同应用，建设综合性数据分析平台和领导驾驶舱，将数据应用于科学决策、精准执行、风险预警、服务保障、督查督察、绩效评估等场景，实现整体智治、高效协同，提升教育治理数字化水平。

8. 做好师生信息化素养提升工程

配合人事处制定教师信息技术应用能力标准，教师信息技术应用能力纳入教师培训必修学时（学分）。加强教职工信息化能力建设，开展以深度融合信息技术为特点的课例和教学法的培训，培养教师利用信息技术开展学情分析与个性化教学的能力，增强教师在信息化环境下创新教育教学的能力，使信息化教学真正成为教师教学活动的常态。

三、治理成效

近年来，学校以数字化改革撬动学校各方面改革，对标杭州市打造"全国数字经济第一城"和浙江省建设推进"两个先行"战略目标，按照打造"重要窗口"，交出"高分报表"要求，从专业升级、内部治理、校园生态等方面系统深化数字化改革，打造"数智杭职"新形态,以数字赋能办学治校高质量发展。

1. 发展了融合高效的数字校园新基建

运用大数据、云计算、物联网、5G、人工智能等新技术,引领数字化校园新型基础设施建设。面向各部门和师生建立基于数据空间与数据管道的校园大数据仓,实现学校数据动态汇聚、授权使用,以数据充分共享促进学校数字化改革。

2. 探索了以人为核心的数字校园新模式

基于"数智杭职"建设,推动各类办事平台入口集成,构建整合各数据资源平台、学习平台,建立以师生为核心的数字学习、数字生活、数字工作新模式。

3. 构建了数智驱动的学校治理新格局

充分利用数字化工作成果,面向学校业务核心治理场景,整体推动学校治理要素空间化,实现感知、服务、管理、决策、监督、协同等各方面治理能力融合发展,推进各部门工作模式和校园治理方式的系统性重塑。

4. 培育了可持续发展的应用新生态

坚持标准引领,深入开展数字化改革体系的总体设计与分步建设,坚持顶层设计和基层创新相结合,加强对各部门数字化改革的统筹指导。创新数字化改革运营模式,推动数字化应用设计、建设、运维、评价等工作的规范化、标准化、多元化。

5. 打造了产教融合校企合作迭代发展的升级版

以数字变革为牵引,"校企共同体"多元发展模式实现迭代升级。一是与华为技术有限公司合作共建"华为云计算学院"。共建VUE国际认证考试中心、鲲鹏适配中心、成果转化中心以及华为鲲鹏数字技术人才培养体系,开展科研与技术服务项目,搭建产教融合协同创新与育人平台。二是与杭州安恒信息技术股份有限公司合作共建"杭州数智工程师学院"。在浙江省职业教育大会上,与杭州安恒信息技术股份有限公司签署战略合作协议,共建杭州数字工程师学院,探索混合所有制办学模式,着力培养"亚运卫士""护网尖兵",打造"立足杭州、服务浙江、影响全国"的数字安全人才培养高地。三是政行企校多方合作协同共建产业学院。与联想集团共建联想工业互联网研究院,打造国内工业互联网人才培养高地。与独山港经济开发区、平湖市教育局等四方合作共建"独山港新材料产业学院";与浙江许村镇人民政府、海宁市职业高级中学、海宁市家用纺织品行业协会合作共建"杭海龙渡湖时尚产业学院"。创新打造"校企""政院企校""政行企校"跨界合作人才共育新模式,实现"资源共享、优势互补、互利互惠、共同发展"。

近3年,学校为区域经济社会发展培养了1万余名"工匠型"技术技能人才,毕业生留杭率连续 5 年居全省高校首位。学生累计获得全国大学生机械创新设计、中国机器人大赛等国家级技能大赛奖励 60 余项，省级技能大赛奖励 450 余项；1 名学生作为浙江省唯一获国家奖学金高职学生代表登载于《人民日报》，1 名学生跻身"第 46 届世界技能大赛"十进五"种子选手"。连续举办三届科技成果转化拍卖会，拍卖成交总价 4000 余万元；为企业解决"卡脖子"技术难题 15 项，技术服务助力企业收益 1.56 亿元；为世界互联网大会等重要会议提供专业志愿服务 10 万余人日；联合 62 家单位共建"杭州职业体验联盟"，8 万余名中小学生来校体验，入选全国职业教育特色案例。学校先后获评全国黄炎培职业教育优秀学校、全国高职院校就业竞争力 50 强、全国高职院校创新创业示范校 50 强、全国职业院校决胜脱贫攻坚"先进集体"等荣誉 40 余项。

（执笔人：陶启付）

聚焦内涵　引进借鉴　特色发展
打造示范性非独立法人中外合作办学机构

金华职业技术学院怀卡托国际学院

金华职业技术学院与新西兰怀卡托理工学院共同创办非独立法人的中外合作办学机构——金华职业技术学院怀卡托国际学院。自合作办学 8 年以来，学院探索形成了项目化教学与语言特色的"科技+艺术"专业集群发展的人才培养模式，培养科技创新与艺术创作紧密结合的跨学科、跨领域的复合型人才，更好地服务于国际社会经济文化的发展。怀卡托国际学院特色鲜明的办学实践为中国高职院校非独立法人中外合作办学机构提供良好的借鉴范式。

一、基本情况

金华职业技术学院怀卡托国际学院是由金华职业技术学院和新西兰怀卡托理工学院于 2015 年 2 月共同创办，经浙江省人民政府批准设立（浙教函〔2015〕10 号），报教育部备案（许可证号：GOV33AUA03DNR20150838N）的非独立法人中外合作办学机构。现为浙江省内办学规模最大的高职高专层次中外合作办学机构，设有应用电子技术、计算机网络技术、计算机应用技术、艺术设计、数字媒体艺术设计、模具设计与制造、建筑工程技术 7 个专业，在校生 1200 余名。办学 8 年来，学院积极引进新西兰优质教育资源，以学生为中心，推行"适应生活的学习"的新西兰职业教育改革核心理念，分别在体制机制建设、教育教学改革、师资队伍建设、学生培养、社会影响、品牌建设等方面扎实推进、稳步提升，逐步实现从"规模效益"向"内涵建设"、从"以量谋大"到"以质图强"的重大转型，以打造示范性机构为冀图，推进"加建乘除"工作举措，即"加"教育服务，做优学生培养质量，多形式服务学生成长；"建"组织架构，完善行中新议事机制，形成联合管理委员会下的院长负责制；"乘"办学效益，提高学院社会影响，建设国际化办学品牌；"除"办学风险，中新双方联合教学，有效破解疫情困局。

二、主要做法

（一）健全联合管理委员会下的院长负责制

为规范管理，学校与新西兰怀卡托理工学院共同成立了以金华职业技术学院校长为主任，新西兰怀卡托理工学院校长为副主任的联合管理委员会（见图1），共11人组成（其中，中方6人、新方5人），实行联合管理委员会下的院长负责制，中新双方明确主体责任，中方负责招生、学籍管理、教学管理、办学条件、实习实训、师资培养、外教帮助等工作，新方负责课程资源、外籍教师、教学管理、质量保证、毕业审核、ESP课程、标准引入等工作。同时，实行定期召开联合管理委员会理事会，执行联合管理委员会及校党委双重领导下的院长党政联席会的例会制度，特别是新冠疫情下，为保障中新双方有效沟通，在第二届第七次联合管理委员会上确定了每月线上例会机制，2022年共开展8次线上例会，同时选举通过了第三届联合管理委员会。

为进一步深化机构改革，学校党委会审定出台《怀卡托国际学院运行体制调整方案》，国际学院与信息学院合署办公，任命学校分管外事副校长为怀卡托国际学院院长、信息工程学院院长为执行院长，增设专职副院长1名。此外，设立综合办公室、教学事务办公室、学生事务办公室、合作事务办公室，统筹做好ESP语言学习中心、教师聘任与团队建设、学生服务与留学咨询、专业教学与质量监督、事务综合协调与服务、招生与就业创业服务等六块事务。

图1 机构运行管理机制

（二）升级国际学院内部运行管理工作机制

一是加强党的建设。把握中外合作办学社会主义方向，充分发挥学校党委、国际学院党委的政治核心作用，机构专业负责人兼党支部书记落实"双带头人"制度，构建结对帮带、双向促进、共同提高的基层党建格局，多次获省、市级"年度先进基层党组织"荣誉称号，交出党建高分报表。二是健全国际学院制度体系。围绕党建思政、议事机制、专业调整、外教管理、学生管理、课程建设、评优评奖等方面工作，出台了《怀卡托国际学院会议制度与议事机制》《怀卡托国际学院经费分配管理办法》《怀卡托国际学院赴新西兰游学奖学金评选办法》《怀卡托国际学院语言课程质量管理办法》等10项规章制度。三是严格执行议事规则。形成院长办公会议、教学事务工作会议、学生事务工作会议、专业主任工作会议等议事机制，定期讨论"三重一大""意识形态""教学质量""课程建设"等事务。四是推进管理信息化。搭建"四方参与、四类评价"质量管理信息化平台，对课堂教学效果实时测评、教学巡查信息管理、顶岗实习环节监控、教师评学、毕业生跟踪调查、家长意见反馈、行业企业调研等11类业务实行线上办理。

（三）探索"科技+艺术"组群逻辑专业发展

一是探索专业集群发展。根据学校"双高计划"中"集群发展、以群建院"的建设思路，学院逐渐停办模具设计与制造、建筑工程技术专业，从而形成集中度较高的信息技术类和艺术设计类两大专业群，科学统筹、相对集中管理现有的师资队伍、课程教材、实训基地等教学资源，确保专业群建设及人才培养方向更加明确，力争实现资源配置和使用效益的最大化，着力增强办学合力和办学特色。二是紧贴产业结构调整规划。不断适应产业升级带来的人才和技术需求的变化，精准分析产业需求与高职院校供给之间的交集地带，以产业链、产业群、职业岗位群为依托，及时调整为信息技术与艺术科技相融合的发展方向，实现专业群与产业的有效对接。三是专业群开展项目化教学改革。突出"科技+艺术"项目化教学特色，借助"导师—学长—学弟"学研共同体和国际化教学平台推行"案例教学+情境教学"。采用"体验—模拟—模仿—融入"的渐进学习模式，打造"开发部—工程部—大师工作室—大学计划实验室"的流程式平台，实现学生从新手到能手的职业蜕变。

（四）培养具有国际视野技术技能型人才

一是坚持"以赛促教、以赛促学"。在中外教师的共同指导下，学院内各专业学生共计 400 人次获得百余项国家级、省级技能竞赛奖项，如全国计算机天梯赛 2021 团体程序设计天梯赛全国银奖、"建行杯"第七届浙江省国际"互联网+"大学生创新创业大赛金奖等。二是提升学生就业竞争力。学院与社会企业签订育人协议，为学生就业与人生规划指明前进方向。如应用电子技术专业与芯片制造企业、PCB 生产企业、线路板加工企业等签署合作协议，积极推进校企合作、产教融合。三是提供多渠道学历提升。在校内为学生提供专升本培训，国内全日制专升本平均升学率为 18.36%，呈逐年递升趋势，多名学生考取浙江师范大学、杭州师范大学等全日制本科院校；同时，通过多种举措鼓励境外学历提升，包括与新方确定"学分转换"方案、创建"2022 年新西兰留学"、颁发"雅思专项奖学金"、线上线下举办"留学新西兰"讲座等，共有 36 名学生顺利获得新西兰怀卡托理工学院本科入学通知，其中 2 名学生成功申请奥克兰理工大学、怀卡托大学的研究生。四是营造学院国际化氛围。为培养学生的国际化视野和思维，营造良好的国际化学习氛围，学院开展了"第二届中新文化节"、沉浸式情境系列英语角、国（境）外专家学术讲座、英语晨读等以语言为特色的第二课堂活动，特别是沉浸式情境系列英语角活动，突破了传统英语活动模式，强调英语的社交功能，成效显著，"学习强国"等省部级媒体报道 2 次、"无限金华"等市级媒体报道 2 次。

（五）打造中新融合高水平高质量师资队伍

一是开展全球招聘，提升师资国际化水平。学院现有中方专职教师 77 名，其中博士 5 名，"双师"14 名，高级职称比例达 40% 以上；外籍专职教师 22 名，其中博士 3 名，80% 拥有硕士以上学历学位。二是开展师资培训，提升教师专业技能。学院鼓励教师参与华为认证培训、计算机视觉"1+X"培训、建筑工程识图培训、装配式建筑构件生产与安装考评员培训、建筑信息模型（BIM）考评员培训、塑料模具设计培训、第十三届大广赛青年教师培训等，提升专业教师的理论水平和综合能力。三是开展课程建设，提升教师教学能力。中新双方教师共同精选核心知识与技能点，开发课程标准 3 项、建设专业核心课程及双语课程 85 门、省级及国家级精品课程 14 门，编写英文版教材 3 部；教学团队获评浙江省职业教育教师教育创新团队、浙江省优秀教学团队、浙江省教学成果一等奖等荣誉。在由教育部国际合作与交流司指导、中国教育国际交流协会主办的"首届中外合作办学教师教学创新优秀成果展"上，荣获三等奖 1 项、优秀奖 1 项，这也是全国高职院校中唯一入选本次成果展的获奖案例。

三、治理成效

（一）成立一个"中新师资培训中心"

中新双方签署了联合共建师资培训中心的协议，共创师资培训项目、共谋职业培训资质、共享科研学术资源、共建国际交流平台，致力于将怀卡托国际学院打造成为浙江省乃至全国新西兰职业教育师资培训中心。2022 年 7 月，中新双方共同举办了"'以学习者为中心'的教学设计与项目中心课程建设"师资培训班，面向全国职业院校的管理人员和骨干教师引介新西兰职业教育理念，以全线上的短期师资培训项目，吸引了来自北京、江苏、山东、福建、河南、贵州等 7 个省市 21 所高职院校 85 名代表参加，使怀卡托国际学院真正成为"中国—新西兰职业教育师资联合培训中心"，同时也解决了新冠疫情下教师无法出境参加培训的困难。

（二）建立一个"中新职业教育国际交流平台"

为更好地传播中新职教理念，学院通过多途径打造中新职业教育国际交流平台，树立学院办学品牌。首先，学院当选为第二届高职中外合作办学机构与项目联席会理事长单位，以学院为主体举办联席会议、推动高职中外合作办学质量认证、提升高职中外合作办学社会影响力和美誉度等。其次，与新西兰教育国际推广局、新西兰技能与技术学院、青岛职业技术学院联合主办了"2022 中国—新西兰高等职业教育峰会"，中方校长作为首位中方发言嘉宾作主题报告。最后，在中国教育国际交流协会指导下，与苏州百年职业学院在第 23 届中国国际教育年会暨展览上共同承办"高等职业教育中外合作办学研讨会"，邀请新西兰驻华大使馆教育参赞、中国教育部官员等重要领导参会发言，进一步宣介中新职教理念。

（三）构筑一个"中新国际文化交流馆"

为提升国际学院跨文化交流的辐射力，成为全省中新文化的国际交流中心，学院致力于打造中新国际文化交流馆，成为"中新学生活动中心""中新师资交流中心""中新沟通管理中心"，以及"中新文化交流中心"。该文化交流馆为国际学院的师生创造了专属教学、交流场地，为呈现新西兰传统文化、职业教育理念打造了优质平台，为后疫情时代信息化教学提供了载体，从而不断提高学生的学习积极性。

（四）实施一项"项目中心课程改革"

为应对云网端融合创新发展态势对 IT 专业学生综合职业能力与岗位需求的适应性问题，学院开展基于工作坊的"项目中心课程"教学改革。引企入教，推教入企，校企聚焦开发四阶"项目中心课程"、建设"三空间三融入"工作坊、营造"说做写教"合作学习生态、实施"过程画像"多元评价，构建基于工作坊的"项目中心课程"教学体系，形成校企协同育人长效机制，不断提高学生综合职业能力与岗位适应性。教学团队获省教学成果奖一等奖，获首批省级职业教育教师教学创新团队，获省教师教学能力竞赛一等奖。

今后，金华职业技术学院怀卡托国际学院在中新联合管理委员会的领导下，将进一步推进两校整合资源、发挥优势，深化合作内容、提升合作层次，带领国际学院汇聚"新"动能、形成"新"骨架、迎来"新"突破、走出"新"天地，成为全省乃至全国中外合作办学机构的"新"典范。

（执笔人：潘雨晴）

以"法治、共治、智治"三治融合走向"善治"的现代治理体系构建与实践

浙江工业职业技术学院

浙江工业职业技术学院以"善治"为整体性目标，以全域性数字化改革为牵引，突出依法治理、整体智治、唯实唯先，促进治理理念现代化、治理结构现代化、治理能力现代化，形成"民主法治、多元共治、协同智治"的治理体系，提升变革塑造力和变革领导力，不断提升学校治理水平，取得较好的办学成效，形成工业品牌特色，提升社会影响力，努力为浙江省共同富裕示范区建设作出浙工院贡献。

一、基本情况

（一）学校现状

浙江工业职业技术学院始建于 1979 年，是浙江省属全日制公办高等职业院校。学校坚持"艰苦奋斗、自强不息"的办学精神，明确"融入绍兴、服务浙江、辐射长三角"的办学定位，弘扬"明德敬业、知行合一"的校训，坚持"珍爱教师、关爱学生、热爱学术"，致力于培养具有社会责任、匠心精神、人文情怀、创新创业能力的高素质技术技能型人才。现有两个校区，占地面积 912 亩，正在筹建新昌校区（占地面积约 600 亩），全日制在校生 15500 余人，设 8 个二级学院（部），48 个专业。学校现有教职工 880 人，其中教授 40 余人，博士、博士后（含在读）76 人。

（二）"法治、共治、智治"三治融合达到"善治"的治理理念

近年来，学校以"知行合一"的实学思想为基础，以"善治"为整体性目标，以全域性数字化改革为牵引，形成"民主法治、多元共治、协同智治"治理体系（见图 1）。

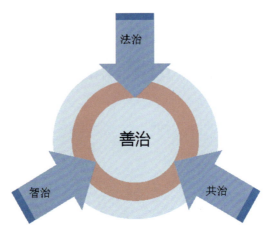

图1 学校"四治"治理理念

坚持章程统领，推进依法治校。建立以章程为统领的学校制度体系，动态推进制度"废、改、立"工作。坚持开放办学，推进多元共治。建立健全由政、校、行、企与师生等多元参与的治理结构。坚持数据赋能，优化协同智治。以数字化改革为牵引，推进跨层级、跨部门、跨场景深度协同治理，建设"1+3+4+2"架构的"数字浙工院"。

二、主要做法

学校结合浙江省"双高"建设任务，全面深化学校治理体系改革，以"善治"为整体性目标，以全域性数字化改革为牵引，以适应智能化、数字化的未来业态为指向，以绩效目标考核为路径，形成"民主法治、多元共治、协同智治"的治理体系，打造适应数字化社会的变革型组织，服务先进制造业、现代服务业、生命健康产业，培养适应"数字化生存"的人才。其中民主法治是办学方向有效保障，多元共治是从"管理"走向"治理"的有效方法，协同智治是实现治理现代化的有效路径，三治融合，最终达到"善治"目标。

（一）民主法治：党建统领全面推进依法治校

组织完善，法治职责落实到位。坚持党对"双高"建设、"三全育人"、疫情防控等重大工作的全面领导，坚持以党委领导下的校长负责制为核心的学校领导体制和治理体系。将新修订的《职业教育法》《深化新时代教育评价改革实施方案》等政策法规落实到学校章程、"十四五"规划之中。设有法务人员，并聘有法律顾问，提供法律建议。强化"领导力、感召力、组织力、清廉力、向心力"等"五力"工程，聚焦社会主义办学方向，高质量营造山青水秀的育人环境。

制度完备，法治体系构建完整。以章程作为学校的"基本法"，根据上级政策新要求、职业教育新形势和学校发展新阶段，每年动态进行制度"废改立"工作，2021 年以来，废止 46 项规章制度，修订 90 项制度，新订立 25 项制度，建立现行制度库，形成更加科学、规范、有效支撑高质量发展的制度体系，从制度上为发展保驾护航、减负松绑。

程序保障，法治审查契入业务。出台《重大决策事项稳定风险评估实施办法》，对新昌校区建设、人事分配制度改革等重大决策进行决策前风险评估，严格落实师生参与、风险评估、合法性审查和集体讨论决定的程序规定。对所有对外合同进行合法性审查，重大合同要征询法律顾问的意见，对规范性制度修订和其他重要事项同样开展涉法审查。

（二）多元共治：校内外多主体共同参与治理

拓宽师生参与学校治理渠道。发挥学术委员会、教学委员会、教代会、学代会、工会的作用，每年面向教师开展合理化建议征集，面向学生召开座谈会。在"双高"建设、新昌校区建设等重大工作中，召开干部、高层次人才、学生代表等多层面座谈会，广泛听取教师、学生关于学校发展的意见建议。建立意见反馈机制，运行督查督办系统平台，掌握意见办理进度和成效，做到"条条有回音，件件有落实"。发挥学生会、学生信息员、学生网评员作用，实现学生自我管理，多方参与学校文化建设、教学质量评价、舆情监测与引导等方面的工作。教师发挥自身优势，参与区域治理，王媛媛作为党代表出席浙江省第十五次党代会，宣国萍入选第六届绍兴市越城区政协委员。

构建绩效目标导向的校院二级管理结构。各二级学院（部）承担本单位的建设发展和管理责任，履行本单位人才培养、科学研究、社会服务、文化传承创新等职能，发挥二级学院（部）在学校治理中的主动性。坚持"按劳分配、多劳多得、优绩优酬；效率优先、兼顾公平"的分配激励机制，建立以目标任务为导向的岗位绩效分配制度，逐步建立重实绩、重贡献的分配激励机制，着力激发每位教职工的奋进与担当精神。

引入校外多元主体参与办学。加强政校行企研和国际合作，推进城产教科创融合。与市人社局、市经信局、市退役军人事务局等部门共建绍兴市公共实训基地（国家级实训基地）、浙江省工业设计基地、退役军人学院等"两基地四学院"；与龙头企业合作设立多种模式产业学院 6 个，如与浙江万丰奥威汽轮股份有限公司等 5 家企业联合创办智能制造产业学院，与绍兴中芯集成电路制造股份有限公司共建集成电路制造产业学院等；牵头成立全国智慧建造人才创新培养联盟、全国黄酒产业产教融合人才培养联盟、中国食品工业黄酒产业产教融合发展示范基地等全国性联盟和基地，智慧建造现代学徒制人才培养联盟、黄酒产业人才培养联盟获评省级产教融合联盟，参与高等职业教育治理体系建设发展联盟等联盟和国家级示范职教集团杭钢职教集团。加强与浙江大学、之江实验室、浙江科技学院、浙江理工大学等高校和科研院所合作，共建省级重点实验室研究分中心4个，建有绍兴市重点实验室2个，提升科研创新水平。组建学校发展智库和理事会，引入政府相关人员、研究学者、行业企业管理者与技术人员等校外智力资源，实现企业参与、社会监督。

（三）协同智治：数字化改革牵引现代治理体系建设

加强数字化改革顶层设计。完善建设数字化管理、智能化服务系统，建设"数字浙工院"工程，按"一年出成果、两年大变样、五年新飞跃"的发展目标推动数字校园等数字基建升级。完成智慧图书馆、提前招生系统、在线考试系统、党建智慧平台、"2+2"教培平台、"双高"建设平台等一批多跨场景项目建设，提升教育教学质量、提高服务师生能力、推进构建整体智治格局。

构建信息化技术框架（见图2）。打造"123"工程，构建软硬件基础资源"一张网"，搭建数据中台和业务中台"两中台"，打造智慧学习资源中心、服务中心、体验中心等"三中心"，打造泛在学习新环境。开展多跨场景重大应用建设，统筹疫情防控、师生出入管控，打造精准、高效、可控、可溯的校门综合管理；构建"浙工钉"平台，以"一屏两端"升级迭代浙工院数字化改革整体架构；聚焦数据治理，打造浙工院驾驶舱，实现"一屏统揽"，以高质量数据提供决策支持；以"考核一件事"为抓手，响应教职工重大需求，重塑考核体系、重设考核流程，实现年度考核全量化全覆盖。

全面赋能智慧教学。联合杭钢职教集团承担教育部提质培优行动计划任务，"长三角职业教育产教融合云服务平台"获批全国试点项目（全国唯一），承担教育厅"十四五"数字化改革方案"教育魔方"中的职教部分任务。信息技术中心获评省高校网络信息化建设先进单位。建设一批感知型智慧教室，依托智慧教学平台服务，推动在线课程资源的建设和使用。主持国家职业教育新能源汽车技术专业教学资源库，建有资源库课程26门；进入"2022年职业教育国家在线精品课程"浙江省推荐名单课程3门；9门课程进入国家智慧教育平台。获得认定的省级精品在线开放课程7门，在建省

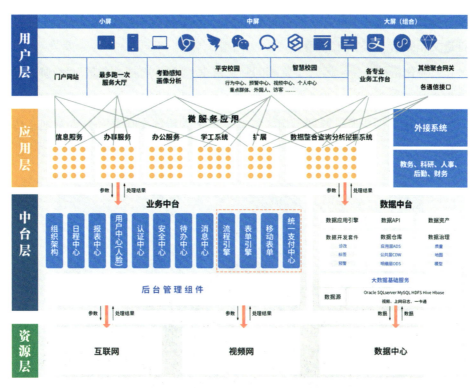

图2 学校数字化治理整体框架

级精品在线开放课程5门。

（四）以文化人：形成治理体系"软环境"

坚决贯彻习近平新时代中国特色社会主义思想，以阳明实学文化为理论基础，以红色文化为匠心报国的底色，以校史文化为实践载体，形成以"知行合一"为核心的浙工院特色文化氛围，打造实学实干实绩导向的治理体系"软环境"。

深挖实学文化，激励唯实唯先。造立王阳明塑像，镌刻"知行合一"的核心思想；以"知行楼"命名教学楼；开设阳明实学课程；成立阳明实学研究院，开展阳明实学系列研究，发表了一批阳明实学研究文章。学校获评"2020年度绍兴市弘扬阳明文化先进单位"。校长毛建卫在2019全球职业教育体系发展峰会、2020阳明心学大会、2021元培高峰论坛等学术大会上作阳明实学教育与文化报告。

讲好校史故事，坚守学校精神。建好校史馆，组织新入职教职工、新生入校后参观校史馆，学唱校歌，了解紫铜山上的建校历程和40余年的发展历程；在主景观带的入口设置校训石，彰显"明德敬业，知行合一"校训；以"1314"号火车头体现"自强不息，艰苦奋斗"学校精神；围绕10月18日的校庆日，开展"喜迎二十大 校史我来讲"主题演讲比赛等活动，增强校史自信。

打造文化平台，浸润工匠精神。以"圆融"雕塑（见图3）为校园景观带核心，展示融合、协作精神；持续运行"鉴湖问剑大讲堂""技术技能文化节""教师教育教学技能文化节"等文化平台，营造学术、技术、技能精进氛围；升级"黄酒酿造技艺"和"石桥营造技艺"非遗工艺展示馆，打造省级优秀传统文化普及教育基地，传承中华工匠精神。

图3 "圆融"雕塑

三、治理成效

（一）数字赋能治理，管理水平提升

经过以数字化改革为牵引的系统性制度变革和组织结构变革，学校规范化、科学化、精细化、多元化管理的水平不断提高，干部数字化思维和数字化理念强化，现代治理理念逐步形成，塑造变革能力得到强化。在探索治理体系现代化的过程中，形成了很多经验和特色，及时将其固化为制度成果，包括聘任和分配制度、二级管理实施方案、数字化改革方案等，形成新的面向"善治"整体目标的制度体系和制度逻辑。2个案例入选全国职业院校信息化建设与应用成果案例，数字化改革成果入选浙江省《教育领域数字化改革工作动态》。入选教育部信息化支撑职业院校校企合作专业共建项目首批共同体成员，入选高职治理体系研究立项中国职业教育学会课题1项，入选省"教育领域数字化改革"课题1项。

（二）培养能工巧匠，育人成效凸显

以立德树人为中心，治理体系最终服务于育人中心工作，培养符合现代产业发展需求的能工巧匠、大国工匠。学生在全国各级各类比赛中屡获大奖，2021 年、2022 年共获得全国职业院校技能大赛一等奖 3 项、二等奖 2 项。近三年学生共获省级以上竞赛奖项 623 项，其中一等奖以上 150 项，2021 年国家奖学金省级特别评审奖 1 人。获评国家级教师团队 2 个，教育部课程思政示范课程 1 项，连续入选世界技能大赛数控车项目集训基地。因育人成绩突出，学校获省政府嘉奖 1 次。

（三）突出应用创新，服务区域特色

坚持"专业学科服务一体化"，发挥应用型科研的优势和责任，服务智能制造。2021 年来，学校教师立项省部级课题 9 项，获省部级科技进步奖 6 项，获批市级重点实验室 2 个。获批工信部"校企协同就业创业创新示范实践基地"建设单位、浙江省大众创业万众创新示范基地、浙江省中小微企业服务示范平台等多个重大平台。服务绍兴历史古城与非遗文化，获全国职业院校黄酒酿造非遗教育传承示范基地，承担浙江省哲社科重点课题"绍兴黄酒酿造文化与工匠精神"、绍兴文化工程重大项目"黄酒文化研究"等项目工作，服务地方特色产业发展。

（四）拓宽开放合作，扩大社会影响

学校大力加强"政校行企研与国际合作、城产教科创融合"，不断扩大办学开放度与社会影响力。在浙江省职业教育大会上，与中国绍兴黄酒集团有限公司续签共建产业学院协议。与美国菲迪大学等共建腾讯云国际互联网学院，开设大数据技术与应用、云计算技术应用等两个中外合作办学专业。连续选派教师参与援疆，援疆教师在塔里木职业技术学院担任院长，帮助该校培训全体干部、骨干教师、竞赛学生，使该新建学校迅速成长。服务中部发展，每年与江西制造职业技术学院联合培养该校近 500 名学生。每年完成产业工人、新型农民、退役军人等群体的技术技能培训 3 万多人次。

办学成果获诸多媒体报道，包括《人民日报》、"学习强国"、新华网客户端、《浙江教育报》等；《光明日报》《中国教育报》《中国教育之声》等媒体刊发学校教师文章；校长毛建卫在 2022 年 CCF 职业教育大会、2022 年全省产教融合高层论坛、2021 年首届浙江国际大健康产业博览会高峰论坛等会议上作主题报告 20 余次。

（执笔人：徐丹阳　金乐坪　马璐）

"四聚焦四构建" 数字治理，重塑职教发展新生态

浙江商业职业技术学院

"双高"建设，数字筑基。浙江商业职业技术学院不断创新数字治理理念，将数字技术与专业群数字化改造相融合，与服务师生理念相契合，"四聚焦、四构建"，积极探索一条以信息化支撑引领职教现代化高质量发展的道路，将教育信息化内化为学校系统性变革的核心推力，大力推进学校治理体系和治理能力现代化，积极重塑数字化转型，推进"共建共享、共治共赢"的职业教育发展新生态。

一、基本情况

《教育部 2022 年工作要点》指出，"要实施教育数字化战略行动，加快推进教育数字转型和智能升级。"新时代高校要紧紧抓住国家教育数字化战略行动机遇，顺应教育治理数字化转型新趋势，学会用"数字化思维"推进高校治理体系和治理能力现代化。高校治理作为教育治理的关键一环，应及时更新现代化治理手段与工具，拓宽治理场域，积极依托数字技术提升治理水平，打造多元协同共治与科学精准治理的新格局。

机不可失、时不我待。随着信息技术的快速发展，高职院校治理已经步入数字化、智能化时代，以信息技术创新管理方式、提高管理效率、支撑教育决策已经成为高职院校"双高计划"和"提质培优"行动计划的题中之义。浙江商业职业技术学院作为全国首批数字校园的实验校，始终坚持立德树人根本任务，积极围绕"双高"建设目标，全面推进教育教学与管理服务数字化转型，升级迭代智慧校园，瞄准数字化改革突破口，聚焦跨部门的高频业务事项，通过业务协同、数据共享、流程再造，搭建"智慧商院"融合门户，实现"一件事"联办，推动学校治理向数据驱动、协同治理、主动服务转变，以信息技术助力高职院校治理体系和治理能力现代化。

二、主要做法

(一) 聚焦核心业务，构建新形态融合门户

高校信息化建设过程中，"信息孤岛"瓶颈一直是一个难以破解的问题。浙江商业职业技术学院在数字治理过程中，积极消除"信息孤岛"数据壁垒，本着"让数据多跑路，让师生少跑腿乃至零跑腿"的数字治理与服务理念，深化"一站式"服务模式，以学校核心业务内容为导向引入工作流引擎，升级迭代门户系统功能，充分发挥业务部门在全面推进智慧校园建设过程中的主体责任和主导作用，精心打造全新形态的融合门户。

融合门户将学校统一数据交换中心、统一身份认证平台、统一信息门户平台、统一消息服务平台等基础支撑治理平台进行对接整合，形成了集智慧办公、智慧教务、智慧学工、网上办事大厅、迎新系统、离校系统、站群系统、访客预约、网络教学平台、WEBVPN、毕业综合实践、人脸识别、薪资查询、一卡通查询、智慧图书、企业邮箱等 20 余个业务系统于一体的门户系统，将校内分散、异构的应用和信息资源进行了有效整合，不仅逐步消除"信息孤岛"，实现信息系统之间数据交换与共享无障碍，还通过统一的应用服务入口实现了校级办公协同和服务"一站式"办理。

(二) 聚焦高频事项，构建掌上办理新渠道

把线下业务搬到线上办理，实现"不见面"业务办理是当前很多师生的迫切需求。浙江商业职业技术学院从师生渴望解决、感到难办、关心关注的业务着手，梳理出高频次业务事项，打造集师生学习、行政办公、事务查询、信息服务为一体的网上办事大厅，师生办理业务只需在网上办事大厅查看办事指南并提交服务申请即可，无须再奔波于学校各部门间签字盖章。浙江商业职业技术学院通过数字化手段再造管理及服务流程，改变原有管理模式和决策流程，实现"数据多跑路、师生少跑腿"数字化服务理念，促进多部门之间的管理及服务协同，减少师生数据重复填报现象，在"足不出户"的情况下尽可能满足师生的业务办理需求。浙江商业职业技术学院对业务流程进行重新规范，以流程的标准化提高行政服务效能，细化拆解重大任务，梳理核心业务 160 余项，打造标准化线上流程 200 余个，大力促进师生业务办理的智能化、便捷化、人性化。

同时，浙江商业职业技术学院为满足师生的移动办公与学习需求，积极打造"掌

上商院"平台，与微信、钉钉等应用程序无缝对接，把网上办事大厅的消息提醒、业务审批、邮件通知、科研管理、财务报销等主要功能"移植"到移动端，实现了学校基础数据的互通和共享，为师生办公学习带来智慧新体验。

（三）聚焦职教新基建，构建智慧数据中心

推动职业院校数字化转型的关键基础是建设可信安全的教育新基建。学校注重数据治理的高标准、严要求，遵循国家、教育部门、行业和学校发布的信息数据标准建立数据中心。学校 IDC 数据中心严格按照国家三级机房标准设计建设，中心机房及配套设施总建筑面积约 200 平方米，采用模块化冷通道部署形式，集成了供配电、制冷、机柜、综合布线、动环监控、消防红外报警等子系统，配备模块化机柜 36 个、网络设备 80 余台、服务器 100 余台。同时，学校积极优化数据中心机房拓扑结构，整合虚拟机服务器集群管理，实现机房链路主设备双机热备，校园网出口交换与核心交换设备冗余，部署聚合支付虚拟机服务器，校园网有线网络实现 IPv4/IPv6 双栈访问。

截至目前，学校的出口带宽达 6.5GB，计算容量达 860 核，内存容量达 10TB，存储可用容量达到 250TB。数据中心还采用虚拟化超融合技术构建高效性智慧校园信息业务系统 30 多个，为学校各类应用提供可共享的网络、服务器和存储资源池，实现快速部署、弹性扩展、绿色节能和智能管理。高质量、严标准数据中心的建设，大大增强了学校网络安全及运维保障能力，成为学校所有信息数据集中交换和存储的总枢纽，为领导、部门的决策分析和教职工一体化智慧服务提供了准确、科学的数据支撑，夯实了智慧校园"智治"生态体系构建的基础。与此同时，学校正以全国电子商务职业教育数据开发与应用中心（NECDC）建设为契机，积极构建校域数据治理服务平台，实现对业务数据的全面规范与集中式管理。

（四）聚焦课堂教学，构建高质量智慧课堂

学校始终围绕高职教育"课堂革命"，积极探索数字经济背景下人才培养模式的新思路、新变革。学校当选为中国职业技术教育学会数字商务专业委员会执行主任单位，立足于"互联网+"教学模式，并与先进的信息技术手段相结合，专业和专业群的数字化变革取得实效，电子商务、智慧流通和旅游烹饪等专业群的实训基地智能化、数字化改造取得进展。同时，学校努力营造富有数字商业氛围的课堂教学环境，大力建设"处处可书写，处处可研讨"的智慧教室。

教师在智慧教室中充分应用启发式、探究式、讨论式等方法开展教学，实现以学

生为中心的互动教学模式，增强教师和学生之间的交流和互动，避免传统课堂的枯燥，实现教学评价的改变，促进学生学习主动化、个性化、多元化和创新化。截至目前，学校已经建成智慧教室 21 间，以信息技术重构教学空间、创新教学模式，支持授导型、研讨型、对话型、远程互动等多样化教学模式，有效提升了"教"与"学"的高效融合。

三、治理成效

（一）特色

1. 坚持顶层设计、统筹推进，绘制"智慧校园"建设蓝图

坚持顶层设计，统筹推进，积极探索数字化转型推进教育治理现代化的实践路径，包括创新数字化治理体系、创建智慧育人环境、提升师生数字素养、加强数据与技术治理、实现资源治理新模式等。绘制了"智慧校园"建设美好新蓝图。

2. 优化新型智慧环境支撑功能，打造数字化育人新环境

学校通过推进校园物联网、教育专网等"四网"融合，建立面向"感知终端+平台+场景"的物联网体系架构，打造虚实融合的智慧环境以及网络化、沉浸式、智能化的数字化育人新环境。同时，积极聚合融通各类智慧平台，推动数字资源供给侧结构性改革。实现资源的优化配置、互融互通与共建共享，推动教育治理过程的规范化、科学化与可视化。

3. 创新思维，构建"数据赋能+多元共治+技术善治"治理路径

学校创新思维，构建"数据赋能+多元共治+技术善治"治理路径，打造多元主体共同参与、权责分明、团结合作、协同治理新局面。完善数字认证体系，建立数据共享审核制度，明确数据共享属性和范围，规范共享流程，保障技术善治善用，发挥数据在治理中的最大效能。

（二）成效

1. 实现师生教育教学理念有效更新

数字化治理体系建设的顺利推进，实现了学校从传统"等级制、经验化"的老套路转为数字时代"扁平化、精准化"的数字化治理新思路，加强学校管理者、广大师生数字化意识与能力的培养，不断创新治理模式，推进跨部门跨领域跨层级联动，实现协同化、科学化治理，打造精准科学的治理新模式，提升以数字化助推高校提升教

育治理现代化效能

2. 构建覆盖全校的智慧教育服务体系

以"物联、数联、智联"为目标，学校深入推进"5G+云网"融合。积极依托教育大数据，构建数据支撑的评估决策分析体系，满足个性化服务需求；打破数据壁垒，消除信息孤岛。持续建设信息网络、平台系统、数字资源、智慧校园、创新应用、可信安全等新型基础设施，打造数据融合融通的智慧育人服务体系，有效服务师生的学习生活需求，保障了学校"双高"建设的有序推进。

3. 塑造"共建共享、共治共赢"职教发展新生态

数字化与学校教育治理现代化的深度融合，满足了学校高质量发展与"双高"目标建设的现实性需求。在数字化治理的过程中，学校坚持顶层设计和整体推进相结合，坚持多元协同与科学决策相统一。既立足当下，解决学校发展存在的难点、热点、堵点，又着眼于未来，为学校的特色商科职教事业的持续发展增能与蓄势，积极重塑数字化转型推进"共建共享、共治共赢"的职业教育发展新生态。

（执笔人：朱小峰　朱江）

创"党建+诊改"品牌　促治理能力提升

安徽工商职业学院

学校坚持和完善以学校章程为基础、以党委领导下的校长负责制为核心的治理体系，形成了党委总揽全局、各方齐抓共管的治理格局。严格落实党委领导下的校长负责制，全面系统梳理完善学校各项规章制度，形成以学校章程为核心，层次清晰、内容规范的制度体系；加强党对学校工作的全面领导，实施基层党建"领航"计划，持续开展党建示范品牌创建；深入实施教学工作诊改，完善运行机制，构建完备的学校内部质量保证体系；深入推进民主管理，不断健全师生员工参与民主管理监督的工作机制；深化内部治理体系改革，推进校院两级管理，激发学校发展的内生动力。

一、基本情况

安徽工商职业学院深入探究职业教育规律，优化高职院校内部治理结构，科学准确确立高质量发展的定位和目标，强优势，补短板，创特色。长期以来，坚持党的领导，把牢社会主义办学方向，严格落实党委领导下的校长负责制，严格贯彻落实党委会和院长办公会议事规则，党政团结，民主决策。多年来始终做到"八个坚持"，坚持强化政治建设，把牢社会主义基本办学方向；坚持强化思想建设，不忘初心永远跟党走；坚持强化组织建设，强化党的凝聚力战斗力；坚持强化纪律建设，建设忠诚干净担当的队伍；坚持强化作风建设，持续激荡校园清风正气；坚持强化制度建设，持续构建学校健康发展的长效机制；强化立德树人，不断推进思想政治工作走深走细；坚持强化能力建设，不断推动学校又好又快发展。学校基本形成了以党建工作为引领，以学院章程为核心，以信息化诊改为手段，健全学校内部质量保证体系，有力促进了学校治理体系和治理能力现代化。学被评定为教育部优质专科高等职业院校，被安徽省教育厅授予"全省高职教育发展标杆校"和"全省高职教育技能大赛标杆校"荣誉称号，同时连年被评为省级文明校、省教育系统文明单位，学校在高职教育的首位度、引领度、知名度持续提升。

二、主要做法

（一）抓好党的领导这一核心关键

学校将政治建设摆在首位，坚持以习近平新时代中国特色社会主义思想为指引，落实党委领导下的校长负责制，充分发挥党组织在学校的领导核心和政治核心作用，牢牢把握意识形态主动权，引导广大师生树牢"四个意识"、坚定"四个自信"、坚决做到"两个维护"。深入实施党组织"对标争先"建设计划，持续开展党建示范创建和质量创优工作。持续实施基层党建"领航"计划，培育示范基层党组织，打造党建品牌，带动学校工会、共青团等群团组织和学生会组织建设，为学校改革发展提供坚强组织保证。

（二）抓好立德树人这一根本任务

坚持为党育人、为国育才，坚持德智体美劳"五育并举"，深入推进"三全育人"改革，一体化构建学校思想政治工作质量体系，提高工作亲和力和针对性，打造"三全育人"标杆校。全面实施思政课程与课程思政建设，建设学生真心喜爱、终身受益、体现职业教育特点的思政课程，推出一批优秀思政案例和课程思政改革成果；推进教管服一体化智慧思政平台建设，建设一批思想政治教育实践育人基地。推进公共体育艺术教育俱乐部制教学改革，开齐开足上好体育课，强化对学生身体素质和运动技能测评，打造学校特色体育项目，把体质健康和运动技能作为学生综合素质评价重要指标。实施学校美育提升行动，制定学校美育工作基本标准，充分发挥学校中华传统美德研究院的功能，推进高雅艺术进校园、艺术展演活动。实施原创文化经典推广行动计划，支持师生原创文艺精品。加强劳动和实践育人，完善实践教学体系，规范实践教学活动，强化第一课堂与第二、第三课堂及网络第四平台的协同育人。加强学校社会实践、志愿公益和创新创业教育，培养学生的社会责任感和实践能力。

（三）抓好教学诊改这一质量保障

以学校"十三五"规划制定的一系列任务目标为抓手，以校本人才培养工作状态数据采集与管理平台为基础，确立学校、专业、课程、师资、学生发展等"五横"层面的质量目标和质量标准建设，完善决策指挥、质量生成、资源建设、支持服务和监督控制等"五纵"系统的质量保证运行机制，强化目标链、标准链、实施链等的相互依存关系，形成常态化、全要素、网络化、全覆盖的具有较强预警功能和激励作用的"五纵五横一平台"质量保证体系和可持续的诊断与改进工作机制，办出特色，彰显个性，创建优质专科高等职业院校和地方技能型高水平大学，不断提高人才培养质量。

（四）抓好二级管理这一活力源头

实施二级管理体制机制改革，设立二级教学单位，明确界定学校与二级教学单位的管理权限与职责，构建学校与二级教学单位之间的二级分层管理体制。学校对二级教学单位实行目标责任制管理和经费包干，以目标考核为抓手，推动职能部门简政放权，强化二级教学单位的主体地位和责任意识，转变机关部门职能，降低管理重心，改革用人和分配制度，引入竞争激励机制，构建充满活力的二级管理体制机制，充分调动和激发二级教学单位的办学积极性和主动性，形成职责明确、决策科学、管理规范、权责统一、有效监督的运行机制，促进学校事业的全面、协调、可持续发展。

（五）抓好开放办学这一改革模式

不断拓展国际合作空间，与德国、英国、爱尔兰、希腊等欧美发达国家开展实质性交流与合作，扩大海外师生的来访与交流；建立海外教师培训基地，定期组织教师出国交流与研修；出台相关政策，选拔学生代表出国交流与研学。扩大中外合作办学规模，力争5年内中外合作班在校学生规模达300人左右；培养一支双语教学师资队伍，提升中外合作办学水平。加强与东南亚国家的交流与合作，建立"一带一路"产业学院或中外职教师资培训基地，探索援助发展中国家职业教育的新模式，积极招收国外留学生。深度融入长三角，与沪苏浙高职院校深入合作，开展教师、干部互派，资源共享等实质性的合作项目，完善共建共商共享机制，打造长三角校际合作样板。

（六）抓好制度建设这一长效机制

学校持续加强制度建设，构建起了以《安徽工商职业学院章程》为统领的全校范围的制度体系，最近两年组织完成两次全校范围的制度汇编，制定或修订了《中共安徽工商职业学院委员会会议议事规则》《安徽工商职业学院院长办公会议议事规则》《安徽工商职业学院二级学院党总支委员会议议事规则》《安徽工商职业学院二级学院（部）

党政联席会议事规则》《安徽工商职业学院关于二级学院党政负责人交叉任职暂行规定》《安徽工商职业学院干部容错纠错实施办法（试行）》《安徽工商职业学院深化落实中央八项规定精神的若干规定》《中共安徽工商职业学院委员会关于定期专题研究有关工作的规定》等一系列制度，通过制度建设不断规范学校内部管理，切实用制度管人管事管权，构建依法治校、从严管校的长效机制。

三、治理成效

（一）综合治理水平持续提升

不断推进体制机制创新，完善以章程为核心的现代职业学校制度体系，实施了二级机构管理改革，构建现代大学制度体系，形成学校自主管理、自我约束的体制机制。深入实施教学工作诊断与改进制度建设，完善运行机制，构建完备的学校内部质量保证体系。完善专业建设委员会和教材选用委员会制度，指导和促进专业建设和教学改革。发挥教职工代表大会作用，审议学校重大问题。优化内部治理结构，以群建院，扩大二级院部管理自主权，发展跨专业教学组织。制定干部和教师考核评价激励办法，量化考核，打造干部能上能下、教师能进能出的工作机制，多措并举，精准施策，协同推进学校治理体系和治理能力现代化。

（二）内涵建设成果持续引领

把提高人才培养质量作为一切工作的出发点、落脚点和检验工作的标准，扎实推进地方技能型高水平大学项目建设、创新发展行动计划和提质培优行动计划，按照国家优质高职院校建设标准和地方技能型高水平大学建设任务，深化以实训基地建设为重点的产教融合，积累了丰富的教育教学成果，获批教育部第二批现代学徒制试点院校开展"1+X证书制度"试点，牵头主持了安徽高职院校首个国家级专业教学资源库"徽派技艺传承与创新"，建设了安徽高职唯一的徽派艺术研究中心、徽菜传承创新中心和专业展览馆等平台。持续引领带动各项工作全面落实，稳步推进学校治理结构和治理能力的现代化。

（三）"双高"建设水平持续提升

学校实施"错位竞争、特色发展"专业建设理念，坚持"立足商科建品牌，工商融合创特色"，围绕安徽省新兴产业发展需求，不断健全专业动态调整机制，持续优化专业结构。近年来，聚焦新一代信息技术产业、人工智能、新能源汽车等新兴产业，设置了大数据技术、人工智能、智能网联汽车技术等与新兴产业发展契合度高、与产业结构匹配度高的专业23个，为新兴产业企业输送毕业生10000多人。

（四）人才培养质量持续提高

突出技能文化引领教育教学改革，不断推动技能比赛成果的普惠转化。通过全校师生的学思践悟，加上外部的激励考核和内部的质量文化，形成了一批质量品牌，特别是我校的技能大赛，一次次的佳绩擦亮了我校"安徽省技能大赛标杆校"的名片。在全国职业院校技能大赛中获奖130个，其中一等奖32项，国赛一等奖比重占全省近20%，位居安徽省高职院校金牌榜和奖牌榜榜首；中国高等教育学会发布的全国普通高校竞赛评估结果（高职），学校排名全国第五、安徽省第一。

（执笔人：余丙炎　葛成飞）

党建引领多元协同　提升院校治理效能

济南工程职业技术学院

济南工程职业技术学院始终坚持依法治校，聚焦治理体系和治理能力现代化建设，建立以章程为核心的现代大学制度，构建"党委领导、校长负责、专家治学、民主管理、企业参与、社会监督"的六权协同内部治理体系，加强党对学校工作的全面领导，实施"以群建院"，创新学生管理模式，强化"双创"教育，推动由管理向治理转变，为学校高质量发展提供强大内生动力。

一、基本情况

济南工程职业技术学院始建于 1964 年，2004 年经山东省人民政府批准成立全日制普通高等职业学院。多年来学校始终坚持依法治校、依规办学，聚焦治理体系和治理能力现代化建设，树立"党建引领，多元协同"的治理理念，建立完善以章程为核心的现代大学制度，探索构建"党委领导、校长负责、专家治学、民主管理、企业参与、社会监督"的六权协同内部治理体系，实施管理水平提升行动，不断推进学校治理体系和治理能力的现代化建设。

学校强化《章程》作为学校"宪法"的核心地位，构建了由章程、决策制度、管理制度、委员会制度、应急预案五部分组成的制度体系。实行制度"清废改立"的动态调整，及时对标新政策，每年一梳理，三年一修订，完善制度汇编。实施常态化的教学诊断与改进，建立健全自主性的"五纵五横一平台"内部质量保证体系。持续推进完善以校理事会为纽带的社会参与办学体制、以学术委员会为核心的学术权力运行机制、以"二级管理"为枢纽的内部运行体制，促进管理重心下移、二级学院由教学单位向办学单位转变。充分发挥教职工代表大会、学生代表大会等组织在民主监督中的作用，加大校务公开力度，推进决策科学化、民主化、法治化。目前已基本形成决策权、执行权、监督权相互制约、协调发展的运行机制，逐步实现管理向治理转型。

二、主要做法

（一）党建引领，强化党对学校的全面领导

学校基于党建工作与业务工作"融合度不高"的问题，构建实施了"12353"工作体系，即"一核两翼三路径五阵地三保障"，以此加强党对学校工作的全面领导。一核是管党治党、办学治校。两翼是指将"党建工作"与"业务工作"同谋划、同部署、同推动、同考核。三路径是指党委对学校全面领导建立的"关键机制"、实施的"重要举措"和开展的"基础工作"。五阵地是指理论阵地、文化阵地、工作阵地、实践阵地、网络阵地等五大特色阵地，共 30 个模块。三保障是指优化"大思政"工作体系，推进"三全育人"；加强自身建设，落实全面从严治党；增强九种本领，提高办学质量。

"三路径"中，关键机制是坚持党委领导下的校长负责制。党委领导层面既要坚持党委集体领导，又要坚持党委书记第一责任人，避免无人负责。校长负责层面要坚持班子成员各负其责，又要突出校长统筹协调，避免分工分家。党委领导与校长负责的关系层面，党委要统揽全局、凝聚人心，支持校长依法行使职权；行政领导班子要自觉接受党委领导，落实好"三重一大"、议事规则等制度。

重要举措是深化教育综合改革。在专业建设上，聚焦传统产业绿色化、数字化、网络化、智能化，健全对接产业、动态调整、自我完善的专业群建设发展机制；在办学国际化上，实施境外优质资源"引进来"、服务优质产能"走出去"，与德国、澳大利亚开展中外合作办学项目，在泰国成立海右国际学院；在社会服务上，落实学历教育与培训并举，开展各级各类职业技能培训，年到账金额 2000 万元。

基础工作是加强教师队伍建设。搭建教师发展规划平台，实施高端人才引育、"双师"多能培养、创新团队培树 3 个培养计划，健全师德师风考评、教师聘任管理、教师考核评价、绩效工资动态调整 4 个管理机制。

（二）以群建院，激发二级学院办学活力

"以群建院"是产业集群规模与集群效应的关联性理论在高职院校专业群建设中的应用，是以专业群建设为逻辑起点，带动教学资源整合、管理体系优化的一项系统工程。学校紧紧围绕山东建设国家新旧动能转换综合试验区、黄河流域生态保护和高质

量发展等重大战略及济南市建设新旧动能转换先行区和自由贸易试验区机遇，聚焦区域产业优势，结合自身办学基础，从工业互联网技术赋能传统产业转型升级出发，以协同、开放、创新的思维，按照"技术领域相近、专业基础相通、就业岗位相关、教学资源共享"的原则，精准打造了智能建造、工业互联网、建设工程管理、智慧商贸等11个专业群。

在此基础上，学校将专业群作为教学资源配置和实施人才培养的基层实体，综合考虑专业资源的共享、共通和共用性，科学组建了与专业群布局高度吻合的二级学院组织架构，构建了优势互补、协调发展、具有工程特色的智慧建造学院、智能制造学院、智能互联学院、现代商贸学院、智慧交通学院等二级学院（专业群学院）。通过以群建院，充分发挥专业群集聚效应，梳理核心专业与群内其他专业之间的关系，重构教学组织与管理模式，完善教学资源协同开发机制与专业群课程共享平台，实现了教学资源的统一调配，扩大了二级学院办学自主权，加快推动其从教学单位向办学单位全方位转变，释放了办学活力。

学校以专业群学院作为办学基本实施单位的同时，将校企合作的重心也落在专业群学院。在专业群学院层面上进一步深化办学体制综合改革，与国内知名企业合作，建立了天元学院、华为ICT学院、双元学院、神州高铁学院、新浪动漫学院、工业互联网学院等产业学院，充分发挥校企各自优势，形成了"互融共生"的校企合作新机制。

（三）以生为本，提升学生管理工作水平

学生是教育的主体，学校的一切工作都要围绕学生展开。学校紧紧围绕立德树人根本任务，坚持"不忘初心跟党走的政治定位、一切为了学生的服务定位、人人出彩的发展定位"，秉持学生至上、服务至上、发展至上，学生管理与校园文化融合、与企业文化融合的"三至上两融合"管理理念，以实现学生管理工作的规范化、科学化、精细化、人文化"四化"为目标，提升学生管理内部治理水平。

坚持党建统领，构建了思想政治教育、人文素养教育、职业素养教育、日常管理"四维"学生管理教育体系。开展"青马工程"，持续推进"我的中国梦"主题教育，强化理想信念教育；开展大学生文明修身工程，提供直通车服务，强化以自我管理、行为养成为核心的日常管理；开展"五星成长"品牌活动，实施第二课堂成绩单制度，全面提高学生综合素质；开展匠心工程，建立齐鲁工匠后备人才核心素养培养体系，不断提升学生职业素养。

创新工作举措，形成了标准健全、运行科学、保障有力、成效显著的"三全育人"格局。实施学生管理标准化建设，完善了 253 项学生管理制度，构建了《学生发展标准》等 15 项标准，建立了全程控制、全面管理的教育质量保证体系，有效做到过程监控、发布预警、全面诊改；加强辅导员队伍职业化、专业化建设，成立国内首家辅导员学校、省校两级名师工作室，搭建职业能力大赛平台，构建辅导员职业能力标准，实施五级职级制，职称职务双线晋升；创新实践辅导员与班主任结合、专职辅导员与兼职辅导员结合、校内教师与企业导师结合的"三结合"学生管理机制，形成"学生吹哨 老师报到"直通车学生服务管理新模式；创新管理手段，基于智慧校园系统搭建学生管理信息化平台，完善学生管理和思想动态研判机制，提升精准服务能力，促进学生全面发展。

（四）融合发展，强化大学生创新创业教育

努力推进高校创新创业人才培养是提升大学生质量的内驱力，是推动社会经济发展的原生力，是实施创新驱动发展战略的新动力。学校持续深化双创教育改革，确立双创教育三级目标体系，建设"双创课程、课程双创、实践双创"三阶递进课程体系，搭建"众创空间、双创竞赛、孵化基地"三元联动实践平台，强化"组织机构、师资团队、制度体系"三体协同保障机制，激发学生学专业、想创新、敢创业的动机，培养创新型人才，助推毕业生高质量就业创业，服务区域经济发展。

健全组织领导和运行机制。成立创新创业工作领导小组，实施一把手工程，由校长、党委书记担任组长，统一协调全校创新创业工作，制定中长期发展规划，部署创新创业教育改革的重大事项；设立创新创业工作领导小组办公室，完善制度建设，落实保障政策，全面负责学校创新创业教育理论教学与实践活动；成立创新创业学院，设有大学生创新创业管理服务中心、技术服务中心，政行企校共建校内外"多边形"双创平台，构建完善帮扶体系，用于"双创"教育的建筑面积达 15000 余平方米；强化创新创业实践，建立"赛训互动"竞赛实践长效机制，参加创新创业实践活动的学生覆盖面达 100%。

深化创新创业教育管理改革。纳入学分管理，面向所有学生设置创新创业必修学分 2 个、选修学分 4 个，建立学分积累与转换制度，学生开展技术研发、创业实践等均可折算为创新创业学分。实行归类教育，把有创业潜质、创业意向及正在创业的学生，打破专业年级界限成立特色班，课程设置与创业项目对接。实施弹性学制，学制可延长至 5 年，保留学籍休学创业，优先支持参与创新创业的学生跨专业修读课程或

转入相关专业学习。加大奖励激励，以多种形式向自主创业大学生提供资金支持。注重文化浸润，将"双创"教育与"匠心"文化有机融合，大国工匠、优秀企业家走进校园对学生言传身教，共同培养学生工匠精神。

三、治理成效

（一）党建引领成效凸显

学校党委被山东省委授予先进基层党组织称号，学院获批山东党建工作示范高校培育创建单位、"全国党建工作样板支部"2个、"山东省党建工作标杆院系"2个、"山东省党建工作样板支部"1个。高质量党建引领高质量发展。学校是山东省首批特色名校、山东省优质高职院校，荣获第六届黄炎培职业教育优秀学校、山东省职业教育先进集体、山东省文明校园等百余项国家级、省级称号。

（二）以群建院，以群强院

学校建有国家级骨干专业3个、中央财政支持专业2个，省级特色专业7个、省财政支持重点建设专业6个，国家级精品在线课程1门、省级10门，国家级生产实训基地2个、教学资源库1个。牵头成立了全国工业互联网职教集团和黄河流域智能建造产教联盟，5G综合应用产教融合实训基地获国家发改委立项、工业互联网实训基地获评山东省新旧动能转换公共实训基地，学校是全国首批教师实践流动站试点单位、山东省校企合作一体化办学示范校、山东省产教融合示范性基地。

（三）学生管理工作出新出彩

学校获评全国职业院校学生管理50强、全国创建和谐校园先进单位、教育部职业院校校园文化建设品牌示范基地、全国高校心理委员工作示范单位、全国无偿献血促进单位、山东省高校"三全育人"暨全环境立德树人示范校、山东省中华优秀传统文化传承示范校等多项荣誉称号。辅导员获评全国模范教师1人，年度人物提名奖1人、入围奖1人，获职业能力大赛国家级二等奖1项、三等奖2项，华北赛区一等奖3项，省一等奖4项。

（四）创新创业教育全国典型

中央电视台《纪录东方》、中国教育电视台分别报道我院"双创"教育事迹，学校是全国创新创业典型经验高校、国家级创新创业教育实践基地、山东省就业创业工作先进集体、山东省创新创业典型经验高校、山东省大学生创业孵化示范基地、山东省众创空间、山东省大众创业万众创新示范基地、济南市创业孵化基地、泉城众创空间、济南市小型微型企业创业创新示范基地等。

高职院校治理体系和治理能力现代化建设是一个动态渐进、不断发展的过程，更是高职院校实现高水平特色发展的强大内生力。"一流院校呼唤一流治理"，在高职教育发展的重要机遇期，学校将在现有治理体系的基础上，趋变求新，不断优化院校治理生态，进一步形成科学合理、职责明确、覆盖全面的制度体系，构建起更加决策民主、开放包容、运转高效的内部治理结构，大幅增强学校科学决策和战略规划能力，进一步强化重内涵、求质量、创一流、树品牌的发展意识，使各方利益群体在学校发展建设中的积极性得到充分发挥，提高学校竞争力和影响力，努力实现高等职业教育发展更为制度化、规范化、法治化的美好愿景。

（执笔人：武琼　张广传　刘常炜）

"平台支撑，四方联动，六化提升"的现代治理体系建设

济南职业学院

济南职业学院以习近平新时代中国特色社会主义思想为指导，紧紧围绕落实立德树人根本任务，深入贯彻落实习近平总书记重要指示和全国职业教育大会精神，抢抓职业教育发展机遇，以实现特色的"善治"为目标，以打造四个命运共同体为核心，不断推进治理能力现代化，为培养服务区域经济社会发展的复合型、创新型技术技能人才及实现学院高质量发展提供了坚实保障。

一、基本情况

习近平总书记强调坚持和完善中国特色社会主义制度、推进国家治理体系和治理能力现代化，是关系党和国家事业兴旺发达、国家长治久安、人民幸福安康的重大问题。高校治理体系和治理能力现代化是国家治理体系和治理能力现代化的重要组成部分，是新时代高校推进内涵式发展、提升综合竞争力的内在需求。

学校按照《中华人民共和国教育法》等法律法规和国家、省、市相关政策要求，立足办学实际，确立了优化内部治理体系的核心理念，即：坚持"多元建校、质量立校、民主治校、文化强校"的办学方针，按照"党委领导、校长负责、教授治学、民主管理、社会参与"的管理体制，通过"一核心（党的领导）、两体系（制度体系、质量保证体系）、四平台（理事会、学术委员会、教学工作委员会、教职工代表大会）"建设，全力打造学院与师生共建、校地协同、校企互融、国际合作4个命运共同体，形成与"济职气韵、齐鲁样板、中国特色、世界水平"的办学定位相匹配的济职特色治理模式。学校进一步明确了多元治理主体的定位、职责并以此为指引，着力强化了多元共治治理平台的建设，树牢了质量立校理念，以"治"提"质"、以"智"增"质"，着力健全质量自治体系。学校将促进师生、学校、社会共同发展进步作为优

化治理体系的出发点和落脚点，将治理理念渗透到办学治校各环节，开展了产业对接、人事制度改革、"双元"育人等系列创新性工作，探索了多元共治治理平台支撑、"政、行、企、校"四方联动、"治理能力现代化、日常管理信息化、立德树人科学化、专业办学特色化、服务产业专业化、人才培养国际化"六化提升的现代化职业教育治理体系，为培养高素质技术技能人才、服务区域经济社会发展、建设职业教育创新发展高地提供坚实保障。

二、主要做法

（一）优化治理体系，提升治理能力现代化水平

学校牢牢抓住党的领导这一"根"和"魂"，落实党委领导下的校长负责制，充分发挥党的理论、组织、制度和群众优势，以党建工作引领学校建设的创新驱动，统筹推进学校工作协调发展，实施了党建"筑垒工程""先锋工程"，着力充分发挥战斗堡垒和先锋模范作用，通过"强基""创优""铸魂"，使党的建设全面夯实、全面进步、全面过硬，成为提高治理水平的"强引擎"和"定盘星"。学校贯彻落实国家、省、市关于高等教育综合改革和放管服改革要求，以创新驱动、重点突破带动治理结构的整体优化，注重探索新途径、解决新问题、谋求新突破，打出了二级管理、人事制度等系列改革的"组合拳"，进一步破除了阻碍发展的体制机制障碍，完善了内部治理结构，优化了资源配置机制，全面激发了办学活力。学校通过搭建制度建设的基本架构，推进干部机构改革、教育教学改革、人事分配制度改革三项重点改革任务，构建政、校、行、企广泛参与办学的有效机制等，使学校的决策机制、行政落实机制、学术治理机制、民主管理机制、社会参与机制等不断优化，建立起了现代化的职业大学治理体系。

（二）建设智慧校园，提升日常管理信息化水平

学校遵循"信息技术与教育教学创新融合"的核心理念，全面落实《教育信息化2.0行动计划》《职业院校数字校园建设规范》《山东省智慧教育示范高校创建标准》等文件精神，坚持应用驱动和机制创新的基本方针，以信息化引领构建以学习者为中心的全新教育生态，完善了模块化数据中心、双万兆核心校园网络等信息化基础设施，打造了网络安全体系及覆盖党建、教学、学生、人事、科研、财务、资产、招生就业等业务的网络管理服务平台。通过开展信息化教育环境提升工程、教育教学模式创新

工程、师生信息素养提升工程、新技术赋能教师队伍建设工程、教育资源服务质量提升工程和教育治理现代化提升工程等六大工程，推动了信息技术与教育教学、人才培养、一网通办、校务管理、教师赋能等深度融合，建成了标准统一、业务整合、数据共享的数据中心及教育管理信息化服务体系，全面提升了学校治理、决策和服务能力。

（三）凸显育人职能，提升立德树人科学化水平

学校以社会主义核心价值观培育为引领，以立德树人为主线，以培养"三品"人才为目标，以理想信念教育为核心，抓实关键群体、抓紧重点环节、抓牢平台载体，坚持党的领导，聚焦重点领域，深入实施社会主义核心价值观培育工程、思政课程和课程思政同频共振工程、"3hé"（核—合—和）文化涵育浸润工程、校—地—企实践体悟内化工程，多措并举推动"三全育人"工作落实落深、见行见效。学校出台了《济南职业学院课程思政管理办法》《济南职业学院课程思政实施方案》，深入开展"济职义工"志愿服务、校园文化艺术节、社团文化节、阳光体育、科技创新、社会实践、新生入学领航100天、教育实践周、阳光心理教育、济职好青年评选等"十大"品牌文化活动，强化劳动教育、工匠培育、美育教育，开展了社会主义核心价值观培育"打卡"工作，实现社会主义核心价值观与人才培养深度融合。

（四）强化学生中心，提升专业办学特色化水平

学校以立德树人为根本，以服务需求、提高质量为主线，深化"双轨同步，四级递进，五步提高"的实践教学体系，制定了分层培养标准和考核标准，开展分层教学，形成了"四融三进、双岗成才"人才培养模式，优化重构了"平台共选、方向分选、岗位组选、拓展优选"岗位模块化课程体系，探索实践了"专业平台课程必修，辅修和专业拓展课程分类建班"的教学组织模式，发展学生主体性的课堂教学，充分调动了学生学习的积极性，在培养一批技艺高超的现代工匠的基础上，确保人人成才。学校对应新经济、新技术、新业态、新职业，围绕智能制造高端装备等领域，与济南二机床集团有限公司、中国重型汽车集团有限公司等优秀企业开展了深度校企合作，探索并建立校企联合招生、联合培养、一体化育人的长效机制，构建了政府引导、行业参与、社会支持、校企双主体育人的中国特色现代学徒制。

（五）对接国家战略，提升服务产业专业化水平

学校把准国家发展战略和职业教育发展的脉搏，找准立足点和发展极，将助力区

域发展、深化校地协同作为优化治理体系、落实办学自主权、实现高质量发展的前提和基础。学校聚焦高端产业和产业高端，持续优化专业布局，制定了《济南职业学院专业群建设发展规划》《济南职业学院专业群组建和调整管理办法》《济南职业学院专业群建设实施方案》，探索了"优设计、建机制、强头雁、育团队"四措并举，"产业升级—专业提质—人才契合"三环相扣的专业群建设模式，打造了精准对接山东省"十强"产业和济南市"十大千亿级"产业的九大专业群，开设专业与区域产业需求匹配度达到了100%，有力地支撑了区域产业发展提质升级。

（六）秉持开放共享，提升人才培养国际化水平

学校将深化国际交流合作作为提升整体办学水平的必由之路，中德合作探索出了培养"大国工匠"成长的四方共担、三方共商、双方共育、两委共诊、工匠精神培育的"43221济南模式"，被费斯托等合作企业先后复制到其在印度、美国的公司，成为德国工商总会在中国50个合作项目的示范项目之一和济南对德合作的城市名片。学校响应国家"一带一路"倡议，努力开拓教育国际合作，深入开展国际学生招收与培养工作，招收了来自孟加拉国、缅甸、柬埔寨、老挝、俄罗斯、哈萨克斯坦等国家的全日制国际学生。提升接收国际学生的软硬实力，助力打造"留学泉城"品牌。为推进职业教育与国际中文教育融合发展，学校整合优势资源，拓展"中文+"项目内涵及承载力，助力国际化人才职业技能培养，赋能国际中文教育转型升级发展。

三、治理成效

通过持续努力和不断探索，学校治理体系不断完善，治理水平持续提升，为办学治校、人才培养奠定了坚实基础，营造了良好环境。

（一）特色

1. 以产业对接为契机，打造校地协同命运共同体

学校始终坚持"有为才能有位"的理念，把准国家发展战略和职业教育发展的脉搏，找准立足点和发展极，将助力区域发展、深化校地协同作为优化治理体系、落实办学自主权、实现高质量发展的前提和基础。牢牢把握济南市三大国家战略交汇叠加的机遇，紧密对接省、市新旧动能转换"十强"产业和"十大千亿级产业"发展，确立了鲜明的专业对接、服务产业导向，新建、改建了人工智能、智能终端技术与应用、云计算技术与应用等专业，打造"接地气"的应用型专业体系。

2. 以双元育人为抓手，打造校企互融命运共同体

学校树立"与品牌为伍，与巨人同行"校企合作理念，党委牵头定期研究解决校企合作中的重点、难点问题，在校企合作重大问题上支持院部、专业、教师大胆探索创新，设立了校企合作办公室，建立了校企合作理事会，依据《济南职业学院校企合作管理办法》，指导、督促院部具体开展相关工作。

3. 以凝心聚力为核心，打造学院师生共建命运共同体

学校将师生作为办学的主体和主力军，把提高师生的获得感、幸福感作为治理的根本目标之一。构建了组织人事处、教务处、教师发展中心—院部—教研室的三级教师工作机构和学生工作处、学生发展中心—院部—班级的三级学生工作机构组成的全面覆盖的立体服务网络，使学院与师生有机融合、浑然一体。

4. 以中德合作为主干，打造国际合作命运共同体

学校将深化国际交流合作作为提升整体办学水平的必由之路给予高度重视，并在中德合作方面实现了重点突破，发挥了其引领和示范效应。学校也成立了双元大师工作室，共同对项目进行全方位质量把控，确保人才培养质量，实现了职业教育经验的国际化交流、本土化提升。

（二）成效

1. 管理水平不断提高

进一步理顺了学校各部门与二级学院之间的相互关系，扩大了二级学院办学自主权，激发了院部办学活力，为学校教育教学质量和水平的全面提升提供了根本保障。学校获评"全国高等职业院校治理体系建设优秀案例 50 强"，山东省教育综合改革和制度创新优秀案例 1 项。

2. 育人成效持续向好

以学生成人立业服务作为治理体系建设的主线，学校在人才培养上取得了显著成效。学校入选"高职思想政治创新示范案例 50 强""育人成效 50 强""高职院校学生发展指数 100 所优秀院校"，毕业生就业率连续多年保持在 98% 以上，"济职的学生好用"成为众多用人单位的共识。2020 年以来，学生累计荣获首届世界职业院校技能大赛银牌 1 项，全国职业院校技能大赛一等奖 4 项、二等奖 2 项、三等奖 2 项，中国"互联网+"大学生创新创业大赛荣获 3 金 1 银 2 铜。

3. 办学成果批量涌出

治理能力的提升显著增强了学校服务发展支撑力，学校被省委、省政府评为"山

东省新旧动能转换综合试验区建设先进集体"（省内唯一高职院校）。2020 年以来，学校新增国家示范性职教集团 1 个、国家级职业教育教师教学创新团队 1 个、国家课程思政教学团队 1 个、全国示范性虚拟仿真实训基地培育项目 1 个、国家精品在线开放课程 1 门、教育部语合中心"汉语桥"项目 2 项等诸多成果，牵头成立了全国首个会展职业教育集团，承办了全国职业院校技能大赛 5 项，荣获全国职业院校技能大赛"突出贡献奖"。

4. 社会影响持续扩大

创新治理体系激发了全体师生的活力，凝聚了社会支持的合力，营造了和谐稳定的发展环境。学校连续 14 年获评省级文明单位（省级文明校园）、创建全国文明校园先进单位。学校连续 3 年获评山东省高校"最佳社会声誉奖"，2021 年度山东省高职院校办学质量考核省内 78 所同类院校中排名第二。2021 年学校育人经验被央视新闻联播关注报道，教育部副部长孙尧、省委书记李干杰等领导同志先后到学校视察，对学校的各项工作予以充分肯定。

下一步，学校将进一步健全制度体系、建强治理平台、提高办学质量、涵养特色治理文化，积极探索与构建现代大学制度、创建本科职业学校相适应的治理模式，保障学校高质量发展。

（执笔人：宋广辉）

构建"六大体系" 推进治理体系和治理能力现代化

青岛酒店管理职业技术学院

办好新时代职业教育、实现职业教育高质量发展，重在构建高职院校现代化内部治理体系。青岛酒店管理职业技术学院主动担当、先行先试、敢破敢立，通过构建"六大体系"，推进治理体系和治理能力现代化，促进学院高质量发展。

一、基本情况

青岛酒店管理职业技术学院是我国第一所独立设置的酒店管理职业技术学院，是中国特色高水平高职学校和专业建设计划单位、山东省首批特色名校、山东省首批优质高等职业院校。学院专业设置高度聚焦酒店业，构建了以酒店管理专业为核心，涵盖旅游管理、烹调工艺、酒店工程、酒店信息化、酒店财务、酒店运营、酒店装潢设计等业态的酒店业全科型专业链，开设有酒店管理、旅游管理、烹调工艺与营养等37个专业，全日制在校生14000人。学院先后荣获"全国职业教育先进单位""山东省职业教育先进单位""省级文明单位""省级文明校园""山东省先进基层党组织"，被誉为"中国酒店业职业化人才的摇篮"。

学校遵循职业教育办学规律，通过一体化育人体系、内部治理体系、专业群发展体系、教师分类培养体系、院系二级管理体系、教育评价体系等六大体系建设，建立起了"学校—院系—专业—教师"与"顶层设计—办学实践—教育评价"纵横交汇、协调一体的治理体系。

二、主要做法

（一）落实立德树人根本任务，构建一体化育人体系

1. 构建"三全"育人体系，形成一体化育人工作合力

实践以立德树人为根本、以理想信念教育为核心、以社会主义核心价值观为引领、

以全面提高人才培养质量为关键的"四位一体"全员全过程全方位育人格局，构建"课程育人标准化、科研育人学术化、实践育人制度化、文化育人品牌化、网络育人信息化"五化模式，实践"心理育人阳光心灵工程、管理育人协同创新工程、服务育人暖心亲情工程、资助育人助心扶智工程、组织育人灯塔领航工程"五大工程，打通育人"最后一公里"。

2. 落实德智体美劳"五育"并举，培养担当民族复兴大任的时代新人

学校把思政教育的要求贯穿到智育、体育、美育和劳动教育之中，加强学校德智体美劳教育的整体性和系统性，构建起了第二课堂培养体系，规定 8 个学分。搭建了第二课堂培养体系"4+1"一揽子制度安排，4 个体系即"课程项目体系、记录评价体系、数据管理体系、工作运行体系"，1 个产品即"第二课堂成绩单"。通过德智体美劳"五育"并举，形成强大育人合力。

（二）持续释放办学活力，构建现代化大学内部治理体系

1. 以章程建设为抓手，构建充满活力的组织保障体系

优化和完善大学章程，突出章程在推进学院改革中的基础性作用。构建决策咨询体系，完善理事会章程，健全工作机制，发挥理事会的决策咨询功能。构建科学决策体系，坚持党委领导下的校长负责制，不断完善党委会议事规则、校长办公会议事规则。构建学术自治体系，完善学术委员会，有效行使学术事务的决策、审议、评定和咨询等职权；成立专业建设指导委员会、教材建设与选用委员会。构建新型组织结构体系，创新项目组、矩阵制组织结构形式，组建跨部门工作组，发挥教职工专长，探索单独工作量、单独考核机制，有序推进"双高"建设、质量工程项目等重点工作。

2. 紧抓产教融合落地实施，构建运行、激励、监督三类机制并行的制度体系

建立"学院章程—规章制度—部门规范性文件和内部工作制度"三级管理制度框架，编印《学院规章制度汇编》，形成"制度管人、流程管事、过程可溯、透明和谐"的制度体系。

（三）主动对接产业变革，构建专业群发展体系

1. 遵循"以群建院"的理念，建设酒店业全科型专业链

对接文化创意、精品旅游等新旧动能转换 10 强产业，融入青岛市"956"产业新体系，构建了"酒店管理 1 个国家'双高计划'专业群，旅游接待业、烹饪类 2 个省

高水平专业群，智慧建造业、现代商贸物流等 8 个院级专业群"的专业群发展架构，形成了以国家经济重要门类之一住宿餐饮业的智能化、数字化转型升级为主线的专业群建设体系。

2. 积极对接产业变革，做好专业调整

顺应"健康中国"国家战略、精品旅游和乡村振兴、工业互联网、新一代信息服务产业等，增设研学旅行管理与服务、文化创意与策划等 7 个专业，撤销软件技术等 5 个专业，专业布局更为聚焦，服务国家战略能力进一步增强。

（四）实施教师专业化培养、"双师型"塑造，构建教师分类培养体系

1. 坚持制度引领，让教师处在专业最前沿

学校制定有《专任教师挂职锻炼管理办法》，在教师专业技术职务评聘、教师聘期考核等工作中，均对教师参加企业挂职锻炼进行了明确要求，作为其中条件之一。目前，学院已扎实落实教师联系企业制度 15 年，全院专任教师累计完成近 4 轮赴企业挂职锻炼，"双师型"教师占 90%以上。出台《学院绩效考核办法》，率先实施教师分类评价，设置了教师自主选择的教学型、教学科研服务型、科研服务型三类岗位，有效地激发了教师工作积极性。

2. 坚持模式创新，培养教师行业影响力

不断拓展"双师"素质培养平台，服务鲁商凯悦酒店建设、上合组织青岛峰会等企业发展和大型赛会，掌握了行业标准并引入教学。学院加大引企入校力度，建立 7-Eleven 实训超市、菜鸟驿站快递实训中心等"校中厂"，教师直接参与真实项目运营，担任运营负责人。

（五）推行"清单式"管理，构建院系二级管理体系

1. 统筹优化机构设置和职能配置

实行扁平化管理，推进内设机构的自主设置改革。调整内部职能部门、教学院部的设置，自主设置适合学院发展的职能机构。

2. 推行"清单式"管理，深化二级管理体制改革

推行"清单式"管理，制定二级管理权力清单和责任清单，支持二级学院自主办学。完善以党政联席会议为核心，多元主体参与的二级学院治理模式。细化二级学院党总支议事规则和党政联席会议制度实施细则，完善和建立二级学院专业指导委员会、校企合作委员会、教代会、学（团）代会，形成治理多元主体格局。

（六）坚持以质量贡献为导向，构建教育评价体系

1. 加强信息公开

扩大公开范围，切实保障师生的知情权、参与权、表达权和监督权。搭建沟通交流载体，完善学院领导联系班级制度，定期召开师生座谈会，通过校园媒体、通报会等形式，及时公开学院重大决策及实施情况。

2. 实现监督全覆盖

完善社会监督机制，成立家长委员会，建立校外监督员队伍。充分发挥教代会作用，积极推进民主管理，试点建立二级教代会制度。积极设立教职工申诉委员会和学生申诉委员会，积极稳妥解决校内矛盾纠纷。

3. 完善内部质量诊断改进机制

以新技术赋能学院内部治理，实现质量保证平台与校内状态数据系统及科研、教务、人事、学生等其他业务管理系统对接和数据信息共建共享。

三、治理成效

（一）治理体系和治理能力现代化助推学院改革

学校获得职业教育国家级教学成果奖 1 项，建有国家级现代学徒制试点项目 1 个，建有全国职业院校示范专业点 2 个，中央财政支持建设专业 2 个，中央财政支持实训基地 1 个，国家精品在线开放课程 2 门，国家职业教育教学资源库子库项目 2 项。

获得省级教学成果奖 11 项，获批省级高等职业院校品牌专业群 2 个，"3+2"专本贯通分段培养试点专业 3 个，省级专业教学资源库 2 个，省级现代学徒制试点项目 3 个，省级精品在线开放课程 13 门，累计牵头完成了 7 个省级专业教学标准的开发工作。建有青岛市高职重点建设专业 6 个，青岛市中高职办学联盟 3 个。

（二）治理体系和治理能力现代化助推教师成长

"专业在前沿、行业有影响、国际可交流"的"双师"队伍建设做法得到了全国 15 家主流媒体报道。2 个案例入选全国职业院校"双师型"教师队伍建设典型案例。自主培养了 3 名"全国技术能手"，1 名教师荣获"山东省优秀教师"，1 名教师荣获"青岛市优秀教师"。培养和引进青岛市首席技师 2 名。

累计培育省级教学名师 3 名，省级教学团队 3 个，省级青年技能名师 4 人，省级职

业教育名师工作室 2 个，省级职业教育技艺技能传承创新平台 2 个，市级教学名师 4 人。4 名教师被遴选为教育部行指委委员，8 名教师成长为国赛评委。

（三）治理体系和治理能力现代化助推学生发展

学校坚持德智体美劳"五育"并举，构建起完善的学生素质教育体系，坚持以人文素质教育为主线，将职业素质养成教育渗透到课堂教学和日常育人的过程中，增强人文情怀，拓展知识视野，塑造健康人格，着力培养具有良好现代服务理念、创新意识和国际视野、富含文化底蕴并拥有"绅士风度、淑女风范"良好气质的职业化人才。近年来，学生整体就业率均在 95% 以上，用人单位对学生的满意度超过了 98%。

学校重视学生技能培养，2012 年以来，累计获得烹饪、中英文导游、中餐宴会设计、西餐宴会设计等 4 个国赛项目一等奖 21 个，获得烹饪赛项、中餐宴会设计赛项全国一等奖。累计获得省市级、行业协会等各类职业技能大赛一等奖（金牌）100 多项，涵盖了旅游、酒店、烹饪、创业教育等 10 余个专业领域。

（执笔人：陈赞　王慧勇　孟鹏）

探索建立七大工作运行体系
不断推进学校治理体系和治理能力现代化

日照职业技术学院

职业教育高质量发展迫切需要治理体系和治理能力现代化，日照职业技术学院作为中国特色高水平高职学校 B 类建设单位、高等职业院校治理体系建设发展联盟理事单位，紧紧围绕立德树人根本任务，在治理理论研究上不断深耕，在治理实践运行中不断探索。系统推进七大工作运行体系，不断推进学校治理体系和治理能力现代化，以治理水平省级赋能学校事业高质量发展。

一、基本情况

日照职业技术学院于 1998 年经教育部批准建立，是山东省最早举办的高等职业教育院校。目前全日制在校生 17471 人，教职工 1062 人，高职招生专业 51 个，形成专业群 11 个。学校是中国特色高水平高职学校 B 类建设单位、国家示范性高等职业院校、全国优质专科高职院校、全国毕业生就业典型经验高校、全国首批现代学徒制试点单位、全国深化创新创业教育改革示范校、省级文明单位、省级文明校园、首届省级文明校园，先后荣获全国高职院校教学资源 50 强、服务贡献 50 强、国际影响力 50 强、实习管理 50 强、学生管理 50 强，成为中国职业教育的领航者和先行者。

学校坚持以习近平新时代中国特色社会主义思想为指导，全面贯彻党的教育方针，紧紧围绕立德树人根本任务，通过推进内部管理制度体系、校院两级管理体系、干部人事管理体系、人才队伍成长体系、学术管理体系、民主管理体系、开放办学体系等七大工作运行体系建设，不断推进学校治理体系和治理能力现代化。

二、主要做法

（一）健全内部管理制度体系

学校坚持和完善党委领导下的院长负责制，以章程为统领，全面构建现代大学制度体系。一是完善制度建设。构建"学校章程、基本制度、工作制度、部门规章"4个层级的制度体系，形成学校自主管理、自我约束的体制机制。围绕规范性文件，出台了一批实施细则，从法治思维、制度建构、执行主体、制度内容和管理体制5个方面实现转变。二是健全标准建设。围绕专业设置、课程改革、学分转换、创新创业、成长通道等，建立了学生成长成才标准体系。围绕引进、培养、使用和考核等关键环节，建立了教师成长标准体系。围绕工作重点、工作作风、工作机制、工作流程、工作环境，建立了卓越工作标准体系。三是推进制度衔接。突出重点领域，深入推进人事制度改革、收入分配制度改革与教育教学改革的相互配套和相互衔接，全面优化组织机构规程、议事规则和办事流程，健全工作责任链条和内部监管体系，不断完善决策权、执行权、监督权相互制约和协调发展的运行机制，使学校制度成为凝聚力量、深化改革、增进和谐的有力保障。

（二）优化校院两级管理体系

学校突出"简政放权、责任对等、目标管理"的校院两级管理改革原则，厘清校院两级职责边界，扩大二级系部办学自主权。一是理顺校院两级管理体制。明晰学校和二级系部的职责和权限，构建重心向下的管理组织结构，减少行政部门管理层次，形成学校宏观决策、行政部门协调配合、二级系部的实体运行的管理模式。强化二级系部办学主体意识，进一步明确了二级系部发展权、人事权、财务权、资产权、事业权等5项主要权力，促进二级系部由教学向办学职能转变。二是深化全员岗位竞聘改革。以"三定"方案为基础，以岗位分类设置为前提，实行岗位分层管理，突出教育教学关键岗位；推行周期性全员竞聘，实行双向选择，促进人岗相适，健全末位淘汰机制，激发教职员工积极性。三是完善目标责任考核体系。厘清学校各单位职责，健全完善各项工作、各个环节的质量标准，明确质量控制点和质量标准，对教师质量行为进行激励、规范、监督和评价，形成质量文化，内化为师生自觉行为。

（三）完善干部人事管理体系

学校在干部体制、用人机制、分配制度、两级管理等方面大胆创新，极大激发了办学活力。一是推进干部选聘制度改革。在中层部门负责人中，实行"由市管干部与内部聘任制相结合"的干部管理体制。深化岗位设置管理，强化干部队伍的学习培训，加强干部聘期考核，努力打造年轻化、知识化、专业化的高素质干部队伍。二是实行人员控制总量备案制。日照市委、市政府大力支持学校推进人员控制总量备案改革，核定学校人员编制总量 1209 人，对 380 名编制外聘用教师纳入控制总量管理和财政拨款，实行统一的事业单位人事管理制度。在人员控制总量内，学校自主制定岗位设置方案，自主安排、执行年度用人计划，并建立了动态调整机制，2017 年以来学校自主公开招聘各类人才近 200 人。三是全面推进职称改革。重点破除"五唯"，创新评价机制，坚持工作业绩导向，突出代表性成果的质量、原创价值，以及对学校发展作出的实际贡献。四是推进收入分配制度改革。积极推进绩效工资改革，在绩效工资控制总量内自主决定校内收入分配，将工资收入与岗位职责、工作业绩、实际贡献直接挂钩，并重点向教学一线、关键岗位、业务骨干和突出贡献人员倾斜。

（四）构建人才队伍成长体系

学校牢固树立人才是学校第一资源的意识，努力打造师德高尚、理念先进、结构合理、能力卓越的师资队伍。一是健全教师成长机制。完善教师专业发展的激励与约束机制，突出教学实绩在岗位晋升、评优树先、薪酬分配中的分量和比重。完善教师分类发展机制，引导和促进教师明确定位，各尽所能。二是实施卓越教师培育工程。选拔培育一批优秀青年教师、拔尖人才和优秀辅导员团队；推进青年技能名师建设计划，大力培育职业教育领军人物，打造一支适应"双高校"建设的高水平"双师型"教师队伍。通过分批实施，在专任教师队伍中选拔优秀青年教师 30 名、专业带头人等拔尖人才 15 名，在专职辅导员队伍中，选拔 10 个优秀辅导员团队。三是加大人才引进力度。出台《高层次人才引进暂行办法》，对接地方经济社会发展需求；实施大师引进计划，引进或邀请有海内外高校、大企业工作经历的学术大师、技能大师来校工作或担任兼职教授、客座教授；对特殊人才、行业领军人才实行"一事一议"，增强引才成效。2018 年以来，学校柔性引进和聘用高层次人才 41 名。

（五）完善学术管理体系

一是完善学校学术委员会。理顺运行机制，充分发挥其在学术事务上的决策、审议、评定和咨询等重要作用。聘请资深委员和特邀委员，提升学术委员的代表性和权威性。健全委员之间的协商合作机制，完善年会制度和信息通报制度，配套学术管理体制、制度和规范。二是成立教材审定委员会。成立校院两级材审定组织机构，组织开展教材建设和审定的日常性事务工作。健全教材选用审查制度，规范通用教材的选购和使用，指导教师紧密结合新技术、新材料、新模式、新业态开发校本教材。三是完善专业建设指导委员会。聘请行业影响力大的企业专家担任成员，围绕合作办学、合作发展、合作育人和合作就业，充分发挥专家在校企合作上的桥梁和纽带作用。将工作重点聚焦到制定专业教学标准、修订人才培养方案、建设教学评价体系、开发岗位导向课程等方面，实现学校专业建设与产业发展紧密对接。

（六）健全民主管理体系

一是完善教职工代表大会制度。扩大教职工代表大会对学校办学指导思想、发展规划、重大改革方案及学校发展重大问题的审议权、评议监督权，强化教职工民主参与。建立教职工代表"定向询政"制度和常态化意见建议征集制度，保障教职工参与学校决策、行使民主管理和监督权。二是推进学代会、团代会等学生组织建设。深化"一心双环"团学组织格局，构建"多种模式、多重覆盖"的团建创新机制，开展社团建团、公寓建团、工作室建团和网络建团。推进落实学生组织改革方案，深入实施"青马工程"提升计划，持续加强"易班""青春日职"等学团网络平台建设，健全学生自我管理、自我发展、自我成长的工作机制。三是完善建言献策制度。实施校院领导与师生面对面谈心谈话制度，学校实行"季度谈"制度，二级系部实行"双月谈"制度，定期开展建言献策座谈会。定期开展"书记有约""校长有约"等活动，充分保障广大师生的知情权、表达权、参与权。建立优秀提案、建议奖励制度，形成人人参与学校发展的工作氛围。

（七）构建开放办学体系

学校充分发挥专业、人才和技术优势，全面开放优质教学资源，主动融入城市、走进社区、服务市民。一是成立学校理事会。82个政府部门、行业企业和事业单位成为理事会成员，凝聚各方力量优化学校发展环境，充分发挥职业教育服务地方经济社会发展功能。二是共建培训基地。学校与政府有关部门共建了建筑特种工培训等19个国家、省、市级技术技能训练基地和鉴定中心，每年面向社会开展长短期职业技能培训鉴定2万余人次，有力提升了地方企业员工的素质和能力。三是建设社区大学。学校主动对接社区教育服务需求，在市区建设了8个社区读书站和社区教育基地，开设了礼仪、书画、音乐、健身、园艺等课程78门，图书馆、文体设施免费向市民开放，为社区居民提供了丰富的人文素质教育服务。

三、治理成效

学校治理体系建设取得显著成效，学校治理体系和治理能力现代化水平显著增强。一是治理结构不断优化。以大学章程为核心的制度体系逐步形成，内部治理更加规范精细，制度体系建设更趋完善，管理水平显著提高，民主管理、科学管理、决策机制更加健全，依法治校水平明显增强。二是自我发展意识不断提高。学校与二级学院之间的权责利关系更加明确，校院两级资金和资源使用效益显著提高，二级学院办学自主权和主动性显著提高。各职能部门和二级学院自我发展、自我约束、自我激励的良性机制基本形成，领导干部和教职员工参与学校建设的自主性、积极性、创造性明显提高。三是开放办学活力加速释放。学校坚持"以专科层次全日制普通高等职业教育为主体，以科技开发和社会培训为两翼"的办学思路，与政府及行业部门共建了一批技能鉴定、社会培训和协同创新基地，科技开发和社会培训两翼日益丰满。四是创新发展的办学底气更加深厚。学校坚持"理论与实践并重，技术与人文融通"的办学理念，积极探索实践"职场体验—实境训练—顶岗历练"的人才培养模式，深入推进内涵建设和教学改革，在专业建设、资源开发、教师成长等各个方面取得了一批标志性成果。五是作风建设成效显著。全面梳理细化了为师生服务项目，规范简化工作流程，通过实行服务承诺制、"AB角"工作制度、限时办结制等工作规范，把"放管服"要求落地生根，切实提高了工作效能和服务质量。

（执笔人：陈晖）

构建"1+N"制度体系
以"流程化"推动治理能力现代化

山东药品食品职业学院

山东药品食品职业学院加快推进大学治理体系和治理能力现代化，积极构建"1+N"制度体系，通过智慧校园"流程化"再造，建立了科学的决策机制、高效的执行机制、完善的监督机制，有效提升了大学治理效能，解决了影响学院高质量发展的制度性、结构性问题，为落实立德树人根本任务、提高人才培养质量、更好服务区域经济社会发展提供了坚实保障。

一、基本情况

山东药品食品职业学院始建于 1958 年，隶属于山东省市场监督管理局，是一所专科层次的全日制公办普通高校。目前，学院拥有威海、淄博两个校区，总占地 1043 亩，校舍面积 21.85 万平方米，在校生 1.5 万余人，教职员工 800 余人，学院紧紧围绕"药品、食品、医疗器械、保健品、化妆品及健康管理"产业链，开设 37 个专业，累计为社会培养高素质技术技能人才 9 万余人。

近年来，学院加快推进大学治理体系和治理能力现代化，积极构建"1+N"制度体系，通过智慧校园系统完成对制度的"流程化"再造，建立了科学的决策机制、高效的执行机制、完善的监督机制，有效提升了大学治理效能，解决了影响学院高质量发展的制度性、结构性问题，为落实立德树人根本任务、提高人才培养质量、更好服务区域经济社会发展提供了坚实保障。

"1"是以《学院章程》为统领，章程是高校的"宪法"，上承国家法律法规，下启学校各项规章制度，是办学治校的总纲领，是学校与政府、社会建立连接的总依据，也是学校改革发展和建设现代大学制度的总遵循。"N"是围绕《学院章程》打造的一系列配套制度体系，主要包含"内部治理体系、思政育人体系、人才培养体系、科研服务体系、教育评价体系、协同办公体系"等。在构建"1+N"现代大学制度体系的过程中，学院聚焦办学治校、教书育人重点领域和关键环节，通过建立制度废、改、立机制，确保制度体系符合实际、与时俱进，在党建、科学研究、学科建设、师资队伍建设、管理服务等方面制定或修订规章制度 170 余项如图 1 所示。

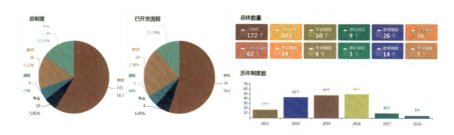

图 1　学校制度体系

（一）坚持党的领导，推进内部治理体系建设

学校深入学习贯彻习近平新时代中国特色社会主义思想，把党的教育方针贯穿办学治校、教书育人全过程，坚持和完善党委领导下的校长负责制，健全党政工作协调机制，制定《党委会议议事规则》，党委履行把方向、管大局、做决策、抓班子、带队伍、保落实的职责，统一领导学校工作；制定《院长办公会议议事规则》校长负责教学、科研和其他行政管理工作，依法行使职权；成立学术委员会，在学科建设、学术评价、学术发展和学风建设等事项中积极发挥作用；同时，充分发挥工会、教代会、学代会在学校民主管理和监督中的作用，调动广大师生参与学校改革发展的积极性，推进学校决策的科学化和民主化；完善《院系二级管理实施办法》，逐步形成"党委领导、校长负责、教授治学、民主管理"的治理格局，释放办学活力，激发办学动力。

（二）坚持立德树人，推动思政育人体系建设

立德树人是高校的根本任务，是检验学校一切工作的根本标准。学院构建内容完善、标准健全、运行科学、保障有力的思想政治工作体系，优化"全员全过程全方位"育人格局，制定落实《学院"三全育人"综合改革实施方案》，构建"1+4+10"工作体系。"1"是加强党建引领，突出政治保障，扎实抓好学院党建和意识形态工作，全面引领"三全育人"综合改革；"4"是实施 4 项攻坚行动，包括制度攻坚、平台攻坚、评价攻坚和精品攻坚；"10"是统筹推进课程育人、科研育人、实践育人、文化育人、网络育人、心理育人、管理育人、服务育人、资助育人、组织育人 10 大育人体系，创

新"三全育人"模式，健全督导评价体系，树立正确育人导向。

（三）坚持成果导向，推进教育评价体系建设

学校坚决克服唯分数、唯升学、唯文凭、唯论文、唯帽子的顽瘴痼疾，认真践行重师德师风、重真才实学、重质量贡献的价值导向，构建以质量贡献为导向的教育评价体系。一是深化职称改革，按照因事设岗、自主评价、按岗聘用、合同管理的改革要求，研究制定《2020—2023年聘期专业技术岗位评聘实施方案》，探索普通高校综合考核，重师德、重业绩、重贡献、强质量，建立重点人才绿色通道，组织开展了313人的岗位评聘工作，着力打破"五唯"顽瘴痼疾，构建评价科学、规范有序、竞争择优的教师职称制度。二是深化绩效工资考核分配管理改革，坚持多劳多得、贡献导向、成果优先、效率优先的原则，自主确定基础性和奖励性绩效工资所占比重，自主确定绩效工资项目标准和发放办法，提高学院办学治校竞争力，体现学院对优秀成果、导向性工作和重点工作的倾斜，充分发挥绩效工资的激励作用。

（四）坚持特色办学，推进人才培养体系建设

学科专业设置的特色是一所高校的最根本特色，学科专业建设水平是一所高校核心竞争力的集中体现。学院立足本校实际，紧紧围绕医养健康产业新旧动能转换和市场监管需要，制定《专业设置与调整管理办法》，设置科学合理的学科专业体系，建立专业布局与医养健康产业结构协同发展、动态调整的制度机制，用好专业设置自主权，探索形成复合型、创新型人才培养模式，积极推进"三教"改革，提高人才培养质量，打造医养健康行业"齐鲁工匠"的摇篮、人才培养的高地。

（五）坚持校企合作，推进科研服务体系建设

坚持产教融合校企合作。强化高校、地方政府、行业协会、企业机构等多元主体协同，形成共建共管的组织架构，探索理事会、集团化办学，建设科学高效、保障有力的制度体系。制定《校企合作管理办法》及相关配套制度，充分发挥高校与地方政府、行业协会、企业机构等双方或多方办学主体作用，加强区域产业、教育、科技资源的统筹和部门之间的协调，推进共同建设、共同管理、共享资源，探索"校企联合""校园联合"等多种合作办学模式，实现现代产业学院可持续、内涵式创新发展新动能。突出高校科技创新和人才集聚优势，制定《学院职务科技成果转化实施细则》等，强化"产学研用"体系化设计，增强服务产业发展的支撑作用，推动经济转型升级、

培育经济发展新管理方式，将人才培养、教师发展、实习实训、创新创业、科技研发有机结合，打造集产、学、研、转、创、用于一体，互补、互利、互动、多赢的实体性人才培养创新平台。实现教育链、创新链、产业链的深度融合。

（六）坚持服务师生，推进协同办公体系建设

以服务师生为中心，完善制度保障体系。强化"工作制度化""制度流程化""流程信息化"的意识，推动实现制度建设及内部治理从"管理本位"向"服务本位"的根本性转变。依托办公制度、后勤保障制度、财务报销制度、学生管理制度，实现公文流转、会议申请、公务接待、财务报销、成果登记、职称评聘以及学生请假、勤工助学、社团管理、心理咨询、违纪处罚、实习就业等工作的"流程化"管理，打造协同办公体系，一键办结，进一步提升了管理部门效能建设，增强服务意识，提高服务效率。

二、主要做法

"1+N"制度体系是相互关联、相互支撑的有机整体，是学院各项事业发展的重要保障。"制度的生命力在于执行"。在学院办学治校的过程中，如何让制度真正落地生根，真正转化为治理效能，成为学院急需解决的一大课题。为此，学院投入1000多万元，打造智慧校园系统（主要业务模块包括：办公管理系统、人事管理系统、学生管理系统、招生管理系统、教务管理系统、后勤管理系统、资产管理系统、财务报销系统、网络教学平台、实验实训平台、移动校园平台、网上办事大厅、网络管理平台、教学诊断改进、邮件系统等），把管理理念"制度化"，把规章制度"流程化"，覆盖教育教学、学生管理、后勤保障等环节。从学生入学、教师入职，到日常管理，再到实习毕业、离职退休，实现流程全覆盖，把流程再造要求落实到服务方方面面。

（一）以规章制度为依托，全面实现流程化信息化再造

学校充分利用云计算、物联网、大数据、人工智能、区块链等新兴技术，打造集协同办公、教学管理、科研服务、学生工作、后勤保障和实习就业于一体的智慧校园系统，建立大数据中心和办事大厅，围绕"1+N"制度体系，打造了28个业务平台、1200多个"业务流程"，涉及所有与教师、学生相关的日常管理工作，力争让每一个可以运行的制度对应1个以上流程，满足师生教学管理、学籍管理、人员管理、资产及设备管理、日常生活、实习跟踪等个性需求，实现科学化治理、精细化服务如图2所示。

图2 学校智慧校园系统——"办事大厅"

以高校中常见的合同审批为例，学校印发实施《合同管理办法》（鲁药食职院字〔2020〕75号），实行"统一指导、归口管理、分级负责"的工作机制，明确约定了从合同起草，到业务归口部门审查，到法律顾问审查、财务处审查、审计处审查、办公室审查，再到分管院领导审批、院长审批一系列程序，各职能部门各司其职，各负其责。如果线下审批，需要合同起草部门逐一找相关部门审查、签字，逐一解释相关内容，费时费力。通过智慧校园——合同审批流程，起草部门只需在平台提交合同附件，标注合同用途，即可实现在线审批，从起草，到履行，再到归档，每一个环节清晰可见，每一个部门都是流程中的一个节点。此外，大到诊断改进、职称评聘、专业建设、学籍管理，小到公文流转、议题提报、场地申请、学生请假等，均可依托"1+N"制度体系，实现在线运转，有效实现过程跟踪、精准监控和数据分析，有效推进校园服务系统化、业务工作流程化和管理决策科学化，以教育信息化全面推动教育现代化如图3所示。

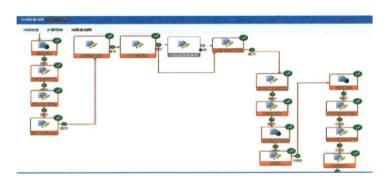

图3 学校智慧校园系统——合同审批流程

（二）以岗位职责为抓手，全面提升治理效能

学校印发实施《"三定"工作实施方案》，坚持依法依规、按需设岗、按岗选聘，

坚持总量控制、优化结构、分类定员，坚持精简高效、人尽其才、人岗相适，进一步优化学院内部机构设置，明确岗位职责，合理配置教育资源，系统梳理各岗位主体的功能定位和权责划分。同时，结合智慧校园系统和岗位职责，每一个人都能在"流程"中找到自己的角色，如办公室工作人员 A，负责公文收发工作，担任班主任，是药学系的兼职教师。其在公文收发流程中，是管理员的角色，可以处理全院公文；在学生管理事务相关流程中，具有班主任的相应权限，只能处理本班级的相关事务；在排课、成绩管理等流程，是普通教师的角色。无论担任哪一个角色，在"流程再造"的过程中，每一个部门、每一个人都是服务链条中的一个节点，均参与到具体的事务中，担负相应的岗位和职责，提供面向不同用户角色的便捷的、个性化的一站式服务。其每天的工作内容、工作轨迹都会留下数据痕迹，都可以直观显现，可以充分调动其参与办学治校的主观能动性，形成工作合力。此外，通过建立统一的数据标准和数据抽取、清洗、整合的机制和规范，制定数据管理办法，各个流程可以进行数据提取，实现校园数据的共建共享，打破了数据壁垒，消除了信息孤岛，有效推进跨部门跨领域跨层级联动，实现协同化治理。

（三）以依法治校为主线，全面贯穿教育教学全过程

依法治校、依法治教是现代大学制度的重要表征，也是大治理体系和治理能力现代化的必然要求。学校坚持强化法治思维，完善高校治理的制度体系，建立总法律顾问制度。在智慧校园系统，总法律顾问具有相应的权限，可以查看、调阅各个数据平台，全方位介入学校法治规划、重大决策、制度建设、风险防控、权利救济、法治宣传等工作，把监督延伸到每一个角落，充分参与到学校自主办学行为的事前预防、事中审查、事后处置等整个流程，把法治融入办学治校的各方面各环节。同时，在制度起草、流程编定等过程中，充分听取总法律顾问意见建议，进行充分论证，把依法治理作为学校治理的基本理念和学校管理的基本方式，为落实立德树人根本任务提供坚强有力的保证。

（四）以诊断改进为基础，全面提高质量管理水平

在"流程再造"的基础上，结合学校原有信息化基础及统一数据中心，通过完善、重构、有机整合与集成，构建一个可实现管理、教学、专业改革工作信息采集、数据分析、指标实时监控、分析可视化的教育教学管理与决策支持系统，充分发挥信息化平台作用，进行教育质量监控、管理数据集成分析，结合信息反馈系统，实现人才培

养与校园管理工作诊断，实现常态化、智能化、一体化的教育教学质量管理，为学院领导及教师提供精确化、科学化的决策支持服务。

三、治理成效

通过构建"1+N"制度体系和流程化再造，进一步建立了科学的决策机制、高效的执行机制、完善的监督机制，有效提升了大学治理效能，推进学院各项事业高质量发展。

（一）人才培养质量不断提升

紧密对接药品食品产业链，优化专业布局，专业总数达到 37 个，其中 4 个专业被教育部确定为国家级骨干专业，2 个专业获批中外合作办学项目，省级以上专业建设成果由 2016 年的 5 项增加到 2020 年 28 项。开发国家级专业标准 3 个、国家级职业工种标准 7 个，主持国家专业资源库建设项目 2 项。建有省级高水平专业群 1 个、现代学徒制试点专业 2 个、品牌专业群 3 个、技能传承创新平台 4 个、"1+X"证书考点 1 个，牵头制定省级专业人才培养方案 4 个。师生踊跃参加各类大赛，获得各类奖项 568 人次。

（二）思政育人成效显著

制定《思想政治工作实施方案》，落实《关于加快构建高校思想政治工作体系的意见》，建立 193 项重点工作台账，实行销号管理，全力构建"1+4+10"育人体系。创立"青志威海"公益服务新品牌，开展助学助困、敬老助残等志愿服务 1000 余次，获得全国五四红旗团支部、省五四红旗团委、省"三下乡"社会实践优秀组织单位。

（三）"双创"教育成果丰硕

建设 5000 平方米的创新创业实践基地，获批"中国大学生 iCAN 创新创业实践教育基地"，省科协"山东省创客之家"，省中小企业局"山东省创业创新学院"，省中华职教社"山东省创新创业学院"。孵化创新创业实体项目 38 个，每年组织征集各类学生创新创业项目近 2500 项、孵化项目 80 余项，在"互联网+""黄炎培""学创杯"等各类创新创业大赛中获得省级以上奖项 50 余项、优秀组织奖 5 次。2020 年，学院"智·健康"众创空间获批科技部"众创空间"称号。

（四）社会服务能力显著提升

获批省级"十三五"工程技术研发中心 1 个、山东省高等学校协同创新中心 1 个、科技成果转化和技术转移基地 2 个、省级科学技术奖 2 项，立项省市级以上纵向和横向科研项目 102 项，技术服务到账经费连年增长，近 4 年累计 3000 余万元。社会服务方面，围绕医养健康产业发展，大力开展市场监管和行业企业职工培训，获批省级专业技术人才继续教育基地、山东省医养健康产业新旧动能转换服务基地、中国医药教育协会创新发展实训基地，2019 年以来每年实现社会培训服务收入近 1000 万元。

（五）产教融合进一步深化

广泛开展校企合作，探索"产学研"有机融合新机制、新模式，先后与威高集团、山东新华医疗、鲁南制药等 180 多家省内外知名企业建立战略合作关系，积极探索建立混合所有制特色产业学院，共建"迅腾产业学院""鲁南制药学院""威高学院""漱玉商学院""绿叶制药学院""制药工程产业学院"等 7 个产业学院，在资源共享、专业共建、人才培养等方面，积极探索灵活多元的育人模式，获批省级校企合作一体化办学示范院校。牵头成立山东省食品药品职教集团，获批全国示范性职业教育集团，促进了教育链、人才链与产业链、创新链有机衔接。

（执笔人：孙学朋　查传斌　张洋）

依法治校见真章　多元统筹共治理

山东职业学院

全面推进依法治教、依法办学、依法治校是深化高职院校法治工作，推动高职院校提高治理体系和治理能力现代化水平的有效路径。以章程为引领，健全顶层规划下的依法治校工作推动机制，建强一支由"法务工作室+法治工作联络员+法律顾问"共同组成的法治队伍，创建"四渠道一保障"的师生权益维护模式和"四位一体"师生法治宣传教育模式，建设全面系统的规章制度体系、优化内部治理结构和构建以预防为主的法律风险防控体系有利于提升学校法治工作水平，推动学校治理体系建设高质量发展。

一、基本情况

山东职业学院起始于 1951 年建校的济南铁路机械学校，是全国职业教育先进单位、国家骨干高职院校、国家"双高计划"建设单位，致力于打造富有人文精神的国内顶尖工科职业院校。

为深入贯彻落实习近平法治思想和习近平总书记关于教育的重要论述，全面推进依法治教、依法办学、依法治校，加强高等学校法治工作，推动高校提高治理体系和治理能力现代化水平。学校根据有关法律法规、《教育部关于进一步加强高等学校法治工作的意见》（教政法〔2020〕8号）和《高等学校法治工作测评指标》（教政法厅〔2021〕1号），以章程为引领，健全顶层规划下的依法治校工作推动机制，建强一支由"法务工作室+法治工作联络员+法律顾问"共同组成的法治队伍，创建"四渠道一保障"的师生权益维护模式和"四位一体"师生法治宣传教育模式，建设全面系统的规章制度体系、优化内部治理结构和构建以预防为主的法律风险防控体系，打造了"1123"依法治校工作特色，推动各项事业稳步健康发展。建设法治化高等职业院校治理体系，引导学校改革创新、聚焦实际问题，运用法治思维和法治方式破解难题，有利于提升学校法治工作水平，促进学校依法依规依程序办事决策，有利于推动形成生动活泼、规范有序的学校育人环境和健全德智体美劳全面培养的多元化高等职业教育体系。

二、主要做法

学校党委带领全校师生认真学习贯彻习近平总书记全面依法治国新理念、新思想、新战略和关于教育的重要论述，着力增强法治意识，加强依法治理，健全一个机制，建强一支队伍，创建两个模式，建设三大体系，打造了"1123"依法治校工作特色如图1所示。

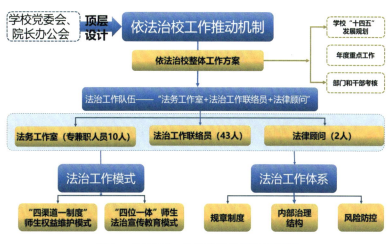

图1　"1123"依法治校治理体系框架

（一）强化顶层谋划，健全依法治校工作推动机制

学校党委高度重视依法治校工作，认真落实党政负责人依法治校第一责任人职责，学校党委会、院长办公会定期研究、统一部署和调度推进依法治校工作，党委理论学习中心组定期学习习近平法治思想和宪法、民法典、新职业教育法等法治知识，不断提高运用法治思维和法治方式开展工作、解决问题、推动发展的能力。根据教育部和省教育厅加强高等学校法治工作文件精神，出台学校加强法治工作推进依法治校整体工作方案，为全面推进依法治校工作提供路线图，确保依法治校工作各项任务落地落实。强化顶层设计，将依法治校工作纳入学校"十四五"发展规划和年度重点工作任务，纳入部门考核和干部考核内容，从顶层设计上确保法治工作整体推进、落地落实。

（二）强化人员保障，建强"法务工作室+法治工作联络员+法律顾问"法治工作队伍

按照专业化要求强化学校依法治校工作机构和队伍建设，形成"法务工作室+法治工作联络员+法律顾问"的法治工作管理体系。其中法务工作室归口统筹负责全校依法治校总体工作，配备专兼职工作人员 10 人，各职能部门设置法治工作联络员 43 人，负责本部门依法治校工作的落实。建立总法律顾问制度，设总法律顾问 1 人，负责全校法律事务处理。聘请山东康桥律师事务所 2 名律师担任常年法律顾问，为学校涉法议题决策、规章制度及合同审查、涉诉案件论证等提供专业法律意见，近年来累计为学校提供涉法服务 140 余次，有效提高了学校依法治校工作水平。

（三）强化维权普法，创建两个法治工作模式

1. 建设"四渠道一保障"师生权益维护模式

坚持"以师生为中心"的办学理念，着力维护师生权益，畅通师生反映问题"四渠道"：一是通过"山职 12345"网上投诉建议平台渠道，师生可在线即时反映问题，由信息处理中心分派任务并确保及时反馈。二是通过"四点对话"渠道，学校坚持每月由校领导带领各职能部门负责人与师生代表面对面座谈交流，征集师生关切的热点难点痛点堵点问题，并现场进行问题反馈和解答。三是通过实施全员书院制改革建成"一站式"学生社区渠道，着力将矛盾化解在基层，学校实施全员书院制改革建设"一站式"学生社区案例入选山东省教育厅"2020 年度教育综合改革和制度创新优秀案例"。四是畅通师生人身伤害事故纠纷预防、处置渠道，建立风险分担机制，健全师生校内权益救济机制，成立教师和学生申诉处理委员会，完善申诉处理及听证工作机制，对师生反映的普遍性、高频次问题进行专题研究，将问题化解在萌芽状态。建立"接诉即办"投诉处理保障机制，对于各种渠道收到的投诉和建议，严格答复时限，限期解决问题，切实维护师生权益如图 2 所示。

2. "四位一体"师生法治宣传教育模式

一是以制度建设为基础，制定学校普法规划，建立领导干部和教师学法制度，将学习贯彻习近平法治思想作为重大任务，提高运用法治思维和法治方式开展工作、解决问题、推动发展的能力。二是以教师法治教育为引领，组织全校教职工参与民法典、职业教育法等法律法规专题学习、知识竞赛等活动，提升教师法治素质。三是以第一课堂为主渠道，将"思想道德与法律基础"课程打造为思政金课，面向全体学生开设

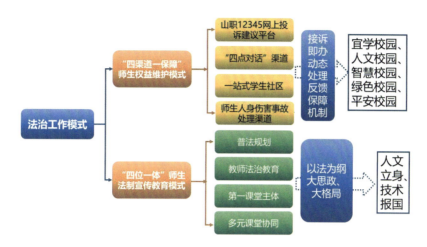

图 2　法治工作模式

"民法典与生活"等法治选修课 20 门。四是以其他课堂为有效辅助，联合驻地派出所等单位为学生开展安全防范教育，借助学生书院举办法治讲座、主题班会、"学宪法讲宪法"演讲比赛、"宪法宣传周"、宪法宣誓、法律知识竞赛等活动，将书院打造成法治文化重要载体，将法治教育浸润学生成长全过程，努力营造教师依法施教、干部依法管理、学生遵纪守法的育人环境。

（四）服务高质量发展，建设三大法治工作体系

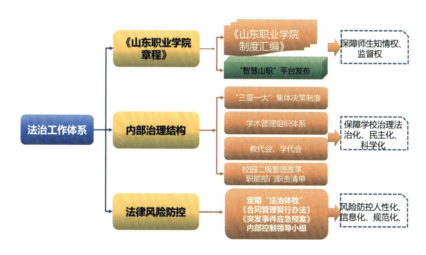

图 3　法治工作体系

1. 建章立制，建立全面系统的规章制度体系

修订《山东职业学院章程》，围绕章程规定开展规章制度"留废立改"，共废止制

度 21 件，修订制度 69 件，新制定制度 46 件，建立了与章程配套的教育教学管理、人才培养、学生管理等全面系统的制度体系，为推动学校高质量发展提供制度保障。健全校内规范性文件管理机制，规范性文件发布前必须进行合法性审查。加强信息公开，强化网上管理平台和新媒体平台建设，及时更新规章制度汇编，规范性文件全部在信息化管理平台——"智慧山职"平台公开，方便师生查阅，充分保障师生的知情权和监督权如图 3 所示。

2. 提质增效，构建科学合理的内部治理结构体系

坚持和完善党委领导下的校长负责制，健全"党委领导、校长负责、教授治学、民主管理"治理体系。坚持"三重一大"集体决策制度，修订党委会、院长办公会会议制度和议事规则，完善议题征集及议定事项督办办法，提高决策的科学化、民主化、法治化水平；健全学术管理组织体系，制定《学术委员会章程》，强化学术委员会在专业建设、教学科研、学术评价和学风建设等工作中的职权，成立校企合作理事会、教学工作委员会、教材委员会，赋予教师教学科研工作职权；制定《教职工代表大会实施细则》《学生会章程》，按时召开教代会、学代会，实施信息公开，保障师生有序参与学校管理；制定职能部门职责清单，重组管理和教学科研机构，利用信息化手段进行工作流程再造，推进校院两级管理改革，将用人管理、全面校企合作、绩效分配奖励等自主权逐步下放至二级院部，进一步扩大二级院部自主权，建立财权和事权相统一的校院两级管理体系，工作效率显著提高。

3. 预防在前，筑牢规范完善的法律风险防控体系

建立 4 个法律风险防控机制，一是定期开展"法治体检"，全面排查发展决策、人事人才、学生管理、教学管理、合同管理、知识产权等方面的法律风险点，梳理法律风险清单，建立法律风险排查、处置机制。二是制定《合同管理暂行办法》，规范合同起草、审核、订立、履行、归档、监督等流程，构建规范化、信息化合同管理机制，防范法律风险。建立合同信息管理系统，努力让"信息多跑路、师生少跑腿"。三是修订完善《突发事件应急预案》，建立师生人身伤害事故纠纷预防、处置和风险分担机制。四是成立内部控制领导小组，建立内部控制机制，做好规范性文件、办学协议、各类合同等的合法性审查，消除日常经济活动潜在的风险，维护学校和教职工合法权益。

三、治理成效

（一）形成依法办学的制度文化

学校坚持以制度建设为抓手，形成以章程为核心，规范统一、分类科学、层次清

晰、运行高效的制度体系。实现从惯性管理向规范管理的转变，法治精神融入办学育人的全过程与各方面。建立完善了落实管理制度、标准的奖惩机制，逐步形成有章可循、依章办事的管理文化氛围，推进形成自由、平等、公正、法治的育人环境。

（二）推动办学质量整体提升

学校先后荣获"全国职业教育先进单位""山东省教育工作先进单位""山东省高校毕业生就业工作先进集体"等荣誉称号。近两年办学质量考核均为全省 A 档，省属事业单位绩效考核均为优秀等次，连续 3 年被评为省级文明校园，入选"全国高职院校育人成效 50 强""山东省 2021—2023 年创建全国文明校园先进学校"，依法治理相关经验获《中国教育报》等国家级媒体报道。

（三）师生员工素质显著增强

总结凝练了"为国家潜心培育合格人才，为企业量身打造现代工匠"的办学宗旨，形成了"人文素养+技术、管理、商业能力"人才培养特色，培养了一大批德才兼备的高素质技能人才，为国家轨道交通事业和地方区域经济发展做出了积极贡献。近 3 年学生就业率98%以上，500 强企业占比 65.1%。先后涌现了全国五一劳动奖章获得者李增足，全国模范教师、齐鲁最美教师艾菊兰，大国工匠、全国劳模刘云清，全国劳模杜海宽，全路技术能手沈传营、勇救溺水儿童的魏天豪等在校师生和毕业生先进典型。

（四）校园环境和谐稳定

初步建成"人文山职""宜学山职""智慧山职""绿色山职""平安山职"等职教品牌，"双高计划"教师、在校生、毕业生、用人单位满意度均在98%以上，其中用人单位、毕业生为 100%，在校生为 99.57%。获评"2021 年度全省校园安全工作先进集体"，师生获得感、幸福感、安全感持续提升。

（执笔人：石国华　周忠元　颜彦）

系统推进办学体制机制改革
全面激发职业教育办学活力

威海职业学院

威海职业学院按照类型教育特点和职业教育办学规律，不断深化办学体制机制改革，积极打造学校事业发展与区域经济社会发展相协调的精致威海模式，全力构建起"党委领导、校长负责、教授治学、民主管理、社会参与、多元评价"的中国特色现代高职院校治理体系，实现了治理体系和治理能力的持续提升。

一、基本情况

学校着眼于让学生学到真本领，从 2016 年开始系统推进教师、教材、教法"三教"改革，从提出"强调实训的教学改革"，加大实训教学比重，到推出"生产性实训"，在教学中尽可能增加生产性元素，再到现在推行"实训性生产"，在学校内部创造更多真实的工作岗位、让学生边学习边工作，每年向社会输出 5000 多名高技能型人才，毕业生到岗就能上手、成能手，深得用人单位好评。

二、主要做法

（一）探索产教协同育人模式，把专业建在产业链上

一是畅通产教对接渠道。推动优势特色专业对接全市七大产业集群，促进教育链、人才链与产业链、创新链有效衔接，集中力量建设了建筑工程、机械制造、电子信息、电商传媒等一大批与威海经济社会发展需求相适应的高水平专业，成功入选国家优质高等专科职业院校。依托济南果品研究院威海分院等科研机构成立威海唯智应用技术研究院，设立电商传媒学院，打造山东省旅游人才（全域旅游）培训基地、山东省跨境电商实训基地、企业人才基地等 50 个品牌基地，申请新设检验检测、健康管理等 10

多个专业，四年来举办培训项目 1100 余个、惠及 35 万人次。推动威海市政府与山东省科学院、乌克兰国家科学院共建中国—乌克兰科技创新研究院威海分院，发挥职业院校联系企业紧密的优势，推动超快硬化混凝土等一批国外科技项目在威海落地转化。与环翠区、高新区分别合作成立环翠学院、高新学院，以政府购买服务的方式承接两区的公益性培训，共建实习就业联动平台、技术创新服务平台、高层次人才引进平台等，搭建校地合作协同育人常态化机制。

二是推进校企合作办学。以专业群为单元，主动与 1~2 个重点企业进行对接，开展校企深度合作，已与全市 440 家规模以上企业建立了紧密合作关系，毕业生本地就业率超过 70%。与企业共建山东海大航海技术专修学院、万斯达学院、顺通学院 3 个独立法人混合所有制二级学院，与家家悦集团、迪尚集团、新北洋等企业共建了 12 个校企合作二级学院。依托二级学院，举办校企合作专班 54 个，联合企业共同研究设置理论和实训课程，大量选聘企业师傅担任兼职教师，协同开展教学实习，学生在顶岗实习期间就能直接实岗工作。同时，建立"实习就业联动机制"，将连续多年吸纳毕业生就业的本地企业优先确定为实习合作单位，安排学生顶岗实习。

（二）开展实训教学方式改革，让学生学到更多真本事

一是打破教学实训"空间壁垒"。组织开展"砸墙运动"，除部分商科和外语类专业外，其他专业都把理论课教室的墙砸掉，装上实训设施，同时把原来实训室的一部分设备搬出来、摆上课桌，给老师的办公桌配上工具箱、变成工作台。改造后的教室集生产、实训、教学多功能于一体，给师生提供"教、学、研、做、改"等诸多便利，让"老师在车间办公，学生在实训室上课"成为常态。

二是推动课程体系"瘦身融合"。对课程体系进行全面改革，压缩成"一个主食、一个主菜、六个配菜、八个小菜"，其中"主食"是思想政治课，"主菜"是专业基础课，"配菜"是专业核心课，"小菜"是专业选修课。全部由专业带头人组织编写，形成活页教材，从根本上解决"老师想教什么就教什么、会什么就教什么"的问题。同时，全面取消基础课教学部，将公共课教师全部分到二级学院，推动数学、外语等基础课与专业课教学紧密结合起来，让学生更有兴趣学。

三是创新拓展校内"实训场景"。坚持"学校的一切资源都是教学资源"的理念，把 3048 亩校园改造成为实训场所，努力为学生提供更多大显身手的机会。将连锁经营实训室改造成现代连锁超市，把物流专业实训室改造成菜鸟驿站和京东物流仓，同时把幼儿园、电竞馆、健身房等交给教育学院，校医院交给康养学院，拓展基地交给国

防学院，安保工作交给武警士官班，水电暖维保等业务交给42个卓越工匠班，"能自己干的全部自己干"，由老师带领学生开展实战化的经营管理。将食品、服装、广告、建筑等实训耗材纳入生产性耗材管理，学生生产实训中制作出来的成品，既是作业，也是产品，由学校相关部门统筹处置，比如，学校上千名教职工的生日蛋糕、生日餐，都是学生的实训衍生品。

（三）再造内部运营管理机制，把学校变成"大公司"

一是组建结算中心，统一管理财务。取消原来二级学院财务科，只留一名报账员，新设实训管理办公室和结算中心，对生产性经营活动进行集中管理。实训管理办公室负责管理所有生产性实训项目，逐一建立工作台账。由结算中心负责统筹学校财务管理，二级学院报账员只负责项目财务核算，形成了学院管经营、实训管理办公室管项目、结算中心管资金的分置格局，有效防范了财务风险。

二是设立招标中心，规范项目运作。组建了学校自己的招标中心，所有生产性实训项目，只要是二级学院能承接的，由招标中心采取询价和虚拟招标的形式确定价格，项目验收合格后，给予学院相应虚拟利润或绩效奖励；承接不了、确需校外参与的项目或生产环节，由招标中心组织公开招标，相关费用由中标的二级学院支付，从虚拟利润中扣除。

三是成立经营公司，代管校办企业。改变以往由校办企业管理办公室以行政手段管理企业的模式，专门成立威职资产运营公司，将所有校办企业收归为子公司，并建立了"管、理、干"三权分立的经营管理体系。学校职能部门负责"管"，对资产运营公司的业务活动进行监管；运营公司负责"理"，对经营性资产进行运营管理；各个二级学院负责"干"，具体承担各类项目任务，有效管控市场化运作带来的风险。

（四）深化人事薪酬制度改革，让教师发展更有奔头

一是建立"五位一体"的教师评价体系。为扭转以往教师重理论灌输、轻生产实践的教学导向，按照"会授课、会实践、会科研、会服务"的理念，构建涵盖师德评价、理论教学、实践操作、科技研发、社会服务的"五位一体"评价体系，把教师发展导向转到培养学生职业能力、服务就业上来，让技能水平高的教师、能够承担改革发展任务的人才走上舞台。近3年来，学校师生承接服务区域的培训项目达1100项，横向课题经费到款额达到1700万元，通过实训教学实现产值4500万元。

二是建立能上能下的全员竞聘机制。打破"一评定终身"的职称制度，建立"跨

层次竞聘和层次内竞聘、续聘、落聘"的全员竞聘机制，新老资格同台竞技，竞争失败就降岗聘用。对专业教师、辅导员、行政管理岗位兼课人员、非教学类专业技术岗位等，分类设岗、分别设置评价指标，确保按需设岗、按岗聘人、人岗相适。同时，设立特殊岗位人才绿色通道，对专业群带头人等高贡献人才，允许跨层级聘任。在2020年第五聘期全员竞聘中，764人参评，376人晋升，其中，9人跨三级，53人跨两级晋升，其中1人从副高七级一步跨到正教授四级，12人落聘（包括1名正教授）。

三是建立多劳多得的绩效分配机制。推行双岗双效、多岗多效，教师完成教学任务，得一份绩效，参与生产性实训，再得一份绩效，上不封顶，分别考核、分别核算。在近3年的绩效分配中，二级学院的分配差距由过去的不超过3倍，拉大到10倍以上。首创"虚拟人"制度，对临时性安排的社会培训、技术推广等工作任务，相关处室可申请配备"虚拟人"，"虚拟人"与正常人一样获得绩效工资，对处室通过加班加点完成任务的，"虚拟人"的工资就作为加班补助；对通过招募人员来完成的，"虚拟人"的工资就作为支付报酬，激励了行政处室不断挖潜增效。

三、治理成效

一是优化了学生的学习生态，人才培养质量明显提升。教学改革使5万余名学生受益，技能水平和综合素质得到快速提升。近3年学生参加省级以上职业技能大赛获奖86项，参加"挑战杯""互联网+"等创新创业大赛获奖41项。学生21人次获威海日报（晚报）专题报道，区域头部企业对威职毕业生实行免试入职政策。培养了一批获得全国五一劳动奖章优秀毕业生。

二是教师技能水平和设计能力显著提高，内涵建设成效凸显。近几年，教师参加职业院校教师技能大赛和教学能力比赛获得省级一等奖以上29项。建设了国家级精品资源共享课程10门，编写活页式校本教材138部，入选了国家规划教材38部，获得首届全国优秀教材奖1部。建成国家级骨干专业9个，1个专业群获国家"双高"建设项目立项。获评国家级教学名师1人、国家级教学团队2个，省级优秀教学团队8个，入选国家级职业教育教师教学创新团队1个，省级黄大年团队1个。

三是提升了教师技术服务能力，形成了产教融合的良性循环。师生共同完成技术服务99项，到账金额1500万元，获得授权专利512项。开展各级各类培训、服务类项目1500多个，服务学员40万人次，到账金额1.82亿元。通过直播带货帮助农户农企累计销售农产品金额3亿多元，扶持78个特色农产品入驻电商和短视频平台。对接脱贫攻坚、乡村振兴等国家重大战略，建成12个省（市）行业技术研究中心。学校师生领衔打造的荣成留村获批首批全国乡村旅游重点镇（村），参与设计的嵩山街道五家疃村入选全国乡村治理示范村。

四是改革经验产生辐射，示范引领作用显著。学校改革的典型案例获得《光明日报》《中国教育报》等主流媒体的推广 56 次。学校主要领导在全国高职院校校长高峰论坛、教育部校长治理能力提升专题研讨班等会议上 13 次做专题发言，全国 273 所职业院校来校学习交流，在职业教育领域引起强烈反响。2021 年，中央电视台《新闻联播》《新闻直播间》等栏目对学校的改革举措进行了 3 次报道。2019 年，上合组织时任秘书长诺罗夫率上合组织 16 位驻华使节来校考察，对学校实践教学改革给予高度评价，在国际上产生广泛影响。

（执笔人：宋阳）

构建"四治四化"高职院校治理体系

枣庄职业学院

枣庄职业学院深入贯彻落实《国家职业教育改革实施方案》要求，抓住部省共建国家职业教育创新发展高地重大机遇，以"纵向贯通、横向融合"的治理理念，推进依法治校，深化育人改革，健全治理结构，建立智慧校园，构建"四治四化"的高职院校治理体系，提升了治理效能，加快推进高质量发展。

一、基本情况

枣庄职业学院是国家级高技能人才培训基地、全国职业院校校园文化建设"一校一品"文化品牌示范基地、山东省优质高等职业院校建设工程立项建设单位、山东省乡村振兴示范性职业院校，形成了"全国教书育人楷模领军、国家高技能人才培训基地强技、全国校园文化示范基地铸魂"的办学优势，打造了"两校一体、匠心育人、书院培养"的办学特色。在高职教育的办学实践中，学院在治理中坚持依法治校，突出人文精神，搭建信息平台，针对治理权责不等、治理文化不明、治理合力不足、治理效率不高等问题，纵向从学校、二级教学单位、教师、学生4个层面，创新体制机制，实施流程再造，释放创造活力，建立衔接顺畅的民主、高效贯通模式；横向以产教深度融合、校企密切合作为主线，共建共治共享，建立校企命运共同体。在制度方面，出台《关于加强法治工作的实施方案》，成立法治工作办公室，在以法治思维和法治方式引领、推动、保障深化改革和依法自主办学治校，构建了"一个体系、六个机制"的法治工作格局。在环境方面，把"班墨奚"匠心文化作为新时代职业教育的灵魂，凝练了"班墨奚"匠心文化的时代内涵，明确培养具有"卓越匠心、高端匠技、家国匠情、担当匠行"的高素质技术技能人才的目标和定位，形成"班墨奚"匠心文化育人体系。在行为方面，强化校企双主体办学的属性，充分发挥企业的重要主体作用，吸引社会力量多种形式、高水平参与办学，构建了"五共同"的"政校企行"四方联动共治体系。在条件方面，以"一台三化"工作思路开展智能治理，推进质量管理常态化、全覆盖，并依托智慧校园平台，推动各类数据融通共享，逐步形成现代化职业院校建设与发展的内部质量保证体系。

二、主要做法

（一）坚持"法治"，创新体制机制，实现治理制度化

（1）一个体系：以《枣庄职业学院章程》为核心，制定并完善教学、科研、学生、人事等学校管理制度 173 项，建立健全各种办事程序、内部组织规则、议事规则等流程 83 项，构建规范统一、分类科学、层次清晰、运行高效的现代制度体系。

（2）六个机制：一是决策执行监督机制。健全决策咨询机制，出台党委会和校长办公会议事决策规则，实施法律总顾问制度，对拟研究决定的重要事项，充分调研、听取意见，进行合法合规性审查和风险评估。发挥纪委、审计、督导等部门职能，完善决策权、执行权与监督权相互制约、相互协调的治理结构。二是民主管理体制。建立教代会、学代会、学生会等民主管理组织和机制，保障师生知情权、参与权、表达权和监督权。三是学术管理体制。发挥学术委员会管理专业建设、学术评价、学术发展和学风建设等重大学术事项主导作用，充分行使决策、审议、评定和咨询等职权，提升学术治理水平。建立专业建设指导委员会、专业（群）建设委员会、教材选用委员会，促进专业建设和教学改革。四是社会参与体制。成立枣庄职业学院理事会，发挥咨询、协商、议事和监督职能作用，鼓励社会参与学校办学和管理。坚持和完善信息公开制度，接受社会监督。五是院系二级管理体制。建立以人事和财务二级管理制度为核心，人事权、资源配置权和事务处置权统分结合的校系二级管理体制，推进管理重心下移。六是考核评价机制。实行分类考核、差别考核、目标考核和过程考核相结合，考评结果与部门、个人绩效挂钩，发挥考评激励导向作用。强化对重点工作、重大改革事项、重要决策执行绩效评估，提高工作执行力。

（二）坚持"文治"，构建"班墨奚"匠心文化育人体系，实现治理人文化

（1）构建"四个融入"的精神文化体系。一是融入校风校训，形成了"尚德尚能、励志励学"校训和"至诚至善、唯实唯新"的校风。二是融入思想政治教育工作，

将社会主义核心价值观与工匠精神有机结合。三是融入教研科研。成立"班墨奚"职业教育思想研究院和工匠精神研究会。四是融入校本教材。编写《走进枣庄学工匠精神》等校本教材 2 部，在课程教学中诠释传播工匠精神。

（2）构建"四层递进"的环境文化体系。实施工匠文化建设提升工程，建设了工匠文化博物馆、德廉教育馆、消防体验馆，尚德园、尚能园、尚善园、尚贤园、劝学园、天工园，以奚仲、鲁班、墨子等文化名人命名的道路和工匠文化广场。通过建设"三馆六园六路一广场"，逐步打造"馆园路场"四层递进的匠心文化环境。

（3）构建"三个结合"的制度文化体系。一是匠心文化与企业文化相结合，积极引入行业、企业的管理体系，让学生从传统文化中适应现代企业制度。二是匠心文化与现代大学制度相结合，在制定学院章程、配套制度中，引领现代工匠精神塑造。三是匠心文化与书院制素质教育相结合，成立了君山书院和兰陵书院。

（4）构建"五位一体"的行为文化体系。一是匠心文化与社团活动融为一体。二是匠心文化与劳动教育融为一体。三是匠心文化与实习实训、社会实践融为一体。四是匠心文化与主题教育融为一体。五是匠心文化与创新教育融为一体。建立了奚仲创新工作室、鲁班匠心坊、墨子创客空间。

（三）坚持"共治"，政校企行"四方联动"，实现治理多元化

（1）政校共建。枣庄市政府印发《关于推动枣庄职业学院创新驱动高质量发展的意见》（枣政字〔2020〕9 号），成为山东省首个以市级政府名义印发、支持高职院校的文件。与台儿庄区委区政府签订战略合作协议，台儿庄区委区政府为学校无偿提供 190 亩土地，共建枣庄职业学院台儿庄古城校区。学院提供 75 亩土地，高新区投资 1.5 亿元，与浙江大学山东工业技术研究院，探索以混合所有制形式共建浙江大学国家大学科技园（枣庄）暨枣庄市公共实训基地。与枣庄市委组织部等 6 部门联合出台《关于支持枣庄职业（技师）学院校企共引共用博士实施办法》，解决高层次人才招聘引进困难问题，落地高层次人才 2 名。

（2）职技共享。枣庄职业学院与枣庄技师学院两位一体办学，共享两种资源、两个市场，实现职技融通、双证互通。

（3）校行共培。坚持育训并举，年均承担社会各类培训达 10 万人以上，建成全国职工职业技能实训基地、全国职工教育培训示范点、国家级农民工培训示范基地。建成枣庄市大（中专）学生创业园，面向社会融资 9800 余万元，成立股份制山东省艺嘉机动车驾驶实训基地有限公司，累计培训驾驶员 3 万余人，培训创收 4000 余万元，孵

化企业 26 个。青岛农业大学、枣庄市农业农村局等部门共建枣庄新型职业农民学院、枣庄市乡村振兴学院、枣庄市农产品质量检测中心、枣庄市兽药及饲料检测化验中心，全面服务于全市乡村振兴战略的农业农村人才培养培训，打造服务乡村振兴的样板。与中国邮政集团有限公司枣庄分公司共建邮政产业学院和枣庄邮政培训基地，与枣庄市市场监督管理局、枣庄市市场监管综合服务中心签订战略合作协议，共建枣庄市质量强市暨知识产权培训基地。

（4）权责共担。坚持"一院一策、院为实体、权责匹配、分类支持"的基本原则，合理划分学校、处室、系（院）的权责边界，稳步推进"放管服"改革，建立权责分明、以系（院）为主的校院两级管理体制，推进管理重心下移，建立以系（院）为管理重心的运行体制。

（5）校企共融。牵头组建了山东省职业院校劳动教育研究联盟、枣庄市职业教育贯通培养联盟和枣庄市技工教育、枣庄市旅游和服务业、枣庄市互联网产业、枣庄市健康养老、枣庄市高端化工等 5 个市级职业教育集团，校企共建了 9 个现代学徒制性质的产业学院。成立了墨子国际学院和中外合作办学联盟，搭建对外交流工作机制，中外合作办学项目 3 个。

（四）坚持"质治"，建设智慧校园，实现治理智能化

（1）建设统一的智能校园平台。打破数据壁垒，消除数据孤岛，建立统一的数据资源池，加强数据管理，推进业务数据共通共享，逐步形成以数据为基础的学校信息化治理能力。推进实施一站式服务、"枣职知早办、一网通办"信息化服务平台，建设诉求调处中心、信访接待中心、学生服务中心，全方位提升办学要素水平，提高师生满意度，形成全员全过程全方位育人格局。

（2）实施业务数据标准化。对原有各方业务系统数据进行清洗，对现有数据的定义、组织、监督和保护进行标准化，建立了数据标准，实现数据共享共通。

（3）实施数据采集全程化。实施从学生入学、教学运行、实习就业全过程数据采集，构建监测与分析改进平台，构建全场景学习行为数据采集的质量监控体系，助力人才培养精准施策。

（4）实施数据分析可视化。构建针对目标监测、规划实施、流程管控、诊断改进、激励创新的智能化大数据可视化管理平台，实现数据分析和预警，有效提高质量治理能力。

三、治理成效

（一）依法治校的水平进一步提升

理顺了管理体制机制，建成科学合理、权责明晰、协同有效的机构设置和运行体系。领导干部运用法治思维和法治方式化解重大风险、提高治理效能的能力不断提升，师生法治意识显著增强。决策更加民主、法治、科学，管理与决策执行更加规范、廉洁、高效，有效保障了各项事业的科学发展。保证了师生的意见得到充分表达，合理诉求和合法利益得到充分体现，实现决策和监督由单方决定转变为由师生员工共同参与决定。

（二）学生综合素质进一步提高

形成了"追求卓越、崇尚质量"共同核心价值追求和"敢为人先、精益求精"的学院精神，学生综合素质显著提升，中央电视台《新闻频道》报道了学院学生救助摔倒老人的事迹，11 名学生获评诚实守信枣庄好人、枣庄市见义勇为先进群体。"班墨奚"匠心文化入选山东省教育品牌，学院获评全国学雷锋教育基地、山东省高校思想政治教育工作先进集体、山东省中华优秀传统文化传承基地、山东省中华经典诵吟特色学校、山东省科普教育基地。

（三）办学活力进一步增强

产教深度融合、校企密切合作，进一步畅通开门开放办学渠道，办学效益、办学活力、技术技能积累全面增强，社会服务能力显著提升，国际交流合作不断深入，年均职业培训鉴定 2 万余人，近两年技术服务、培训及专利转化到款金额 16885174 元，基本实现二级学院从教学单位向办学主体转变，形成了以现代学徒制培养为主要特色的混合所有制二级产业学院、专业、技能培训基地 7 个，校企合作开发课程 95 门、教材 43 部。

（四）师生满意度进一步提高

构建学校、专业、课程、教师和学生等层面的"8 字型质量诊断改进螺旋"，实现了常态化自主诊断与改进。打造了具有高度感知能力、协同能力和服务能力的智慧校园，优化了管理和服务流程，实现对各项教育教学活动和学校管理服务工作的全方位、全过程、全链条、全天候信息化管理服务，提高了信息技术支撑管理服务能力，信息化管理与服务覆盖率达到100%，师生满意度、毕业生满意度、用人单位对毕业生满意度在95%以上。

（执笔人：韩超　周勇　孙洪庆）

构建高职院校 OSEI 内部质量保证体系，
打造职业院校治理新高地

淄博职业学院

淄博职业学院高质量发展是教育发展的高级阶段，是职业教育面临的新问题，也是巨大的实践难题。以高质量发展为目标，提升学校治理水平，对高职院校内部质量保证体系提出了全新要求。淄博职业学院以高质量发展为目标，以提升人才培养质量为中心，以内部质量控制和绩效评价为抓手，以信息化技术为手段，构建了高职院校 OSEI（目标引领、标准保证、评价驱动、信息化赋能）内部质量保证体系，走出了一条高职院校跨越式发展之路。

一、基本情况

淄博职业学院于 2002 年成立，是淄博市人民政府主办的一所普通高职院校，是中国特色高水平高职学校和专业建设计划建设单位。淄博职业学院 2002 年建校之初，提出了"质量立校、细节管理，建立高效运行机制"的办学理念，引入 ISO 9000 质量认证体系，构建全面质量管理体系。2008 年，实行党管质量机制，设置质量管理专门组织机构，构建了"基于人才培养质量持续提升的绩效考核体系"。2016 年 5 月，学校被教育部列为职业院校教学诊断与改进工作试点院校后，学校从转变理念入手，围绕学校、专业、课程、教师和学生等五个层面，进一步厘清了各层级质量目标、质量标准，运用绩效评价手段推动质量主体责任落实，搭建了"三中心一平台"校园数字化系统，构建了目标引领、标准保证、评价驱动、信息化赋能（以下简称 OSEI）的内部质量保证体系，有效地促进了学校高质量发展。2019 年，学校通过了教育部诊改委首批诊改试点高职院校的复核验收。

二、主要做法

（一）目标引领，打造目标链

依据学校事业发展规划及其子规划，构建了由学校总体发展目标、各子规划目标、院系发展规划目标、部门年度工作目标、专业建设目标、课程建设目标、教职工职业生涯规划、学生成长成才规划等构成的层级分明、内容关联的目标体系，形成了目标链。

1. 科学规划，锁定长期目标

2002 年建校之初，确定了建设"国内一流高职院校"的发展目标；"十二五"事业发展规划，确定了建设"国内一流、国际水准现代高职院校"的发展目标；"十三五"事业发展规划，确定了建设"中国特色、国际水准现代高职院校"的发展目标；"十四五"事业发展规划，确定了"初步建成中国特色、世界水平高职院校"的发展目标（见图 1）。

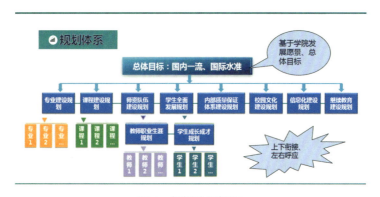

图 1　规划体系架构

2. 构建目标体系，谋划近期目标

基于学校发展愿景和总体目标，从专业建设、课程建设、师资队伍建设、学生全面发展、内部质量保证体系建设、校园文化建设、信息化建设、继续教育建设等层面，构建规划、学校、部门三级目标体系。

3. 层层分解，找准具体目标

基于学校整体发展战略和各部门目标规划，科学合理地分解目标任务，通过编制任务分解书，将每项工作目标落实到年度、部门、岗位工作任务中，制定目标实现的时间表、路线图，使目标推进有抓手。

（二）标准保证，打造标准链

学校围绕目标链，建立了与目标相匹配、衔接的标准体系。总体发展标准（见图2）与总体发展目标相匹配，学校层面、专业建设、课程建设、师资队伍、学生全面发展等各层面标准体系分别对应相关目标体系相衔接，从上到下，落实到各个层面，构成支撑目标实现的标准体系，形成标准链。

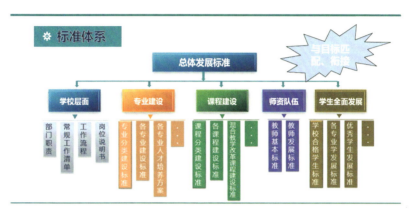

图2　标准体系架构

1. 制定学校层面标准

按照"学校职责—职能处室职责—岗位职责"的逻辑，完善学校层面的规章制度和部门职责，制定部门常规工作清单和岗位说明书，对学校层面的工作标准进行细化、落实。

2. 制定专业层面标准

围绕专业建设、教学条件、师资队伍、课程建设、专业文化、职业发展、社会服务等要素，制定国家级重点专业、省级重点专业、校级重点专业、需求专业四级阶梯建设标准。

3. 制定课程层面标准

围绕课程建设、教学运行、基本保障、教学团队、建设成效等要素，制定国家级重点课程、省级重点课程、校级重点课程、一般课程等四级阶梯建设标准。

4. 制定教师层面标准

把师德作为教师评价的第一标准，按照新任教师、助理讲师、讲师、副教授、教授等各专业技术职务要求不同，从师德、专业水平、教学能力、教学质量、"双师"素质、教科研能力、社会服务能力、领导能力等方面构建教师发展标准。

5. 制定学生层面标准

围绕思想政治素养、科学文化素养、身心健康素养、实践能力素养 4 个维度，制定了 24 个要素的学生标准。

（三）评价驱动，打造内生动力

1. 构建"8 字型质量改进螺旋"内部质量保证运行机制

围绕"目标—标准—设计—组织—实施—诊断—激励—学习—创新—改进" 10 个步骤，构建了学校、专业、课程、教师、学生五个层面的"8 字型质量改进螺旋"（见图 3），对照目标和标准，每年定期开展自主诊断分析，推进工作质量循环提升。

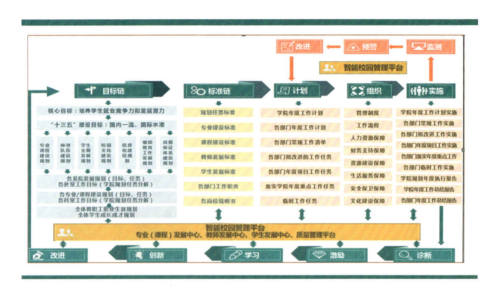

图 3　学校层面"8 字型质量改进螺旋"

2. 建立基于诊改理念的绩效考核评价体系

学校围绕内部质量保证体系，建立了目标评价、过程评价、增值评价、综合评价、成果评价"五位一体"的学校二级部门年度绩效考核评价体系。

一是构建目标评价指标。运用目标管理（MBO）法、SWOT 分析法，围绕建设一流学校、培养一流人才、产出一流成果目标，定性与定量相结合，目标与质量贡献相统一，构建学校、部门、岗位三级目标评价指标。

二是构建过程评价指标。运用 360 度绩效考核法，围绕质量观、质量要素、质量标准、行动计划、质量控制机制、绩效评价激励，构建目标监控、计划监控、项目监控、过程监控、动态反馈、改进提升、自主诊断、绩效考核循环提升的全员、全过程、全方位过程评价指标。

三是构建增值评价指标。运用纵向比较法，按照二级管理部门职责特点，确定评价的基本要素和观测点，构建由基本标准、目标标准、实际状态、改进目标的标准体系，改进目标既是当年度改进目标标准，也成为下一年度的目标标准，形成目标循环提升。

四是构建综合评价指标。以满意度为评价要素，构建学校领导管理层评议、干部管理层、教师层、学生层等4个层次的综合评价指标。

五是构建成果评价指标。运用数学建模方法、关键绩效（KPI）法和平衡计分卡（BSC），梳理符合学校评价导向的关键绩效指标，把定性评价转化为数字化的定量评价，加大成果指标权重，充分发挥评价的导向作用。

3. 建立成果导向的绩效奖励机制

学校建立了完善的绩效奖励制度，按照年度绩效评价结果对二级管理部门进行绩效奖励，对教师取得的高水平成果进行专项奖励（见图4）。落实"破五唯"精神，教师个人绩效工资的发放不唯资历，重实绩，根据教师的教学质量评价结果而不是教师职称发放个人绩效工资。对教学质量突出的教师，授予校长教学质量奖，进一步激发教师自主提升教学质量的积极性、主动性。

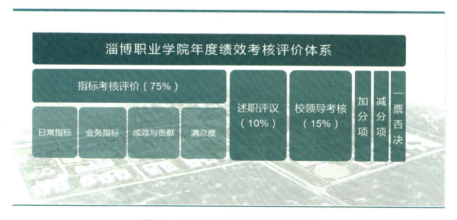

图4 学校年度绩效考核评价体系

（四）信息化赋能，打造智能校园管理平台

以学校内部质量保证体系为基础框架，运用信息技术，把日常工作与评价标准融入，遵循实现工作状态及成效网上实录化数据、自主诊断改进、工作状态实时监控、实时采集数据的原则，按照目标、标准、任务、实施、监控、评价、反馈、整改提升

的"8字型质量改进螺旋"，构建由原始信息收集、信息监控、信息利用和信息反馈四个方面功能组成的基于大数据分析的"三中心一平台"的智能校园管理平台（见图5），为自主诊断改进提升提供多源头、实时、多维度、全方位的大数据支撑。

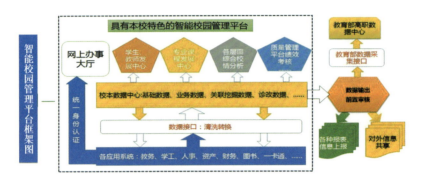

图5 基于大数据分析的"三中心一平台"

1. 搭建质量控制与绩效考核评价融为一体的质量管理平台

采用了向下负责、向上管理的思维方式，开发设计了质量控制与绩效考核评价融为一体的信息化平台——质量管理平台（见图6）。质量管理平台把学校组织机构、职责、任务、质量标准、自主诊断改进、绩效考核评价整合为一体，与学校数据中心的人力资源、教学、学生、财务、资产、科研等数据共享，运用大数据，对二级部门绩效进行动态评价，实现全员、全过程、全方位质量监控与绩效考核评价常态化、动态化、信息化，保证了评价结果的公开、透明、公正。

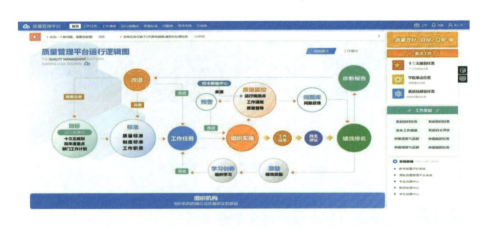

图6 质量管理平台运行逻辑图

2. 搭建专业动态化诊断预警改进提升的"专业发展中心"

以服务专业发展为目标，通过搭建信息化数据平台，呈现专业建设与运行各项状态数据，为专业自主诊断与改进提供信息化手段与工具，实现专业建设质量螺旋式提升。

3. 搭建促进教师发展成长的"教师发展中心"

以教师为中心，将教师基本状态、职业生涯发展规划、4 个维度能力（教学能力、科研能力、服务学生能力、综合成长能力）、教师自我诊断分析、年度岗位绩效考核融为一体，为教师个人自我诊断提供大数据支撑。

4. 搭建促进学生全面发展的"学生发展中心"

以学生为中心，遵循教育和人才成长规律，将学生发展目标、发展标准、个人发展规划、学业综合评价融为一体，多维度对比与预警机制相结合，实现数据即时采集、实时呈现、及时预警，帮助学生找差距、分析原因，自我诊断学生发展质量，实现学生自我诊断、自我改进、全面发展。

三、治理成效

（一）诊改理念深入人心，全员质量主体意识不断增强

学校将诊改思维、诊改理念有效、合理地融入教学和管理的各个方面，进一步增强了各个层面的质量主体责任意识，提升了学校治理水平，形成学校独具特色的质量文化。将内部质量保证体系与绩效评价体系充分结合，基于工作目标和标准有序组织实施各项工作任务，运用评价激励制度，充分激发了全校教职工内生动力。

（二）推动学校管理由被动到主动、管理到治理的转变

围绕诊改建设，学校实施治理现代化工程，构建以党委领导下的校长负责制为根本制度，专家咨询委员会、理事会、学术委员会、教职工代表大会、学生代表大会协同治理的"1+5"治理体系，着力实现决策科学化、制度体系化、管理精细化、监督常态化、效能高效化。以学校章程为统领，以内部质量保证体系为基础，构建了"五纵五横"现代大学治理制度新体系，为推动学校管理由被动到主动、由管理到治理的转变提供了制度保障。

（三）构建了信息化环境下的质量保证体系

"三中心一平台"的智能校园管理平台实现了学校内部质量保证体系的信息化运

行，并使诊改工作与学校的各项工作深度融合。学校、专业/课程、教师、学生等5个层面的目标、标准、工作实施过程等信息分别通过质量管理平台、专业（课程）发展中心、教师发展中心、学生发展中心得以呈现，从而使各部门、各岗位的工作目标和标准更加明确、直观，实现了过程监控，及时发布预警，各部门、各岗位依托信息平台更加注重工作过程管理、提升工作质量。

（四）有效地提升了学校办学实力

学校先后荣获全国职业教育先进单位、全国精神文明建设工作先进单位等荣誉称号，获得黄炎培职业教育奖，入选全国高职院校教学资源、服务贡献、国际影响力"50强"。2019年学校入选中国特色高水平高职学校和专业建设计划建设单位。2021年在中国科教评价研究院等发布的高职院校竞争力排行榜中位列全国第三、山东第一。2020—2022年连续三年在山东省高职院校办学质量年度考核中获A等。学校人才培养质量显著提升，2021年学生技能大赛取得4项国赛一等奖，位居全国高职院校第一。

（五）相关经验在全国高职院校中得到广泛应用

近5年，先后有563所院校到校借鉴学习学校诊改工作经验。依托质量管理信息化平台，"高职院校OSEI（目标引领、质量保证、评价驱动、信息化赋能）内部质量保证体系已在全国77所高职院校应用推广。

（执笔人：姚原野　吕玲）

以党建提质培优引领学校高质量发展

河南工业职业技术学院

坚持和加强党对职业院校工作的全面领导，是新时代中国高等职业教育快速健康发展的成功经验。党的十八大以来，以习近平同志为核心的党中央高度重视高校党的建设和思想政治工作，立足新时代新征程，学校党委加强党对学校工作的全面领导，聚焦基层党建工作规范化、精准化、特色化发展，构建"两项融合"工作模式，实施"三个提升"计划，深化"三个聚焦"行动，健全"四位一体"党建工作体系，夯实组织基础，锻造先进党员队伍，思想政治建设不断加强，政治导向更加鲜明，不断以党建提质培优引领学校高质量发展。

一、基本情况

河南工业职业技术学院坚持以习近平新时代中国特色社会主义思想为指导，全面贯彻落实新时代党的建设总要求和党的组织路线，以政治建设为统领，认真落实党委领导下的校长负责制，加强和改进党的建设，不断增强管党治党、办学治校能力。学校围绕立德树人根本任务，深入开展理想信念教育和社会主义核心价值观教育，构建全员、全过程、全方位育人新格局。引领全体师生员工树牢"四个意识"，坚定"四个自信"，坚决做到"两个维护"；聚焦基层党建工作规范化、精准化、特色化发展，构建"两项融合"工作模式，实施"三个提升"计划，深化"三个聚焦"行动；健全"四位一体"党建工作体系，压实党建工作责任，持续以党建提质培优赋能中国特色高水平高职院校高质量发展。

二、主要做法

（一）构建"两项融合"工作模式，提升学校党组织领导力

学校党委把抓好党建工作作为办学治校基本功，政治上把方向举旗帜、战略上管大局作决策、组织上抓班子带队伍、监督上扛责任保落实，以党的政治建设为统领，把党的领导贯穿办学治校、教书育人全过程，推动全面从严治党向基层延伸，确保党委领导更加坚强有力，推进学校内涵发展、高质量发展。

1. 政治建设与思想建设深度融合，筑牢发展根基

坚持不懈抓好政治建设，强化政治统领。学校党委始终把党的政治建设放在首位，不断加强班子自身建设，严格落实管党治党政治责任，制定了《关于进一步加强党委领导班子建设的意见》，对班子成员提出"四个过硬""六个带头""六个表率"的要求。制定学校《落实党员干部政治规矩和政治标准负面清单》，教育和引导全校党员干部牢记"两个确立"，做到"两个维护"，不断提高政治判断力、政治领悟力、政治执行力。

坚持"第一议题"抓学习，强化思想根基。学校党委把学懂弄通做实习近平新时代中国特色社会主义思想作为首要政治任务，以红色基因、工匠精神、军工特色为载体，扎实开展"不忘初心、牢记使命"主题教育、党史学习教育等，成立党史学习教育理论宣讲团，构建"虚拟+"仿真体验式党史学习教育环境，形成"中心组带头学、党支部跟进学、教职工分享学"的"三学"模式，推动理论学习呈现多样化、创新化、制度化特点。全校师生学用结合、学有所悟、用有所得，在感悟思想伟力中不断强化政治引领，厚植教育情怀，积极担当作为。

加强和改进意识形态工作，引领价值取向。学校党委严格落实意识形态工作责任制，牢牢掌握意识形态工作领导权、主动权，切实履行国家安全工作职责，着力防范和化解重大风险。召开意识形态工作联席会，分析研判、研究部署学校意识形态工作，牢牢把握正确的舆论导向。定期开展师生思想状况动态调查，切实加强课堂教学、报告会等阵地管理。把网络意识形态放在重要位置，加强舆情监控和研判处置，有效维护清朗网络空间。邀请专家到校做意识形态工作专题培训，提高领导干部意识形态能力建设。

2. 立德树人与人才培养深度融合，优化育人体系

立足铸魂育人，构建"大思政"育人格局。学校党委将党建引领与立德树人根本

任务紧密结合，加强人才培养模式顶层设计，构建培养学生关键能力和综合素养的体系图谱，构建并实施"四个融入、五育并举"的高质量人才培养体系，培养德智体美劳全面发展的社会主义建设者和接班人。推动"领导干部上讲台"制度化、常态化，党委领导班子带头为学生上专题思政课，为分管部门和联系单位上专题党课。持续深入开展"以灾难为教材与祖国共成长"主题教育活动，党委书记、校长分别为全校师生线上讲授《开学第一课》。深化"三全育人"综合改革试点，健全思想政治工作体系，推进课程思政与思政课程同向同行。将"信仰信念教育""实习实践教育""创新创业教育""文化素养教育"融入教育教学全过程，实施"5563"育人工程，不断推进"课程思政"教育教学改革，荣获教育部 2021 年职业院校校园文化建设"一校一品"学校称号。

创新培养模式，提升技能人才培养质量。通过对接岗位需求，校企联合实施新型学徒制、现代学徒制、订单培养、导师制、"1+X"证书制度、技能竞赛引领、分类培养、岗课赛证融通培养等人才培养模式改革，以目标导向对学生进行分类培养，精准施策、因材施教、多元评价，让不同基础、不同禀赋的学生都能实现就业有能力、升学有渠道、发展有前景，极大地提高了人才培养质量和学生就业质量。

建立技能大赛体系，培养高端技术技能人才。以全国职业院校技能大赛和"互联网+"大学生创新创业大赛为引领，建立国家、省、校三级职业技能竞赛体系，将赛项内容融入到人才培养方案及课程教学内容，通过全员参与、以岗定课、因材施教，走出了一条融"岗位需求、课程体系、技能竞赛、证书考试"于一体的技能人才培养之路，技能竞赛覆盖所有专业和学生，以赛促教、以赛促学、以赛促改。2019—2021 年在全国职业院校技能大赛中获奖 21 项，位居全国第 11 名，河南省第 1 名，2022 年全国职业院校技能大赛，获得 3 项一等奖、4 项二等奖、4 项三等奖，获奖数量位居全省第一。

（二）实施"三个提升"计划，夯实基层党支部组织力

建立校党委、党总支、党支部、党员"四位一体"的党建工作模式，聚焦规范化、精准化、特色化发展，强化各级党组织的政治属性和政治功能，深入实施基层党建工作"三提升"计划，激发各级党组织的创造力、凝聚力和战斗力。

实施"组织力提升"计划，深入落实教育部党建"双创"工作要求，注重创建品牌，推进基层党组织"对标争先"，实施党支部建设"两化一创"强基引领行动计划，开展"达标引领""提质引领""创优引领"三大行动，全面推进党支部标准化、规范

化建设，创建国家级、省级、校级样板党支部。坚持党建带团建和群建，建设党团活动室，指导工会、学生会、社团等群众组织开展活动。坚持支部建设与高水平专业群建设齐推进，实施党务干部"领雁计划"和教师党支部书记"双带头人"培育计划，每年举办 1~2 期党务干部培训，实现"双带头人"支部书记全覆盖，建设"全国党建工作样板党支部"3 个、"省级样板党支部"2 个。

实施"支部建设提升"计划，创建"333"教师党支部建设模式，聚焦"3 个强化"，即强化创建意识，强化示范带动，强化互融互促，开展"四个一提升"活动。搭建"3 个平台"，即"支部+名师"平台，"支部+导师"平台，"支部+技师"平台，打造理实结合人才培养模式。深化"3 个服务"，即服务国家战略，服务技能型社会建设，服务地方社区，开展多样化进社区服务活动。构建"12234"学生党支部建设模式，健全一个机制，即组织共建、思想共引、资源共享、活动共办、服务共抓、发展共促"六位一体"工作机制，坚持"三员互动"，构建党团队一体化建设新格局。打造一个工作室，成立"遇见青心"成长教育工作室。建强"大学生党员先锋队""青马工程讲师团"两支队伍。用活 2 类阵地，统筹线上线下，校内和校外两大阵地，探索"互联网+"党建工作新载体，推动党员学习教育走深走实。深化 4 大主题活动，即"军工精神铸魂、传统文化熏陶、红色基因传承、乡村振兴研学"四大主题活动，引导学生坚定不移听党话、感党恩、跟党走。

实施"干部素质提升"计划，以增强班子整体功能为重点，构建"双向培养"机制，注重从政治素质好的骨干教师中发展党员，选拔热爱党务工作、教学科研能力突出的青年教师党员担任党支部委员，着力把支委班子建设成为新时代党建和业务双融合、双促进的中坚骨干力量。贯彻落实新时期好干部标准，选优配强领导干部，干部队伍结构进一步优化。加强干部教育培训和挂职锻炼，提高干部履职能力。强化干部管理监督，开展干部档案专项审核，完善干部人事档案管理制度，严格规范领导干部个人重大事项报告、社会兼职，强化干部因私出国（境）管理，形成了常态化干部管理监督机制。

（三）深化"三个聚焦"行动，推动党员教育提质增效

聚焦党员"先锋引领"行动，立足岗位担当尽责。通过"三级联系基层制度""在职党员进社区报到""党员示范岗"等载体，健全教师党员发挥先锋模范作用的长效机制，引领党员教师成为教学骨干、专业带头人、服务标兵、管理能手、改革先锋，在省级国家级教学名师、专业带头人、学术技术带头人、青年骨干教师、先进教育工作

者群体中培育党的骨干力量，推动学校中国特色高水平高职学校和专业建设。在疫情防控和防洪救灾中，全校师生党员积极响应党委号召，组建 4 个临时党支部，组成党员突击队、设立党员先锋岗等，全校 687 名党员干部冲锋在前，轮班值守，投身抗疫急难险重任务一线。不断把党的政治优势、组织优势转化为疫情防控的强大政治优势，确保学校"零输入、零感染"。2020 年以来学校 16 名党员获省委组织部、省人社厅记功和通报嘉奖。

聚焦党员"实践服务"行动，发挥先锋模范作用。创新开展党员干部"一线提能"行动，引导党员在党的建设、乡村振兴、为民服务等重点工作中率先力行，充分发挥党员先锋模范带头作用。搭建"支部+名师"、"支部+导师"、"支部+技师"等平台，引领党员教师成为教学骨干、专业带头人、服务标兵、管理能手、改革先锋。深入开展"院校+"行动计划，对口支援新疆十三师职业技术学校。选派 16 名处级干部、15 名科级干部对口帮扶南阳市方城县，1 名中干挂职任方城县乡村振兴局副局长。组建 6 个科技服务团助力乡村振兴，80 余名专家开展科技服务 392 次，志愿帮扶活动 176 场，特色做法被"学习强国"、《河南日报》等媒体报道，脱贫攻坚工作连续四年被评为全省综合评价"好"的高等院校。

聚焦党员"四位一体"行动，扩宽教育培训渠道。建立由学校党委统一领导、党委组织部和党校牵头，分层次、分类别、多渠道、多形式的培训机制。创新培训方式，构建"上级组织调训、学校统一培训、条线分块培训、线上线下学习""四位一体"的培训模式，充分利用"学习强国""两微一端"等网络教育平台，让党员在指尖上随时随地自主学习，提升党员教育实效性、针对性。依托党员教育培训基地，抓实"主题党日"，组织师生党员赴遵义会议纪念馆、罗山县何家冲、确山竹沟革命纪念馆、方城二十五军独树镇纪念馆等地进行现场教学，组织党员开展重温入党誓词、过政治生日等活动，灵活运用讲授式、研讨式、模拟式、互动式、观摩式、体验式等教学方法，加强案例培训和典型教育，促使教育由"单一化"向"多元化"转变，实现党员学习教育日常化、常态化，确保学习在日常、学习入心脑。

三、治理成效

1. 党建高质量引领事业发展成效更加显著

通过党建引领，学校各项事业发展特别是学校"双高"建设和提质培优行动计划任务取得显著成绩，学校的美誉度和影响力持续增强。学校是国家示范性（骨干）高职院校、国家优质高职院校、"中国特色高水平高职学校和专业建设计划"建设单位。

学校荣获全国就业工作先进单位、国家技能人才培育突出贡献奖、第七届黄炎培职业教育优秀学校奖、高职院校服务贡献典型学校、高职院校学生发展指数优秀院校、高职院校资源建设优势学校、高职院校教师发展指数优秀院校、全国职业院校产教融合50强、教育资源50强、实习管理50强、全国机械行业"十三五"思想政治工作50强、河南省文明校园标兵、河南省五一劳动奖状等荣誉。

2. 基层党组织战斗堡垒作用得到发挥

学校3个基层党支部获评"全国党建工作样板党支部"，2个基层党支部获评"全省样板党支部"，25个党总支、直属党支部获评河南省、河南省国防科技工业系统先进基层党组织"荣誉称号；3个专业被评为国家级骨干专业、8个专业被评为教育部首批1+X证书制度改革试点专业，机电一体化教师团队和网络营销与直播电商团队分别被评为国家级职业教育教师教学创新团队。

3. 军工铸魂育人效果显著

学校深入推进思政课程和课程思政同向同行，以思政品牌培育为抓手，创新日常思想政治工作手段，将社会主义核心价值观贯穿人才培养全过程。学校荣获"全国机械行业'十三五'思想政治工作五十强""河南省文明校园标兵"称号，1个团支部被评为"全国五四红旗团支部"，1个院系被评为省级"三全育人"综合改革试点院系，2门课程荣获河南省高等学校思想政治理论课优秀课程，2门思政课程荣获省级精品在线开放课程。

梦想照亮前方，奋斗正当其时。面对时代的机遇，河南工业职业技术学院党委将坚持为党育人、为国育才的初心使命，承载着转隶的东风，踔厉奋发，笃行不息，始终坚持用高质量党建为促进学校高质量发展保驾护航、掌舵开路，不断提升服务国家战略和地方经济社会发展能力，以优异成绩献礼党的二十大。

（执笔人：马小兵）

贯彻落实《职业教育法》
运用大数据技术推动体制机制改革
推进高职院校高质量发展

长江职业学院

在职业教育提质培优建设的背景下，治理能力建设是推进高职院校治理体系和治理能力现代化的需要。目前，长江职业学院采用"国有民营"的治理结构，按照"教学中心，重心下移"的原则，实行"大教学，精机关，强院系，活后勤"的改革。随着大数据时代的到来，长江职业学院加强信息化建设，促进治理创新，通过大数据应用，实现治理精准化，使得该校在管理水平上有所提升，育人成效显著，被评为"省级优质专科高职学校"，并入选湖北省"双高计划"立项建设单位。

一、基本情况

教育治理是国家治理的重要组成部分。高职院校治理则是教育治理不可或缺的内容。2019 年，国家"双高计划"把"治理能力建设"作为十大任务之一，以进一步推动高职院校治理由"规模扩张"向"以质图强"转变。2020 年，教育部等九部门印发《职业教育提质培优行动计划（2020—2023 年)》，提出了职业教育改革发展的举措和行动，通过构建"国家宏观管理、省级统筹保障、学校自主实施"的管理机制，引导院校转职能、提效能、增活力。由此，高职院校必须不断创新治理手段，提升治理能力。大数据时代的到来，带来了数据的广泛应用，数据治理正在成为组织治理的一种新的治理方式，这为高职院校治理带来了机遇与挑战。

长江职业学院是一所教育部批准独立设置、湖北省人民政府主办、湖北省教育厅直管的全日制公办普通高等职业院校，地处"武汉·中国光谷"核心地段。分校区办学，占地总面积 746 亩，建筑面积近 30 万平方米，全日制在校学生 14000 余人。下设 10 个教学院部，开设有文化艺术、财经商贸、装备制造、电子信息等 14 大类 51 个专业。现有专兼职教师 700 多人，其中教授 87 人、副教授 300 多人。

表1 2020—2021 学年长江职业学院各专业大类设置情况

专业大类	专业数量	对应专业
财经商贸大类	9	市场营销、互联网金融、中小企业创业与经营、财务管理、电子商务、物流管理、会计、投资与理财、网络营销
电子与信息大类	8	计算机应用技术、电子信息工程技术、人工智能技术服务、计算机网络技术、软件技术、移动应用开发、物联网应用技术、大数据技术与应用
公共管理与服务大类	1	人力资源管理
交通运输大类	2	道路桥梁工程技术、汽车营销与服务
教育与体育大类	2	商务英语、学前教育
旅游大类	2	旅游管理、酒店管理
生物与化工大类	1	药品生物技术
食品药品与粮食大类	4	药品生产技术、药品经营与管理、食品质量与安全、医疗器械维护与管理
土木建筑大类	4	建筑装饰工程技术、工程造价、建筑工程技术、道路桥梁工程技术
文化艺术大类	7	数字媒体艺术设计、广告艺术设计、动漫设计、游戏设计、视觉传播设计与制作、环境艺术设计、表演艺术
新闻传播大类	2	网络新闻与传播、播音与主持
医疗卫生大类	2	中药材生产与加工、护理
装备制造大类	6	工业机器人技术、新能源汽车技术、汽车检测与维修技术、电气自动化技术、机电一体化技术、模具设计与制造
轻工纺织大类	1	服装设计与工艺

长江职业学院办学始于 1984 年，当年学校实行"政府资助、社会办学、学校培养、国家考试、自费走读、不包分配"的办学新模式。在初始办学的 15 年中，共帮助近十万高考线下的考生、社会有志青年圆了大学梦，先后培养了如吉利集团董事长李书福、总裁安聪慧等一批知名企业家。

1999 年，长江职业学院作为湖北省第一批体制机制改革试点院校，率先开展"政府资助、社会办学、学校培养、国家考试、自费走读、不包分配"的"国有公办、民营机制"（以下简称"国有民营"）高等教育办学治理模式的改革探索，不仅有力地推动了学校各项事业的健康发展，而且改革方向也基本契合国家事业单位分类改革的发展趋势。

2015 年，湖北省政府正式明确长江职业学院为公办院校，足额落实财政生均拨款，学校不断深化教育教学改革，大力创新人才培养模式，率先推进事业单位用人机制改革等一系列举措，有力地推动学校各项事业健康发展，高度契合国家事业单位分类改革的发展趋势。

二、主要做法

（一）锐意改革："国有民营"治理结构激发活力

长江职业学院"国有民营"治理结构按照"教学中心，重心下移"的原则，实行"大教学，精机关，强院系，活后勤"的改革，充分优化了学校的治理结构。

1."国有民营"治理下的"江河理论"

长江职业学院虽没有985、211等重点大学"一湖鱼""一池鱼"的师资资源，但拥有武汉高校、科研院所林立的"一条江""一条河"的优势，得天下英才而用之。"国有民营"治理下的"动态聘任制"得以迅速且灵活的推广与应用。"江河理论"的人才观，确保了长江职业学院发展初期的教学质量，学生也因此获得了优质的教育。

2."国有民营"治理下的"多元用工"

长江职业学院一直实行的是"事业编制为核心、人事代理为主体、劳务派遣为补充"的"多元用工"制度。2011年以来，长江职业学院持续推行并不断完善了"按需设岗、全员竞聘，按岗聘用、绩效管理，能进能出、能上能下"的人事管理机制和绩效工资制度改革，成效显著。

3."国有民营"治理下的"课堂承诺"

长江职业学院一直践行"以学生为中心"的教育理念。学校要求任课教师均向学生承诺："将尽职尽责，保证教学效果，主动接受学生监督；如果学生不满意，自己下讲台，绝不误人子弟……"。"课堂承诺"制，旨在解决教师课堂敷衍、师生相互"折磨"的问题。在30多年的办学历史里，学生可以"炒老师"已经成为学校传统。

4."国有民营"治理下的"专业品牌"

"与经济社会紧密结合，培养社会急需人才"是学校基本的办学思想。学校开设的文化艺术、财经商贸、装备制造、电子信息等13大类59个专业，都是市场急需的，不但覆盖了集成电路、光电子信息、汽车等武汉市八大重点产业，也覆盖了新一代信息技术、智能制造、汽车等湖北省十大重点产业。每个专业按照"办出特色，发展优势，打造品牌"的专业建设思路，形成了一专业一特色，使得每个专业的毕业生在就业时都拥有核心竞争力（见图1）。

"国有民营"的治理结构给长江职业学院带来相较于其他公办高职院校机制更宽松、形式更灵活的办学与发展红利，也显现出良好的治理成效。但该校并未止步于此，

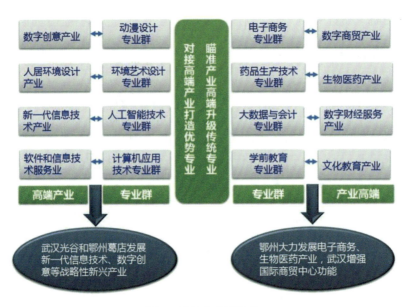

图1 学校专业群结构

而是在总结"国有民营"结构下治理策略的经验与教训的同时，适时针对日益复杂的社会环境、日益增多的职业教育发展需求等要素，提出了向学校治理现代化迈进的新目标，并先后在"十三五""十四五"期间大力开展了数字化、信息化等重大工程建设，着手布局并积极开展了大数据技术下学校治理策略创新的新探索。

（二）与时俱进：信息化建设促进治理创新

长江职业学院依据"科学设计、分步实施、资源整合、数据共享"的指导思想，遵循"完善机制、融合创新、重在应用、服务全局"的建设原则，搭建统一门户、统一身份、统一数据的"三统一"平台；集成行政管理、教学管理、学生管理等18个数字化管理平台，通过大数据治理手段，提高了行政管理效率。

部署网络教学平台、播课教学与主流媒体支持平台、网络教学平台移动学习客户端、资源库管理平台、精品资源共享课平台等；打造信息化管理、技术、建设、教学、科研等专业队伍；建立了高效、规范的运行和保障体系。

（三）传承拓新：大数据应用实现治理精准化

完善高职院校现代治理结构，提升治理能力。大数据技术的应用使得长江职业学院真正实现高等职业教育从"管理"到"治理"的转变。

1. 大数据应用下的科学评价

学校建立了"指导实践"为导向的大数据应用研究机制。2017 年，由李永健教授主持湖北省教育科学规划 2017 年度重大招标课题"湖北省高职教育办学质量评价体系研究"（2017ZDZB12），从政府认可度、社会认可度、教师满意度、学生满意度 4 个方面构建"人民满意"的高职教育办学质量评价指标体系，并运用大数据技术首次完成独属于高职教育办学治理质量评价理论与实践的系统性研究。

在校内，借助信息化设施设备，采集教学全过程数据，挖掘教学效果影响因子，研究并开发以学生"获得感"为导向的教学效果评价测评体系；利用文本挖掘、知识图谱、知识本体等大数据技术，分析科研成果的创新程度。

在校外，借助问卷调查、宏微观统计数据等，围绕高职教育的人民满意度、技术技能人才培养质量、高职教育与产业协同效应等话题开展常态化研究，并向高职教育相关部门提供大数据洞察报告。2020 年初，新冠疫情暴发，学校积极调动现有大数据技术和科研力量，完成《大学生线上教育平台使用行为洞察报告》《新冠疫情对湖北大学生就业影响洞察报告》等多份研究报告，为高职教育促进湖北武汉复工复产的促进、制约因素及改进方案提供现实依据。

2. 大数据支持下的精准决策

学校建立了信息化建设"两级三层"CIO 决策机制，即实行学校和行政职能部门两级，并形成以行政职能部门为主，覆盖决策、执行、应用 3 个层面的信息化建设统一协调决策机制，通过"信息互通、数据共享"等形式有效解决了跨部门、跨业务领域信息化工作不易协调、难以推进的问题，使大数据技术、信息互通与教育教学、行政管理的深度融合成为常态（见图 2）。

3. 培育"大数据观"的长效激励环境

学校建立了"以数据为导向"的激励评价机制。将教育信息化工作纳入部门年终目标管理考核指标，并将考评权重比例设定为 10% 以上。学校将数字化、信息化技术应用能力纳入教师岗前培训体系，并将教师掌握信息技术的能力作为教师评聘和年度考核的重要指标；将数字化、信息化建设取得的突出成绩纳入学校内涵建设奖励；对于教师自主开发的优秀教育资源实行有偿供求机制。

4. 全面建设并维护稳定的保障机制

首先，学校成立了教育信息化领导小组、专家指导委员会等决策机构，设立了信息化建设办公室，建立了信息化建设联络员制度，筹建了湖北高职教育大数据研究中心，确保大数据治理模式的顺利推进。其次，学校出台了《长江职业学院校园网络安

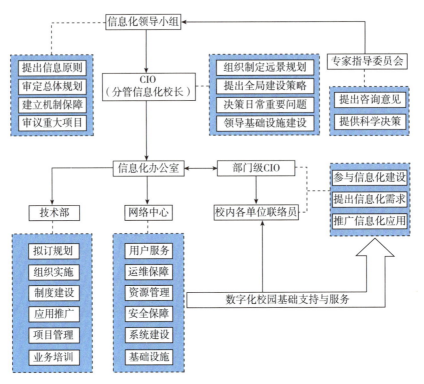

图 2 "两级三层" CIO 决策机制组织结构

全管理办法》《长江职业学院教育信息化数据标准》等 8 项制度，保障项目建设的科学化、规范化、系统化。再次，着力打造了管理、技术、教学、科研等五支"大数据团队"。最后，在数字化、信息化建设方面持续投入经费，近 5 年来围绕信息化、大数据治理等主题项目年均投入 2000 万元，共计投入经费 1 亿余元。

三、治理成效

推进教育现代化、建设教育强国、办好人民满意的教育，必须深化教育改革创新。唯改革者进，唯创新者强，唯改革创新者胜。

近 10 年来，学校党委团结带领全体教职工紧紧围绕"三大工程"建设任务，大胆地试、勇敢地改、积极地争，走出了一条"国有民营"到"国有公办"治理特色的发展之路。

在管理水平上，长江职业学院专业教师结构各方面占比均优于省内外高职院校，部分指标如年龄结构和高级职务占比甚至优于全国示范院校，如图 3 所示。此外，学校引入了集成行政管理、教学管理、学生管理等 18 个数字化管理平台，并通过大数据治理手段，提高了行政管理效率，行政管理经费支出逐年减少，如图 4 所示。

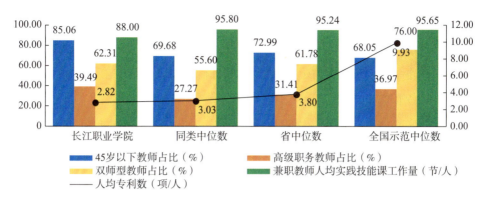

图3 长江职业学院师资结构比较

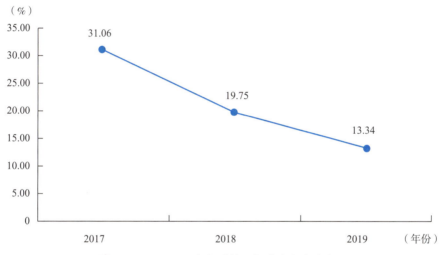

图4 2017—2019年行政管理经费支出占比变化

此外，学校持续深耕信息化课堂教学、信息化实践教学、数字教学资源建设与应用、教师信息技术应用能力、信息化治理与服务等方面的创新应用，信息化管理水平和服务保障功能不断提升，2021年中央电化教育馆授予长江职业学院"全国职业院校数字校园建设样板校"称号。

长江职业学院已完成了从无到有、从小到大、从成人教育向全日制普通高等教育的跨越：

（1）当选湖北省高职高专院校党建研究会和湖北省高等职业教育学会首届会长单位。

（2）连续十届荣获省级文明单位、省级最佳文明单位称号。

（3）连续两届获评"湖北省平安校园"称号。

（4）连续六年获得武汉市社会治安综合治理考核优秀单位。

（5）曾获全省职业教育先进单位、党建与思想政治工作先进单位等多项荣誉称号。

（6）教育部首批教育信息化建设试点单位、全国数字化校园建设实验校。

（7）2013年，学校被列为中国造富大学排行榜前100名唯一上榜的高职院校，在全国高校中排名第85位。

（8）2016—2019年，学生一次性就业率均在96%以上，位居湖北高职院校前列；2020—2021年，在新冠疫情的影响下，一次性就业率仍保持在85%以上。

（9）2015年中国大学竞争力排名，入围中国专科院校100强，在全国1300多所专科院校中排名第44位。

（10）2019年4月，入围《广州日报》"2019高职高专职场竞争力全国100强"，在全国1400所高职高专院校中排名第85位。

（11）2020年1月，被湖北省教育厅确定为"省级优质专科高职学校"。

（12）2020年录取分数线居湖北高职院校前十名。

（13）2021年入选湖北省"双高计划"立项建设单位，"动漫设计""药品生产技术"获批湖北省"双高"建设专业群。

未来，长江职业学院会持续加强党委领导下的校长负责制，本着"传承拓新、质量为本、特色发展、开放融合"的办学理念，向着建成"人民满意、国际视野、地方特色、全国一流"的高水平高职院校的目标而努力。

（执笔人：李丹　邓桂兵　邱贻洁）

聚焦实施活力工程　助推学校高质量发展

武汉交通职业学院

完善依法治校、自主办学、民主管理的办学体制机制，充分释放办学活力，是职业院校治理体系和治理能力现代化的必由之路。武汉交通职业学院以学校章程为统领，以岗位管理为基础，以目标责任考核为抓手，系统实施"活力工程""活力计划"，建立了规范统一、分类科学、层次清晰、运行高效的制度体系，健全了公正、科学、规范的竞争、激励机制。经多年探索发展，学校综合治理水平进一步提高，办学活力进一步释放，核心竞争力和影响力进一步提升，为职业院校治理体系和治理能力现代化提供了武交院范式。

一、基本情况

武汉交通职业学院办学始于 1953 年，2003 年由交通运输部直属的武汉交通管理干部学院和国家级重点中专武汉水运工业学校合并组建而成，隶属于湖北省教育厅，成为独立设置的省属公办高等职业院校。2015 年以来，学校系统实施了"活力工程"，扎实推进"活力计划"，以创新引领发展，向创新要效率、要突破，有效激发学校办学活力。学校以中国特色现代大学制度为框架，制定凸显学校特色的章程，健全学校内部各项规章制度，推进规章制度的体系化，实现以制度治校。以特色专业群建设为中心，全面提升学校综合治理能力，形成有效的专业建设治理结构。以提高工作效率释放办学活力为目的，推行院校二级管理，推动管理体系民主化、扁平化、制度化。经过多年发展，学校精神和校风、教风、学风持续好转；两级管理体制进一步完善，二级单位办学自主权和办学活力进一步增强；干部职工积极性、创造性被进一步激发和调动；管理效率和水平进一步提升，干事创业生态不断优化。学校治理水平得到全面提高，学校办学活力得到充分释放。

二、主要做法

学校坚持党委领导下的校长负责制，改革完善依法治校、自主办学、民主管理的办学体制机制，持续释放办学活力，提升学校核心竞争力和影响力。

（一）以学校章程为统领，建设现代大学制度体系

2014 年，学校以《中华人民共和国高等教育法》《高等学校章程制定暂行办法》为指导，结合办学实际与交通运输职业的行业特色，广泛调研征集意见建议，制定完成学校章程，于 2017 年经湖北省教育厅审核通过并发布实施。学校坚持构建以该章程为核心制度体系，形成了以章程为核心，规范统一、分类科学、层次清晰、运行高效的制度体系，实现从经验管理向规范管理的转变。

1. 抓好顶层设计

学校成立由校党委书记、校长任组长的全面深化改革工作领导小组，负责学校体制机制改革的总体设计、统筹协调、整体推进、督促落实。学校将治理能力、治理体系建设纳入学校"十三五""十四五"发展规划，并制定"十三五"管理体制机制改革专项规划、"十四五"现代治理体系建设专项规划，明确治理体系各项任务，确保各项工作落地落实。

2. 建立健全制度体系

学校对照发展需求及工作实际，构建制度更新长效机制，确保制度的科学性与时效性。以章程统摄学校各项规章制度的革新工作，通过立、改、继、废等方式，完善党务管理、财务管理、人事管理、资产管理、科研管理、教师教学管理等重点领域的规章制度，同时建立与学校所处发展阶段和服务对象相适应，切实符合高素质技术技能人才培养规律和特点的各项规章制度，构建具有交通运输职业教育特色的内部管理制度体系。学校现行规章制度共 271 项，各项工作制度齐全完备，确保了工作有法可依。2019 年、2021 年学校开展规章制度专项清理并编发《武汉交通职业学院制度汇编》，形成现行制度清单，通过制度上墙、挂网推动信息化公开化，通过制作办事流程图，推动规章制度可视化，让师生办事一图清、少跑路，有效解决学校特别是二级单位层面的体制机制障碍和执行障碍。

3. 强化制度执行

学校重视规章制度的宣传贯彻工作，每项制度经决策会议审议通过后，通过 OA 办公系统予以发布，确保校务公开质量。相关职能部门就制度制定的目标、功能、价值、

适用范围和实施条件开展系统培训，对制度执行工作开展指导，保障制度执行工作顺利开展。学校通过建立制度执行考核、制度监督和制度评价机制，为制度执行提供保障。各单位制度执行情况通过负面清单扣分方式计入综合管理考核内容，并对各单位年度目标责任考核结果产生影响，形成了制度执行的有效激励机制。通过纪检监察部门开展履职尽责监督、审计部门专项监督，充分发挥专设机构制度建设中的监督和保障作用；通过定期召开理事会、"两代会""学代会"认真落实校务公开制度，发挥各类组织在学校民主管理与监督中的重要作用，确保制度执行。

（二）以岗位管理为基础，激发教工活力

学校以专业建设和人才队伍建设为核心，遵循高职教育办学特点和人才成长规律，按照"科学设岗、聘期管理、分类考核、动态调整"的思路，建立"岗位能上能下、人员能进能出、待遇能高能低"的岗位动态管理机制，开展三年一次的全员岗位聘用管理。学校人才队伍建设不断强化，人才培养质量逐步提高，治理体制机制进一步优化，管理服务水平得到全面进步。

1. 科学制定编制方案

学校立足发展定位、发展目标、专业建设、师资队伍建设等办学基础，对组织机构的设置、岗位数量的定额、岗位职责的厘清、工作标准的梳理等核心内容进行前瞻性的深入分析，将岗位管理与学校战略构想充分结合，科学开展岗位聘用工作。学校成立岗位聘用工作专班，在系列文件起草修订过程中，组织召开多层次的专题研讨会，广泛开展调研，宣讲学校的战略愿景和发展目标，推动全体师生凝聚发展共识。对现有部门组织架构、岗位结构、规模、数量以及比例等进行全方位的调研摸底、核准、分类、分层整理，进行调研分析，结合学校事业发展需要，对机构设置、部门（单位职责）、各部门管理、技术以及工勤等岗位结构比例进行优化调整。2022年，在新一轮岗位聘任过程中，学校全面梳理28个非教学单位工作开展情况，明确了514项工作职责，编定了203个工作岗位，制定了1705条岗位职责，最终形成了5115条岗位工作标准，做到了因事设岗、因岗定责，使部门权责分明、岗位工作标准清晰、工作评价有据可依（见图1）。

2. 大力推动分级聘用

在开展岗位聘用工作过程中，学校不断强化二级学院在岗位设置与聘任中的主体作用，充分调动二级学院主观能动性，发挥其二级管理职能。学校在岗位聘任工作中成立校院两级岗位设置与聘用工作小组，明确聘用程序，坚持任务导向，分级分类管

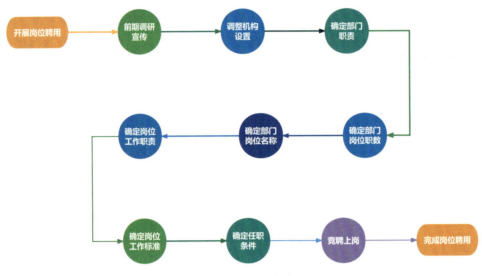

图1　编制方案制定流程

理。二级学院按照学校批准的岗位设置方案及任职要求，探索分类管理实施办法，专业技术系列副高级及以下岗位职务人员、七级及以下职员和高级工及以下工勤人员的聘用（任），由学院党政联席会议研究决定报学校审查备案；通过模式转变和重心下移，扩大二级学院办学自主权，引导二级学院确立"自主办院"的基本理念，探索构建系统完备、科学规范、多元共治、运行有效的二级学院治理体系。

3. 扎实开展绩效考核

学校建立岗位绩效考核体系，明确科学合理的绩效考核指标，依据岗位职责标准，不断优化岗位考核评价机制，强化岗位责任意识。建立校院两级兼顾管理水平、教学质量、科研与社会服务、质量与数量并重的量化考核评价指标体系，采用定性与定量考核相结合、重点与全面考核相结合、常规与年度和任期考核相结合、个人与团队相结合的考核评价模式，科学评定教职工的工作任务完成情况，调动其热情和积极性。将岗位考核结果与教师职称评聘、奖励分配等挂钩，使绩效分配向高层次人才、重点岗位、优秀团队倾斜，建立以业绩贡献和能力水平为导向、以全方位全过程绩效为重点的收入分配体系。

（三）以目标责任考核为抓手，推动学校工作争先进位

学校建立"考核办法—考核指标—考核细则—重点任务清单""四位一体"的考核体系，按照总量控制、责权利相结合的原则，将绩效工资与目标考核、业绩评价等密切挂钩，体现优劳优酬，建立公正、科学、规范的竞争机制和激励机制，有力推动了

学校各项目标任务的完成。

1. 构建科学考核指标体系

学校成立了以党委书记、校长任组长，分管人事工作校领导任副组长，学校办公室、人事处、教务处等部门负责人为成员的目标管理工作领导小组，全面负责目标管理工作的组织、实施和考核。学校构建了具有自身特色的"事业发展规划—年度工作要点（年度重点任务）—月度重点工作—周主要工作安排"层层分解、逐级细化的目标体系，总结凝练细化落实短期发展目标和长期发展目标，切实把学校办学理念转化为可操作的日常管理行为，把发展规划转化为具体的工作目标。在考核内容设置上，以学校目标为指引，结合各二级单位的业务差异及具体职能，设定二级单位的目标任务指标，包括常规目标任务和重点目标任务。二级单位根据重点任务制订完成年度工作计划、编制目标任务分解表，全面推进目标任务的实施。在业务工作考核中，根据非教学单位和教学单位不同工作职责设置不同考核内容。教学单位重点考核教学与质量工程建设、科研与社会服务、学生教育与管理（含共青团工作）、就业工作、师资队伍建设与人事管理，非教学单位重点考核日常工作绩效、重点工作任务完成情况、满意度测评。具体目标任务和目标任务分值根据学校每年工作重点不同，权重不同，以推动学校发展目标完成（见图2）。

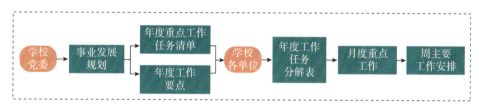

图2　具有自身特色的目标体系

2. 优化考核方式方法

学校考核采取"考核实施部门考核、工作领导小组审核、党委审定"的步骤进行。考核既注重目标完成，也重视过程管理，将月度考核与年终考核相结合，建立检查与处置反馈的工作机制，实时跟踪目标任务的完成情况，监控目标管理的运行状况，及时分析、总结经验，及早发现和解决问题以保证目标管理工作的有序推进。学校目标责任考核工作领导小组按月对各单位目标任务完成情况开展检查，及时分析、总结和推广好的做法和经验、及时调整和纠正实际工作偏差，及时追加落实新的目标任务，并将检查结果进行通报，以达到提醒与警示作用，并强化过程控制的效果。学校实行定量与定性并举的方式确定考核结果，对设定好的数量指标进行量化考核，也将定性指标组成多个维度进行考核评价，确定最终结果。如学校 2022 年目标责任考核办法规定"主体责任与履职尽责分数未达到 90 分以上的，综合考核不予评优；未达到 80 分以上的，综合考核不予评良；总分未达到 60 分以上的，综合考核不予评合格"，以定量与定性结合的方式探索实现客观公正的目标评价。

3. 强化考核结果运用

学校将目标考核结果与各单位及个人奖励性绩效工资挂钩，与中层干部年终考核挂钩，是干部提拔任用、职务职级晋升的重要参考依据，部门（单位）考核结果同时也作为本部门（单位）班子成员考核的主要依据之一。在学校年终奖励性绩效工资分配上，目标责任考核优秀、良好、合格、不合格的单位年终奖励性绩效工资在基数上乘以不同系数；在个人奖励性绩效上，年终考核为优秀、合格、基本合格、不合格的个人奖励性绩效系数也不同。年终考核结果以 OA 公告形式公布，对获得优秀的个人及单位予以通报表彰，进一步强化绩效考核工作的激励机制和约束性，充分体现奖优罚劣导向。

三、治理成效

学校坚持"规范办学，优化结构，简事放权，激发活力"原则，以规范基础管理为重点，以效率、创新为导向，着力推进"活力工程""活力计划"，破除妨碍学校高质量发展的体制机制障碍，使得学校治理体系和治理能力建设取得了重大进展。

（一）办学水平进一步提升

通过持续推进治理体系建设，学院发展动能更加充沛，在扎实推进"创新行动计划""双高计划"等重大项目上，通过科学制定工作方案，细致分解工作任务，学校各单位认真落实完成各项建设任务，学校于 2021 年被立项为湖北省高水平高职院校 A 类立项建设单位，智慧交通物流、船舶与航运两个专业群立项建设省级高水平专业群，学校办学水平进一步提升。

（二）治理能力进一步提升

制度体系进一步建立健全，促进学校的各项管理工作科学化、标准化、规范化。通过推行校院二级管理体制改革和部门动态调整，减少职能交叉，保障了二级院部办学自主权，改进了服务师生质量，提升了管理效能。通过不断优化目标责任考核，强化考核评价、质量管理机制，进一步提高了全员执行力，倒逼责任落实，使学校的各项部署迅速落实到位。通过强化岗位设置，明晰岗位职责，规范人员编制，实施全员聘任，切实激发全体教职工自我提升、奋发有为和争先创优的内生动力。

（三）育人成效进一步提升

学校坚持将立德树人作为治理体系建设的主线，积极打造的"三进一融"特色育人品牌，以"三类导师、实施三个计划、打造三个课堂"的导师育人工坊（"导师育坊"）为平台，全面培养"为党守初心、为国担使命"（"两为"）德智体美劳全面发展的高素质技术技能人才。学校"三进一融"育人工作获邀在全国高职高专党委书记论坛上交流分享，入选首批职业院校落实立德树人根本任务联合行动职业院校，获全国高职院校网络思政工作创新示范案例 50 强。学校毕业生平均就业率连续多年保持在96%以上，用人单位对毕业生的总体满意度平均在 94%以上，学校所培育的学生得到了社会及用人单位的认可。

（四）发展环境进一步优化

治理能力治理体系的优化，激发了校内各部门和全体师生的活力，使学校办学面貌焕然一新，助推学校飞速发展。学校通过打造"水韵"精神，凝练形成"一训三风"（校训、校风、师风、学风），17000 余名师生团结一致打造"书香武交、平安武交、和谐武交、智慧武交"，学校连续 8 届 17 年被评为湖北省文明单位（校园）。学校依托"校政行企军"协同育人平台，优化"双会多元"人才培养机制，形成产教融合、多元办学格局，构建育人命运共同体，进一步凝聚了发展合力，营造了和谐稳定的内外发展环境。

（执笔人：胡琴　詹嘉仪　汪小凡）

聚力"双高校"加速产教深度融合
奋进"十四五"助推学校高质量发展

武汉软件工程职业学院

武汉软件工程职业学院由武汉市人民政府主办，是面向全国招生的全日制综合性高职院校。学校最早办学历史可以追溯到 1951 年，在发展高职教育 20 余年中，先后被教育部评为"国家示范（骨干）高职院校""全国示范性软件职业技术学院"、高职高专人才培养工作水平评估"优秀"院校、"'产学结合协同育人'项目创新实训工程中心"。学校是"国家软件技术实训基地"、教育部等六部委确定的"计算机应用与软件技术""汽车运用与维修"技能型紧缺人才培养培训基地、全国高职高专计算机类教育师资培训基地、湖北省产业工人培训示范基地、湖北省大学生创业示范基地、高等职业教育国家职业资格教学改革试点院校；是湖北省职业教育先进单位、湖北省"生态园林式学校"。学校始终坚持党对学校工作的全面领导，不断深化管理体制机制改革，以学校章程为核心的现代职业学校制度体系更加健全，"党委领导、校长负责、教授治学、民主管理"的治理结构更加科学，二级学院管理模式改革不断深入，办学活力不断提升，内部质量自治体系更加优化，社会监督机制更加完善，扎实推进学校治理体系和治理能力现代化，为推动实现职业教育现代化做出重要贡献。

一、基本情况

（一）方向正确、理念先进

学校坚持以习近平新时代中国特色社会主义思想为指导，落实全国职业教育大会精神，坚持依法治校、人才强校、质量立校、特色荣校、开放活校、文化兴校办学思路，践行"以人为本、以德为先，以务实为基、以创新为魂，以质量求生存、以特色求发展"的办学理念，精准对接武汉市及武汉东湖国家级自主创新示范区的"5+2"产业体系（光电子信息产业、高端装备制造产业、生物制药产业、新能源和环保节能产业、集成电路产业以及新技术服务、新网络经济），肩负着为经济社会发展培养高素质技术技能人才的使命，承担着培养创新型、应用型、技能型人才的重任。秉持"厚德尚能"校训，倡导修身为本、德技并修，以培养具有工匠精神、精湛技艺、创新本领的技术技能人才为己任，将职业文化、企业文化、行业文化元素融入教学全过程。

学校占地 1000 余亩，建筑面积 48.6 万平方米，固定资产总值 9.78 亿元。全日制在校生 17095 人，2022 年招收新生 5619 人。建有 300 多个校内外实训基地，其中国家级、省级实训基地 4 个，教科研设备总值 2.73 亿元，图书馆藏书总量 154.7 万册。学校设有 13 个教学学院，专业设置 57 个，其中国家示范（骨干）高职院校重点建设专业 4 个，中央财政支持的提升产业服务能力专业 2 个，国家优质校骨干专业 5 个，省级重点专业 4 个，省级品牌、特色专业 8 个，湖北省楚天技能名师设岗专业 13 个，开设软件技术专业和汽车检测与维修专业两个本科试点班，教育部第三批现代学徒制试点专业 2 个，立项建设省级高水平专业群 2 个。学校现有教职工 1060 人，其中专任教师 618 人，专任教师中副高级职称教师 274 人，教授 38 人，硕、博士以上学历（学位）教师 446 人，"双师"素质教师 501 人，校外兼职教师 408 人。

（二）党建引领、协调发展

学校全面贯彻落实党的十九大、十九届系列全会、二十大精神，坚决执行国家和省市关于加快发展现代职业教育的战略部署，围绕国家产业发展战略及湖北省、武汉市经济社会发展，以培养德智体美劳全面发展的创新型技术技能人才为目标，以深化校企合作、产教融合为根本路径，以改革创新为发展动力，以"提质培优""双高校"建设为有力抓手，抢抓机遇、真抓实干、攻坚克难，全面推进学校各项事业高质量发展，努力建成办学水平一流、创新能力突出、办学特色鲜明，具有国际知名度和国内影响力的高水平高职院校，为把武汉建设成为国家中心城市提供强有力的人才支持和智力支撑。

5 年来，学校未发生一例安全稳定重大事件、意识形态重大问题、师德师风恶劣影响事例。

（三）体系完整、特色鲜明

以学校章程为核心，完善以党委领导、校长负责、专家治校、民主管理、企业参与、社会监督为框架的现代职业学校制度体系。坚持和完善党委领导下的校长负责制，强化党委对学校工作的全面领导。全面推动依法治教、依法办学、依法治校，建构依法治校的保障机制。着力探索教授为主导的学术治理制度体系，充分发挥教授学术方面的主导作用。完善民主管理和监督的制度体系，强化治理的实效。充分地保障教职工的知情权、参与权和监督权。建立健全学校、行业、企业、社区等共同参与的理事会或董事会制度，提升办学活力。

（四）组织到位、领导有力

结合新时代职业教育改革发展要求，按照核心决策、分权负责原则，优化调整学校机构设置、厘清职能职责、细化岗位管理。激发二级学院活力，在专业设置、课程开设、技术创新、社会服务、产教融合、校企合作等方面，发挥专业集群优势，提高办学治校水平。不断完善教代会制度，创新教代会运行机制，通过行使教代会听取、讨论、审议、评议、监督、建议等职权，推进校务公开，保障广大教职员工参与民主管理、民主监督权力，推进学校决策管理科学化、民主化、制度化。培育管理队伍，激发干事创业活力，在思想基础、目标牵引、领导能力上形成合力，增强为师生提供精细服务的意识，优化服务方式，提高服务能力，建成一支与建设目标相匹配的管理队伍。分层次、分类别开展岗位培训，培养一支结构合理、素质优良、敢于担当、能力突出的管理队伍，有力支持学校创新改革发展。

二、主要做法

"十四五"时期，是学校内涵发展的深化期、改革创新的攻坚期、对外开放的拓展期、提升办学层次的关键期；是学校创建特色鲜明、国内一流、有国际影响的高等职业院校和具有中心城市特色的全国一流开放大学的重要五年。通过内设机构调整，改善资源分散、效率不高、边界不清、协同不够等问题，明确了办学治校重要领域和关键环节的权责归属，使治理结构逐渐适应现代职业学校的治理需要。

（一）坚持党委领导核心理念

贯彻落实党委领导下的校长负责制，强化党对学校工作的全面领导，形成党委统一领导、党政分工合作、高效协调运行的工作机制；贯彻执行民主集中制，按照"集体领导、民主集中、个别酝酿、会议决定"的原则研究决定重大事项；完善教代会制度，保障广大教职工参与民主管理和民主监督的权利，推进学校决策管理科学化、民主化、制度化；完善学生代表大会制度、校领导接待日制度、书记校长信箱回复制度等，拓宽学生参与学校治理的渠道；倡导学术和行政分离，探索学者治学和专家治校的实现途径，协调好党委领导形成的政治权力、校长负责形成的行政权力、教授治学形成的学术权力和师生参与形成的民主权力；建立党务校务公开制度，保障师生对学校工作的知情权、参与权、表达权和监督权；重视统战工作，保障民主党派、无党派人士在决策管理中的话语权、监督权；定期发布高等职业教育质量年报，接受专家咨询委员会、办学理事会、职教集团、合作企业、合作院校、校友、学生、学生家长及社会公众和媒体等的指导、监督；引入第三方评价机构，健全社会监督机制。

（二）健全制度保障体系

以党委领导下的校长负责制为逻辑起点，以《武汉软件工程职业学院章程》和《武汉开放大学章程》为依据，贯彻执行国家及省市有关文件精神，坚持依法治校，坚持教授治学、民主管理，完善以章程为统领的各项规章制度，切实做到规章制度的"应修尽修、应废则废、需立必立"，推动制度建设常新长效；对现行规章制度实行分级分类管理，建立科学、规范、健全的分级分类制度体系；完善制度审查机制，确保规章制度的合法性、适当性和有效性；结合学校"十四五"事业发展规划，整理修订党的建设、教学教务、学生管理、对外合作交流（产教融合与校企合作）、招生就业、安全稳定、行政办公、人事管理、财务管理和后勤基建等 10 大配套制度，完善学术委员会及各专门委员会章程，形成科学合理、层次清晰的制度体系和责任明确、运作规范的工作流程，为依法治校奠定坚实的制度基础。

（三）完善内部治理结构

推进由武汉市人民政府主导，政府职能部门、行业组织、企业、学校等成员参与的校企合作办学理事会建设，发挥好理事会的咨询、协商、议事和监督作用，以及沟通协调各方的桥梁作用；健全以学术委员会为核心，专业（群）建设指导委员会、教学指导委员会为骨干的学术治理架构，调动专家治学积极性，发挥好学术机构在专业群建设、课程建设、教学能力建设、人才引进、职称评审、岗位分级、重大任务推进等工作中的指导和咨询作用，引领学术发展；推进法律咨询与智库建设，成立教育发展研究院，围绕学校发展的全局性和长远性问题开展研究，为学校战略规划、政策制定、科学决策提供建议；明确二级学院在专业设置、课程开设、技术创新、社会服务、产教融合、校企合作等方面的自主管理权限，使学院成为相对独立的办学实体，激发二级学院办学活力；明晰职能机构的权利与责任，提升职能部门谋划运作、组织协调、全面协同、监督管理及综合服务能力；推进学校内部治理结构建设的制度化，实现学校内部治理结构的科学化、规范化。

（四）改进与加强绩效管理

建立校领导统管、职能部门主管、各单位领导主抓、绩效管理办公室全程督办的绩效管理体系，完善组织有力、多元参与、协同共治的绩效管理工作机制；建立三级细化目标体系，按照"做什么、谁来做、怎么做"的思路，围绕核心指标，合理设定考评指标，形成可量化、可采集、可验收的绩效考核指标体系；坚持定性考评与定量考评相结合，采用牵头职能部门评价、各单位内部评价、考评组评价、领导集体评价等方式进行综合考评，提高绩效考评结果的科学性、全面性与公信度；坚持以质量、实效、贡献为核心的评价导向，完善优绩优酬机制；加大考评结果的运用力度，将考评结果作为干部考核与选拔任用的重要依据，对考评优秀的单位给予绩效奖励。

（五）构筑质量保证体系

以标准建设为引领，围绕人才培养、教育教学实施和教学诊断改进的主要环节，分专业建设、课程建设、产教融合、教师发展、学生成长等层面，修订完善教学质量标准、督导评价标准、实训基地建设标准、教师发展评价标准、学生成长评价标准、社会服务评价标准等 20 个相关标准及操作手册，形成系统、透明、规范的质量标准和工作要求体系；通过系统优化和完善数据采集功能，加强内部质量诊改管理平台的实时查询和自动分析功能，提高诊改平台自动获取数据能力、数据分析及过程监控能力、诊改报告的自动生成能力，完善基于学校、专业、课程、教师、学生等 5 个层面目标标准的预警机制，实现全过程、全方位、全时段的教育教学质量监控与反馈；引导全校师生增强对质量目标、观念、标准和行为的认同感，使追求质量成为全体师生的价值自觉；建立三级督导工作体系和规范化、流程化的质量评价工作机制；培育自我审视、自我纠偏、自我发展的武软特色质量文化，使学校的质量保证体系由制度强制性规范向质量文化柔性引导转变。

（六）创新治理工具方法

探索信息技术与学校治理深度融合的途径，充分利用大数据、云计算、区块链、人工智能等新兴技术，通过结构重组、流程再造、数据融通方式，助力学校治理体系和治理能力的现代化，形成信息技术赋能学校治理的新生态；构建数据支撑的评估决策分析体系，实现科学化治理；延伸服务链条，便捷服务流程，满足个性需求，实现精细化治理；打破数据壁垒，消除信息孤岛，推进跨部门跨领域跨层级联动，实现协同化治理；引进和完善"8字型"螺旋诊改机制，提升质量意识，强化各层级管理系统间的质量依存关系，建成全要素、网络化的内部质量保证体系；动态优化OA系统，开展信息技术培训，提高日常办公的数字化水平。

三、治理成效

学校育人方式、办学模式、管理体制、保障机制改革不断深化完善，人才培养、师资队伍、校企合作、办学治校整体实力和水平大幅度提升，更好发挥人才培养高地和技术技能创新高地作用，服务国家战略、服务区域经济社会发展和服务行业产业发展的能力显著增强。

（一）打造了适应经济发展的专业群

2022年，学校被列为湖北省高水平高职院校A档建设单位，软件技术、工业机器人技术2个专业群获批省级高水平专业群。依据湖北省、武汉市发展战略和集成电路、光电子信息、汽车、数字、智能制造及高端装备、新能源与新材料等重点产业需求，瞄准产业高端和高端产业，聚集智能+、信息技术，致力于软件技术专业群、工业机器人技术专业群、电子商务专业群3个省域高水平专业群，以及药品生产技术、文化创意、汽车应用3个省域特色专业群和智能互联、智能光电、文化旅游3个基础支撑专业群的建设。按照"专业基础相通、技术领域相近、职业岗位相关、教学资源共享"的原则，打造"底层共享、中层融合、高层拓展"的专业群课程体系。近5年，学校已建成国家骨干校和优质校重点专业13个、中央财政支持的提升专业服务产业能力重点专业2个、省级重点专业4个、省级品牌特色专业8个，湖北省楚天技能名师设岗专业13个。

（二）深化了合理供给结构的协同育人

支持各专业根据专业特色和人才培养需要，利用"1+X"证书试点平台、职教集团等组织，改革人才培养模式，积极推行现代学徒制和企业新型学徒制。主动与具备条件的企业，尤其是武汉市重点产业的有关企业，在人才培养培训、技术创新、就业创业、社会服务、文化传承等方面开展产教融合、校企合作。发挥职教集团（联盟）推进企业参与职业教育办学的纽带作用，努力打造实体化运行的示范性职教集团（联盟）。创造条件，积极吸引行业龙头企业与专业群共建产业学院，推动建设具有辐射引领作用的高水平专业化产教融合实训基地，有条件的专业积极建设示范性虚拟仿真实训基地。我校与武汉华中数控股份有限公司联合报送的《武软—华数校企合作，服务智能制造产业发展——以武汉市智能制造公共实训平台建设为例》案例入选教育部"2021 年产教融合校企合作典型案例"。

（三）加强了"双师型"教师队伍建设

实施"三大"工程，引培结合、德能并重、梯次发展，打造数量充足、结构合理"四有""双师型"好教师队伍；实施"师德建设强化工程"，加强制度建设，开展主题教育，健全荣誉体系，形成师德师风建设长效机制；实施"名师匠师引进工程"，落实名师种子引育计划和企业匠师"十百千"计划，建立 1000 人左右的企业兼职教师库；实施"教师培养优化工程"，打造高质量教师发展中心，落实 5 年一周期教师企业实践制度，构建分层分类培育体系，落实带头"领军计划"、中青年骨干教师"拔尖计划"、新教师"成长计划"，完善"4+X"教师考核评价体系，健全教师绩效分配制度。

（四）完善了"岗课赛证"综合育人机制

学校紧跟产业办专业，秉承"厚德尚能"校训，在职教领域专心致志耕耘，致力于培养具有工匠精神、符合区域经济建设发展需要的高素质技术技能人才，构建与行业企业的命运共同体。2020 年，合作企业面向学校 47 个专业接受顶岗实习数近 5000 人。订单培养（昱升光电班、华星光电班、华中数控班、途虎班、华为班、百胜班等）2390 人，接受应届毕业生就业数 3941 人。学校成功承办 2021 年全国职业院校技能大赛"机器视觉系统应用"赛项、武汉市第二十二届职业技能大赛六赛项、2021 年湖北省青年职业技能大赛计算机程序设计员赛项决赛等，以赛促学、以赛促教、以赛促改，更好地推动学校提质培优与建设发展。2022 年，"5G 承载关键技术及产业应用"获评省科技进步一等奖，成果广泛应用于烽火通信 5G 承载网设备的研制生产，实现全省高职院校历史性重大突破学校加强规范管理和条件建设，将证书培训内容有机融入专业人才培养方案，优化课程设置和教学内容，提高人才培养的灵活性、适应性、针对性，全面推进学校"1+X"证书制度试点工作。目前应届毕业生毕业去向落实率 95.9%，升学率 39%，学校人才培养质量得到社会广泛认可。

（执笔人：谷彧）

章程护航　五位一体　四轮驱动　四方联动

湖南铁路科技职业技术学院

湖南铁路科技职业技术学院始终秉承"铁肩担道、路远行德"的核心文化理念，发扬"火车头"精神，以"高、精、特"为校训，立足铁路和城市轨道交通行业，服务交通强国、服务湖南"三高四新"、服务"培育制造名城、建设幸福株洲"，通过章程护航、构建"五位一体"治理结构、健全"四轮驱动"运行机制、实施"四方联动"协同共治，进一步完善学院治理组织架构，加强现代大学制度建设，确保办学制度的规范性、合法性，筑牢依法办学的制度基础，努力构建学院现代化治理体系。

一、基本情况

章程是学校办学的根基，是提升学院治理能力和水平，推动学校事业发展的根本保证。学校高度重视章程的宣传学习，提出"两个全覆盖"和"三个纳入"，即印发了《湖南铁路科技职业技术学院章程》单行本，做到人手一册师生全覆盖、章程学习师生全覆盖；纳入新进教师入职教育必选内容；纳入新生入学教育必选内容；纳入新提拔干部培训必选内容。通过全覆盖、无遗漏且持续不断的章程学习，使章程深入人心，为章程的实施奠定了坚实的基础。2020年，学校在湖南省高校章程实施工作专项督导评估中被评为优秀单位，获得"湖南省现代大学制度建设先进高校"称号。

2022年，新修订的《职业教育法》颁布、实施，学校第三次党代会胜利召开，提出了"胸怀'校之大计'、打造'实力铁科'"的发展战略，大力推进"七大工程"，努力争创"六个一流"。为适应新时代、新形势以及学院未来的改革发展需要，有效发挥章程在办学治校过程中的保证作用，进一步推进实施现代大学制度，完善学院治理体系，2022 年 9 月，学校党委印发了关于《开展"学习职教法，修订校章程"活动工作方案的通知》的文件，启动了章程修订工作，将章程修订工作与贯彻落实新职教法、与学院发展战略、发展思路和发展举措紧密结合起来，使章程修订成为学院统一思想、凝聚共识、促进治理、增进和谐的过程。

二、主要做法

（一）建立严格的章程修订程序

一是学习相关法律文件。聘请校外知名专家做"解读职教法"专题讲座，订购《新职业教育法全面解析读本》，副科以上干部人手一本。同时，在全院上下开展学院第三次党代会报告精神学习，做到章程修订有法可依、有据可循。二是广泛征求意见。向学院领导、部门负责人、教师、学生分层次、分类别开展问卷调查，分别召开教师代表、学生代表座谈会，充分听取、收集章程修订建设性建议。三是形成修订意见。召开党委书记、院长、全体部门负责人参加的章程修订草案研讨座谈会，进一步集中智慧、凝聚共识。四是将章程修订稿提交教代会讨论、院长办公会审议、党委会审定后，报省教育厅核准。

（二）构建"五位一体"治理结构

形成了科学的决策体系、高效的行政体系、自主的学术体系、民主的监督体系、开放的参与体系。一是有力推进党委领导下的院长负责制建设。修订完善党委会、院长办公会议事规则、"三重一大"集中决策实施细则等一系列制度，并坚决执行。二是有力推进校院两级管理机制建设。按照章程规定明确各二级学院职责，出台《湖南铁路科技职业技术学院科研经费管理办法（修订）》等制度，全面推动落实好二级学院在教学、科研及人财物管理等方面的职权。按照章程建立二级学院党政联席会议制度，并将其作为二级学院的决策机构，各二级学院人员评优、教学、科研、行政管理、思想政治工作等方面的重要事项由党政联席会议集体讨论决定。三是有力推进学术管理机制建设。根据章程修订完善了学术委员会章程，建立了校院两级学术委员会，并充分发挥学术委员会的作用，对学术咨询、学术评价与学术审议、学术道德建设、学风建设等重要事项进行审议和决策，有力推动了学院的发展。建成一批国家级协同创新中心、虚拟仿真实训中心、技能大师工作室、湖南省高职院校首家院士工作站、省级工程技术研究中心，彰显专家治学。四是有力推进民主管理机制建设。制定了《湖南铁路科技职业技术学院教职工代表大会实施办法》《湖南铁路科技职业技术学院教代会提案工作实施办法》等教代会相关制度，明确了教代会的组成、职责、会议规则及议事程序，并将教代会作为教职工政治生活的重要大事予以对待，按要求召开教代会，落实教代会工作决议，畅通教职工参与民主决策、民主管理、民主监督渠道，激发教职工主人翁责任感。五是有力推进社会参与机制建设。制定了《湖南铁路科技职业技术学院理事会章程》，建立了学院理事会，畅通了学院服务社会的合作渠道，推动学院更好地科学决策、民主监督和社会参与。

（三）健全"四轮驱动"运行机制

建立健全决策科学、执行高效、诊改及时、创新引领"四轮驱动"运行机制。推进党务、院务公开，建立权力运行公开机制和流程管理制度。建立以绩效为导向的考核、激励和责任追究机制。按照"决策指挥、质量生成、资源建设、支持服务、监督控制"的工作思路，从学校、专业、课程、教师和学生5个层面，形成全覆盖、全要素、主体化、网络化的质量管理体系，推行PDCA（计划、执行、检查、处理）闭环管理全过程质量控制，内控诊改工作顺利通过省检验收。建立国家级众创空间和湖南省大众创业万众创新示范基地。

（四）实施"四方联动"协同共治

全面凝聚政校行企治理合力，强化产教融合、校企合作。与中国铁总、中国中车、中国铁建和湖南联诚集团等全国338家企事业单位建立深度校企合作关系。深入推进党委书记、校长访企拓岗促就业活动，集中走访了近100家企业，互聘创业就业导师15名，拟订产学研合作协议20多家。与株洲市政府、微软中国合作共建中南地区唯一的微软创新中心。与中国铁路广州局集团以"四共一各"（共同规划、共同建设、共同管理、共同使用，产权各自所有）模式合作共建投资5亿元的轨道交通综合实训基地，共建集教学、培训、考证、体验、旅游功能于一体的虚拟仿真实训中心。牵头组建南方铁路运输职业教育集团、株洲市职业教育协会和中小企业联盟等平台，打造共建共治共享产教融合全新格局。

（五）实施"半军事化"管理

一是培植爱国情怀。新生入学必"军训"，开展"国旗下讲话"、"我和我的祖国"主题班会和"走进党的光辉历程"等主题活动。二是锤炼综合素养。实行"早操、晨练"常态化，推行宿舍管理标准化建设，开展"课堂手机入袋""无烟校园""公益劳动"等"文明修身"行动。三是培育"工匠精神"。将"6S"（整理、整顿、清扫、清洁、安全、素养）管理理念融入教学管理、实习实训和生活场所，每年组织学生到各铁路局、地铁公司参加春运、暑运顶岗实习。"半军事化"管理成功立项"湖南省思想政治工作改革创新项目"。

（六）提升校园数字化管理水平

学校是国家首批教育信息化试点优秀单位、国家首批数字校园实验校建设典型单位。混合式课堂教学、情景化实训教学、移动化实习教学、主播式网络教学有效推进人才培养模式改革。自助智慧 App 和"钉钉"通信与审批、"一码通"、生物识别安全为学生提供全方位便捷服务。健全的学生综合素质评价系统、学生就业信息推送与报名系统、网络视频招聘系统等，让学生和用人单位"不出门"就能满足就业和招聘需求。尤其是开发的"丝路同声课堂"有效解决了高职院校国际化教学语言障碍问题。

（七）形成独特的"铁路工匠"文化

学校始终传承铁路行业优秀文化基因，坚持"铁肩担道、路远行德"核心文化理念，培养学生"执着专注、精益求精、一丝不苟、追求卓越"品质。秉持"火车头"精神和"育大国工匠"教育理念，力求理念文化"新"、制度文化"严"、行业文化"善"、环境文化"美"，形成了以"火车头"精神（铁的纪律、团结协作、敢于负责、甘于奉献、奋勇争先）为灵魂，以"铁肩担道、路远行德"为内核，以"高、精、特"（高——德高一品、技高一筹，精——精雕细琢、精益求精，特——发展特长、彰显特质）为校训，以"明德、笃行、精业、创新"为校风的铁路工匠文化。共同的价值追求、鲜明的"铁科"标签，为凝心聚力建设中国特色高水平高职学校提供了动力源泉和精神支撑。

三、治理成效

近年来，学校以"创建中国特色高水平高职学校"为"校之大计"，不断深化学院治理体系和能力建设，对接轨道交通产业链和区域轨道交通装备制造优势产业，着力凸显轨道交通办学特色，不断提升办学质量，全面扩大开放办学，办学成效显著。

一是办学水平不断提高。先后入围湖南省卓越高职院校、湖南省"楚怡""双高校"（A 档）建设单位，铁道车辆技术、铁道信号自动控制、铁道交通运营管理立项省高水平特色专业群，4 个专业被评为教育部高等职业教育创新发展行动计划骨干专业。2021 年 6 月，学校顺利通过了合并转设职教本科省级评估。学院入选"亚太职业院校影响力 50 强""中国职业院校世界竞争力 50 强"。学院专家委员会主任、中国工程院院士丁荣军代表学校在世界职业技术教育发展大会职业院校工程教育发展论坛上作主旨发言。

二是人才培养彰显特色。推行中国现代学徒制和"订单"培养，历年"两抽查"合格率均为 100%，连续七次被评为"湖南省普通高等学校就业创业工作'一把手工程'优秀单位"，毕业学生深受用人单位好评。师生参加各级各类技能竞赛成绩优异，共获得奖项 400 余个，取得全国职业院校技能大赛一等奖、全国"挑战杯"大学生创业计划竞赛一等奖、全国"互联网+"大学生创新创业大赛金奖、中华职业教育创新创业大赛金奖等重要奖项。

三是产教融合更加深入。与中国铁总、中车、铁建重工、中国路桥等国企建立了战略合作关系，与中国铁路广州局、中车株电研究所等建立了"三全一零"（全面、全力、全方位支持，零障碍通道）的产教融合关系，按照"四共一各"建设集"教学、科研、生产、培训、考证"多功能于一线的轨道交通综合实训战场，打造"轨道交通国际共享实训基地"。学院荣获亚洲教育论坛年会"2020 年全国职业院校产教融合 50强"称号。

四是开放办学亮点突出。设立"东非（肯尼亚）铁路人才培训基地"，与吉隆坡大学共建"轨道交通人才培养中心"，与泰国斯巴顿大学共建"东盟铁道学院"，为国外开发专业教学标准、课程标准共 60 个，接受泰国来校全日制留学生 21 人。学院多次受邀在欧亚交通高校联合会、东盟教育交流周、对非投资论坛、第五届世界职业教育大会等国际会议上发言，获教育部"中非教育合作与人文交流优秀单位"等荣誉。

五是社会服务影响深远。成立轨道智谷产业学院，为轨道交通装备企业培养管理人才、创新团队和技术工人。建立"社区学院"，帮助失业人员转岗培训再就业。采取"送教到企业、办班在车间"弹性学制，让 485 名在岗职工接受全日制职业教育。南方铁路运输职业教育集团成功入选全国示范性职教集团培育单位，牵头成立的株洲市职业教育协会（产教融合联盟），建立起区域"产学研"发展联盟关系和"对话"制度，对地方经济社会发展起到了重要作用。

注释:

[1]"七大工程": 铸魂工程、强基工程、裂变工程、壮骨工程、赋能工程、聚力工程、升级工程。

[2]"六个一流": 一流党建思政品牌、一流特色专业群与专业、一流教学科研师资、一流人才培养质量、一流服务能力、一流基础设施。

（执笔人：康月林　丛府　王郁葱）

优化校院两级治理模式的探索与实践

东莞职业技术学院

东莞职业技术学院于 2009 年成立，是东莞市唯——所公办高等职业院校。建校以来，学校依托地方经济社会发展，以"办成具有东莞特色的全国一流职业技术学院"为发展目标，确立了"服务学生成长，支撑东莞制造"的办学理念，凝练了"政校行企协同，学产服用一体"的办学模式，实现了快速发展：建校三年成为万人大学，四年成为省第三批示范性高等职业院校立项建设单位，七年成为省一流高职院校立项建设单位，十年成为国家"双高计划"立项建设单位。学校扎实推进国家"双高计划""省一流校""省示范校"等重大项目建设，以优化校院两级治理模式为重点，提升学校现代治理水平，取得了良好的成效。

一、基本情况

（一）高职院校的不断扩容，需要学校优化校院两级治理模式以适应新形势

从 2019 年开始，国家着眼于改革发展大局，提出了高职扩招的目标任务。"收得下、能教好、就业优"是每个高职院校必须思考和解决的问题。从东莞职业技术学院情况看，近 3 年学校扩招近 4000 人，虽然学校初步解决了"收得下"的问题，但面对扩招类型成分不一、学习基础不一、培养标准不一的现实挑战，迫切需要学校通过改革现有的教学和管理模式来寻求应对之策，进而把"能教好、就业优"这个"下篇文章"写好，而校院两级治理模式改革正是举措之一。

（二）"双高计划"的深入开展，需要学校优化校院两级治理模式以应对新挑战

教育部和财政部印发《关于实施中国特色高水平高职学校和专业建设计划的意见》中明确将"提升学校治理水平"作为十大建设任务之一。特别是高水平专业群建设的深入推进，亟须对原有的人力、资金、场地、设备、企业等跨专业资源进行优化整合，以强化资源配置在专业群建设中的保障作用。从东莞职业技术学院情况看，学校立项建设1个国家级、7个省级高水平专业群，需要通过二级学院调整改革，打通专业壁垒，把专业群的集群优势充分发挥出来，以更好地对接和服务产业发展。

（三）"提质培优"的爬坡过坎，需要学校优化校院两级治理模式以释放新动能

当前，国家职业教育进入了"提质培优"的新阶段。这需要高职院校直面痛难点问题，转职能、提效能，激发和释放改革活力。学校走过了"省示范校""省一流校""创新强校"的快速发展阶段，目前也进入了"提质培优"、爬坡过坎的瓶颈期，需要向改革创新要发展动力。深化二级学院调整改革，把传统的"绿皮车"模式升级为现代的"动车组"模式，是激发二级学院和教职员工干事创业活力的重要举措，对提升学校治理水平、实现高质量发展具有重要意义。

二、主要做法

（一）以群建院，确立"三层递进式"的院系调整逻辑

高水平专业群是国家"双高计划"的核心内容。东莞职业技术学院二级学院调整改革的逻辑起点，就是通过专业重组、院系重构、资源重整，以更好地服务专业群建设。第一，围绕产业链推动专业重组。主动迎合大湾区特别是东莞市智能终端产业发展需要，把与华为公司有深度合作基础的电子信息工程技术作为龙头专业，打造国家高水平专业群。对接东莞现代产业体系，同步打造电子商务等7个省级高水平专业群，形成"1+7+N"专业群建设格局。第二，围绕专业群推动院系重构。原则上以专业群为基础组建二级学院，重新成立二级学院15个，着力发挥专业群的集聚效应和服务功能，对个别具有特殊功能的学院则单独设置，如马克思主义学院、国际交流学院、现代工作创新实践中心等。第三，围绕新学院推动资源重整。根据二级学院的办学规模、

专业群建设、是否独立校区、在"双高计划""提质培优"中承担的具体项目等实际情况，整合优化师资、资金、实训等各种校内资源，以及政府、行业、企业等校外资源，实现资源优化配置。

（二）权责重构，构建"1+4+2"的权责分配架构

权责的重构是校院两级治理模式变革的关键环节。东莞职业技术学院以强化二级学院办学主体地位为着眼，推动校院两级权责重构运行。"1"，即强化学校党委集中统一领导。与时俱进修订《党委会议事规则》和《校长办公会议事规则》，坚持和完善党委领导下的校长负责制，强化学校党委在把握办学方向、统筹发展全局、优化资源配置、建设人才队伍、完善制度保障等方面的职责。"4"，即对二级学院权责划分的四个原则。按照"分类施策、试点先行、权随事走、按需分权"的原则，区分独立校区学院、混合所有制学院、高水平专业群学院、普通二级学院4种不同类型，根据二级学院实际需要和承接能力有序下放权力，赋予二级学院更多办学自主权。"2"，即理顺二级学院和行政教辅部门之间的关系。针对职能部门与二级学院在权责界定上，存在交叉重叠、模糊不清的问题，着力平衡二级学院作为办学主体部门和行政教辅作为业务指导部门的关系，按照权责一致的原则，制定权责清单，理顺二级学院和行政教辅部门的关系。

（三）目标管理，完善"三位一体"的质量保证体系

通过建立一套相对完备的质量保证体系，推动学校对二级学院的管理由"过程管理"向"目标管理"转变。一是立标尺，加强目标指引。通过"省一流校""双高计划"等重大项目建设，指导二级学院科学制定发展规划，朝着既定目标接力奋斗。同时，把建设目标分解为阶段性任务，每年制定目标考核评价指标体系，拉单列表，逐项考核，量化打分，引导二级学院把工作做细做实。二是强诊改，加强质量调控。进一步完善内部质量诊断与改进体系，建设"双高"项目管理信息平台，学校对二级学院项目进度、关键环节进行重点把控。二级学院在学校建立的诊改体系内，发挥自我调控功能，自我发现问题、自我改进提高，实现目标管理和质量调控的有机统一。三是画红线，加强纪检监察。加强对二级学院规章制度执行情况的检查，确保其运行过程和任务完成的合法合规性。在学校层面，由审计监察处、财务处等职能部门，对二级学院重大用权情况进行监督，排查廉政风险点。在二级学院内部，通过党政联席会议等制度设计，强化自我监督。

三、治理成效

（一）在"自主治理"上寻突破，下移治理重心激发二级学院办学活力

改变以往"一插到底""大包大揽"的管理模式，下移治理重心，强化二级学院办学主体地位。2016 年，以 2 个系作为建设试点；2021 年，在 15 个二级学院全面铺开。一是权责下放。对二级学院的教学科研、人事管理、经费使用等，都给予了一定的自主权。例如，在项目立项上，把国家级高水平专业群质量工程和科研项目的立项权限下放到二级学院，建立以标志性成果为导向的项目验收机制。二是人员下沉。班子成员每人挂钩帮带若干个二级学院党总支，帮助二级学院解决矛盾问题。以重新设立党总支为契机，选优配强二级学院领导班子。为分校区配齐配足工作人员，将更多的人力投放到二级学院。三是资源下投。面向不同学院的个性化需求（独立校区、国家或省级高水平专业群），有的放矢地提供资源清单，区分轻重缓急统筹资源使用，有所侧重地使人力、资金、设备等资源向二级学院倾斜。

（二）在"协同治理"上做文章，政校行企协作探索二级院系治理新模式

积极探索具有东莞特色的政校行企协同治理模式，目前成立了 3 种类型的办学实体：一是混合所有制二级学院，与市建设工程检测中心、市建科所、万科等企事业单位合作共建建筑学院。二是产业学院，与政府部门、行业企业共同成立了岭南园林学院、包装产业学院、毛织产业学院等。三是社区学院，与松山湖管委会共建共管松山湖科学城社区学院。进行了 3 个方面的协同治理探索：一是事情共商。政校行企共同成立理事会，共同研究解决学院在建设发展中的重大问题。二是队伍共建。建立校企人才双向流动、共育共享机制，拓宽企业骨干到高校任教、高校教师到企业轮训的路子，实现师资力量的整合提升。三是资源共享。按照"各尽所能、各取所需"的原则，聚政校行企四方之力，整合办学场地、教学设施、办学资金等资源，提升学院办学水平。

（三）在"质量治理"上求实效，多管齐下着力推动二级学院办出水平

树立"目标管理"理念，实施质量治理工程，不断提升二级学院运行的质效。一是绩效考核。按照定性与定量相结合的原则，完善《二级学院目标管理考核办法》及

实施细则，围绕立德树人、社会服务等方面细化考核目标，划分考核等级，形成相对比较健全的目标考核体系和激励约束机制。二是质量诊改。作为全省首批内部质量保证体系诊断与改进省级试点院校之一，通过连续 4 年推进"诊改试点"，建立起由行政教辅部门、二级学院、用人单位等多方参与的教育质量监控与改进循环，形成二级学院质量治理新生态。三是信息赋能。大力推动智慧校园建设，搭建数据共享型信息资源体系，完成协同办公、资产管理、人事管理、校园安全等全要素系统集成，构建满足教学科研、管理服务等需求的开放性运行支撑环境，为校院两级管理提供有力的信息支撑。

（四）在"依法治理"上下功夫，运用法治方式保障二级学院改革发展

坚持把依法治校作为校院两级调整改革的基本理念和基本方式。一是加强组织领导。发挥依法治校工作领导小组职能，围绕二级学院改革建立分工负责、齐抓共管的统筹协调机制。在分校区成立管委会，抓好资源配置和各方面建设。优化基层党组织设置，重新成立 15 个二级学院党总支，强化对学院改革的领导。二是强化制度保障。制定《二级教学单位改革实施方案》，对教学、科研、学生、人事、后勤等各方面的规章制度进行梳理，配套出台《校院两级党群工作实施细则》《人事管理实施细则》等制度文件，为二级学院改革提供制度保障。三是营造法治环境。组织教职员工认真学习二级学院改革方案和新修订的各项规章制度，把部门和个人落实规章制度情况纳入年终绩效考核体系，促使各部门和领导干部依法依规落实改革。

（执笔人：贺定修　李玮炜　肖霞）

多元共生、优势互补

——高职院校系统治理模式探索实践

广东水利电力职业技术学院

高校治理是一项复杂的系统工程。广东水利电力职业技术学院借鉴系统管理理论，以整体和协同思维，推动政府、行业、企业、学校、师生、社会成为多元治理主体，构建符合职业教育管理规律的系统治理体系、制度、环境、行为，打造多元共生、优势互补共赢的系统治理网络，对于推动高职院校从单向治理向系统治理转变进行了有益探索。

一、基本情况

治理是高校办学之基，治理体系的构建体现院校发展战略和政策水平，是院校办学水平和综合实力的重要支撑。在推进国家治理体系现代化和治理能力现代化征程中，高职院校必须把现代职业教育治理体系和治理能力现代化置于国家总体部署规划中，落实职业教育改革总目标，探索符合职业教育运行规律的中国特色现代职业教育治理模式。

(一) 系统治理逻辑

系统论认为，系统是一个由相互作用、影响的各种要素组成的整体。组织各要素构成组织整体，并在相互影响、相互制约、相互推进下维持组织整体的稳定运行和有序演进。以系统论关照院校治理，除了注意发挥各部分的功能，更重要的是要发挥各部分相互联系，形成结构的新功能。

(二) 系统治理体系设计

学校以整体性思维观照社会、企业、学校、师生等治理主体多元利益，以系统性的方法构建"党委领导、校长负责、教授治学、民主管理、企业参与、社会监督"的多要素治理格局，以协同思维和技术手段从治理体系、制度、环境、行为等4个层面强化系统治理各单元相互正向作用，构建了"多主体+利益共同体+协同机制"的现代高职院校治理模式，既汇聚各方力量、发挥各方作用，广泛组织、统筹全局，也坚持协同思维，通过动态协同机制连接各方利益诉求，坚持功能互补、"和而不同"，推进学校从自治到互治、从单向治理向协同治理转变。

二、主要做法

（一）丰富和发展现代职业院校治理结构

创新发展了"党委领导、校长负责、教授治学、民主管理、企业参与、社会监督"的基本治理架构，重塑院校内外部关系，引入行业、社会、校友、群众组织力量，充分发挥政行企社会在咨询、管理、监督等方面的积极作用，形成多主体推进职业教育改革发展力量。

1. 政治引领把握全局

牢牢掌握党对高校工作领导权，以党建为引领把握战略全局推进各项工作，坚持和完善党委领导下的校长负责制。先后出台《中共广东水利电力职业技术学院委员会会议议事规则》《广东水利电力职业技术学院校长办公会议议事规则》《广东水利电力职业技术学院二级院（系）党组织会议和党政联席会议制度（试行）》等，丰富和充实了集体决策内容，保证党委决策权和校长执行权均衡稳健发展，构建科学高效的组织领导结构。

2. 推动多元利益共同体协同治理

深化学校与政行企的战略合作。在"广东水利电力行业校企合作办学理事会"核心架构的基础上，依托"华南'一带一路'职业教育水利电力联盟"等职业教育联合体，组建行业专家组成的办学咨询顾问团队。进一步探索类型教育特点的学术管理体系架构，修订学校学术委员会规程，创新实施学术委员会企业特邀专家制度，组建学术委员会行业专家"百人团"和行业专家、企业专家参与的校级专业建设管理委员会、校级教学指导委员会，夯实行业企业参与高职院校治理的基础。

以特色产业学院为切入口，探索发展股份制、混合所有制等多元合作办学模式，研制《广东水利电力职业技术学院产业学院管理办法》，成立由学校、企业、行业、政府等多方代表组成的产业学院理事会，构建理事会设计决策、管理层实施执行、各团队分工协助的运行机制，实现多元主体共建共管协同治理突破。

推进以学生利益为中心的治理创新。由学校党政办公室牵头，团委、学生工作部、总务部等相关部门协同，在学生代表大会工作机制的基础上探索"学生参议"制度，学生代表大会收集的学生提案进入"学生提案库"，其中涉及学生重要事务、学生群体利益诉求相关议题在经过进一步论证后，提交为校长办公会议事议题。学生代表在学校校长办公会讨论相关议题时列席校长办公会，能够直接向校领导表达意愿，真实反映呼声，参与学校发展管理，打造了具有水院特色的"学生参与民主治校"新模式。

（二）制度体系构建和关键突破并行

学校在章程框架下，进一步优化管理机制体系设计，推进简政放权，突破关键发展瓶颈。在加强党的建设、综合办学管理、教学科研、产教融合、创新团队建设、创新创业、激励机制、科技服务、绩效管理、内控等方面出台优化了60多项改革发展措施，人才培养、师资建设、专业群建设等各个方面协同推进，构建了行业特色现代职业院校系统治理制度体系。其中，出台产业学院建设管理办法、科研项目管理办法、技能大师工作室管理办法、教学创新团队建设与管理办法、学校"双高计划"项目及资金管理办法、创新创业教育实践平台管理办法等，在推动校企产教深度融合、加快科研和技术成果转化、培育新型教学创新团队、组建技能大师工作室、推进项目化管理、实施项目负责人负责制等方面实现了制度上的优化甚至突破，体制机制效能活力进一步释放，治理保障基础进一步夯实。

（三）持续优化内外部治理环境

学校遵循党的教育方针，持续统筹推动教育评价体系改革，强化多元利益共同体多维建设、评价、监督，打造良好院校发展环境。

1. 两厅共建优化外部治理环境

学校作为服务粤琼两地水利行业唯一高职院校，积极推动省教育厅、水利厅"两厅共建"。2019年9月，教育厅、水利厅正式签署两厅共建协议，双方在协议中明确将继续保持投入，在人才培养、专业建设、师资建设、科研平台、继续教育、实习就业等方面支持和推动学校发展。"两厅共建"标志着我校进入由教育主管部门和行业部门共建的重要历史阶段，极大地促进行业主管部门和教育主管部门对学校的交互发力、协同为功，对我校进一步扎根行业、构建政行企校合作办学长效体制机制、提升学校外部治理环境发挥长期的重要的保障作用。

2. 教育评价体系改革优化内部治理环境

学校落实《深化新时代教育评价改革总体方案》任务要求和重要部署，对照"十不得、一严禁"负面清单要求，健全教育评价改革体制机制，优化内部治理环境。

进一步改革学生评价制度，对标职业技能、行企业标准，构建立体化多元评价维度的评价体系，关注学生学习过程、成长过程，开展职业能力增值理念下的过程评价、综合评价，实施素质积分与学分转换评价，探索增值评价，推动德智体美劳全面培养的教育体系构建。

进一步改革教师评价方式和内容，以新一轮职称评聘改革为抓手，构建分类分层的师资评价体系和标准，坚持质量导向、分类评价、综合评价，坚决破除"五唯"，强调立德树人、服务发展、支持人才培养的贡献度，探索建构了一套更具职业教育适用性、更加全面综合的教师评价体系，营造尊重人才、尊重创新的人才发展氛围。

（四）推进教育管理领域治理手段创新

1. "矩阵式"管理强化治理集成效应

学校"双高计划"专业群创新实施"矩阵式"管理，行业企业人员纳入专业群建设团队，校企共建结构化、无界化、跨学科工作团队，在集群顶层设计、人才培养、课程开发、教学管理、质量保证、师资配备、实习实训建设等方面推动校内外单位成员协同攻关、创新发展。

2. 数据为质量保障赋能

以数据治理破解传统经验主义治理弊端，借助学校大数据平台和信息技术手段，建立"内控外督"式内部质量保障体系，持续开展校情数据分析研究，全面掌握教学、管理、服务等人才培养体系中共性或个性问题，及时推动对关键环节干预改进，为相关院系、专业、职能部门的计划制度和工作开展提供反馈评价，形成持续改进的质量管理闭环。持续监测产业人才数量和规格需求，跟踪生源质量，根据学生就业竞争力、企业认可度、专业历年计划完成率、志愿满足率和报到率等指标，及时调整专业布局，动态调整专业招生计划，推动内部控制与外部监测双向结合，切实把好专业布局入口关、教学质量过程关、人才培养出口关。

3. 人工智能技术推动治理智慧化转型

将人工智能技术运用到学校治理中，校企共建的智能财务平台实现了智能识票、财务分析、经营预测、绩效管理、内控管理，以"业财结合"的智慧财务形成数字资产。以智慧财务治理为切入点，推动院校基础治理向"高效、管控、服务、变革"的方向发展，支撑学校科学规划、有效决策。

三、治理成效

在系统治理视野下，学校以治理创新助推教育教学改革，以治理转型推动学校建设提质增效，行业特色鲜明、产教深度融合的多元治理格局进一步形成，多向度社会参与渠道进一步拓展，办学体制和教育管理改革进一步深化。

学校管理水平进一步提升，近 3 年校情分析数据支撑度达 80.7%，治理效能满意度提升 8%，激励机制满意度达 86.8%，预算绩效管理覆盖率达 100%；产教融合能力进一步提升，行业资源支持产教深度融合、资源共建共享，形成持续资源保障机制，牵头中国水利职教集团创新"集团+联盟"的产教融合、校企合作办学模式，服务粤港澳大湾区、海南自由贸易区发展；育人成效进一步凸显，毕业生通用能力达成度、就业率、就业现状满意度、月收入水平均高于全国"双高校"平均水平，用人单位对毕业生的满意度超 93%，毕业生对母校的总体满意度超 90%。"治理水平提升"的实践研究获 2019—2021 年水利职业教育研究课题特等奖。《基于信息化技术的"内控外督"式高职院校质量保障体系构建与实践》获评 2021 年广东省教育教学成果奖二等奖。2021年 4 月和 9 月，教育部"职业院校校长治理能力专题研讨班"两批共 70 多名书记、校长到学校开展交流调研活动，学校治理经验得到各方高度肯定。

伴随着治理实践的法治改进和自觉探索，学校现代职业教育治理体系进一步完善，制度化、科学化、现代化治理能力进一步提升。学校建成国家骨干高职院校、国家优质专科高等职业院校、首批示范性职业教育集团（联盟）培育单位（副理事长单位）、广东省一流高职院校、广东省示范性高等职业院校，荣获全国毕业生就业典型经验高校、广东省职业教育先进单位、广东省依法治校示范校、广东省节能型示范高校、广东省节水型高校、广东省绿色学校、广东省"五一劳动奖状"集体等荣誉称号，获评全国样板党支部 1 个、广东省"三型"党支部 2 个。学校多年保持"全国文明单位"称号，2019 年成功进入"中国特色高水平高职院校和专业建设计划"建设行列。

（执笔人：谢芷欣）

构建"四元四实"治理体系，
打造产教融合命运共同体

广州科技贸易职业学院

广州科技贸易职业学院融入产业园区，对接智能制造产业链，构建"四元四实"治理体系，持续深化产教融合。创建"四元"协同生态环境，做实产业学院；共建理事会引领基层组织，夯实治理结构；组建学生中心运行体系，抓实治理机制；构建双案联动培养体系，落实治理能力。产教融合工作取得新突破，实现四链衔接、精准育人、四方满意，政校行企多元共建共治共享的产教融合命运共同体初步形成。

一、基本情况

在产业转型升级的战略机遇期，深化产教融合是高等职业教育发展的必由之路。不断完善学校治理体系，健全治理制度，提升治理效能，构建政校行企多元共建共治共享的治理共同体，方能破解产教融合工作中各方利益取向偏差的掣肘。广州科技贸易职业学院走产教融合的发展之路，主动融入产业园区，对接智能制造产业链，协同广州市政府有关部门、产业园区管委会、支柱行业企业和高职院校"四元"治理主体，共同建设、共同管理、共享资源，依托理事会、职教联盟、职教集团及专业委员会，创设"四实"治理体系，促进产教融合协同发展，实现四链衔接、精准育人、四方满意。

广州科技贸易职业学院高度重视治理体系和治理能力建设，以习近平新时代中国特色社会主义思想为指导，坚持党委领导下的校长负责制，深化内部治理体系改革，坚持章程引领，依法治校，以立德树人为根本任务。积极落实国家产教融合教育改革重大战略，以"广州市产教融合示范区"建设为契机，不断完善产教深度融合、校企紧密合作的高职特色院校治理结构。

以服务地方经济发展为己任，对接智能制造产业链，主动融入广州开发区产业园区，对接产业链建设产业学院，打造"入园建院、课岗融合"的现代产业学院育人模式。创新现代产业学院管理体制和运行机制，建立理事会领导下的院长负责制，构建政校行企协同育人机制，牵手行业企业和高职院校成立了粤港澳大湾区现代产业学院职教联盟和"中小企业能办大事"职教集团，与企业合作建设6万平方米产教融合场地、引进企业5000万元装备。学校与产业园区管委会、行业企业和高职院校形成"四元"命运共同体。

在"四元"共同建设、共同管理、共享资源的5年探索实践中，学校不断夯实协同主体与保障工程，积极开展"两对接两访问三落实、两制三育一体系"工程，构建突出"学生中心"理念的"五创"建设长效机制，形成了以产教融合问题为导向、理事会治理章程为依据、运行制度为关键、建设方案为基本的治理模式（见图1），创设了"四元四实"治理体系，实现了做实产业学院生态环境、夯实治理结构、抓实治理机制和落实治理能力的治理目标。产业学院已累计培养毕业生10000余人，形成了多方共建共治共享机制，有效实现了产教融合培养高素质技术技能人才的目标。

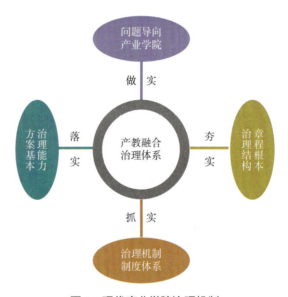

图1　现代产业学院治理机制

二、主要做法

（一）创建"四元"协同生态环境，做实产业学院

广州科技贸易职业学院坚持问题导向，聚焦产教融合领域的突出和普遍问题如学

校服务产业技术创新能力较弱、培养产业一线急需人才不精准等，以产业为纽带，围绕区域经济发展特色建立现代产业学院。深化产教融合、校企合作，以提升学校服务特定产业能力为目标，厚植企业承担职业教育责任的社会环境，不断夯实企业家及员工承担服务社会使命的理念，培育企业承担责任内驱动力，创建政校行企"四元"协同的产教融合生态环境，推动职业院校和政府、行业、企业形成命运共同体（见图2）。建立有利于突出企业主体作用、发挥企业实践育人长处、激发企业能工巧匠内在动力、落实人才培养质量制度的保障体系，形成企业积极、校长负责、专家治学、多元评价的适宜产教融合的治理环境与治理能力，促进现代产业学院健康发展。以高职教育产教融合现代治理体系建设为突破口，对接龙头企业、产业园区，在产业园区遴选标杆企业建设生产型产业学院，使产业学院成为增强高职教育与区域经济匹配、推动二者紧密互动发展的重要手段，做实教育链、产业链、创新链与人才链四链衔接现代治理体系建设，精准培养产业急需的技术技能型人才，提升学校人才培养质量。

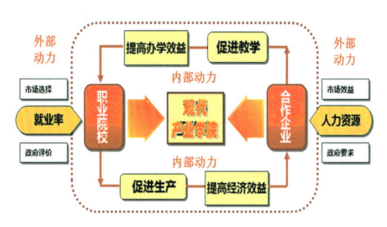

图2　产业学院产教融合内外部动力系统

（二）共建理事会引领基层组织，夯实治理结构

以章程为根本，以服务区域产业发展为宗旨，主动联合企业，融入产业，由政府、学校、行业、企业及社会代表等方面人员共同组成理事会，学校理事会为决策管理机构，校长在理事会的领导下全权负责学校的教育教学、社会服务和行政管理，对理事会负责（见图3）。明确政校行企各主体方的"责、权、利"，形成稳定的理事会决策机制、管理权力分配机制及管理制度保障机制。学校治理组织依据章程设置4类校长岗位、4个教学与生产工作部、4种实训与服务基地，实施独立的人、财、物管理。

四类校长岗负责协同政府、产业园区、行业企业各方资源，组织 4 个教学与生产工作部和 4 种实训与服务基地落实理事会制定的发展规划，开展教学质量的诊断与改进，保障高效运行。教学部、生产部、学工部、综合部 4 个工作组分别负责教学运行、生产组织实训、学生管理工作、综合协调与管理工作等事项；双创基地、研发中心、实训中心、转化中心 4 种实训与服务基地分别负责大学生实训与创新教育、大学生创新创业实施与运行、校企优秀文化的融合与活动、技术研究及产品开发等管理工作。

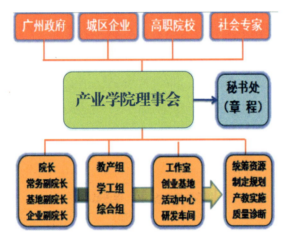

图 3　现代产业学院理事会架构

（三）组建学生中心运行体系，抓实治理机制

精准对接产业需求开展人才培养，各利益相关者突出以"学生中心"理念，协同构建产业学院"五创"建设长效运行机制，深化职业教育与区域产业的融合度（见图4）。一是创建现代产业学院教学与生产相协同、学生与员工相统一、基地与车间相一致、教师与工程师相补充的现代学徒制教学模式运行管理制度，保障学生个性化发展；二是创办教育链、人才链、产业链、创新链四链衔接的产教融合论坛管理制度，引导学校教师与企业工程师积极参与教材教法研究；三是创设产业学院建设专项研究课题的管理制度，积极促进产业学院教学资源开发、社会服务、创新创业等建设；四是创立校企各方主体参与产业学院建设的成果、绩效、评价等组合式激励制度，形成有利于学生全面发展的培养环境；五是创新产业学院临时党支部，制定学生思想工作相关制度，构建学校教育大思政平台，落实为社会主义事业培养接班人和建设者的重任。在校企协同开展现代学徒制人才培养的基础上，以具有学生和企业员工双重身份的学

徒的党建工作为切入点，校企共同制定实施方案、联合开展组织学习、创新党建项目、共建教育资源等，探索校企协同开展组织活动的新模式。

图4 产业学院"五创"建设示意图

（四）构建双案联动培养体系，落实治理能力

以方案为基本构建产教融合培养体系，优化"两对接、两访问、三落实"建设方案与"两制、三育人、一体系"改革方案（见图5），"两对接、两访问、三落实"建设方案要求各专业在人才培养方案中落实课程对接企业生产岗位标准、专业对接行业标准的"两对接"，要求各专业积极访问区域龙头企业和杰出校友的"两访问"，进而将优质企业、先进技术项目、岗位技术能手落实在人才培养中的"三落实"，从而保障产业学院拥有优质教育资源，满足产业"订制"要求。"两制、三育人、一体系"改革方案则能保障产业学院创新教学组织模式、全面提高产教融合成效。即在教育教学中实施利于发挥校企双主体作用的现代学徒制及利于发挥产学一体的学分制的"两制"改革，落实学生专业技能、创新创业能力及综合素质"三育人"成效提升，形成理事会中多元主体参与的人才培养质量评价"体系"；用产业园的产业资源和环境优势，以项目为驱动、以成果为导向、以"1+X"证书标准为核心，构建校企共建课岗融合的课程体系，以学徒班、创业班、工作室、项目组等多种形式开展课程教学、项目开发、技术服务、创新实践，实施利于发挥校企双主体作用的现代学徒制及利于发挥产学一体的学分制的"两制"改革，落实学生专业技能、创新创业能力及综合素质"三育人"成效提升，全面提升产教融合治理能力。

图 5　产业学院建设路径及成效

三、治理成效

经过"四元四实"治理体系的顶层设计和实施建设，广州科技贸易职业学院产教融合工作取得新突破，政校行企多元共建共治共享的产教融合治理共同体初步形成。

（一）构建产教融合命运共同体，营造共建共治共享生态

学校融入广州开发区、南沙自贸区科技产业园区，对接广州市智能制造、信息技术等产业，吸引企业投入 5000 余万元，共建占地约 6 万余平方米的产教融合基地，设立 12 个产业学院，牵头组建粤港澳大湾区现代产业学院职教联盟，来自粤港澳大湾区 156 家院校、企业参加，制定有利于学校、企业共享各方资源的投入机制及产业学院运行机制，发挥企业先进设备的资源优势，构建政校行企命运共同体，依托产业学院资源和环境优势，校企共建融实训教学、技术开发、技能鉴定、社会培训等功能"四位一体"实践平台，可容纳 3500 人开展实践教学，实现校企共建共享资源，共培共育学生，营造共融共赢生态，实现校企文化融合，活力发展（见图 6）。

（二）专业办学水平大幅提升，协同育人成效显著

学校先后有 10000 余人进入产业学院学习，通过入园在岗培养，学生专业技能水平大幅提升，近 3 年学生初次就业率超 98%，专业对口率超 80%，毕业生满意度超 95%，毕业生起薪较培养前增长 17.3%，师生获国家和省级竞赛奖项 400 余项，申请专利 250 余项，获授权 132 项，学校获国家现代学徒制单位、全国教师实践流动站、工信

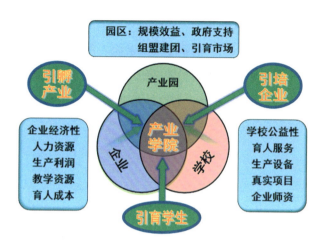

图 6　产业学院辐射带动效应

部"就业创业创新示范基地"、全国职业院校校园文化建设"一校一品"学校，获国家级重点骨干、产教融合专业 6 个，获省级高水平专业群 3 个、重点专业 16 个。

（三）精准服务地方产业，科技创新成果丰硕

学校各专业精准服务产业能力不断提升，已建成省级工程中心等实践基地 10 个，省产教融合型企业 12 家。获省教学成果奖、省专业领军人才、省创新团队等殊荣 10 项。师生团队与企业共同承担"基于大功率 UPS 创新平台的港船高效能源利用技术研发"等项目，关键技术用于北京、上海及成都地铁项目，近 3 年技术成果转化累计产值达 6 亿元，获省科技进步一等奖（广东省高职院校零的突破）、广州市科技创新南山奖（省高职 1 个）、广东省专业领军人才、广东省创新团队、省级教学成果二等奖，2020 年入选国家高职院校技术研发与应用成果优秀案例 20 强。开展企业培训 1.5 万人次，共 26195 人·天，获批教育部教师实践流动站（省高职 2 个），社会服务能力及引领产业发展的能力持续提升。

（四）产教融合平台共享，辐射带动效应明显

产业学院推动《广州市产教融合示范区建设方案》等校企合作文件出台，多次在全国产教融合论坛、全国职业院校专业建设会等推广交流，带动粤港澳大湾区 13 所职业院校建设了 45 个产业学院，吸引了广东、河南等全国 28 所本科、高职、中职的学生及企业人员进入产业学院开展学习，与上海邦德职业技术学院、新疆阿勒泰职业技术学院等 8 所职业院校建立校际乡村振兴合作关系，共促产教融合；连续举办全国产教

融合高峰论坛 4 届，在全国产教融合论坛作经验推广 60 余次；产业学院建设被《中国教育报》《光明日报》等媒体报道，中国教育科学院、河北省政府及 28 个省、市、自治区和港澳台地区 256 家单位前来交流；入选 2022 年全国"校企合作双百计划"典型案例、全国产教融合就业竞争力 50 强，省级教学成果奖 2 项，示范效应显著。

（执笔人：王舜　刘保其　曾兰燕）

以善治共同体为理念的"六位一体"治理体系

广州番禺职业技术学院

围绕学校治理共同体中的多主体角色、责权、评价监督等内容，通过党建引领，建设"六位一体"治理体系，实施"1237""三全育人"综合改革、"1+N+N"高层次人才队伍建设、教师考核评价激励制度、"互联网+"智慧校园等 4 项行动，构建了"与产业共生、与师生共赢、与科技共进"的学校治理格局。学校的产教融合协同育人成效、科技研发与社会服务贡献、生源质量和就业质量等方面均有大幅提升，先后获评"育人成效 50 强""教学管理 50 强""服务贡献 50 强""国际影响力 50 强"等 10 个"50 强"等荣誉。

一、基本情况

学校坚持以习近平新时代中国特色社会主义思想为指导，落实立德树人根本任务，激励师生的技术技能成长，建设公平、公正、透明的学校文化环境，健全协力共进的竞争机制，构建以章程为核心的"善治"体系，营造依法办学、依章办事的良好风气，凝聚"实在、乐业、激情、和谐"的务实精神，共同推动学校高质量发展，为建成中国特色、世界知名的高职院校而努力奋斗。

实施"114"学校内部治理综合改革行动。坚持党的全面领导，构建以党的建设为统领、学校管理、学术治理、质量保证、监督保障、多方参与为主的"六位一体"治理体系，大力实施"1237""三全育人"综合改革行动、"1+N+N"高层次人才队伍建设行动、教师考核评价行动以及"互联网+"智慧校园行动等，深度参与区域产教融合，努力构建各方深度参与的多元治理体系和现代学校制度，增强办学的社会影响力和贡献度；深化落实教育领域的"放管服"改革精神，将治理重心向下偏移，释放基层岗位创新能力；加强学校治理数字化转型，优化智慧校务平台提升学校教学、管理、服务信息化水平，提升治理的精准化与高效化水平，形成"与产业共生、与师生共赢、与科技共进"的治理格局。

近年来，学校治理效能突出。先后获得全国党建工作标杆院校培育创建单位、全国党建工作样板支部培育创建单位、国家级课程思政教学研究示范中心等称号，建有国家级课程思政教学团队、全国高校思政课名师工作室各 1 个，全国职教示范性虚拟仿真实训基地培育项目 1 个；开设国家级思政示范课程 1 门、精品课程 15 门、精品资源共享课程 14 门；近两届作为主持单位获国家级教学成果一、二等奖 9 项；获首届国家教材奖 3 项。现有省级以上名师专家共计 119 人次，其中国家教学名师 7 人、国务院政府特殊津贴专家 7 人、国家级教学团队 5 个、全国技术能手 5 人；省级以上教学名师 30 人、广东特支计划教学名师 6 人、省级以上教学团队 13 个，多项指标位于全国高职院校前列，逐步形成了一支职业教育特色鲜明、名师名匠辈出的优质师资队伍。

二、主要做法

（一）坚持一个根本：党的全面领导

一是学校始终坚持把党的政治建设摆在首位。不断强化党对学校的全面领导，全面贯彻党的教育方针，坚持社会主义办学方向，落实立德树人根本任务；坚持系统梳理并不断优化学校发展规划、人才培养方案、专业建设规划、师资队伍建设计划等，将思想政治工作贯穿教育教学全过程，不断汲取保障学校事业高质量发展的思想源泉。

二是坚持和完善党委领导下的校长负责制。充分发挥学校党委在推进治理体系进程中的统领作用，始终保持并不断增强党在学校各项事业发展中的政治领导力和思想引领力。严格落实"三重一大"制度，制定完善党委书记和校长经常性沟通协调制度等重要制度，不断健全领导班子议事和决策机制；突出政治导向，不断深化学校评价机制改革，将党的建设和思想政治工作成效作为各类评价评比的关键性指标。

三是不断提高学校各级党组织政治站位。把深入学习贯彻习近平新时代中国特色社会主义思想作为长期首要政治任务，着力用习近平新时代中国特色社会主义思想培根铸魂，坚持用党的创新理论武装头脑、指导实践、推动工作。充分发挥党委的核心领导作用、党支部战斗堡垒作用和党员的先锋模范作用。严格执行党委会"第一议题"和党委理论学习中心组学习制度等，形成学校党委带头学、二级党组织紧跟学、基层党支部普遍学的"三级联动"学习机制。

（二）构建一个体系："六位一体"内部治理体系

坚持以推进治理体系和治理能力现代化为目标，全面深化综合改革，积极完善治理结构，初步建立了"党的建设、学校管理、学术治理、质量保证、监督保障和多方参与"相融合的"六位一体"内部治理体系。

1. 坚持"1445"党建统领工作制度

坚持完善党委领导下的校长负责制，全面贯彻落实民主集中制。修订完善党委会和校长办公会会议议事规则，进一步健全党委统一领导、党政分工合作、协调运行的工作机制，不断提升班子议事决策水平，发挥领导班子集体效能。领导班子团结有为，履职尽责，成效突出。同时严格执行二级学院党政联席会议制度，进一步修订完善二级学院党总支会议、党政联席会议议事规则，明确议事范围，划清权责边界，充分发挥二级党组织的保证监督和政治把关作用（见图1）。

图1　"1445"党建工作统领体系

2. 构建以章程为核心的现代大学制度

以完善现代大学制度、建设学校治理制度高地为目标，持续推进学校管理制度体系建设。一是完善内部治理架构。2019年以来，学校先后申请调整内设机构6次，其中，新增机构15个，减少机构5个，更名机构9个，学校目前共有各类组织机构34个，优化了22个领导小组，内部治理架构进一步完善，工作机制运行更加顺畅。二是健全内部治理制度体系建设。加快推进内部管理制度"废改立"工作，以市级党组织规范性文件试点单位为契机，梳理规章制度338项，清理废止制度49项，拟修订完善91项，形成《学校规章制度汇编》，在学校OA设置以部门为单位的"规章制度"栏，方便教职工查询与利用，实现从惯性管理向规范管理的转变。2019年以来，学校汇编现行规章制度275项，初步形成了综合类、党建类、行政类、学术类、群团类"五位一体"的学校制度体系。2021年启动《章程》修订，目前学校章程修正案已通过广东省教育厅核准。学校通过组织实施规章制度集体学习，不断强化法治思维、法治意识养成，强化规章制度贯彻执行，为学校建立现代大学治理体系奠定基础。三是持续推进内控建设。坚持和完善党委领导下的校长负责制，切实履行管党治党、办学治校主体责任，进一步推动"党委统一领导、党政齐抓共管、部门各负其责"的教育领导体制落地生效。严格落实"主要负责人—分管校领导—部门主要负责人——一般干部"四级内控责任体系。在日常工作中严格执行内控操作规程，强化关键岗位、关键环节和重点业务的风险防控，发现和及时报告内控薄弱环节，有效防范和化解履职风险，提升监管工作水平，已基本形成了以章程为统领，各职能部门依法依规办学办事的氛围环境。此外，还积极探索督办工作的新思路，研究出台督办工作办法，抓好各项督办环节，防止工作积压贻误，保障学校政令畅通、统筹有序，各项工作高质量推进。

3. 建立健全学术治理制度

成立"校学术委员会——二级学院学术委员会"的学术议事架构，集中研讨专业发展、师资队伍建设、科学研究、对外学术交流合作等重大学术规划。制定出台了《学术著作出版管理办法（试行）》《学术行为不端管理细则》等，组织开展全校教师科研成果自查自纠工作，强化学术评价、学术发展和师德师风建设等，建立健全学术治理体系。

4. 构建内部质量保证制度

学校借鉴 EFQM 卓越模型、《悉尼协议》专业认证的路径，通过建立学校、二级单位、专业（群）的三级管理机制，以"过程控制＋专业年审"为抓手，以人才培养目标和发展规划为着力点，紧紧围绕发展学生核心能力、构建课程体系、制定课程标准等关键要素，从课程教学实施、人才培养成效测评、师资实训条件建设等方面进行内部质量保证体系的设计和实施，逐渐形成了具有"国际范式、中国特色、本土实践"特征的内部质量保证体系。

5. 完善监督保障制度

充分发挥监督保障体系作用。不断完善由党内监督、民主监督、社会监督和审计监督组成的监督保障体系，建立健全党委全面监督、纪检监察专责监督、党的工作部门职能监督、党的基层组织日常监督、党员民主监督的党内监督体系，充分发挥学校理事会、专家咨询委员会、学术委员会、教职工代表大会、学生代表大会等机构的民主监督作用，切实保障党委和行政权力在阳光下规范有序运行。

6. 建设多方深度参与治理制度

突出党委领导核心地位，充分发挥学校最高决策机构作用，校长办公会认真履行行政议事决策机构职能，部署落实党委会决议，促进学院各项事业全面协调可持续发展。制定学校《理事会章程》《学术委员会章程》以及相关议事规则，搭建制度建设的基本架构；推进机构编制改革、教育教学改革、绩效分配制度改革、职称评审制度等四项重点改革任务，有效激发了教职工干事创业的积极性、主动性；成立了校级学术委员会，初步完善学术委员会的运行机制；按期召开教职代会或教职工大会，保障了教职工民主管理、民主监督权力；定期召开理事会、专家咨询委员会和校友会，构建了政、校、行、企广泛参与办学的有效机制。学校的党委决策机制、行政落实机制、学术治理机制、民主管理机制和社会参与机制等不断优化，现代化职业大学治理体系逐步建立。

（三）落实四项行动：建设治理能力载体

1. 实施"1237""三全育人"综合改革行动

一是坚持把"立德树人"作为根本任务，全面统筹育人资源和育人力量，构建"十大"育人体系，打造"一体化构建、两主体并重、三融合并举、七体系联动"的"1237""三全育人"模式。二是聚焦育人任务，制定《广州番禺职业技术学院"三全育人"体制机制建设实施意见》，明确25项建设任务，开设"三全育人"专题网站，结合网络思想政治教育工作建设"易班"，立项"三全育人"精品培育项目等，逐步凝练形成了以常态化、长效化党史学习为牵引的"一条主线、三个协同、五轮联动""五育并举""三全育人""135番职模式"。

2. 实施"1+N+N"高层次人才队伍建设行动

一是确立了"6789"人才队伍建设战略。以10年为一代，系统设计和打造跨代跨界叠加的高层次人才团队。二是出台N项高层次人才队伍建设制度。夯实持续提升高层次人才队伍建设水平的制度基础，主要包括高层次人才引进管理办法、高层次人才绩效管理办法、高层次人才延迟退休办法、高层次人才队伍培育支持计划实施办法、大师工作室管理办法、高层次人才服务管理办法、教职工攻读博士管理办法等。三是形成了N项工作机制。严格考核机制，完善高层次人才考核和激励制度，实施师资分类发展改革，完善多维度教师发展和多元化考核评价机制，为高层次人才提供"一站式"全过程服务。调增高级岗位职数，专门用于高层次人才引培，每年设立专项科研经费1000万元，重点支持高层次人才申报重大课题。

3. 实施教师考核评价激励制度行动

建立健全"年度绩效考核（一年）、聘期考核（三年）、职称评价考核（五年）"教师考核评价体系。一是突出过程评价，出台《教职工绩效考核实施办法》。二是突出增值评价，出台《岗位聘用工作实施方案》。三是树立突出标志性成果和工作实绩的评价导向，突出自我评价与他方评价相结合，出台《职称评审办法》，全面破除"五唯"不良倾向，调整职称申报业绩条件要求框架，形成了"133"框架体系，营造良好的制度文化生态。

4. 实施"互联网+"智慧校园行动

一是加强顶层设计，完善信息化推进机制。建立信息化标准规范体系，制定数据管理办法，促进数据平台运行管理、业务数据对接、数据质量监测、数据安全防护等规范运行。二是加强网络信息化建设，筑牢校园数字化基础。无线网络覆盖全校，建成面积315平方米的云计算数据中心，实现计算资源、存储资源和网络资源虚拟化。优化网络安全防御体系，完成核心信息系统的网络安全等级保护测评和备案，网络安全能力和学校治理信息化水平得到全面提高。三是坚持以服务师生需求为导向，推进信息化能力建设。建立信息服务门户，实现办公自动化（OA）、教务、学工、人事、财务、采购、科研、迎新、离校等学校主要业务系统的单点登录。通过业务梳理、流程优化、"一站式"的服务平台建设等，提供200余项网上办事服务，不断增强"一网通办"能力。持续推进"人工智能+""智能安防""物联网"等重点工程，并结合一卡通、线下自助设备，刷脸迎新、智慧就餐、扫码支付等移动应用，不断提升管理服务信息化水平。四是探索双闭环数据治理模式，支撑数字化转型整体跃升。构建数据管理流程与技术检测审核双闭环数据治理模式，建立统一的数据标准体系，实现"一数一源"，消除数据孤岛现象，按标准对数据进行治理。构建大数据中心平台，建立个人数据中心、院系数据中心、校级数据分析与决策支持系统，为学校治理能力提升提供有力支撑。

三、治理成效

（一）管理水平持续提升

学校坚持把深化改革创新作为根本动力，按照"党委领导、校长负责、专家治学、民主管理、社会参与"的现代大学制度办教育，注重加强分类指导、细化管理，以加快"双高"建设为契机，突出办学特色，注重总结凝练经验，在实践中不断完善学校治理体系，提升治理能力。

（二）育人成效显著增强

学校先后获评"育人成效 50 强""教学管理 50 强""服务贡献 50 强""国际影响力 50 强"等 10 个"50 强"，并于 2020 年获评广东省"三全育人"体制机制建设试点高校，涌现出"全国劳动模范"黄德智、全国技术能手黄宇亨、省第十三届人大代表徐雅洁等一批优秀校友。

（三）社会贡献度持续增强

一是全面提升了学校科技研发和技术服务能力。新增各级各类团队 18 个，新增各级各类科研创新平台 31 个，获知识产权授权共 878 件，其中发明专利 58 件，实用新型专利 377 件，外观专利 365 件，PCT 2 件，软件著作权及其他知识产权 76 件；获各级各类项目立项 1274 项，立项经费 8592.16 万元，其中纵向科研项目立项 841 项，立项经费 5492.16 万元，横向项目 433 项，立项经费 3100 万元。学校先后获中国产学研合作促进单位奖、广州市政府"专利创造贡献奖"等，入选"全国高职院校服务贡献 50 强"。

二是产教融合不断深入，育人机制不断增强。学校入选 2020 年全国职业院校"产教融合 50 强"，获评 2021 年教育部产教融合校企合作典型案例 1 个、广东省职业教育产教融合优秀案例 5 个。

（四）社会影响力不断扩大

一是生源质量持续向好。每年招生人数 5000 人左右，招生地域涵盖全国 16 个省（自治区），报到率持续稳定在 90% 左右。普通高考招生投档分数线普遍超广东省本科控制线，稳居全省前 3 名。2021 年学校获广东省高考招生宣传工作"年度优秀院校奖"和"服务贡献奖"。

二是就业质量持续提升。近 5 年培养毕业生 2 万多名，就业率稳定在 98% 以上，90% 左右的毕业生在珠三角大湾区就业。学校先后在教育部 2020 届高校毕业生就业工作省级调度视频会议、广东省 2022 届普通高校毕业生就业创业工作视频会议上作经验交流发言。《人民日报》、中央电视台新闻频道（CCTV-13）、《中国教育报》、广东广播电视台、《羊城晚报》、《信息时报》、《南方日报》、《广州日报》等媒体多次对学校近年来毕业生就业工作进行报道。

（执笔人：唐明明）

立足人才培养　聚焦质量要素　实现数字服务

深圳职业技术学院

随着职业教育迈向提质培优、数字化转型的新时代，教学质量保障已经进入智能化、精准化、科学化的新阶段。长期以来，深圳职业技术学院将提高教育教学质量作为内涵式发展的核心，建立全面质量手册，从专业、课程、课堂教学 3 个层面，构建质量标准体系，运用信息化方法实施全过程监测，利用大数据技术，开展质量管理、数据服务、信息反馈，落实全员、全过程、全覆盖质量管理理念，形成基于大数据的全过程教学质量诊断与改进体系，保障学校人才培养的高位运行，助推学校教育教学管理数字化转型，形成高职院校质量保证体系建设运行示范效应。

一、基本情况

深圳职业技术学院 1993 年创建，是首批国家级示范校、全国一流高职院校建设单位、首批全国创新创业典型经验高校、全国高校毕业生就业工作先进集体、全国职业院校就业竞争力示范校。学校依托珠三角产业发展，秉承深圳特区改革创新精神，始终坚持为党和国家服务、为深圳经济社会发展服务、为学生健康成长成才服务，努力成为职业教育创新发展的先行者、复合式创新型高素质技术技能人才的摇篮，率先建成中国特色、世界一流职业院校，为世界职业教育发展贡献"深圳模式"。2022 年，学校连续第七年获评全国高职高专院校竞争力第一名；连续第六年在"GDI 高职高专排行 TOP1000 榜（2021）"中位列榜首。

长期以来，学校坚持把立德树人作为学校教育的根本任务，将提高教育教学质量作为内涵式发展的核心，开展教学质量管理与评价方案的研究与实践，构建内部质量保证体系，从专业、课程、课堂教学 3 个层面，建立质量标准，运用信息化方法全过程监测流程，利用大数据技术，智能化、精准化开展质量管理、数据服务、信息反馈，落实全员、全过程、全覆盖质量管理理念，形成基于大数据的全过程教学质量诊断与改进体系，效果显著。

二、主要做法

（一）建立全面质量手册，打造全要素运行机制

学校内部质量保证体系从 1999 年开始建设，制度上已形成生成、保障、管理、监督、评估、反馈与改进的保障机制。近年来，学校不断理清质量保证工作路径，成型《深圳职业技术学院质量保证体系》手册，从顶层设计纳入所有可能影响教学质量的要素，从体系框架、标准建设、保证流程、运行实施四个层面，明确各层面质量目标、资源建设、过程管理、质量管理 4 个环节，形成自顶而下的目标规划、全覆盖标准体系、全流程质量实施保证、全方位监控评估、持续改进的教学质量保证机制。

全校二级部门围绕服务保障教学确立建设目标，突出以教育教学为中心，落实质量主体责任，在质量目标与实施手段的缔联中培养各质量主体行为习惯，不断优化人、财、物的配置，提高质量控制效率，确保学校整体办学质量处于实时闭环控制中。每年末，全校二级单位开展部门内部质量保证自我诊断。行政教辅部门侧重部门质量目标与定位、质量保证人员配备情况、相关制度建设、业务口质量工作开展、改进情况；教学单位侧重专业、课程、师资、学生层面质量保证工作。学校质量部门开展学校内部质量保证工作总结与下一年计划，同时召开全校质量大会，盘点全年质量工作。

（二）聚焦要素指标，构建教学标准体系

在人才培养目标定位与实现的过程中，抓住高职人才培养产教融合的特色，聚焦专业、课程、课堂 3 个关键层面关键要素系统化构建诊断指标。借鉴国际专业认证标准流程，依据专业建设与市场需求对接、与产业发展趋势对接，从专业人才需求分析到职业岗位能力目标定位，突出产教融合、需求对接指标，形成专业诊断点和评价方案。依据课程内容对接职业标准，按照学生全人培育目标，融合布鲁姆的六级认知目标分类和职业行动能力要求，提炼岗位任务目标，规范课程能力目标，融合知识与技能，优化课程培养体系，形成诊断点和评价方案。课堂教学质量评价全程贯彻"以学为中心"理念，突出学生在教学过程中的主体地位，每学年学生全样本评教 4 次，期中评教侧重了解教师教学方法与内容实施情况，期末评教侧重学生学习收获度、满意

度。同时，倡导高职特色教学法，强化课堂教学效果，实施课堂分类评价，教学环节专题督查，学年末综合考量专业绩效、教学质量等各项教学环节质量。

（三）研发信息化系统，形成共享数据中台

自主研发"教学质量诊断与评价系统"，包含专业质量管理系统、课程质量管理系统、教学质量综合测评与诊断分析系统、教师自诊自测系统、学生—教师—督导 PDCA 反馈交流体系、内部质量改进与跟踪系统、状态数据 KPI 可视化分析系统共 7 大子系统。全系统在质量诊断设计阶段同时考虑流程、数据、分析、反馈的信息化可实施性，诊断设计和信息化设计同步完成、共生共长。其中，专业、课程质量管理系统可以任意定义测评方（学生、教师、专家）、测评类型、测评指标体系、测评权重，以满足"主量表+子量表"评价需求；指标体系可以按照建设、资源、实施、教学等测评需求的不同可以灵活配置。教学质量综合测评与诊断分析系统通过"递归模型定制—数据采集—数据分析—数据反馈—结果评价—缺陷诊断—诊断跟踪—质量螺旋改进"有效实现教学全过程数据采集分析。学生—教师—督导 PDCA 反馈交流系统（含移动平台），在课堂层面构成学生—教师—督导任意两方"点对点"在线互动。通过开展 3 年一轮全覆盖的专业、课程诊断，每学年 1500 余名任课教师全员听课、全覆盖教学文件检查、学生全员评教、同行全员评价、教师全员教学自诊，形成由结构化数据和非结构化数据组成的数据仓库。全系统的开放性实现了数字化时代质量管理中更灵活的业务部署能力，形成更方便的数据共享中台。

（四）运用大数据技术，开展多维度综合评价

在质量体系方案设计与运行过程中，质量评价人员与教学执行者共同参与，跟踪全校专业标准、课程标准、教学进度计划、课程实践，确保课程目标和教学内容对接行业岗位能力要求，实现专业、课程建设与课堂教学 3 个层面全过程质量跟踪，通过大数据获取与概率统计学计算模型，构建了按照时间段、测评对象、指标体系三维立体"笛卡尔积"模式的检索模型，实现 3 个维度任意节点组合的数据检索，运用数据抽取、智能评语分析、可视化分析画像等技术进行分析，将离散的定性评价转化为定量评价，使得海量评语得以利用，巨量数据转化为质量信息，将专业培养目标与产业需求、课程目标与专业能力要求、课堂实施效果与课程目标在诊断评价中互相印证与支撑，对关键环节进行诊断，定位薄弱节点，同步改进，为教师及教学部门提供明确的数据询证，实现指标配置、数据采集、多维度分析的智能化和定向反馈、改进跟踪

的高效率，形成学生中心、多维度评建结合的高职院校教学质量诊断与改进理念。

（五）构建监测反馈机制，实现多样化数字服务

教学全过程多方参与的常态化诊断，为教师提供了效果循证、个性化诊断与预警服务；为学生提供了学习需求表达的多元渠道；为管理者提供了数据驱动的决策支持，打通质量服务最后"一公里"。在专业层面上，2018 年开始，学校所有招生专业 3 年一轮全覆盖自查—自诊—自定改进方案—学校诊断与复核。每年的《专业诊断与改进报告》《专业改进方案》《专业诊改意见书》成为专业建设、运行、评价指导性材料。2022 年，学校开展对 86 个招生专业核心竞争力深化诊改。在课程层面上，全校 16 门公共课、77 个专业的核心课程已完成第一轮诊断与改进，并开展第二轮诊改复核。《课程诊断与改进报告》《课程改进方案》《课程诊改意见书》成为课程建设评价指导性材料。课堂层面每学期学生评教 14 万条数据分析结果通过微信扫码即时点（学生）对点（教师）反馈至该学期 1200 余名教师；每学年发布 25 种学校和二级学院教学质量测评分析报告，内容涵盖学院学年教学质量趋势、专业教学质量情况、专业核心课教学质量情况、优秀教师教学质量情况、教学质量变化趋势。同时，根据教学需求出具各类数据分析报告，如《思政类课程分析报告》《电信学院电子精英班课程分析报告》等推动教学改进。召开全校质量大会通报学校教学工作质量，分析学校育人成效，实现质量数据深度应用。

三、治理成效

（一）质量保证体系高效运行，保障人才培养高位发展

质量保证体系建设纳入学校一流校、"双高"建设等项目，学校近 5 年累计立项 274 门校级"金课"、32 门省精品开放课程、16 个省品牌专业和 12 个省一流高职院校高水平专业、2 个国家"双高"建设专业群。累计培养全日制毕业生 10 万余名，毕业生初次就业率始终保持在 97% 以上。毕业生在世界 500 强企业及行业领军企业就业率、毕业生创新创业率、毕业生起薪水平高于全国同类院校平均水平等多项人才培养质量指标，均位居全国高职院校前列。2022 届毕业生就业率达 98.66%，2021 年第三方报告显示用人单位对我校应届毕业生总体满意率达 95%，高于同类院校。其中，电子信息工程技术和通信技术两个国家"双高"专业群的 2020 届毕业生的就业满意度分别为 75% 和 81%，远高于全国同类专业 2020 届毕业生的 67%。

（二）质量信息化系统率先建设，赋能学校教学管理数字化转型

学校在2014年就发布充分运用现代信息技术进一步提高教学质量的指导意见，2019年再次发布《人工智能行动方案》，全面推动人工智能技术背景下的高职教育转型，提出健全校园人工智能体系框架，建立人工智能大数据中心，推动智能决策和智能服务。2012年启动研发的"教学质量诊断与评价系统"和系列子系统，为人工智能下的专业转型和课程体系重构提供决策依据，完善了教与学诊断和教与学评估。实现了教学管理质量保证的顶层设计，促进全校教育大数据的协同发展，建立健全数据收集、维护、应用、共享、评价等全生命周期的工作方案。数据共享平台，实施了有目的、大规模、多样化的各类教育数据自动化采集和互联互通，培育了教育大数据生态链条，以数据生态驱动形成智能生态与教育现代化生态。推动校内业务管理、决策支持、监测监管、评估评价等应用的流程再造，深化智能应用，形成示范性应用。

（三）示范引领高职院校质量保证体系建设，形成良好社会效应

学校质量保证体系被全国16个省、直辖市共计33所院校引进，促进了兄弟院校教学质量管理水平提升和评价模式数字化转型。体系示范宣传过程中，做培训交流报告近50场，培训超过8000人次；《努力建设一流职业院校质量保障体系》在中国高职高专教育网站展出，入选全国、广东省职业院校教学工作诊断与改进制度建设优秀案例、教育教学评价改革典型案例。2022年6月，学校为科特迪瓦国立理工学院做教学质量诊改体系专题讲座，影响面扩及"一带一路"沿线国家。2023年3月，在世界职业院校与技术大学联盟（WFCP）教师专业发展委员会线上活动中，做教学质量保证体系专题宣讲。2022年7月，商务印书馆出版《中国特色世界一流职业院校建设研究》专章论述"基于大数据的质量保障体系建设"，已面向全国发行。

（执笔人：颜菲　乌云高娃　张喜生）

卓越导向管理，多元协同共治，持续提升学校现代化内部治理水平

广西职业技术学院

广西职业技术学院坚持党的领导，通过全面引入卓越绩效管理模式，以卓越绩效为导向、目标考核为关键、持续改进为根本，进行组织机构改革、职责梳理、流程优化、绩效考核、管理成熟度评估和推进管理信息化的内部治理体系建设，实现制度规范化、工作标准化、管理精细化、质量可控化，持续提升学校现代化内部治理水平。

一、基本情况

以党建为引领，推进治理体系及治理能力现代化是新时代"双高计划"建设背景下高职院校实现高质量发展的必然趋势和要求。广西职业技术学院以习近平新时代中国特色社会主义思想为指引，坚持党的全面领导，坚持和落实党委领导下的校长负责制，引入卓越绩效管理理念，通过组织机构改革、职责梳理、流程优化、绩效考核、管理成熟度评估和推进管理信息化，将学校组织里的诸多元素、单元、子系统高度融合为一个有机整体，发挥最佳的整体效应，高质量构建学校发展目标明确，各部门（二级学院）责权清晰、运转协同高效，制度规范化、工作标准化、管理精细化、质量可控化的现代化学校内部治理体系，持续提升学校内部治理水平。

二、主要做法

（一）全面实施卓越绩效模式，完善校院两级管理体制机制

1. 组织机构优化，夯实两级管理组织基础

按照"明确职能、优化架构、明晰责权、强化考核"的要求，对学校发展的核心

专业职能进行重新梳理和细化，优化、撤销、合并、新建形成18个职责明确的职能部门；对接产业、以群建院，以"特农、强工、精商、优艺养、兴传媒"为思路，重组了8个二级学院，进一步完善"学校—二级学院"管理目标体系，强化二级学院办学主体地位。梳理责权利清单，出台学校校院两级管理体制实施办法和部门部务会议议事规则，修订了二级学院党政联席会议议事规则，进一步完善管理规范、职责明晰的两级运行机制，使校院两级管理权责"分得开、放得下"。

2. 全方位梳理岗位职责，强化两级管理人员配备

以扁平化管理理念为指导，分专业技术、教辅、行政管理、工勤4个岗位类别，分中层领导岗位、内设科级岗位、普通岗位3个岗位层级，全面梳理各岗位工作职责，运用"3D"模型（DO/DELIVER/DISPLAY）编制岗位说明书，确定了各岗位的工作职责、任职胜任能力以及履职结果，以解决学校管理中存在的岗位职责不够清晰、工作分配不够合理、各岗位之间忙闲不均等现象，做到以责定岗、以岗定员，人岗匹配、能岗适配，确保管理权责"放得下、接得住"。

3. 再造工作流程和工作标准，优化两级管理运行机制

基于"计划—实施—查核—处置"（PDCA）的流程设计理念，采用"取消、合并、重组、简化"的流程优化方法，从与师生切身利益关系最紧密的流程着手，逐步完成所有业务流程优化，并将流程以文件形式固化，形成工作规范。流程优化设计以结果为导向，流程负责部门（负责人）需跟踪执行过程并对流程结果负责，而非仅仅完成流程中涉及本部门（本岗位）的工作，使各二层单位（岗位）得以有机"串联"起来开展工作，增进部门（岗位）之间沟通和协作，确保管理权责"接得住、运行得好"。自实施流程梳理以来，学校共优化各项业务工作流程近300项，每个二级学院均形成各自的管理手册，有效推进了二级自主管理。

4. 系统设置目标绩效考核，提高两级管理运行效能

为确保学校发展目标的实现，学校将中长期发展规划分解成为五年工作计划，每年以此为基准制定重点工作任务清单；根据全面加强党的领导的要求，每年统筹制定党建工作任务清单，相应制定党建考核和KPI考核方案，连同管理成熟度评估以及部门述职考核，形成全方位绩效考核管理。党建考核强化党的领导、加强执纪监督；KPI考核以结果为导向，量化业绩，体现贡献价值；管理成熟度评估注重考察日常管理水平；述职考核促进内部协作交流，营造比学赶超工作氛围。为加强党建工作任务、重点工作任务考核，开发"一页纸"报表信息化考核平台，实现及时掌握进度、全面了解情况、随时监管督促并为考核提供材料支撑，确保考核结果公平公正。绩效考核结

果最终应用于评优评先、绩效分配中，以实现工作任务明确、目标清晰、过程可控、有效激励，极大激发各单位及教职工干事创业活力。

5. 深化激励机制改革，充分激发两级管理活力

开展岗位价值评估，以岗位价值评估结果为依据，落实二级单位人员绩效工资总量包干与二级分配制度，实现以岗定薪；实行分类管理，一线教师实行以工作业绩为基础的绩效积分分配制度，管理、教辅及工勤人员实行以岗位任务书为基础的绩效系数分配制度。建立以"以岗定薪，责薪一致""目标管理，优绩优酬""突出重点，适当倾斜""重心下移，自主管理"为分配原则，按岗位、重实绩、多劳多得、鼓励多奉献、敢创新的分配激励机制，充分激发各单位及教职工工作的内生动力。

6. 创新管理成熟度评估推进常态化内部诊改，持续保障两级管理质量

学校基于卓越绩效理论，借鉴先进管理理念，与第三方管理公司共同开发管理成熟度评估模型，从"结果、方法、执行、评价、改进"5个维度，持续开展管理成熟度评估，每年定期开展满意度调查工作，通过满意度时点数据与历时数据的分析和评价，及时反馈管理成熟度评估项目中存在的问题。以此为抓手，结合诊改工作，建立了自主分析和自我诊改机制，实现内部诊改实时监控动态持续改进，保障内部治理质量并推进持续提升。学校是自治区首轮和第二轮诊改"复核有效"单位，并在全区职业院校诊改工作现场会上分享了典型案例。

（二）创新多元化协同办学机制，实现高质量跨界共治

近年来，学校充分发挥行业协会作用，牵头成立了学校理事会、中国—东盟边境职业教育联盟、中国农垦职业教育联盟、广西茶业职业教育集团、广西物流职业教育集团、中国茶业职业教育集团，形成"一会三集团两联盟"的多元化合作办学格局；按照"小切口、定位精准、精耕细作、改革创新"的思路，专业群对接高端产业和产业高端，建设了百度人工智能产业学院、北京火星时代创意产业学院、怡亚通数字供应链产业学院、六堡茶产业学院等8个产业学院。通过卓越管理理念，进一步梳理明确办学平台内组织机构工作职责、要求及考核评价标准，建立完善多元合作办学要求及其成效评价标准，研究制定合作准入（淘汰）及评价体系，定期反馈学院人才培养质量，形成以第三方评价为主的评价形式，逐渐构建多元合作办学成员协商、咨询、议事、决策、评价、监督机制，健全完善理事会、产业学院、职教集团、合作联盟等办学平台运行体制机制。同时，建设了合作办学平台门户网站，实现信息共享和远程治理。由此形成了政、企、行、校、校友责权明晰、利益共享、风险共担的协同治校、

办学的格局。1个职教集团获国家示范性职教集团，2个产业学院入选自治区级示范性产业学院。

（三）推进智慧管理建设，提升精细化治理水平

充分运用物联网、人工智能、云计算、大数据等新技术，实现智慧管理，提升精细化治理水平。2个信息化建设典型案例获2021年教育管理信息化应用优秀案例。

1. 推进"信息化+财务"，加强内部控制

以内控体系为基础，通过"1个财务信息化系统平台+1个财务基础数据库+N个财务业务系统"融通共建，构建以预算管理为主线，以资金管控为核心，满足财务核算、预算管控、内控体系、支出控制、合同管控、公务卡管理、电子发票等国家政策性新需求，实现按相关主管部门要求查标准的资金管理流程系统，并推动形成经济活动管控节点突出、归口管理规范、业务流程清晰的内控机制。学校成为广西首个实行票据电子化管理的高校。

2. 建设"广职智慧大脑"，加强科学决策

将学校大数据、招生大数据、就业大数据、校友大数据和"双创"大数据有效融合，实现学校重要数据的监测、分析和可视化展示，为学校管理层进行科学决策提供依据。推进数据治理，信息技术与核心业务深度融合，建成数据共享中心和学院"微门户"，实现业务系统数据互通、数据共享；通过建设用人数据决策（新进教师精准画像）、学工资助决策、财务预算决策、后勤大数据决策等重点领域决策平台，建立学校大数据专题分析模型，支撑教育决策、管理和服务。

三、治理成效

经过几年的探索实践，学校形成了一套行之有效的"1+2+4+N"内部治理模式。"1"是形成以流程梳理优化为核心，使工作高效运行并不断推进完善学校制度体系建设的工作模式；"2"是逐步建立起"放得下、接得住、运行好"的校院两级管理体系；"4"是构建了包含"党建考核+KPI考核+管理成熟度评估+部门述职"4方面的绩效考核体系；"N"是利用信息化手段，开发建设了N个有效辅助管理水平提升的平台和系统。

实施现代化内部治理改革以来，学校党的领导进一步加强，校院两级管理日趋成熟，二级学院自主管理、办学活力不断被激发，内部控制逐步加强，管理成熟度显著提高，师生满意度逐年攀升，党建引领高质量发展取得丰硕成果。学校成功入选"中

国特色高水平高职学校和专业建设计划"高水平专业群建设单位，先后被评为自治区依法治校示范校、国家优质高职院校、全国乡村振兴人才培养优质校、全国职业院校校园文化建设"一校一品"学校、全国高职院校教师发展指数100强、教育部"一站式"学生社区综合管理模式建设试点单位，学校获评为广西首批信息化标杆学校、国家职业教育信息化标杆学校。

经过3年自治区和国家"双高计划"建设，学校共取得主要标志性成果（荣誉）166项，其中，国家级56项，省部级110项。教学改革成果丰硕，1门课程及课程教师入选国家级课程思政示范课、课程思政教学名师和教学团队；1个教学团队获全国首批职业教育教师教学创新团队，学校学生在技能竞赛中先后获得国家级奖项一等奖24项、二等奖57项、三等奖84项。获自治区教学成果奖12项，其中，特等奖2项，一等奖8项。学校中泰校际交流项目入选全国第二批中国—东盟高职院校特色合作项目，建成物流管理、工业机器人"1+X"证书国际推广中心，面向东盟培养培训2000余人，为国内优质产能及企业海外项目提供技术支持，培训5000多人次。学校形成了一批国家层面有效支撑职业教育高质量发展的政策、制度、标准。

新疆工程学院、温州职业技术学院、广东农工商职业技术学院、钟山职业技术学校等区内外60多所本科及中高职院校先后到学校学习交流。

（执笔人：李思倩　周治　李芳云）

以流程化管理理念重构学校治理体系
促进高质量发展

重庆财经职业学院

树立院校治理理念，重构院校治理体系，提升院校内部治理体系和治理能力是促进高职教育高质量发展的基本保障，是推进现代职业教育体系建设改革的重要内容。重庆财经职业学院以高水平高职学校建设为抓手，基于流程管理理念，通过以章建制、协同共建、完善体系、优化流程等措施不断完善学校治理体系，提升学校治理能力，在促进学校高质量发展方面取得了一定成效。

一、基本情况

党的二十大报告提出，到 2035 年，我国要"基本实现国家治理体系和治理能力现代化""建成教育强国、科技强国、人才强国"的总体目标。高职院校治理体系建设践行党的二十大报告精神的重要体现，是新时代国家治理体系和治理能力现代化建设在高职教育领域贯彻落实的重要实践，是推动现代职业教育高质量发展，推进现代职业教育体系建设改革的重要内容和应有之义。

高质量发展是全面建设社会主义现代化国家的首要任务。树立院校治理理念，重构院校治理体系，提升院校内部治理能力和治理水平是促进高职教育高质量发展的基本保障，是实现高职教育现代化的应有之义。重庆财经职业学院积极贯彻党的二十大报告关于国家治理体系和治理能力现代化建设的精神，全面落实教育强国、科技强国、人才强国战略，树立职业教育高质量发展理念，以打造高水平高职院校为建设目标，以高职诊改试点院校建设为契机，以"双高计划"院校建设为抓手，确立了市内一流、全国知名的高水平高职院校建设目标。学校坚持共同治理，聚焦依法治校、民主治校、二级管理、流程管理、质量保证等关键领域改革，以章程为统领完善学校制度，以理事会为纽带紧密政校行企关系，以二级管理改革为手段推进管理扁平化，以质量文化为引领推进内部质量诊断与改进，逐步建立了"层次分明、结构完善、目标明确、质量可控、流程清晰、评价科学、持续改进"的内部治理体系，形成了常态化、可持续的流程管理工作机制，营造了"师生全面参与，人人关注质量，人人提升质量"的全校治理体系建设的良好氛围。

二、主要做法

（一）以章建制，推进学校治理法治化

一是健全完善以"章程"为核心的现代大学制度。完善学校章程及配套制度建设，抓好章程的学习宣传和贯彻实施，将章程纳入学校教职工入职培训、学生入学教育内容。持续推进规章制度废、改、立、释，梳理解决制度交叉重叠、相互冲突、监管空白等问题，完善以章程为核心的现代大学制度建设。研究制定了《学校规章制度管理办法》，规范废改立流程，为学校建设发展松绑减负，营造有利的制度环境。加强制度执行督导检查，增强制度建设的严肃性、权威性。

二是坚持和完善党委领导下的校长负责制。健全议事决策机制，出台了《坚持和完善党委领导下的校长负责制实施办法》，完善党委会、校长办公会会议制度和议事规则，健全党委统一领导、党政分工合作、协调运行的机制。提高决策科学水平，重大事项决策实行咨询、公示制度；对专业性、技术性较强的议题，事先进行专家评估论证，技术、政策法律咨询。

（二）协同共建，推进办学主体多元化

一是构建了"一线五共"协同治理格局。突出"学校对接政府、二级学院对接行企、专业对接产业"的工作主线，制定了学校《产教融合实施办法》，深化产教融合、校企合作，推进专业群与产业集群深度对接，营造政校行企深度合作的良性互动发展环境。拓展开门办学格局，加大校友与社会参与办学等综合治理改革力度，拓宽社会利益相关者参与学校内部治理的途径，形成多元化投入、多元利益相关者共同治理，达到"载体共建、项目共推、品牌共创、责任共担、利益共享"的发展新格局。

二是积极发挥理事会决策咨询作用。优化理事会组织架构，形成了政府、学校、行业、企业、校友等各方参与的理事会，充分发挥了理事会在整合办学资源、深化政校行企关系中的独特作用。完善理事会章程，健全理事会工作机制，建立例会制度，定期研究发布区域产业发展报告，讨论审议学校战略规划、专业设置、学科建设等重

大事项或改革举措，协商研究校企合作、产教融合、协同创新等工作，有效发挥理事会的决策咨询功能。

（三）完善体系，促进管理决策民主化

一是优化完善学术治理体系。修订学校《学术委员会章程》《学术委员会议事规程》等制度，进一步明确党委权力、行政权力和学术权力的关系，提高学术委员会在学校治理体系中的地位。完善二级学院学术管理体系，充分行使学术委员会在二级学院专业建设、教师队伍建设、人才培养、科学研究等事务中的审议、评定和咨询等职权，促进基层民主建设。

二是优化完善民主管理体系。健全完善教代会、工代会工作机制，优化提案答办落实制度，发挥好教代会、工代会在民主管理和民主监督上的引领功能。推进学生自主管理，完善学生会管理办法，定期召开学生代表大会，发挥学生会的主体作用。加强教职工申诉委员会和学生申诉委员会建设，积极稳妥解决校内矛盾纠纷。制定"校领导接待日"制度，面对面听取群众意见建议，协调解决群众实际问题。加强党务公开、校务公开和信息公开要求，实行信息公开年报制度，主动接受监督。

（四）优化流程，推进质量管理标准化

一是搭建基于流程管理的信息化系统。运用企业微信软件平台，将学校的自动化办公、疫情防控、人事、财务、教学管理、学生管理等业务系统工作流程内嵌到企业微信中来，通过流程设置固化学校管理中关键业务节点，实现对关键业务的质量控制，通过信息化手段固化业务流程，实现跨部门、跨职能、端到端的管理目标的达成。

二是完善基于流程管理的制度体系。制度是流程的载体，完善的制度体系是实现全流程管理和高效治理的基础和前提。自2017年以来，学校以市级诊改试点院校建设为契机，以流程管理理念为指导，通过新建、修订、整合、废止等方式，系统梳理学校现有管理制度，形成综合管理、党政事务、干部人事、宣传统战、廉政建设、安全稳定、财务后勤、信息化建设、群团工作、教学管理、科研管理、学生工作等12个方面300余项管理制度，形成了比较完善的管理制度体系。在制度制定过程中，坚持流程化管理为指导，为大多数制度内附流程管理图，形成管理工作的流程化，为流程信息化奠定了坚实的基础。在《重庆财经职业学院合同管理办法》中附合同拟定、审批、签订流程图。

三是制定基于流程管理的业务质量标准。流程管理是一种以规范化地构造端到端

的卓越业务流程为中心，以持续地提高组织业务绩效为目的的系统化方法。质量手册是确保学校各项业务流程实施及目标达成的重要保障。高质量的业务手册能够保证业务执行过程中的高效、准确，确保业务目标的达成。学校从院校治理理念出发，以高质量发展为目标，制定了各个领域流程化标准化质量管理手册。以《学生管理流程化标准化手册》为例，基于"坚持以生为本、践行立德树人"的学生工作理念，"尊重主体地位、服务全面发展"的学工人员理念，"发挥主体作用、实践自主管理"的学生干部理念为指导，形成了学生管理流程化标准化流程 73 个，为高质量学生管理工作建立了标准、进行了规范。

三、治理成效

（一）治理水平显著提升

以学校章程为统领，制度"废改立"工作全部完成，学校制度体系建设不断完善，以"章程"为核心的现代大学制度逐步建立。理事会作用得到充分发挥，政校行企多元办学格局初步形成。党委、行政、学术权力更加明晰，教代会、工代会工作机制更加健全，在民主管理和民主监督得到了充分的发挥。基于流程管理的标准化、流程化的质量管理体系初步建立，并运用到各领域各部门业务工作中来，学校发展的战略目标更加明晰，战略规划更加科学，战略实施更加高效，管理治理水平显著提升。

（二）育人成效不断凸显

随着学校治理体系不断完善，治理机制不断健全，管理效率和水平的不断提升，育人成效也不断凸显。2021—2022 年，学校取得国际级标志性成果 1 项、国家级标志性成果 35 项、市级标志性成果 312 项。在学生技能大赛、"互联网+"创新创业大赛、思政课教学展示活动、金砖国家职业技能大赛、重庆市教学成果等多方面的成果取得了历史性的突破。涌现出全国"最美大学生（全国 10 名，高职唯一）""中国好人""中国大学生自强之星""全国优秀共青团员""中国电信奖学金"等一批优秀学生。

（三）特色创新更加鲜明

以流程管理理念为指导，全面推进学校质量管理标准化建设。《国家职业教育改革实施方案》《职业教育提质培优行动计划（2020—2023)》《关于深化现代职业教育体系建设改革的意见》以及"十四五"规划等重要文件为支撑，制定全校各个部门和工作领域《质量管理手册》30 本，梳理构建业务管理流程 200 余个，构建了学校质量管理标准化流程体系。同时，充分运用信息化手段，将业务流程融入办公自动化系统中来，面向师生办理的业务 80% 实行网上办理，实现"最多跑一次"的目标，极大提高了工作效率，提升了工作质量，提高了管理水平。

（四）社会影响不断扩大

通过治理体系建设，学校办学水平得到了大幅提升，近年来，先后获得重庆市优质高等职业院校，教育部第三批现代学徒制试点院校，国家和重庆市首批示范性职教集团牵头单位，全国职业院校数字校园建设样板校，成渝地区双城经济圈财经职业教育联盟牵头单位，重庆市高水平高职学校等荣誉。建设成果《流程管理视域下高职院校内部治理能力提升路径研究》立项为重庆市教科规划重点项目，研究成果发表于《中国职业技术教育》。建设成果多次被中央电视台、新华社、人民网、《中国教育报》、《重庆日报》等媒体宣传报道。基于流程管理的高职院校治理理念在重庆市全面贯彻落实职业教育大会精神座谈会等市级层面会议上做了交流发言，取得了良好的反响。

（执笔人：杨克毅　韩春燕　敖贵才）

创新"2431"模式治理 谱写乡村振兴新篇章

——以重庆城市管理职业学院帮扶村为例

重庆城市管理职业学院

高职院校注重治理体系和治理能力现代化，重庆城市管理职业学院作为"双高"A档专业群院校，既注重院校自身治理，在乡村振兴大背景下，也加强了对帮扶村的治理，健全双工作机制，加快形成乡村振兴多元投入格局。推进组织振兴、产业振兴、人才振兴、文化振兴，继续发挥高校优势提供强力支撑，构建了"2431"模式治理，谱写出高校助力赋能乡村振兴新篇章。

一、基本情况

民族要复兴、乡村必振兴。党和国家十分重视"三农"问题，2021年通过了《中华人民共和国乡村促进法》。全面建设社会主义小康社会，关键在农村，重点和难点也在农村。重庆城市管理职业学院（以下简称"学院"）履行高校助力乡村振兴工作职责，对口帮扶重庆市丰都县三建乡夜力坪村、丰都县双路镇楠木村、丰都县双路镇安宁场村，义务帮扶重庆市黔江区等区县，选派帮扶干部到当地担任第一书记，创新"2431"模式治理（"2"即双机制：一是加强高校与乡村的血肉联系；二是实现多元化治理格局。"4"即实现乡村组织振兴、产业振兴、人才振兴、文化振兴。"3"指3融合，即乡村事业着眼当前与立足长远相融合、高校优势与农业优势相融合、高校大学生力量与乡村之基相融合。"1"指实现1个目标，即实现美丽乡村、宜居乡村、幸福乡村的目标）（见图1），谱写出了高校助力重庆市丰都县及帮扶区乡村振兴的新篇章。

二、主要做法

（一）健全双工作机制，加快形成乡村振兴多元投入格局

学校注重建立高校与重庆市丰都县党委政府的双工作机制，集中谋划丰都县帮扶

图1 创新"2431"乡村治理模式

村"十四五"规划，学校制定了"党建引领、产教协同"振兴方案与"十四五"规划配套，政校行企多方赋能，搭建沟通桥梁，重庆市人大帮扶集团、双路镇党委、三建乡党委积极引导；重庆九葛源食品有限公司、千蝉电商公司、重庆市轻舞飞扬体育用品有限责任公司等行业企业广泛参与，成立并运营了专业合作社4个，资金投入460余万元，加快形成了乡村振兴多元投入格局。

（二）推进"4个振兴"，持续发挥高校优势提供强力支撑

学校高度重视增强乡村自身发展能力，推进组织振兴、产业振兴、人才振兴、文化振兴，为乡村提供强力的支撑。

1. 推进组织振兴，建立更加有效、充满活力的乡村治理新机制

学校拨付配套经费每年每干部2万元用于乡村建设，推进农村社会治理网格化管理。制定了规章制度要求派驻帮扶干部遍访村情、户情，持续遍访脱贫户、低保户、特困供养户，做到监测预警脱贫不返贫，巩固好脱贫攻坚成果与乡村振兴的有效衔接。学校要求帮扶干部注重发现发展返乡青年、大学生、致富带头人等加入党员队伍共同建设美丽乡村。学校在帮扶村推行"流动党员联系制度"，加强了流动党员管理服务，增强了党支部的凝聚力、战斗力。学校推动形成了村务例会制度，完善了村干部AB角职责和值班制度，培训提升了10位村干部办公自动化素养，修订完善了"积分制"奖惩措施，激发村民参与村级自治。学校帮扶丰都县双路镇楠木村脱贫户实现收入由单一转向多元化（见图2）。

2. 推进产业振兴，发展优势产业，促进第一、二、三产业融合发展

学校在种好产业上用力，推选专职产业监督员，发展当地优势产业，如丰都县栗

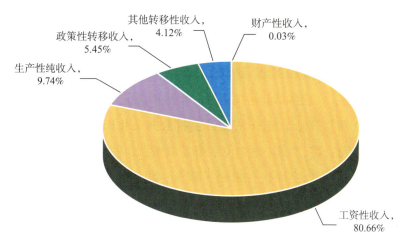

图2 双路镇楠木村脱贫户2021年收入来源情况（按金额占比）

子大米、油茶、青脆李、笋竹、蔡森坝冷水鱼、芦花鸡等。加强产业管护用工（已达2000多个），产业收益见成效。实现了"三变改革"（农村资源变资产、资金变股金、农民变股东改革）。在宣传产业上用力。设计完成村标识，统一形象标识，展示帮扶村良好形象。策划了"2022年首届'万亩金色梯田，诗画夜力坪'旅游季活动方案"。邀请专业公司制作了系列风景宣传视频和推文，并通过抖音、哔哩哔哩、华龙网等新媒体平台进行形象宣传和口碑传播。2022年3—4月，开展"万亩金色梯田，诗画夜力坪"梯田油菜花观赏、踏青活动，实现村农家乐、农特产品销售额3万余元。策划了"丰都·夜力坪：夏憩绿旅游采摘季暨青年志愿者乡村振兴服务月"，加强村农旅宣传，促进农特产品销售；推进村青脆李采摘节活动，促进村民增收致富，促进第一、二、三产业融合发展。在卖好产品上用力，推进乡村芦花鸡在2022年取得有机认证，做强村农产品品牌。学校牵线搭桥，促进了重庆市新隆合农业有限公司全部收购乡村青脆李，并在学院设置"丰都县帮扶产品销售点"，学校组织商学院教师、学生开展实践课程直播带货，村民收入和村集体经济收入明显增加，学校年消费帮扶80余万元。学院组织专家教授调研丰都县土壤，种植果树。

3. 推进人才振兴，发挥人才作用赋能乡村振兴

"致天下之治者在人才，成天下之才者在教化"。学院深谙其理，建设有乡村培训工作站，积极推进人才振兴，2021年丰都籍在学院就读学生459人，累计获得各类资助80.314万元；生源地贷款69.62万元。学校组织了乡村村社干部、第一书记、本土人才、公益性岗位人才及村民代表的培训，发挥人才作用赋能乡村建设。

4. 推进文化振兴，以"六声六心"工作法提升乡村公共文化服务水平

学校推进文化振兴，以"六声六心"（"六声"即居民进门有招呼声，服务内容有

介绍声，询问问题有解释声，困难求助有帮助声，居民生活有关心声，居民离开有再见声。安宁场村成立的知心大姐工作室、善和调解室以六声为工作导向，听取群众心声，调解村民矛盾，传承善和文化，做好群众服务工作。六心：人文环境让居民舒心，村社治安让居民安心，文化生活让居民开心，卫生服务让居民放心，服务便利让居民省心，温馨和谐让居民齐心）工作法提升乡村公共文化服务水平。学院组织老师、学生开展了红色主题宣讲，"童心永向党、彩绘新时代""一起动起来、生活更精彩"等丰富多彩的文化活动，给帮扶村带来了朝气，极大地丰富了帮扶村村民的文化生活。

（三）深化 3 个融合，着力提升农村教育质量及资源均衡

学校深化了 3 个融合，做到乡村事业着眼当前与立足长远相融合，学校擘画振兴蓝图，虽然有新冠疫情，但在规划上做到了着眼当前与立足长远相融合。做到让高校优势与农业优势相融合，学校组织专家教授到帮扶村实地考察，农学领域专家研究土壤、水质、空气等，因地制宜组织当地村民种植果树、栗子大米；旅游领域专家制定乡村旅游规划，开展旅游名片宣传、建立采摘、研学基地。做到高校大学生力量与乡村之基相融合，成立大学生乡村振兴实践团，让大学生小我融入大我，青春献给祖国，到祖国最需要的乡村去积累经验、施展才华，接受锻炼、接受考验，展现风采、奉献智慧。

（四）实现一个目标，让老百姓的获得感幸福感更强

学校在帮扶村成立家庭教育互助会、开展"新时代文明实践乡村文化振兴与优良家风传承院坝课堂"、评选"丰都十大孝善人物"、设立"红黑榜"褒扬正反典型等；组织留守儿童参与兴趣课程，丰富周末假期生活；通过组织坝坝舞、院坝电影、共享图书等群众活动，丰富村民业余生活，助推文化素养提升，真正让居民生活舒心，增强了群众幸福感、获得感、安全感。

三、治理成效

学校"2431"乡村振兴创新模式治理成效显著，重庆九葛源食品有限公司、千蝉电商公司、重庆市轻舞飞扬体育用品有限责任公司等行业企业广泛参与，成立并运营了专业合作社 8 个，带来直接经济收益 79.78 万元。获"党课开讲啦·书记赛党课"片区赛三等奖 1 人，获乡"优秀党务工作者"1 人，获"优秀党员"6 人。《丰都：改

善环境发展产业 乡村面貌正在悄然改变》《为流动党员办实事，助农生产两不误》等乡村振兴事迹得到人民网、华龙网、新华网、中青网、电视台等广泛报道。高校创新"2431"乡村振兴模式治理，"赋能"解锁美丽乡村密码，谱写出巩固脱贫攻坚成果与乡村振兴的崭新篇章。

（执笔人：江柯　张媛　申书炜）

践行"善治之路"，激发办学新活力

重庆工程职业技术学院

重庆工程职业技术学院建校以来，致力于职业教育事业，主动服务国家战略和重庆发展，加强制度体系建设，有效提升治理能力；聚焦立德树人根本任务，开创思政育人新格局，强化师资力量，打造专业品牌特色；发挥"诊改""内控"双轮驱动，优化质量保证推动力；联合多元办学，全面提升服务地方创造力。近年来，学校在提升育人质量和增强服务能力等方面取得突出成效，激发了办学新活力，逐步走上治理现代化的"善治之路"。

一、基本情况

重庆工程职业技术学院自 1951 年建校以来，一直致力于职业教育事业，主动服务国家战略和重庆发展，通过师生的不断探索与实践，学校逐步走上了治理现代化的"善治之路"。在观念层面上，学校树立了以促进师生个体发展为中心的治理理念；在制度层面上，学校建立了适应学校全面发展的制度体系；在行动层面上，形成了以学校内部民主治理为主体，外部充分参与的多元治理格局；在监督层面上，营造了师生代表和社会单位积极为学校发展提供建设性意见的氛围。

二、主要做法

（一）完善结构健全体系，汇集事业发展凝聚力

1. 加强制度建设，落实依法治校

学校积极发扬民主法治理念，以实施"两大治理体系、两大支持体系、两大改革措施"为抓手，完善以《章程》为核心的依法治校制度体系。建立健全与学校章程相

配套的管理制度，形成以《章程》为核心的依法治校制度体系。

2. 加强机制完善，健全治理体系

通过优化内部治理结构，科学设置教学、科研、行政职能部门等机构，构建了治理机构完善、工作职责明确、领导干部结构合理、治理能力全面的工作格局；通过健全"六会"运行机制，充分发挥学校理事会、发展咨询委员会、学术委员会、专业建设委员会、教材选用委员会、教代会作用，构建内部和外部参与学校治理的支持体系，促进学校科学发展；通过厘清学校和二级学院职责关系，细化学校、二级学院权责，建立学校、二级学院、专业教学团队三级运行机制，激发二级学院办学活力。

3. 加强人事改革，激发内生动力

学校制定和完善了《高层次人才引进和管理办法》《高层次人才激励性报酬发放管理办法》等20多项人事制度和管理办法，建立了以成果和贡献为导向的激励机制，形成行之有效的内部人事分配制度体系，有效调动了教职员工工作积极性和主动性，激发干部职工内生动力。

（二）围绕立德树人根本，打造最实育人生命力

1. 加强思政教育，完善"三全育人"体系

学校深入贯彻落实全国、全市高校思想政治工作会议精神，落实立德树人根本任务，通过推进"两全面"，实施"十行动"，将思想政治工作融入办学治校和人才培养各个环节，形成"三力引领、三全强基、三动固本"的育人体系，提升思想政治工作质量。以推进"三全育人"综合改革为抓手，推进"十大育人"体系建设，打造"砺苦乐生"特色实践教育活动，实现学生德智体美劳全面发展。思政育人项目《"一站式"学生社区服务育人体系构建与实践》入选教育部思政工作精品项目，"三全育人"综合改革获重庆市教育综合改革试点成果一等奖。

2. 强化师资力量，培育教学名师名家

学校强化师资建设，打造高水平"双师"队伍，开展系统培训提升教师队伍能力和素质，建成国家级"双师型"教师培训基地1个，国家级示范性教师企业实践流动站1个，国家级教学团队4个。教师入选国家"万人计划"教学名师1名，国务院政府特殊津贴专家1人，获全国高职院校教师教学能力大赛一等奖2项、全国高校思政公开课一等奖1项，获全国高校思想政治理论课教学能手、"五一劳动奖章"等荣誉称号50余项。

3. 狠抓专业建设，打造专业品牌特色

学校围绕地方经济社会发展支柱产业，形成"双主体、双特色、协调发展"专业建设定位，全面契合重庆市大数据智能化引领创新驱动发展战略，建成国家级重点专业 8 个、国家骨干专业 6 个、国家级教学资源库 1 个，中央财政支持实训基地 8 个，国家级精品课程 4 门，国家级课程思政示范课 1 门，培育国家级精品在线开放课 5 门。"机电一体化技术"专业群入选中国特色高水平高职院校专业建设计划。

4. 推进以赛促学，增强学生双创素养

学校积极引导学生参加专业社会实践、各级各类专业技能竞赛和创新创业大赛，优化专业课程标准，将创新创业教育融入贯通人才培养全过程，提高学生专业能力水平。近 3 年来，学生获全国职业院校技能大赛一等奖 12 个、二等奖 14 个、三等奖 14 个，获重庆市职业院校技能大赛一等奖 50 个、二等 109 个、三等奖 80 个；在"互联网+""挑战杯"等各类创新创业竞赛中，获得省部级以上奖项 35 个。先后涌现出全国劳模、全国技术能手、"大国工匠"职教之星等一大批优秀毕业生。

（三）"诊改""内控"双轮驱动，优化质量保证推动力

1. 加强质量文化建设，构建"诊改"制度体系

学校以现代质量观为导向，以内部质量"诊断与改进"为牵引，建立常态化自主保证人才培养质量机制，提升内部质量保证工作成效，全面建立了内部质量保证体系。诊改工作以教学质量监控为重点，将课程分为 5 大类（理论、实践、体育、思政、顶岗实习），分别制定评教、评学指标。采用"五支三层"形式评价课堂、课程教学质量，加强教学质量奖工作建设，引导全体教师牢固树立了质量优先意识，确保教学质量稳步提升。

2. 全面推进"内控"建设，提升信息化管理水平

学校成立内控建设领导小组，统筹推进内部控制体系建设，完善内部控制制度体系，实现循环改进。引入第三方机构对学校重大制度、财务管理、资产管理等制度进行科学评价，针对制度在执行中的薄弱环节、空白地带，及时进行制度完善。积极推动内部控制信息化建设，将所有制度流程嵌入学校 OA 办公系统，建立了网上财务报销管理、教学运行管理、人事劳资管理、学生事务管理、合同审签管理等涉及师生十大日常事务管理的网络办公信息化管理平台，提高办事效率。

（四）强强联合多元办学，提升服务地方创造力

1. 全面深化产教融合，多元办学形成典范

学校与政府、产业、行业、企业五方联动，推进校企一体，打造出标准化人才培养模式、"双师"素质人才队伍结构、校企一体化课程体系、产教融合实训基地。与新大陆、中兴通讯和华为公司联合办学，成立了新大陆物联网学院、中兴通讯信息学院、华为人工智能学院等产业学院，形成了"双主体、七共同"育人机制。学校与企业各展所长、各得其所、共建共管、共享共赢，建立了校企多元办学的体制机制，树立了多元参与办学的典范。学校是重庆市教委认定的两所整体向产教融合型深化高校之一，牵头成立的重庆测绘地理信息职教集团入选国家示范职教集团培育单位。

2. 院士领衔技术创新，智能服务推动发展

学校引入刘人怀院士等高层次人才，率先在重庆高职院校中设立院士工作站，积极带动教师技术创新，服务成渝双城经济圈建设；通过刘人怀院士工作站、煤矿安全设备协同创新中心、付少华技能大师工作室等国家级、市级技术技能创新等技术创新平台，联合打造"院士领衔、高校助力、产业支撑、服务生产"的产教融合新模式，积极推进研究成果转化和应用。

3. 信息技术牵引改革，智慧校园全面升级

学校构建了集基础、管理、教学3个智慧生态云，加快智慧校园建设，"云课堂"先后近20次在国际国内会议上展示，吸引国内外400余家学校和单位来校考察学习，近100所院校借鉴或引入学校智慧校园建设方案。新冠疫情期间，学校快速反应，自主开发"疫情防控信息"平台，利用"云服务"平台采集相关疫情信息，实现了师生疫情信息精准摸排。学校是教育部网络学习空间"人人通"培训基地、网络学习空间应用普及活动优秀学校、首批信息化建设优秀单位，信息化建设成果荣获国家级教学成果二等奖。

三、治理成效

近年来，学校在提升育人质量和增强服务能力等方面取得突出成效，赢得了多方美誉。先后建成全国黄炎培职业教育奖优秀学校、国家优质高职院校，立项中国特色高水平高职学校和专业建设计划建设单位；获评全国教育系统、能源系统"职业教育先进单位"，全国煤炭系统职业教育突出贡献奖，育人成效、创新创业、服务贡献、国际影响等多个全国高职50强荣誉称号。

（执笔人：兰海涛）

党建引领　标准为先　数据驱动　服务发展

重庆工商职业学院

　　重庆工商职业学院以国家"双高计划"为抓手，深入推进教育评价改革、教育数字化转型、质量诊改、内控建设等各项改革任务，着力强化顶层设计、健全质量标准、优化治理机制、提升治理效能、落实质量自治、深化循数治理，系统构建了"管理变治理、被动变主动、零散变系统、主观变客观、一时变日常"的内部治理体系。

一、基本情况

　　推进职业院校治理能力与治理体系现代化，是落实立德树人根本任务、促进新时代职业教育高质量发展的压舱石。成立于 2005 年的重庆工商职业学院，坚持并创新与重庆开放大学"两校一体"融合发展的体制机制，秉承"办人民满意的大学"理念，持续推进以党建为引领、以章程为核心、以改革创新为动力、以协同发展为目的、以信息技术为支撑、以质量诊改为逻辑的校企双元育人内部治理体系和治理能力建设，着力强化顶层设计、健全质量标准、优化治理机制、提升治理效能、落实质量自治、深化循数治理，以高效治理赋能国家"双高计划"建设，为高质量发展和高品质办学提供有力支撑。

二、主要做法

　　学校坚持问题导向、目标导向，在校党委统一领导下，以国家"双高计划"提升院校治理水平项目建设为抓手，通过"一个方案、一套专班、多方协同、一抓到底"的"1121"工作机制，统筹协调校内相关学院与部门的力量，深入推进教育评价改革、教育数字化转型、质量诊改、内控建设等各项改革任务，成效初显具体做法如下。

（一）以党建为引领，全面增强大学治理能力

学校坚持党对事业发展的全面领导，以习近平新时代中国特色社会主义思想为指导，立足新发展阶段，贯彻新发展理念，科学把握职业教育终身化与终身教育职业化的规律，确立了"两校一体"协同发展模式和"互联网+双一流"的战略发展目标。编制学校《治理体系与治理能力建设"十四五"专项规划》，加强对学校治理改革整体性、全局性、战略性问题的分析研究及总体谋划，实施以依法治校为牵引的一揽子内部治理改革与治理能力建设措施（见图1）。

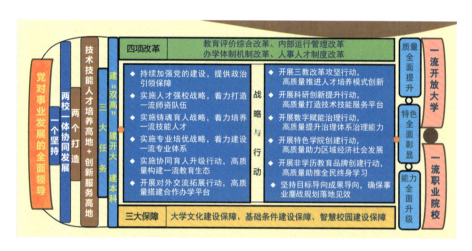

图1　学校"十四五"事业发展（总体）规划的战略设计

紧扣立德树人根本任务，开展以新时代教育评价改革为导向的学校治理改革专项行动，统筹推进教育评价综合改革、办学体制机制改革、人事人才制度改革、内部运行管理改革等关键任务，协同推进专业建设、内部治理、办学和监督体系等领域重点改革工作，构建高质量人才培养工作体系，强化学校高质量发展动力机制建设。把社会主义核心价值观引领现代大学治理作为基础工程，推动"三全育人"综合改革试点和"十大育人"精品项目建设，将思想政治教育融入教学、管理各岗位及各群体工作之中。围绕现代职业教育内外部治理开展理论研究与实践探索，形成了《蝶变新生：新经济时代的职业教育治理》《新时代职业教育产学研创生态圈》《寻路未来："互联网+"职业教育创新发展研究》等著作成果。

（二）以章程为核心，全面强化制度体系建设

紧紧围绕"两校一体"办学体制和"一体多元三融合"办学模式，加强顶层设计，在充分调研的基础上，形成了独具特色的"1 个总体规划+14 个专项规划+9 个行动计划"构成的"十四五"事业发展规划体系，一盘棋谋定了建好"双高计划"、建设本科层次职业院校、筹建新型大学等一系列关键性任务（见图 2）。

图 2　学校"十四五"事业发展（专项）规划体系逻辑架构

对标对表《国家职业教育改革实施方案》《关于推动现代职业教育高质量发展的意见》等文件精神，加大制度"废改立"工作力度，按照规范统一、分类科学、层次清晰、运行高效的原则，围绕"三教"改革、产教融合发展、科技创新等重点领域，精准靶向施策，修订制定教学科研、对外合作、人事改革、师生发展等方面的政策制度51 项，确立了"大学章程—规章制度—部门规范性文件/内部工作制度"三级制度框架，以制度体系建设不断促进学校内部治理效能提升。

学校高度重视内部控制与风险管理，以制度为基础规范权力运行，全面优化制度建设流程，有效推动业务协同、制度协同，破除管理壁垒，激活师生创造力，提升内部治理效能，努力实现一流的现代大学治理。入选《2021 中国职业教育质量年度报告》全国高职院校教师发展、学生发展以及服务贡献典型学校。

（三）以协同为目的，全面优化内部治理机制

学校全面贯彻落实党委领导下的校长负责制，不断优化党委领导、集体决策、分工负责、民主管理的工作机制和运行模式，试点推进"院为实体、学院办大学"改革，

组建校院两级学术委员会、教代会工会组织等,初步构建了目标明确、层次清晰、相互协调、活力充沛的现代大学治理结构体系。

推进"一院一策"试点,打造"跨融结合"特色化发展载体。以"1+2+4"高水平专业群建设为抓手,校院两级联动协同治理,全面推进"一院一策""一院一品"项目建设,开展跨类型跨层次教学改革实践,形成"多类型跨专业创新工作室集群""集团化办学"等一批高效治理支撑特色化发展的典型案例。学校通过专业跨界、统筹管理、产教融合、辐射引领等措施,重点打造跨专业超融合数字孪生型国家示范虚拟仿真实训基地,规避专业隔离、资源阻隔、交互隔绝的"形群而神散"的问题,促进综合类基地体制改革、赋能虚拟仿真专业人才培养、助力国家虚拟仿真实训基地发挥"群效应"。

充分借助外部智力支持,成立学校发展咨询专家委员会,围绕学校发展大局和重点工作开展论证评议、咨询指导等工作,提高学校重大决策的法治化、科学化、民主化水平。发挥政行企校合作理事会作用,建设行业企业共同参与的校院两级专业建设委员会、教材建设与选用委员会,协同推进产教融合。探索产教融合型特色学校建设模式,与东软集团组建双主体的智能网联产业学院办学理事会,共建"国家教育强国推进工程"创新实训基地、跨数字孪生国家虚拟仿真实训基地,搭建校企"联合主体、企业主导、共享收益、共担风险"的治理机制,校企双元育人生态基本形成。

(四)以诊改为逻辑,全面提升质量自治成效

学校着力推进以诊断与改进为核心的内部质量自治建设,以提升办学治校育人全要素能效为主线,形成由"决策指挥、质量生成、资源建设、支持服务、监督控制 5 个系统,学校、专业、课程、教师、学生 5 个层面"的全要素网络化多元协同的综合治理架构和模式(见图 3)。学校以诊改为逻辑的质量自治工作经验入选全国诊改优秀案例和《2019 年重庆教育发展报告》,并于 2020 年通过省级质量诊改复核。

面向"高质量办学、高品质学习",以师生内生需要为动力,全力打造学校质量保证目标体系、人才培养质量标准体系、大数据质量测评体系,搭建智慧校园服务平台,培育自我诊断与持续改进的现代质量文化,形成"三体系一平台一文化"系统集成的内部质量保证体系,将全校所有人员各方面工作都有机统一到高质量人才培养体系构建的主线上(见图 4)。

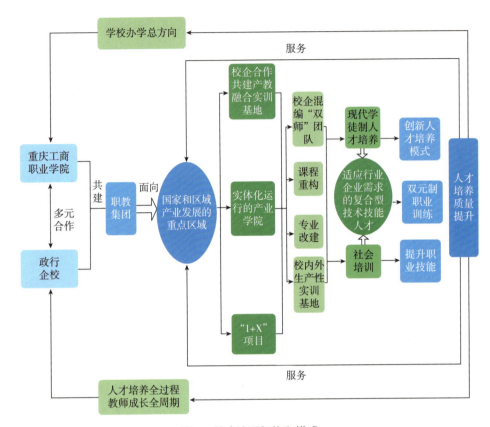

图3　综合治理架构和模式

图4　内部质量诊改

　　坚持"战略引领、业务驱动"的原则，遵循内部质量诊改的逻辑，基于"3+3"大数据生态圈建设，实施"循数治理"项目，以"微应用"为载体，通过"智慧工商"平台的23个应用系统和104个"轻应用"化整为零生成汇集数据，打造形成全链路、多维度的数据智能感知环境，推进数据赋能教育治理创新。治理过程持续向数据化、精细化、智能化、规范化转变，教师获得感和满意度明显增强。

图5　学校内部治理体系

坚持外部评价与内部诊改双向发力。重庆市高等教育学会、重庆市教育评估院、绎达咨询、用人单位等第三方广泛参与学校办学评价和社会监督，学校主动公开发布人才培养质量年报、毕业生就业报告、统计数据公报等，人才培养质量和社会影响力稳步提升。

三、治理成效

久久为功方可善作善成，近年来学校以习近平新时代中国特色社会主义思想为指导常抓不懈，系统构建了"管理变治理、被动变主动、零散变系统、主观变客观、一时变日常"的内部治理体系，类型教育特征更加凸显，人才培养的适应性显著增强，学校先后接待江西、四川、重庆等地24所高职院校到校学习交流，受邀到9所学校交流经验，在"首届川渝高校教育信息化峰会"等10个会议做主题报告，承办"2021年成渝地区双城经济圈职业院校虚拟仿真实训基地建设工作推进会"跨专业超融合、数字孪生的经验做法得到重庆市教委、教育部高等学校科学研究发展中心等主管部门认可。高质量发展与治理体系建设的系列典型案例被《中国教育报》《重庆日报》、人民网等权威媒体转载，并被全国高职高专网等主流平台转载，学习成果互认的案例入选联合国教科文组织《2019年全球地区和国家资格框架清单第二卷：国家和地区案例》，受到社会多方关注。

　　高效治理催生高质量办学成果，学校在教师创新团队、技能竞赛、实训基地、科研课题等领域取得重大突破，取得国家级成果 93 项，2021 年学校位居全国 GDI 高职高专排行榜 64 名、"金平果"高职高专竞争力排行榜 72 名，在《2021 中国职业教育质量年度报告》中获评教师发展指数 100 强、学生发展指数 100 强、服务贡献典型学校（60 所），入选国家"双高计划"，获评教育部"网络学习空间优秀学校"、人民德育"三全育人"示范院校、重庆市首批新时代高校党建"双创"样板支部、重庆市文明校园，《礼赞生命》组歌入选教育部 2021 年"高校原创文化精品推广行动计划"，承办全国职业院校技能大赛，获全国职业院校技能大赛奖 17 项（一等奖 5 项）、全国"互联网+"大学生创新创业大赛奖 2 项、金砖国家技能大赛奖 3 项，建成海外丝路学院 2 个、"鲁班工坊" 1 个、国际认证中心 2 个、世界技能大赛 3D 数字游戏中国集训基地，国家实训基地 2 个，物联网与大数据应用技术协同创新中心，省级实训基地 4 个、高技能人才培训基地 1 个，获批国家发改委教育强国工程产教融合实训基地，建成数字创意省级示范职教集团、省级特色化示范性软件学院、省级校企合作示范项目，入选国家职教教师教学创新团队 2 个、重庆市课程思政教学名师和团队 2 个。入选全国职业院校信息化建设与应用典型案例，教育部、工信部"5G+智慧教育"应用试点；获重庆市智慧校园建设示范学校、信息化先进单位等，被认定为重庆市职教信息化教指委秘书长单位、重庆市高职诊改委秘书长单位。

（执笔人：沈铁松　南旭光　汪洋）

"1+2+3+4" 治理评价模式的探索与实践

重庆工业职业技术学院

"双高计划"对高职院校治理体系和治理能力提出了新的更高的要求，提高学校治理水平和治理能力离不开治理考核与评价，科学有效的治理评价模式有利于推进学校治理水平和治理能力的进一步提升。自"双高计划"开展以来，重庆工业职业技术学院不断探索并形成了"1+2+3+4"治理评价模式，经过实践取得了显著成效。

一、基本情况

重庆工业职业技术学院是中国特色高水平高职学校和专业建设计划建设单位，是全国首批 28 所国家示范性高职院校，首批国家"十三五"产教融合发展工程规划项目学校，首批教育部高校党建工作"样板党支部"培育创建单位，首批国家示范职业技能鉴定机构，首批教育部教育信息化试点单位，首批教育部现代学徒制试点单位，先后三次被评为全国职业教育先进单位。

作为"双高计划"建设项目的重要组成部分，推进学校治理能力现代化，学校针对 13 个主要绩效指标和四大建设任务和举措，探索开展学校治理评价模式改革与创新，逐渐形成了"一个对象、两项维度、三方共评、四大路径"的"1+2+3+4"治理评价模式，取得了显著成效。

二、主要做法

1. 一个对象

学校不断深入探索治理模式与治理改革，建立健全了与"双高计划"建设相适应的开放融合的内部治理体系，针对学校治理"三大工程""八大机制""五大体系""四方监督"建设举措，有针对性地实施全面评价考核，即紧密围绕提升学校治理水平这一根本任务，坚持重点项目建设与日常工作相结合、过程性与结果性相结合、线上一体化与线下综合服务相结合等原则，不断创新探索评价体系和评价方法，通过搭建平台、部门协同、组建团队等举措深入开展治理评价模式探索，逐渐形成了主要领导牵头、齐抓共管、多维协同的"学校管总、学院主办、部门协同、团队主建"的治理格局，使考核评价贯穿于学校治理的全方位、全过程，确保考核过程更加具有可行性和科学性，评价结果更加具有参考性和全面性。

2. 两个维度

两个维度即评价客体，以内部和外部两个维度观测职业院校治理能力和治理水平的内涵发展和外部支持，从职业院校治理构建起点、过程和结果等全方位评价职业院校治理能力和治理水平的现状。一是内部治理能力和治理水平评价，已建立起"党委领导、校长负责、专家治学、民主管理、依法治校"的评价机制；二是外部治理能力和治理水平评价，"学校自律、多方参与、社会监督"的评价机制也已逐渐定型成熟。评价指标体系（详见表1）共包括一级指标2个、二级指标6个和三级指标22个以及相应的评价标准。

表1 职业院校治理能力和治理水平评价指标体系

一级指标	二级指标	三级指标	主要评价点
内部治理能力和治理水平评价	党委领导下的校长负责制	党委领导	把握正确的办学理念和办学方向；党委委员具有广泛的代表性；政策的连续性；定期和不定期地接受院校治理能力培训
		校长负责	能全面负责行政、科研、教学工作；能组织学校发展规划工作；拥有推荐副校长和处级负责人的权力；拥有提议免除副校长和处级负责人的权力
	组织架构	党委会	会议的召开；人员构成；议事规则
		校长办公会	会议的召开；人员构成；议事规则
		学术委员会	会议的召开；人员构成；议事规则
		专业建设委员会	会议的召开；人员构成；议事规则
		教材选用委员会	会议的召开；人员构成；议事规则
		教职工代表会	会议的召开；人员构成；议事规则
		党代会	会议的召开；人员构成；议事规则

续 表

一级指标	二级指标	三级指标	主要评价点
内部治理能力和治理水平评价	制度建设	章程	章程的制定；制定的完整性；章程的执行
		依据《章程》建立的制度体系	制度涉及领域的广泛性；制度间的统一性；制度的执行
	二级管理	校院两级管理体制	二级单位拥有人、财、物的自主权，配备相应的管理力量
		跨专业教学组织	组建跨专业的专业群或跨专业、跨学科的教学科研组织
外部治理能力和治理水平评价	信息公开	新闻发言人制度	有新闻发言人制度且有效实施
		公开范围	依法需公开的事项全部公开
		公开质量	公开信息的完整性；公开信息的及时性；公开信息查阅的便捷性
	社会监督	校企合作	合作企业数量；合作企业知名度；合作深度
		校地合作	合作地方数量；合作的省级、地市级数量；合作深度
		理事会	有设立；有章程；人员构成；执行
		法律事务委员会	有设立；有章程；人员构成；执行
		法律顾问	有设立；人员构成；执行
		第三方评价机构	评价机构数量；评价机构权威性

3. 三方共评

在评价中由单纯的定性指标转变为定性与定量相结合的模式，实现了评价的可操作性与可复制性。目前学校采取的具体方式是三方共评，评价主体多元化："一方"是学校，也是最重要的评价主体；"二方"是专家，随机在专家库中选取职教领域专家，其中包括政府方专家；"三方"是行业、企业，每年选择与学校开展校企合作最多的企业，最有发言权。三方共评模式的采用因求评价结果的专业性、科学性与全面性，又因专家评价的主观因素占主导地位，行业企业评价与本行业企业与学校的合作深度有直接关联，带有片面性，故而在三方评价中采取了以学校自评为主，专家评价、行业企业评价为辅的总原则，通过实施"1 领头"工程（10 个二级学院、10 个职能部门、100 名教师代表、1000 名学生代表、10 位专家、10 个企业），全方位采集评价数据，进一步保障评价数据的有效与客观。

4. 四大路径

一是社会评价，通过发布质量年度报告、填报"高等教育学校统计报表"，实施党务、校务动态公开等方式，全面接受全社会监督；同时通过对比各高职院校治理情况以及相关数据，对自身进行参考评价，构建了社会评价监督的长效机制。学校已与重庆市教科院等第三方评价机构建立合作关系，建成第三方管理评价改进体系 5 套。二是二级单位评价，通过培育管理服务团队、编印《工作简报》、定期召开推进会等方式，实时对学校治理情况进行跟踪，搭建了"监测—导向—反馈"动态评价机制，对学校治理水平和能力提升展开全方位监督评价。三是教师和学生评价，通过调查问卷、定期调研、不定期访谈等方式收集广大师生意见建议，鼓励师生真实反映学校治理方面问题并为学校打分，客观反映校园环境、制度建设等问题，极大调动全体师生及教职员工的积极性与参与度。四是行业企业评价，基于职业教育特点，结合学校治理情况，充分发挥理事会咨询、协商、议事和监督作用，通过广泛开展行业企业调研，邀请行业企业代表参与学校治理政策等制定，组建学校决策咨询"智囊团"，使其评价监督更具有针对性与全面性。

三、治理成效

根据评价指标与体系的建立，学校在治理水平与治理能力方面取得了显著成效。学校先后获评全国职业院校"教学管理 50 强""学生管理 50 强""服务贡献 50 强""产教融合 50 强""智慧校园 50 强"等荣誉称号，荣获"全国五四红旗团委"称号，领导班子被评为全市先进领导班子集体，被评为全国教育系统关工委先进集体、重庆市文明校园、重庆五一劳动奖章、重庆市智慧校园示范学校、重庆市"三全育人"综合改革试点单位、第三批重庆市"十大育人"精品项目，成为"百所职业院校落实立德树人根本任务联合行动管理服务育人项目"牵头单位和教育部人工智能助推教师队伍建设试点单位，校务在线办理率、师生满意度均超过 90%，治理成效被《光明日报》《中国教育报》等媒体报道 30 余次。

（执笔人：李慧萍　罗玮琦　甄真）

水文化育人改革与实践

重庆水利电力职业技术学院

　　重庆水利电力职业技术学院依托水利行业办学背景，致力于水文化育人的改革实践。一是以水铸魂，挖掘水文化育人思想。诸子百家论水哲学体现了"善德行"的育人思想，中国古代治水实践体现了"重疏导"的育人思想，中国现代治水实践体现了"励拼搏"的育人思想。二是以水为师，践行水文化育人理念。发扬上善若水的尚德精神，培养学生高尚品德；发扬智者乐水的求知精神，培养学生高超技能；发扬善利万物的奉献精神，培养学生奉献担当；发扬清正如水的廉洁精神，培养学生清正自律；发扬海纳百川的包容精神，培养学生博大胸怀。三是以水导行，创新水文化育人路径。构建了水文化组织、制度和评价三大育人体系，打造了管理、教师和学生三大育人队伍，搭建了科研、创新创业和社会实践三大育人平台，实施了"境—堂—戏"三大育人工程。四是以文化人，彰显水文化育人成效。育人质量全面提高，教师能力显著增强，办学水平全面升级，社会影响不断扩大。

一、基本情况

　　习近平总书记指出，"一个国家、一个民族的强盛，总是以文化兴盛为支撑的"。"优秀传统文化是一个国家、一个民族传承和发展的根本，如果丢掉了，就割断了精神命脉"。"要更加注重以文化人以文育人"。"水在中国文化中具有重要的象征意义"。水文化作为中华文化和民族精神的重要组成部分，水文化中的育人思想为学院育人育才、立德树人提供了活水源泉。

　　重庆水利电力职业技术学院是经重庆市人民政府批准、教育部备案的公办全日制普通高等学校。学校始建于1964年，2004年升格为全日制普通高等专科学校。现占地面积936亩，教职工650余人，在校生1.2万人。开设专业42个，涵盖水利、资源环境与安全、能源动力与材料、土木建筑、交通运输、装备制造、电子信息、文化艺术、教育 9 个专业大类。面向全国 27 个省（市）招收普通高中毕业生，开展专科学历教育和专本贯通分段培养本科教育，以及非学历职业培训。

长期以来，学校始终坚持立德树人，大力开展水文化育人，充分发挥水文化的涵育作用，将水的"博大、包容、谦恭、坚韧、齐心、灵活、透明、公平"的品质融进日常教学和生活，融进师生的血液，培养学生成长成才，引领学院快速健康发展。

2014 年，学校提出"稳定规模、强化内涵、突出特色、文化引领""四位一体"同步推进发展战略，依托水利行业背景和专业特色打造水文化育人体系，实现中华优秀传统文化、社会主义核心价值观、新时代职业精神、学校精神的多元融合，有效推进了全员、全程、全方位育人。2020 年获全国职业院校校园文化建设"一校一品"示范院校。2022 年"水文化'境—堂—戏'育人模式的研究与实践"入选教育部高校思想政治工作培育建设精品项目。

二、主要做法

（一）以水铸魂，挖掘水文化育人思想

1. 诸子百家论水哲学体现了"善德行"的育人思想

一是以道家老子为代表的"水之七善"思想。"七善"即"居善地，心善渊，与善仁，言善信，正善治，事善能，动善时"，蕴含着热情奉献、谦让谦虚、豁达开朗、爱岗敬业、诚实守信、开拓创新、科学求实、机动灵活的品质。

二是以儒家孔子为代表的"水之九德"思想。"九德"即"似德、似义、似道、似勇、似法、似正、似察、似善化和似志"，蕴含着无私奉献、尊重规律、仁爱友善、勇敢顽强、公正公平、一丝不苟、坚忍执着、清正廉洁、创新奋进的品质。

三是以墨家墨子为代表的"兼爱犹水"思想。其"兼爱""非攻""尚贤""尚同""节用"等观点与大禹公而忘私的精神和尊重自然规律的治水方法在本质上是一致的，体现了团结友爱、吃苦耐劳、服务社会、造福人类、勇敢担当和崇尚劳动等品质。

2. 中国古代治水实践体现了"重疏导"的育人思想

一是大禹治水精神。改"堵"为"疏"，13 年间"三过家门"而不入，体现了人民至上、公而忘私、艰苦奋斗、尊重规律、科学施策的精神。

二是李冰治水精神。"深淘滩，低作堰"修建都江堰，使成都平原变成"天府之国"，体现了苍生在上、顺从民意、尊重科学、创新有为的精神。

3. 中国现代治水实践体现了"励拼搏"的育人思想

一是红旗渠精神。红旗渠被誉为"世界第八大奇迹""人工天河",体现了自力更生、艰苦创业、团结协作、无私奉献的精神。

二是三峡移民精神。体现出顾全大局的爱国精神,舍己为公的奉献精神,万众一心的协作精神,艰苦创业的拼搏精神。

三是抗洪精神。体现出万众一心、众志成城、不怕困难、顽强拼搏、坚忍不拔、敢于胜利的精神。

纵观古今,中华几千年的水文化和治水实践,为水文化的传承、发展、创新提供了鲜活的思想典范和行为标杆,其博大精深的育人思想内涵与职业院校人才培养的要求高度契合。

(二)以水为师,践行水文化育人理念

1. 发扬上善若水的尚德精神,培养学生高尚品德

"上善若水"取自老子的《道德经》,文化内涵为发扬上善若水的尚德精神,为人处世坚持原则,拥有崇高道德追求,成为品德高尚的人。学院着力开展上善若水的尚德教育,结合行业特色和办学实际,倡导"甘为滴水、势如江河、心向大海"的修德之路和"淡泊、进取、高远"的道德追求。充分发挥学校、家庭、社会三方作用,抓牢思政教育主渠道,巩固养成教育主阵地,擦亮素质提升优品牌,建立素质教育场馆,编排文化精品节目,健全跟踪评价制度,全方位、多角度推进德育教育,营造尚德教育氛围。

2. 发扬智者乐水的求知精神,培养学生高超技能

"智者乐水"取自孔子的《论语》,文化内涵为发扬智者乐水的求知精神,学习要循序渐进,不断获取新的知识和技能,不断寻求真理,成为拥有丰富知识和高超技能的人。学院着力开展智者乐水的求知教育,深入推进产教融合、校企合作,持续改善办学条件,不断夯实专业教育。构建"1+1+N"水文化课程体系和"金字塔"式的创新创业教育体系,探索创新"互联网+"背景下高职院校"1+3"课堂协同育人模式;推行"一室四责""一课四责",改革课堂教学考核评价制度体系,培养学生"笃行苦练、日臻新境"的精神品质。

3. 发扬善利万物的奉献精神,培养学生奉献担当

"善利万物"取自老子的《道德经》"水善利万物而不争",文化内涵为发扬善利万物的奉献精神,将生命与事业融为一体,勇于奉献、负责、求实,成为甘于奉献担当

的人。学院着力开展善利万物的奉献教育，组建大学生劳动教育成长联盟、义务消防队、安保巡逻队、学生新闻中心和计算机维保服务队等，成立青年志愿者联合会，通过义务劳动、志愿活动、校企共育、榜样塑造四大途径，系统培育学生的奉献精神。

4. 发扬清正如水的廉洁精神，培养学生清正自律

"清正如水"取自班固的《汉书》，文化内涵为发扬清正如水的廉洁精神，清清白白做人，干干净净做事，成为光明磊落、清正自律的人。学院着力开展"清正如水"的廉洁教育，线上线下同步设立廉政专栏、专区，图文并茂集中宣传、解读党规党纪；建设信息公开网站，严格信息公开规定，设立书记、院长信箱，维护信息公开环境、畅通师生诉求反映渠道，营造公平、清正的校园环境；经常性开展多种形式的警示教育，坚持用身边事教育身边人，用"零距离"的典型案例教育师生知敬畏、存戒惧、守底线。

5. 发扬海纳百川的包容精神，培养学生博大胸怀

"海纳百川"取自林则徐的对联"海纳百川有容乃大"，文化内涵为发扬海纳百川的包容精神，胸襟宽广、博采众长、兼收并蓄，成为具有博大胸怀的人。学校着力开展"海纳百川"的包容教育，加强国际、地域、校际交流，牵头成立重庆市水利水电职教集团，积极融入成渝地区双城经济圈建设、长江经济带绿色发展、新时代西部大开发、"一带一路"共建等，不断扩大朋友圈、交际圈，与泰国、越南、老挝、埃塞俄比业等国家开展国际教育合作，与泰国黎逸技术学院共建大禹学院，成立汉语研究所，共同培养留学生，培养学生开放心理和豁达性格。

（三）以水导行，创新水文化育人路径

1. 构建水文化育人三大体系

（1）建立水文化育人组织体系

成立由书记、院长任组长的水文化育人工作领导小组，建立"党委统一领导、院长总体负责、部门具体负责、研究与实践并举、项目化推进、全员参与"的运行管理机制。形成覆盖学生思想素质引领、职业精神培育和专业技能提升的全方位水文化育人体系。

（2）健全水文化育人制度体系

将水文化纳入章程，融入日常教育、管理、评优评先、师德师风培养等师生行为制度、规则和教职工入职、学生入校宣誓、开学第一课、毕业典礼过水门等典仪规范，营造水文化制度育人浓厚氛围。

（3）构建水文化育人评价体系

结合水利类高职院校人才培养特点，将校内达成度评价和第三方认可度评价有机结合，共同构建主客观相结合的学生核心素养评价指标体系。包括学生文化基础素养、自主发展素养、社会参与素养3个方面，18个基本要点、31个主要观测点。通过对在校生和毕业生连续跟踪观测，综合了解水文化育人对学生素养的培育效果和对学生发展的持续影响。

2. 打造水文化育人三大队伍

（1）打造水文化育人管理队伍

坚持重心下移，推进党支部向基层延伸，推行教研室党支部书记、主任和专业带头人"三任一肩挑"，打造教师党支部"双带头人"，实现管理、育人相统一。制度化组织管理人员寒暑假读书班学习，不断提高领导干部和管理队伍管理水平、能力素质。围绕水文化育人，编制岗位说明，把水文化育人功能发挥纳入管理岗位考核评价范围。

（2）打造水文化育人教师队伍

加强"润物无声，善能达才"的教风建设，鼓励教师承水之德，如水润万物一般，化育心灵、因材施教、立业立人；加强教学督导评价，规范教学行为，积极引导教师回归育人根本，争做"四有好老师"；大力实施学历提升计划、职称助推计划、职业生涯辅助计划等，提高教师整体能力和综合素质。

（3）打造水文化育人学工队伍

按照"一点三线四面"的工作思路，打造水文化育人学工队伍。"一点"即以辅导员能力建设为着力点，通过学历提升、工作交流和能力大赛等多个途径，提升辅导员言传身教的引领水平；"三线"即实现专职辅导员、优秀专业课教师兼职班级导师、学生党员和优秀学生干部兼任辅导员助理3个战线优势互补，整合日常教育管理、专业素养培育和朋辈交流示范的育人作用，立体作用于学生的综合素质养成；"四面"即培育一支素质高、能力强、业务精、作风正的辅导员队伍，带动学生整体学习、生活习惯的改善和良好校园风气的形成。

3. 搭建水文化育人三大平台

（1）搭建水文化"一会一刊一论坛"科研平台

发挥自身优势，积聚优质资源，建成"一会一刊一论坛"科研平台。成立重庆市水文化研究会，组建水文化研究与应用团队，承接《重庆三峡库区水物质文化遗产保护研究》《重庆古镇水文化历史记忆发掘与应用研究》等20余项省部级涉水课题。创办《巴渝水文化》期刊，获重庆市优秀连续性内部资料称号。面向行业企业发行期刊

1万余册，刊发水文化研究论文100余篇。举办全国性"巴渝水文化论坛"，邀请中华水文化专家委员会、中国水利教育协会、中国水利政研会、河海大学、西南大学近50名全国知名水文化专家学者，聚焦水文化与生态文明建设、人水关系、水与文学、水土保持、水安全等前沿热点，共商水利发展大计。

（2）搭建"六位一体"创新创业育人平台

建成4700平方米的大学生创业孵化园，园区内设置"一站式"服务平台、多功能路演厅、咖啡书屋、党支部活动室、创新创业教研室、模拟训练室、创客街等功能区域，形成集"思想引领、创新创业教育、创业训练、创业体验、项目孵化、创业服务"六位一体的育人平台，满足创新创业教育各个阶段的需求。学院每年设置项目专项基金150万元，支持学生创新创业项目建设。目前，园区入驻企业70余家，培育项目52个。其中专业背景的项目46个，占比88%。

（3）搭建"一站一联盟"社会实践平台

成立"河小青志愿服务工作站"，利用暑期、世界水日、中国水周等时间节点，开展水文化传播、日常性巡河护河等生态环保志愿活动。服务成渝双城经济圈建设，联合四川水院、重庆水利水电职教集团、四川水利职教集团共同组建水文化教育推广联盟，在全市主要河流沿线开展节水、护水、防汛知识宣传和水文化展演、水文化调研等实践活动，参与学生1000余人，受众超2万余人。

（四）实施水文化育人"境—堂—戏"三大工程

1. 实施水文化育人"环境工程"

以"融入"的方式进行校园环境建设，形成独具特色的可视、可感、可循、可悟的水文化教育场域。

一是打造水文化育人办学文化环境。创新构建"上善若水 智水润心"水文化育人理念，使价值塑造、知识传授和技能培养融为一体，从理念创新层面解决铸魂与育人方向性问题。主动将水文化融入校训、校徽、校歌和发展战略，以水立心、以水明志，营造浓郁水文化环境，生动表达学院人才培养至善至上的价值追求。

二是打造水文化育人校园景观环境。将水文化融入百米水文化长廊、千米水文化浮雕、万人水文化广场——"百千万"水文化景观工程，融入楼宇设计、命名和文化装饰，以物化方式彰显水文化育人思想，实现校园的山、水、园、林、路等使用功能、审美功能和教育功能的和谐统一。真正让每一面墙壁说话，每一处环境育人。

三是打造水文化育人校园网络环境。设置专门的水文化教育网站和在线精品课程，资料查阅方便，网络学习快捷，成为师生随身携带的"无形"教材。

2. 实施水文化育人"课堂工程"

突出课堂教学育人功能，构建以水文化为载体的教学课堂、素质拓展课堂和社会实践课堂于一体的课堂体系。

一是构建"1+1+N"水文化教学课堂。包括一个水文化教育必修课堂——"文明在水之洲"；一个水文化育人大讲堂——"上善大讲堂"和 N 门课程思政示范课堂。其中，"文明在水之洲"被评为重庆市在线精品课程，自主开发填补国内空白的水文化新形态一体化教材《水文化教育导论》，教材发行 2.9 万册，被北京大学、中国传媒大学、西南大学等近百所大学 2.6 万名学生选学；"上善大讲堂"，自 2013 年起，已举办 80 余期，受众达到 4.2 万余人次；建立水文化课程思政示范课 30 多门，其中"水工建筑物"获评教育部课程思政示范课程。编印水文化育人典型案例 40 多个。实现专业育人与文化育人同行同向。

二是构建水文化育人素质拓展课堂。组建水文化教育推广联盟，面向师生和社会公众常态化开展水文化、水文明宣传推广，全校 90% 的学生参与。举办一年一度的水文化艺术节，成为校园影响最大、参与度最高、内容最丰富的校园文化品牌。聘请"川江号子"国家级非遗传承人曹光裕担任指导大师，建设"川江号子"非遗传承基地、"川江号子"体验馆，开发"川江号子"非遗教材。

三是构建水文化育人社会实践课堂。联动重庆 7 个区县成立水文化教育推广实践基地，定期开展水文化遗产调查、水情普查、水利工程考察等系列活动。助力重庆市河湖长制实施，组建"水立方志愿服务团"，对全市 268 条河流和 136 座水库开展水资源保护、水污染防治、水环境治理、水生态修复等公益宣传，参与学生 1.3 万余人次，获得团中央表彰。组织学生成立水文化创新创业公司，承担校园饮用水生产销售，水文化文创产品开发。

3. 实施水文化育人"戏剧工程"

创编"中华文化""地方文化"和"行业文化"三台戏。通过剧幕形式，让学生在真实临摹、表演过程中，体验和感悟水文化的精神内涵，实现学生的体验式再现教育。

一是中华文化一台戏。编演《中华龙舞》《大禹治水》《孔子观水》剧目，追寻流域文明和传统水文化的印迹，增进了学生的文化认同、文化自觉和文化自信。

二是地方文化一台戏。编演《巴渝武舞》《川江号子（系列）》剧目，弘扬巴渝儿女团结协作、无所畏惧的民族精神与人水和谐智慧，传承非物质文化精髓，培养学生敢于拼搏、勇于创新、坚韧不拔、团结协作的职业精神。

三是行业文化一台戏。编演《生命水利》《榜样》《抗洪》《黄河礼赞》《天河》《河床魂》等剧目，展现水利人坚守初心使命，爱岗敬业、无私奉献的感人事迹，弘扬新时代水利工作者敢于担当时代责任，立足本职，脚踏实地，追求卓越、团结协作、勇于创新的良好风貌。

三、治理成效

（一）育人质量全面提高

通过水文化育人建设，学生养成了良好的行为习惯，实现了学风的根本好转。学生上课出勤率达到99%以上，课堂教学活动参与度达到90%以上。近5年，在校学生参加各级各类职业技能竞赛、创新创业大赛中共计获奖320余项。其中，国家级奖80余项，市级奖240余项，受表彰1000余人次。2019年学院学生参加水利部"我心中的新时代水利精神"征文大赛获一等奖第一名。

（二）教师能力显著增强

通过水文化浸润，近5年教师晋升教授、副教授105名，总数达到147名，增长2.5倍。教师取得博士学位25名，总数达到35名，增长2.5倍。获得全国水利职教名师、教学新星9名，重庆市优秀、骨干教师10名。教师承担完成国家级、省部级教科研项目88项，发明专利数量居全国高职院校49位，获市级教学成果奖3项。教师参加市级微课、教学能力大赛获一、二等奖16项。

（三）办学水平全面升级

通过水文化建设，带动促进学院办学综合实力全面提升。近年来，学院先后获得全国水利高等职业教育示范院校、全国水利优质高职院校建设单位教育部现代学徒制试点单位、国家级高技能人才培训基地、全国高等职业院校体育工作"一校一品"示范基地等国家级标志性成果80余项。获得重庆市骨干高职院校、重庆市优质高职院校建设单位、重庆市博士后科研工作站、重庆市大学生就业示范中心，重庆市大学生创业示范基地、重庆市创业孵化基地、重庆市高校众创空间、重庆市青创空间、重庆市示范职教集团、重庆市依法治校示范校、重庆市文明校园、重庆市智慧校园、重庆市五四红旗团委等市级标志性成果400余项。

（四）社会影响不断扩大

学院水文化育人改革实践经验在全国 103 所职业院校推广，15 省 19 所院校深度应用。教育部、水利部领导到校考察 70 余次。重庆市高教学会、市职教学会到校举办现场推广会。中央电视台、《光明日报》、《工人日报》、《中国教育报》、人民网、华龙网、光明网等 30 余家媒体宣传报道学院工作，形成了良好的社会影响。

（执笔人：陈邦尚　李鸿　汪强）

凝心聚力启新程　务实笃行向未来

——"七位一体"内部治理赋能学校高质量发展

成都纺织高等专科学校

推进治理体系和治理能力现代化不仅是党中央的一项重大决策部署，更是 2035 年实现教育现代化的必由之路。成都纺织高等专科学校认真学习贯彻习近平总书记关于教育的重要论述，坚持和完善党委领导下的校长负责制，通过理念、制度、能力、方法等的革故鼎新，推进学校内部管理体制革新，大力推动学校治理体系和治理能力现代化，努力推动学校事业发展不断迈上新台阶。

一、基本情况

高等职业院校治理体系和治理能力现代化是国家治理体系和治理能力现代化的重要组成部分，是新时代中国大学推进内涵式发展、提升综合竞争力的内在需求。近年来，成都纺织高等专科学校审时度势、顺势而为，认真学习贯彻习近平总书记关于教育的重要论述，坚持和完善党委领导下的校长负责制，通过理念、制度、能力、方法等的革故鼎新，推进学校内部管理体制革新；调整院系结构，进一步推进二级管理，实现了管理重心下移；健全学术规范和学术委员会运行机制，实行教授治学；健全教职工代表大会制度，建立有效的民主监督机制；不断深化人才培养、科学研究、产教融合、社会服务、文化传承创新和国际交流合作等方面的改革，构建并完善了"党委领导、综合改革、内控体系、机构优化、清单制度、信息平台、文化建设"七位一体治理模式，将学校诸多子系统高度融合为一个有机整体，大力推进学校治理体系和治理能力现代化，努力推动学校事业发展不断迈上新台阶。

二、主要做法

(一) 坚持党的领导，确保正确航向

成都纺织高等专科学校始终坚持以习近平新时代中国特色社会主义思想为指导，学校发挥党委核心领导作用，坚持和完善党委领导下的院长负责制，党委切实落实把方向、管大局、做决策、抓班子、带队伍、保落实的职责担当。学校围绕"忠心、暖心、同心"和"专业技艺和其他技艺"创建了"三心双艺"党建工作品牌，以高质量党建引领学校高质量发展；建立了每周一次的学校党政班子工作例会制度，完善了党政班子成员定点联系基层等制度。将全面从严治党推向纵深，确保党的领导在学校工作中纵到底、横到边、全覆盖，使学校成为坚持党的领导的坚强阵地，营造了向善向上、干事创业的政治生态，形成了"党委领导、校长负责、专家治学、民主管理、社会参与"的治理格局，为学校高质量发展提供了坚实的思想保证、政治保证和组织保证。

(二) 深化综合改革，增强内在驱动力

第一，在治理体系建设现代化背景下，学校紧紧围绕立德树人根本任务，将综合改革作为推进学校治理现代化的关键举措，逐渐转变观念。全校上下树立全局意识，实现从"等、靠、要"向自主办学的转变，根据国家和区域发展需要及自身历史、资源、优势等科学合理定位，明确发展目标，并积极吸纳社会资源，主动适应社会发展需要，自觉接受社会监督，做到全校一盘棋、上下一条心，建立了分工明确、协同配合、上下联动、同向同行的运行机制。第二，深化产教融合，构建职业教育一体化育人体系。在"纵向贯通，横向融通"现代职业教育体系框架基本建立的大背景下，学校不断吸收先进的办学理念，改革人才培养模式，深入推进政、行、企、校合作办学，将学校办学和专业建设立足在根植产业、依托行业、融入企业、强化职业的关系链之中，并将实践能力的培养贯穿始终，探索和构建了以现代学徒制为典型的工学结合人才培养模式。学校引产入教，携手华为、中软国际共建信创产业学院，并建成多个实践教学基地，全力实现四方协同一体化育人。第三，健全教育评价体系，形成内部治理改革的质量闭环。学校深入学习宣传贯彻党的教育方针，强化顶层设计，准确把握职业院校内部评价机制的内涵要求，明确科学的评价导向，以人事制度改革和立德树人机制改革为抓手，大力推进教育教学、产教融合、科研评价体制机制、嫘湖教师队

伍建设、绩效工资、职称评聘等多项改革。改革人才培养模式，构建协同育人体制机制，将学校办学和专业建设立足在根植产业、依托行业、融入企业、强化职业的关系链之中，不断提升人才培养与经济社会发展需求的匹配度。

（三）健全内控体系，提升制度执行力

一是贯彻落实党委领导下的校长负责制，以《成都纺织高等专科学校章程》为核心，建立健全系统完备、科学规范、运行有效的制度体系。本着"于法周延、于事简便"的原则，学校确立近两年为"制度完善年"和"流程再造年"，深入开展制度"废改立"工作。学校制（修）订《成都纺织高等专科学校章程》、党委全委会、党委常委会、校长办公会议事规则、"三重一大"决策制度、二级学院党政联席会议事规则等 80 余个制度文件，建立了学校党政班子工作例会制度，完善了党政班子成员定点联系基层、服务师生制度，为依法治校提供有力的制度依据。二是采取分层控制和协同控制相结合的全方位、多层次、网格化控制，加强内部控制体系建设。完善由《成都纺织高等专科学校领导干部经济责任审计规定》等构成的内部控制体系制度框架，建立决策控制、执行控制和监督控制群组，明确建设内容、具体要求和牵头部门，把内部控制贯穿于学校决策、执行和监督全过程。三是确定了 66 个重点建设任务，设计了13 个评价要素、144 个质控点，不断完善"五纵五横双引擎一平台"的内部质量保证体系框架，建立起"事前—事中—事后"全过程监测的"8 字型质量改进螺旋"运行单元，着力推进学校高质量内涵式发展。

（四）优化机构编制，提升资源有效利用率

学校不断优化组织机构和人员配置，放管结合、优化服务，建立了扁平化的职业院校治理模式，畅通了运行机制，提高了办学效益。第一，学校以优化内部治理结构为重点推进机构调整，以提高人才队伍质量为核心优化编制结构，学校机构由 28 个精简至 21 个；优化调整了二级学院专业、专业群布局，整合资源，做大做强传统优势学科，大力发展新兴交叉学科，服务于国家纺织服装产业的转型升级，确保学校建成轻纺服装产业高端发展不可或缺、与地方产业转型升级休戚与共、为国际职业教育发展贡献中国方案的高水平高职学校。第二，学校以优化顶层设计、资源供给、逐渐授权为主要方式，采取目标责任制与激励机制相结合的手段，将行政权力、学术权力及相应的职责下放给学院，推动学院成为办学实体，切实保障校、院两级内部治理体系的完备和治理能力的整体提升，进一步激发管理团队活力，打造高效的行政管理队伍。

（五）完善清单制度，提升规则约束力

一是实施学校党委、领导班子、领导小组责任清单制度。对学校各类领导小组进行全面梳理，明确各领导小组议事协调职责，厘清机构权责边界。二是推行二级单位职责清单制度，明确各单位管理责任清单、服务职能清单和负面清单，强化考核和问效。三是加强信息公开工作，采用"OA 发文""上墙挂网"等方式及时公开，切实提升办事效率和服务水平。四是制定学校督查督办工作办法，在党政决策督办等过程中推行任务清单制，督办事项全程实时记录，确保事事有着落、件件有回音。

（六）建设信息平台，提升技术支撑力

一是强化规划设计，制定管理制度体系及信息化建设三年规划，修订完善学校基础信息资源管理办法等制度。二是推动学校信息系统互联和公共数据共享，推进一站式学生综合管理、"智慧成纺"一站式办事大厅等学校通用服务管理、四川省高职院校教学工作诊断与改进、"双高计划"建设等平台的搭建，为学校治理体系和治理能力现代化提供有力支撑。

（七）加强校园文化建设，提升育人感染力

近年来，学校实施"文化铸校"战略，加强校园育人文化建设，凝练校园核心文化，引入优秀产业文化，优化校园文化环境，以文化传承创新，打造文化育人体系，增强师生对中华传统文化和中国特色社会主义文化的自信心、归属感，全面提升学校文化软实力，服务学生成长。

三、治理成效

2022 年是党和国家新时代新征程中具有特殊重要意义的一年，也是学校实施"十四五"规划、推进"双高计划"的关键之年，全校师生员工坚持以改革破瓶颈、促发展，打造"数字成纺、智慧成纺、时尚成纺、品质成纺"。学校在"金平果"中国高职高专竞争力排名由全国第 190 位提升至第 147 位，事业实现了高质量发展，社会美誉度持续提升。

一是我们坚持党对学校的全面领导，坚持党委领导下的校长负责制，扎实开展党史学习教育，持续深入学习贯彻习近平总书记关于教育的重要论述特别是关于职业教育的重要论述，以"三心双艺"党建工作品牌创建为主线，扎实开展"对标竞进、争

创一流""转作风、提能力、抓落实"活动。

二是制约学校发展的办学基础条件问题得到解决。在省教育厅的关怀与学校教职员工的共同努力下，学校在邛崃成功征地 540 亩，学校现有土地 1153 亩，校舍建筑面积 25.49 万平方米，在建面积 10.58 万平方米。在校生 13927 人，本科专业 5 个，专科专业 50 个，生均教学仪器设备值 1.2 万余元。

三是师资队伍结构进一步优化。学校实施博士学历人才引进与内培工程，实施"教学名家、科研专家、管理行家"高层次人才队伍建设工程。学校现有专任教师总数 498 名，正高职称 46 名，副高职称 162 名，博士 30 名，"双师型"教师占比 81.9%。其中，国务院政府特殊津贴获得者、国家教学名师、全国技术能手等人才 7 名，四川省学术和技术带头人、天府名师等人才 20 人。建有国家级技能大师工作室 1 个、省级 2 个，省级教学团队 5 个。近 3 年，教师获各类教学能力大赛国家级奖 6 项、省级 21 项。

四是教学改革建设取得新的成效。截至目前，学校建有国家级示范性职教联盟、实训基地等 5 个，获得省级产教融合示范项目、实训基地等 7 个。主持 2 个国家级专业教育资源库，牵头制定国家级教学标准 5 个，输出国际专业教学标准 4 个。建设省级精品在线开放课程、课程思政示范课等省级课程 26 门，建设省级课程思政教学研究示范中心 1 个、课程思政示范专业 3 个。

五是人才培养质量进一步提升。近 3 年，学生在各类技能大赛获得国家奖 28 项、省级 400 多项，培养了全国技术能手 2 名、行业技术能手 4 人。77.7%的毕业生升入本科院校继续学习，应届毕业生就业率年均 95.5%，企业满意度达到 97%。

六是科技社会服务不断创新发展。学校围绕四川功能性服装产业，获专利 584 项，其中发明专利 48 项，完成技术服务 121 项，到账经费 2700 万元。学校是文旅部认定的非遗传承人群培训首批承接单位，开展非遗培训 22 万余人次。成立三星堆服装服饰文化与技艺研究中心，复原了三星堆出土古蜀国丝织物残片，被中央电视台报道。

在下一阶段工作中，成都纺织高等专科学校将深入学习贯彻党的二十大精神，在职业教育新时代主动适应新发展格局，贯彻新发展理念，担当作为，为四川职业教育建高原、筑高峰贡献成纺力量，为构建中国特色现代职业教育体系贡献成纺范本。

（执笔人：杨浩　宋悦晗）

多元共治，赋能提质，"双高"院校治理研究与实践

昆明冶金高等专科学校

构建现代化治理体系，提升治理水平，是"双高"建设的要求。昆明冶金高等专科学校在"双高"建设中，围绕"一核双擎三级决策，内控外联多元共治"的核心理念，通过构建以学校章程为统领的制度体系、运行高效的组织构架，健全内部质量保证体系和多元化办学等措施，实现了学校治理体系和治理能力现代化，促进治理效能显著提升，为高职院校治理创新提供了经验和典范。

一、基本情况

昆明冶金高等专科学校是一所历史悠久、积淀深厚、特色鲜明，以工为主的工科类老专科学校。1952年建校至今，70多年来，学校先后实现了从国家重点中专、高工专、国家示范性高等职业院校到"双高"院校的四次转身和跨越发展。一直以来，学校始终坚持以高水平治理推动学校高质量跨越式发展，是中国特色高水平高职学校建设单位，始终保持在全国优质高等职业院校的前列，先后被评为：全国优质高职高等职业院校、云南省高水平高职院校、优质高职院校，云南省首批大学章程试点高校、治理10强高校等。2020年，学校入选"全国高等职业院校治理体系建设优秀案例50强"。

（一）坚守职业教育初心使命，筑牢高质量发展基础

根据《云南省志》记载，学校办学历史可追溯到百年前1910年创建的云南高等工矿学堂，那正是云南近代职业教育的起源时期。学校几经更名、迁址，始终坚守职业教育初心，长期坚持职业教育办学定位和冶金行业办学特色，积淀形成了优质的工科办学资源和优良的工科办学传统，与行业企业和区域经济社会发展的结合度高，为社

会培养了 14 万余名技术技能人才，获得了"冶金矿业高技能人才摇篮""全国有色冶金矿业高技能人才培养基地"等广泛赞誉，成为引领云南高职改革，支撑云南经济社会发展和全国有色冶金工业发展的重要力量。

围绕高质量发展主题，学校不断实现新跨越，各项指标不断提升，学校管理、招生就业和社会影响等在同类院校中居于云南省内领先、全国先进行列。目前学校两校区占地面积 1244 亩，全日制在校生 2.4 万余名，在编教职工 1034 人，专任教师中硕博占比为 54.9%；"双师型"教师占专任教师比例近 80%；拥有一批国家级"教学名师"、国家"万人计划"教学名师、云岭学者、云岭教学名师、省级教学名师等一批优秀教师，师资队伍结构和质量居同类院校前列。内部组织机构健全、质量保证体系完善，行业企业深度参与办学。

（二）创新完善现代治理体系，治理能力持续提升

学校高度重视治理水平提升，逐渐探索形成了"一核双擎三级决策，内控外联多元共治"的理念，并围绕制度、环境、行动等层面，贯彻落实新发展理念，创设良好治理环境，努力形成"共治"和"善治"的良好氛围。通过完善以学校章程为统领的制度体系、健全内部治理结构、深化治理方式改革、健全内部质量保证体系和引入第三方监督机制等措施，学校治理效能显著提升，办学活力显著增强。

所谓"一核"是指以学校章程为统领，"双擎"是指建立系统完备、科学规范的制度体系和构建机构齐全、运行高效的组织构架，"三级决策"是指实施"学校—部门（学院）—科室（教研室）"三级分类决策管理机制；"内控"是指加强内部质量控制，建立"全主体双闭环质量保证体系"，"外联"是指加强与外部合作联系，通过校友办、专家咨询委员会、智库机构等为学校发展出谋划策，提供支持，并起到监督作用，"多元共治"是指建立政校行企协同参与机制，成立多元主体参与的理事会，汇聚多方资源。

二、主要做法

（一）强化核心理念，加强统领作用

学校把握职业教育治理现代化的核心内涵，强调民主、参与、共享、责任、法治理念，由传统式的"管理"向现代化的"治理"转变。在治理主体选择上积极探索从"一元"转向"多元"，搭建"多元共治"合作平台；在权力运行上由"集权"向"分

权"转变，合理划分各级部门和学院职权；在管理方式上由"自上而下"的单向管理逐步转向"上下互动"多维度治理；最终实现多元化投入、多元化管理、多元化监督等社会主体广泛参与的现代化治理。

（二）加强制度建设，完善长效机制

学校多措并举，集思广益，制定规范化、系统化的完整制度，形成了各部门、各环节有机契合、协调运行的工作制度和运行机制。分类分层推进配套制度建设，完善管理规范和标准，包括加强党建、办学治校决策管理、机构设置、教学改革、人事改革、财务管理、资源配置、科研管理、绩效分配、内部质量保证体系建设等，提高制度建设的科学化水平。

建立了以学校《章程》为指引，基本制度、专门制度和部门制度为框架的制度体系，形成制度汇编8套、制度规范及标准6套，为依法治校、科学管理提供保障。制定学校《制度体系总体规划（2020—2023年）》《规章制度建设指导目录》《"三重一大"决策事项目录》，加强顶层设计；研制学校《治理指导手册》《工作规范》《操作手册》，建立健全工作规程，明确制度建设的目标、任务和时间进度，形成完整的校内规章制度体系。同时，强化前端制定、中端执行、后端监管的全程追踪体系。根据各环节要素，规范工作流程，明确制度关键管控点，加强制度监督强化执行反馈和效能评价。深化治理改革实践，编制了"1+11+12"的"十四五"规划体系，研制了学校、二级学院治理效能评价指标体系，评选治理特色学院2个、优秀治理案例4个。

建立长效管理和保障机制。建立以专业设置为入口、学生标准为出口、全员参与内部质量诊断与改进为过程的内部质量保证体系；建立以职能部门、二级学院为质量主体（质量保证单元），涵盖"学校管理、专业教学、教师发展、学生成长"的"全主体双闭环质量保证体系"。建立内部质量常态化机制，修订建设与运行实施方案；完善质量保证组织机构体系、职责、工作标准、自我诊改等制度；完善关于"目标链""标准链"打造的制度；制定"双闭环运行单元"建立、运行、监管、报告、联动、考核等制度；构建考核评价机制和自我激励机制，确保"三全"（即全员、全过程、全方位）落地。加强质量文化建设，形成学校质量文化成果。

（三）加强环境建设，建立高效运转机制

1. 健全完善内部治理结构，提升校内治理环境

学校积极构建机构健全、运行高效有序的行政体系和学术体系，明晰学术与行政

权力的关系界限和组织规则，建构共享机制。一方面，完善党委会、校长办公会议事规则，健全"三重一大"制度，细化重大事项分级分类，提高学校决策的科学性；完善民主参与和监督机制，充分发挥工会、教代会、学生会以及民主党派在民主决策、管理和监督中的作用，完善"党委领导、校长负责、教授治学、民主管理"的治理结构。另一方面，健全学术组织体系，深化教育教学改革。修订《学术委员会章程》，制定《学术委员会议事规则》；健全和完善校企合作委员会、专业建设委员会、专业群教学指导委员会、教材选用委员会、教育教学督导委员会、职称评审委员会，建立跨专业教学组织，厘清工作职能，规范工作规程，完善学术评价体系、评价标准和评价机制，促进师资队伍建设、校企合作、专业建设以及教学水平不断提升。

2. 实现多元共治共享，积极"引进来""走出去"

学校积极探索政府、企业、社会与高校多元参与的治理模式，汇聚多方资源。建立政校行企协同参与机制，积极推进试点打造"人工智能与智能制造学院、生物多样性可持续发展学院、网络安全学院、碳中和未来科技学院"4个特色学院。扩大学校治理渠道，发挥行业企业优势，整合各方资源；成立校友办，充分发挥参与决策咨询、密切社会联系、争取社会支持、接受社会监督等职能；完善云南冶金矿业职教集团、绿色建筑职教集团运行管理机制，充分发挥深化产教融合、校企合作的作用。

为推进现代学校治理体系和治理能力现代化，学校建立了专家决策咨询制度，组建专家咨询委员会，并引入第二方评估机制。制定提升治理水平综合绩效评价指标体系，校内外评价相结合，每年开展治理效能评价，提供咨询报告，为办学治校和人才培养改革提供依据。定期对学校的质量工作进行评估和深度诊改，按年度撰写学校质量报告及人才培养工作状态数据的分析报告，提交学校教育教学督导委员会审议，提高可量化程度、可对比性和可读性，充分发挥学校质量年报的指导作用。

（四）优化管理模式，强化执行落实

1. 推进重点领域改革，提升治理的精细化、专业化水平

学校制定了《完善内部治理综合改革行动计划（2020—2023年）》《机构调整方案》《"三定"实施方案》《内部控制实施细则》等，优化校内机构设置及管理。制定《二级学院和职能部门治理改革试点方案》，开展二级学院和职能部门治理改革。深化人、财、物等关键领域和环节治理改革，完善内部控制体系。推动传统预算向绩效预算转变，优化资源配置。制定《管理队伍能力提升行动计划（2020—2023年）》，建立分层次、多形式的培训体系，实现职工培训立体化、全覆盖。

2. 推进基于专业群的机构改革，优化各级管理模式

基于专业群建设，推进校院两级治理体制机制改革，深化二级学院、特色产业学院管理，合理配置人、财、物、事的管理权限，不断推进管理重心下移，突出二级学院、产业学院的教育教学中心地位，强化人才培养质量绩效评价。完善跨专业、跨学院建设的专业群、实训基地、创新服务平台运行机制。通过自评与专业机构评估结合的方式，利用科学管理工具及指标，进行成果评估，不断改进。遴选在治理水平方面有代表性的特色学院，遴选优秀案例，进行总结推广。

3. 利用信息化平台，提升治理信息化水平

制定学校《信息化管理平台建设方案》《信息化管理平台运行使用实施细则》等，统筹设计信息化管理平台。充分利用云计算、物联网、大数据、人工智能、移动互联网等新技术，推进"平台+管理"，建设内部质量诊断与改进平台、就业工作平台、学术委员会网络工作平台、资产管理信息化平台、人事档案管理信息化平台、教务系统、内部控制系统、财务核算系统等，构建全方位、全过程、全天候的支撑体系，实现"一站式服务"。利用"网上办事大厅"，实现学校基础数据的"伴随式收集"和互通共享。编制各模块信息化管理绩效年报，分析管理数据和信息。

三、治理成效

经过"双高"建设，学校形成了具有冶专特色的治理体系，治理效能显著提升，主要体现在以下几个方面。

（一）聚焦科学管理，持续推动学校管理水平再提升

学校建立了党委统一领导、党政分工合作、协调运行的工作机制，建立健全党政管理机构、教学机构、教辅机构、群团组织，党政齐抓共管、部门各负其责，共同研究重大事项，协调解决关键问题，扎实推进落实学校高质量发展，构建起现代学校管理制度。同时，以《章程》为核心的治理体系不断完善，形成制度汇编 8 套、制度规范及标准 6 套；建立了政校行企协同参与机制，完善专家决策咨询制度，扩大了多方参与学校治理的渠道。

学校持续深化"放管服"改革，实行分层分类决策，管理重心下移，根据重要程度，将牵涉到学校整体发展的事项，如基建项目、重点规划、高层次人才引进、"三重一大"、纪检、审计等权限保留在学校级别；结合二级部门、学院的特点，将课程建设、师资聘用、绩效考核等权限下放，二级单位拟定细则后报请学校审批；对部门、

学院内的具体事项，实行自主审核决策。合理的分层分类决策管理体系，优化了治理体系，提高了管理效率，提升了学校的整体治理效果（见图1）。

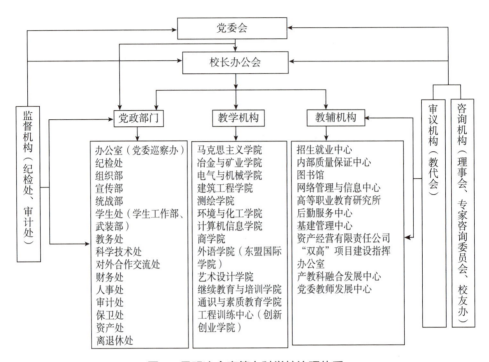

图1 昆明冶金高等专科学校治理体系

加强和改进党委会、校长办公会议题执行反馈跟进，完善议题反馈全流程闭环管理：每次会议反馈上次议题执行落实情况，半年进行反馈通报，年终进行全年反馈并对上年度情况进行"回头看"，并将议题执行情况列入年度述责述廉、党风廉政责任制考核等。完善每周校务日志，定期通报公文质量通报，加强保卫的校园安全通报，建设项目部的工程进度通报，"双高"建设通报等机制。

优化资产采购审核流程。完善了采购预算及执行审核工作规定，对资产采购预算的编制、执行等环节进行了优化，进一步明确编报要求、简化业务流程，提高了资产采购预算审核、执行效率。探索资产管理与预算管理结合点。推进资产管理与预算管理的有机结合，在预算审核环节严把资产增量控制关口，细化单位资产采购预算申报。通过将资产管理职能嵌入到预算管理流程中，实现资产采购预算与财政资金预算同部署、同批复，不断提高资产采购预算管理的责任意识。

（二）聚焦治理创新，充分彰显学校办学特色

有色冶金办学特色鲜明。学校长期坚持职业教育办学定位和冶金行业办学特色，

有色冶金类高职专业人才培养规模已占据全国同类院校半壁江山，成为服务有色冶金行业加快转型发展的不可或缺的重要力量。毕业生在上海宝钢、宝钢湛江基地、宝武集团江苏基地、福建基地等大型企业发挥骨干作用。

校企协同育人优势明显。教育部"现代学徒制"第三批通过验收的试点单位，学校与宝山钢铁、西门子、罗克韦尔、印尼德龙、中铜、中铝等多家世界 500 强合作，持续推进校企协同育人，校外合作企业超过 420 家，覆盖所有专业。结合"双高"建设，学校建立了以"云物大智移"、3D 打印、智能制造为基础的校级智创实践教学基地，与云南阳光道桥股份有限公司共建云南省国际科技合作基地，与云南建投开展校企合作建设"智能建造与新型建筑工业化产教融合示范中心"。

学校对接云南现代产业新体系开设高职专业，招生覆盖 11 个专业大类 92 个专业，形成了对云南五大传统支柱产业、八大重点产业、滇中地区重点发展产业和"冶金新材料""智能建造""智能制造"等产业链以及云南和区域推进城乡一体化建设和国际大通道建设、现代服务业、文创产、区域性国际城市建设等的强大服务支撑。重点打造有色冶金技术和测绘工程技术 2 个国家级世界一流、中国特色高水平专业群，着力形成具有云南区域特色的有色冶金复合型人才和"一面向、两主体、三平台、四阶段、五融合"高素质技能人才培养培育范本。在第三方发布的 2020 年、2021 年高职院校竞争力排行榜中，学校有色冶金技术专业及有色冶金技术专业群、测绘工程技术专业均排名第一。

学校建有完善的教学质量保障机制、健全的教学督导制度、顶岗实习监控体系；实行教学质量动态监控；建立了学生就业率、就业对口率、职业稳定率、岗位晋升率、学生满意率、企业满意率、平均工资水平等七项检验指标；建立了专业人才需求、人才培养质量跟踪等信息定期发布制度，形成了特色鲜明的人才培养质量保障体系。

（三）聚焦提质增效，以高水平的治理和建设，引领云南省高职教育发展

随着治理效能的提升，学校办学实力不断提高，影响力不断扩大。中国科教评价网发布的中国高职高专院校竞争力排行榜显示，三年来学校分别位列第 39、27、23 位，办学实力居云南省首位。学校社会评价总体认可度达 96%。学校主动融入和服务国家"一带一路"倡议和"面向南亚东南亚辐射中心"定位，打造国际化办学高职样本并辐射南亚东南亚地区，拓展中外合作办学项目 6 个，建成海外技术技能人才培养基地 4 个；助力"一带一路"沿线国家技术技能人才培养和经济发展，为走出去中资

企业培养"专业+语言"复合型人才培训量达95139人日，学生赴境外实习就业373人；建成以南亚东南亚为重点的高职院校留学生优质培养基地，培养来华留学生171人，学校荣获"2020年亚太职业院校影响力50强"。

"十四五"期间，学校将紧密结合国家和云南省发展布局，深化改革、提质培优、增值赋能，持续完善治理体系，创新治理方式，提升治理水平，以"提质、扩容、进位、升级"为发展主线，以"双高计划"建设、职业本科大学建设为重点，继续坚持职业教育类型定位和新发展理念，加强党的全面领导，着力深化办学机制改革创新，加快推进学校办学内涵特色发展，开启职业本科大学建设新征程，书写学校高质量发展的新篇章。

（执笔人：杨国富　龙柯廷）

"一体四化"推进协同共治，提升效能助力"双高"建设

陕西工业职业技术学院

为有效解决职业院校内部治理权力失衡、两级管理权责不明、管理重心下移不够、社会和企业参与办学机制不畅等问题。陕西工业职业技术学院按照"系统设计、健全机制、优化运行、提升效能"思路，探索构建了"党的领导为轴、协同治理为身、五方联动为面、内生驱动为力"的陀螺式内部治理体系，系统化完善治理结构、规范化健全制度体系、精细化服务教育教学、多元化实施质量管控，有效提升了内部治理水平。

一、基本情况

陕西工业职业技术学院创办于 1950 年，前身咸阳机器制造学校是新中国较早成立的职业学校之一。因装备制造业而生、依装备制造业而立、随装备制造业而强，学校于 1999 年经教育部批准升格改制为西北地区首家高职学院，主要开展高等专科学历技术应用人才培养、职业教育本科层次人才培养、成人教育、在职培训、科研服务等业务。"矢志工业强基 73 载不忘初心，情系职业教育 73 载铸魂育人"，学校培养各类专业技术人才 17 万余名。

建校以来，学校始终遵循"办有灵魂的教育、建有品位的学校、创有境界的文化、育有底气的人才"的办学理念，坚持"质量立校、人才强校、文化润校、科研兴校、特色名校"的治校方针，按照"系统设计、健全机制、优化运行、提升效能"的思路，积极探索构建现代大学制度的有效途径，构建了"自主管理，分权制衡；自我约束，层级治理；质量自治，多元评价"的内部治理体系，系统化完善治理结构、规范化健全制度体系、精细化推进层级治理、多元化实施质量管理，形成了具有现代大学治理特征的党委领导、校长负责、教授治学、民主管理、企业参与、社会监督的管理运行

体系，为全国高职院校提供了"陕工经验"和"陕西做法"。

二、主要做法

（一）画同心圆，构建陀螺式内部治理体系

学校按照"自主管理，分权制衡；自我约束，层级治理；质量自治，多元评价"的思路，重构内部治理体系，将各自为政、相互角逐转变为分工负责、主动协同，就像高效运转下动态平衡的陀螺，画出协同共治最大同心圆（见图1）。

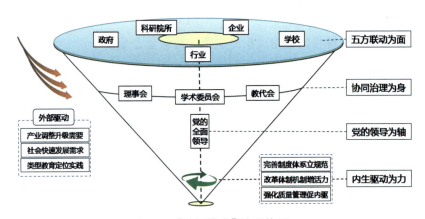

图1 "陀螺模式"治理体系

1. 树牢党的领导陀螺之轴

党的全面领导是内部治理陀螺直立旋转的轴心。学校党委履行"管党治党、办学治校"主体责任，以五责联动机制推动全面从严治党向纵深发展，拧紧"知责、明责、履责、尽责、督责、问责"链条，确保党建与发展同部署、同检查、同考核，实现高质量党建促高质量发展。

2. 构建内部联动陀螺之身

以学术委员会、教代会、理事会联动共治为陀螺治理之身。以理事会章程明确政、行、企、研参与办学的咨询、指导、监督等方面的权利和义务。充分发挥5个专委会和13个学术分委员会作用，行使其在学术事务中的职权；充分发挥教代会在民主决策方面的积极作用，营造"教授治学、民主管理、多方参与"的联动治理格局。

3. 营造五方协同陀螺之面

营造"政行企校研"协同发展的陀螺之面。发挥资源共享、优势互补作用，制定理事会架构下的会议制度和议事规则。按照利益共享、合作共赢原则，牵头组建了全

国机械行业材料成型与控制技术职教集团、陕西装备制造业职教集团、陕西工院校企协同育人战略联盟，"朋友圈"已有600余家成员单位，逐步形成了政府指导、学校主导、行业推动、企业参与的现代职教办学特色。

（二）提加速度，以"四化"激发内生动能

持续的体制机制改革创新、完善的现代大学制度体系、高效的信息化服务保障、自主的内部质量管控是职业院校治理"陀螺"高速旋转并实现动态平衡的能量源泉（见图2）。

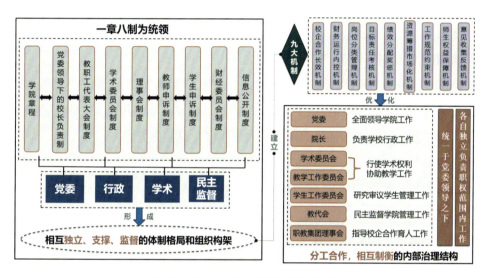

图2 现代大学制度体系与运行机制

1. 系统化完善治理结构，夯创新发展之基

"双高计划"建设是学校推进内涵发展与质量提升"二次创业"的关键期，学校在制定创新发展行动计划实施方案的基础上，结合"双高"建设方案，按照"重心下移、院为基点、权责统一、有效监督"的原则，理顺学校与二级学院的权责关系。持续深化内部治理结构改革，为学院夯实了创新发展之基。

一是健全学术管理架构。在校学术委员会下，设立"专业建设""教学工作""教材选用""科学研究""师资队伍"5个专委会，把人才培养方案审定、专业建设与改革、教材建设、科研项目立项及评审等决策权交给教授，让学术决策回归学术本位。搭建了"校—院"两级学术自治框架，成立13个学术委员会二级分会，教研室、工作室、研究室等基层学术组织功能得以充分发挥。

二是完善民主管理体制。建立校务公开、"三重一大"决策、民主管理及民主监督

制度，设立教师、学生申诉制度，形成议题上会前的调研、论证制度及院领导周一例会制度。建立二级学院党政联席会议制度，完善二级学院党政集体领导和分工负责的领导体制与基层教师参与议事的工作机制。建立"学校—二级单位"两级教代会制度，坚持每年召开一次教代会，促使学校各项决策科学、民主。

三是创新师资管理机制。制定教师选聘标准，专业带头人、骨干教师选聘办法，高层次人才管理办法；建立"以岗定薪、突出绩效、优劳优酬"的收入分配制度。不断推进管理重心下移，赋予二级学院教学改革、科学研究、资源配置等方面应有的自主权，将招生就业、经费预算、教师引进、实训条件建设、职称评聘、考核奖惩等权限下放，鼓励二级学院探索混合所有制试点改革，成立6个"产业学院"，一线教学部门办学活力得到充分激发。

2. 规范化健全制度体系，定内部治理之规

贯彻落实《职业教育法》和《全面推进依法治校实施纲要》，实施《职业院校管理能力提升计划》，推行陕西省的"一章八制"，以学校章程凝共识，立依法治校之纲。学校党委牵头制定了《关于加快学院现代大学制度建设实施方案》。

一是完善制度体系。按照"梳理—摸清家底""审视—系统设计""完善—构建体系"的工作思路，健全制度审查、备案和清理的动态机制，制定《制度建设管理办法》，明晰规章制度制定工作流程，系统梳理"存、废、改、并、立"的制度工作，实现有章可循，强化了制度约束力。

二是推进制度创新。深挖"三教"改革、科学研究、社会服务、文化育人、产教融合、国际合作等方面的改革经验，将其固化为规范权力运行和提升管理效能的制度成果。强化制度落地与过程控制，形成事前有标准、事中有监督、事后有考核的闭合制度体系，将依制度管权、按制度办事、靠制度管人逐步内化为全校有章必循的管理文化。

三是形成制度汇编。全面梳理22个处级单位、累计340件规章制度及规范性文件，分类认定废止、失效、停止执行、继续有效和修订、新订，汇编成册，依法公示、公开，主动接受全校师生和社会监督。建立规章制度审查、备案和清理的常态机制，形成与内部治理体系相配套制度体系，为学校厘定了内部治理之规。

3. 精细化服务教育教学，走数据治理之道

学校始终围绕人才培养中心工作，印发《关于进一步加强学院精细化管理的指导意见》，基于数据驱动，构建高效运行、主动服务、科学决策、智能监管的新型信息化内部治理模式，按照"线上优先、移动优先、自助优先、机审优先"的原则，实施

"一事一表一库一平台"建设工程，建成服务便利化、管理精准化、运行高效化、决策科学化的"一站式"综合服务大厅，有效提升学校内部治理信息化水平。

一是夯实数据基础，打造智慧校园。根据国标、教标，制定《学校智慧校园数据标准》，形成三级标准体系，对公共数据进行连接与汇聚，构建"数据发布、数据申请、数据使用、数据管控、数据监测"的数据服务开放体系。推进全校"一张网、一平台、一个号、一个库"，以审批智能化、服务自助化、办事移动化为目标，按照权责对等、权责一致原则，厘清数据审批和监管权责边界，强化落实监管责任，实现了"事前管标准、事中管检查、事后管处罚"和"一次采集、一库管理、多方使用、即调即用"。

二是优化数据应用，提升服务水平。通过规范服务内容，梳理和发布服务清单，明确各部门职责、服务事项、跨部门工作流程，梳理出清晰的工作台账，明确各部门工作边界和权责清单，建成面向全网的"一网通办"一站式受理中心，推动线上办理服务。打造管理驾驶舱，从管理角度促进"一网通办"工作有效落地，从全局服务成效、全局事项进驻情况、全局业务办理结果、事项办理结果等维度开展服务效能评价。

三是科学绩效考核，提升治理效能。学校进一步完善目标管理考核机制和绩效评价体系，将重点工作与日常工作相结合、定量与定性评价相结合，突出重点工作、创新突破和工作实效，采用信息化手段，在新版 OA 办公系统中开发绩效考核模块，对各处级部门年度工作目标完成情况进行考核测评，充分发挥考核的评价、激励和导向功能，真实反映年度工作水平，学校干事创业的内生动能有效激发，内部治理体系与治理能力现代化建设得到进一步提升。

4. 多元化实施质量管控，树办学品质之魂

按照质量自治与多元评价相结合的方式，把提升质量的原动力聚焦于学校自身，发挥外部评价对提升质量的催动力，构建了系统的质量目标与标准体系，全过程、多元化的质量保证机制进一步完善。

一是建立内部质量保证体系。坚持"立德树人、服务产业、教学中心、质量立校"理念，形成了"决策指挥、质量生成、资源建设、监督控制、支持服务"五大系统的教学管理组织架构。基于智慧校园大数据应用平台对"学校、专业、课程、教师、学生"5 个层面建立起各自独立、相互依存、纵横联动的内部质量保证体系。

二是持续开展诊断与改进。学校作为全国 9 省 27 所职业院校内部质量诊断与改进试点院校之一，按照"问题引导、质量为本、自我促进、自主发展"的思路，以"五纵五横一平台"的总体架构，明确目标链和标准链，建立"八步一环"质量改进螺旋，

形成各自独立、相互依存、纵横联动网络化全覆盖的自我诊断与改进有效机制。2018年，全国首家顺利通过教育部内部质量保证体系诊断与改进工作复核，为全国高职院校诊改工作提供了参考和借鉴。

三是引入第三方评价。围绕学生满意度和社会满足度两个维度，每年发布学校人才培养质量年报，逐步建立了专业人才培养年度质量报告制度。通过项目委托、购买服务、社会合作等形式，建立了行业企业、专业组织等第三方评价机制，并引入第三方机构，全面开展校情分析，对办学情况开展跟踪监测和常态化评估。

三、治理成效

近年来，学校通过制定章程，着力梳理内外部治理关系，注重引领学校制度创新，推动深化改革，形成办学治校的长效机制，既固化改革成果，又预留改革空间，为学校内涵发展与可持续发展奠定制度保障，不断推进学校治理体系和治理能力现代化建设，在提高办学质量上不断寻求协同治理的最大公约数。工业背景奠定了质量基础，悠久历史积淀了制度保证，人才质量赢得了良好声誉，质量立校形成了全校共识，学校的各项事业发展取得了骄人的成绩。

（一）形成内部协治新局面

党政群团权责明确，共谋学校科学发展。学校获评教育部内部治理50强案例，荣获陕西省质量奖提名，校党委连续6年被评为"陕西高校先进校级党委"，校领导班子连续8年获省属高校考核优秀，学校获评省总工会厂务公开五星级单位。学校2019年以全国前十、西部唯一的位次入选中国特色高水平高职学校和专业建设计划建设单位A档院校。

（二）形成校企共治新机制

构建"人才培养与企业需求相融合、专业教师与能工巧匠相融合、理论教学与技能培训相融合、教学内容与工作任务相融合、能力考核与技能鉴定相融合、校园文化与企业文化相融合"的校企合作新模式。联合600余家企业组建校企协同育人战略联盟，提供就业岗位50000余个，毕业生人均拥有7个可选择岗位。近两届国家级教学成果奖、技能大赛获奖数量位居全国第二、陕西第一；承担"1+X"证书制度、"混合式教学"等国家级建设或试点项目11项，在国家督学、国家"万人计划"教学名师等6个方面率先填补了陕西空白；近3年获全国高职"教学管理""学生管理""实习管理"

"教学资源""服务贡献""国际影响"等各类 50 强 10 项，先后被授予"全国就业竞争力示范校""中国职业教育就业百强"。

（三）形成文化善治新氛围

学校形成了以"红色"作底色，以"工业"为灵魂，以"卓越"为境界，以"匠心"作特色的"红色匠心"校园文化。获评"全国文明单位""全国职业教育先进集体"等国家级荣誉 41 项，获评省政府"先进集体"等省级荣誉 117 项。近 3 年，时任马拉维共和国总统穆塔里卡访问我校，时任国务院副总理孙春兰、教育部部长怀进鹏等来校视察时对学校办学取得的成果和深化职业教育改革所做的工作给予了高度评价；中央电视台等主流媒体播报我校办学业绩 12 次，《人民日报》《光明日报》《中国教育报》等权威媒体刊发学校新闻及专题稿件 1437 篇，139 家国内外教育机构来访交流，学校办学质量获得社会广泛赞誉和高度认可。

（执笔人：姜庆伟　王恩波）

守正创新，增值赋能，推动学校治理能力现代化

西安铁路职业技术学院

大学治理是国家治理的重要组成部分，高校治理现代化既是国家治理体系和治理能力现代化对大学治理提出的目标要求，也是扎根中国大地办好中国特色社会主义大学的根本保障。近年来，西安铁路职业技术学院全面加强党的领导，坚持正确办学方向，落实立德树人根本任务，秉承"尚德、守则、强能、笃行"的校训和"办学不脱轨、育人不离道"的办学理念，扎实推进治理体系和治理能力现代化建设，办学治校综合实力显著提升。

一、基本情况

学校创建于1956年，是西北地区第一所轨道交通运营专业门类齐全的高职院校，是国家首批"1+X"证书试点院校、第二批现代学徒制试点院校，也是陕西省示范性高职院校、"双高计划"高水平高职学校建设单位、党建示范校创建培育单位、深化新时代教育评价改革综合试点单位和高等学校智慧校园示范校。近年来，学校紧跟国家职业教育改革步伐，紧贴轨道交通行业和区域经济社会发展需求，坚持开放办学，不断推动内部治理体系改革，优化治理结构，建立健全各项规章制度，构建了系统完备、科学规范、运行有效的制度体系，有力提升了学校治理体系和治理能力现代化水平。

学校曾先后获全国铁路职业技术教育先进单位、全国职业技术教育先进单位、黄炎培职业教育奖先进单位、全国教育信息化试点优秀单位、全国五四红旗团委、节约型公共机构示范单位、亚太院校影响力50强、中泰职业教育国家合作突出贡献奖等称号；获陕西省文明校园、平安校园、教育信息化工作先进集体、陕西省高校共青团工作优秀单位等荣誉。

二、主要做法

（一）强化顶层设计，立起办学治校"四梁八柱"

学校坚持党委领导下的校长负责制，强化顶层设计，完善体制机制，优化治理结构，以高质量党建引领高质量发展。

1. 突出政治引领，把好治理体系"方向舵"

学校党委夯实管党治校主体责任，加强群团组织的政治领导，从体制机制、关键环节上保证党的全面领导有机融入事业发展全过程，实现党对高校的全面领导。构建"体系+队伍+平台""三全育人"框架，整合党政干部、学管干部、专业教师和思政教师4支力量，配强配齐教师党支部"双带头人"队伍，建强全员育人队伍；搭建"党建引领、课程科研、组织建设、基地实践、管理服务"五大育人平台，构建了"三全育人"大格局。

2. 优化运行机制，稳住制度保障"压舱石"

学校健全完善以"一章八制"为核心的中国特色社会主义现代大学制度，建立"学校章程、部门制度、岗位标准"纵向贯通的三级制度体系，明晰了部门职能和岗位职责、细化了工作流程与工作规范；设立了党委会、院长办公会等31个常设议事机构，完善党委会议事规则，完善"三重一大"决策体系。建立"周研判、月考核、季点评、年总结"机制，强化对重点工作和重要决策的督促检查。学校设立专家咨询委员会，聘请国内行业企业专家和职教专家、大国工匠26人，融入专家智慧。优化校院两级管理，加大二级学院在专业建设、招生就业、薪酬分配等的自主权，激发二级院部内在活力。

3. 完善评价体系，立起绩效管理"新标尺"

完善学校、专业、课程、教师、学生5个层面的评价体系，坚持周期性评估与常态监测相结合，定期对学校治理体系进行评价，提高人才培养质量。

（二）深化"三教"改革，培养德技双馨"工匠人才"

以专业群人才培养模式改革为主线，重构模块化课程体系，完善校企双主体育人机制，实施"课堂革命"，深化"三教"改革，推进教育教学模式创新，持续提升人才培养质量。

1. 打造高水平师资队伍

坚持把师德师风标准贯穿到教师"引入、培养、管理、使用、评价"全过程，发挥名师大师引领作用，设立 4 个技能大师工作室和 5 个名师工作室，实施现代产业导师特聘计划，构建了"新手—合格—骨干—能手—名师"的"五级递进"教师发展机制，打造了一批名师大师。目前，学校有 43 名教师获得各级各类荣誉称号，其中享受国务院政府特殊津贴 1 人，国家级荣誉 9 人，省级荣誉 11 人；全国职业教育轨道交通行业名师 7 人。

2. 建立教材动态更新调整机制

成立教材建设及选用委员会，校企共同开发活页式、工作手册式及融媒体等新型教材，配套建设"纸质教材+多媒体平台"的新形态立体化教学资源。建立专业群教材编写、选用等标准，按照"三年大修订、每年小修订"对教材进行更新。获全国优秀教材一等奖 1 部；入选"十三五"规划教材 4 部；获省级优秀教材一等奖 1 部。

3. 推进混合式教学模式创新

推进混合式教学模式创新，推行"课堂革命"和学分制改革，实施教师分工协作的跨专业模块化教学组织模式，实施"线上+线下"混合式、模块化教学改革，建立专业课程试题库、不断扩大教考分离规模。学校成为中华全国青年联合会大学生 KAB 创业教育基地。主持国家专业教学资源库 1 项，参与国家专业教学资源库建设 4 项。获陕西省高等教育教学成果特等奖和一等奖。

（三）深化产教融合，重塑校企合作"生态环境"

发挥政行校企协同联动作用，创新产教融合机制，构建多元协同新格局，实现校企在专业建设、项目实施、教学改革、师资培养、基地建设、人才培养和资源共享等深度融合。

1. 推动校企协同育人

不断深化校企合作"四级对接"机制，健全校企合作开展教学、培训、科研等资源共享机制，促进校企科研合作、人才培养和技术咨询深度开展。建立教育部未来教育科创基地、产业学院、教师企业实践流动站、技能大师工作室等，推进校企人员互聘互用，完善学校现代学徒制度体系，打造校企命运共同体。

2. 打造创新服务平台

聚焦陕西轨道交通运营服务产业，以教育部轨道交通职业教育与技术创新协同中心为统领，校企合作打造"三个平台"，即铁道运营人才培养与技术创新平台、铁路特色的产教融合平台、铁路应用技术技能平台，助力中小企业技术升级，支撑轨道交通运营服务产业发展。

3. 拓展校企实践平台

发挥轨道交通职教集团平台作用，吸纳轨道交通行业上下游企业，完善理事会章程及议事规则，实施"院+基地+中心"建设工程，校企共建产业学院、教融合实训基地、协同创新中心，集团成员共同开展合作办学、订单培养、技术研发等，完善各项管理机制，不断推进职教集团实体化运行。

（四）运用数字技术，激活治理水平"发展动能"

聚焦智慧校园建设，建成网络综合管理平台，促进信息技术和智能技术深度融入教育教学和管理服务全过程。

1. 加快智慧校园建设

推进智慧校园建设，实现校园物理空间基础信息采集和门禁管理、消防管理、能耗控制等智能化；建成集智慧教学、智慧考勤、资产管理、环境智慧调节、视频监控及远程控制于一体的智慧校园平台，实现教育环境网络化、数字化、智能化。

2. 提升数据治理水平

全面升级校园智能安防中心和高清视频监控等物联网设施，升级校园智能管控中心，建设智慧教室、智慧会议室、智慧办公室、智能展示系统；建成"一网通办"网上服务平台，规范全校各层面、各部门管理业务流程，实现智能化服务。

3. 创新数字供给模式

以"信息技术+"赋能教育教学，自建和引进国家或省级在线开放课程等特色资源，打造精品在线开放课、专业优质教学资源库，加快推进云端课程、虚拟实训空间等资源建设。运用 VR 等现代信息技术对实验实训室进行升级改造，实现实训室管理和实验过程信息化。

（五）深化对外交流，扩大中外办学"开放格局"

服务"一带一路"建设和中国高铁"走出去"战略，完善国际合作交流长效运行机制，构建国际合作人才培养体系，提升中外合作办学水平。

1. 参与国际标准制定

依托各国际联盟组织，联合国内知名高校、同类兄弟院校，共同开发轨道类专业标准、课程标准，促进国内职业教育优秀成果和"中国标准"走出去。学校向坦桑尼亚输出"测绘技术员"和"信息技术工程师"岗位职业标准。

2. 做优国际办学品牌

学校率先在陕西省开设了中俄合作办学机构——"国际交通学院"，与北京交通大学设立"轨道交通先进技术国际合作基地"、与长安大学共同建立"国际学生实习实训基地"，参与"中非交通大学"建设海外教育项目，完成人才培养方案、专业标准、英文教材的开发、认证和招生培养工作。

3. 开展国际合作项目

参与中铁一局集团公司海外部等大型国企的海外项目，拓展海外员工培训；深入推进学院与西安地铁公司哥伦比亚波哥大地铁项目合作，开发培训课程，开展外企员工培训，着力引进、培育、壮大"双语"教师队伍。

三、治理成效

经过学校内部治理顶层设计和制度建设，学校内生动力不断提升、办学活力不断增强，办学治校综合实力迈上新台阶。

（一）坚持强化党建引领，把牢正确办学方向

对标新时代党建要求，学校建成了10个党建（思政）文化长廊，创建"一总支一品牌、一支部一特色"党建品牌，形成"三课堂联动，三说育四心"等思政品牌，学校获批全省党建示范校创建培育单位和国、省样板支部培育单位，马克思主义学院入选陕西省第二批重点马院培育单位，获西安市"先进基层党委"。

（二）主动适应产业布局，服务区域经济发展

学校积极服务轨道交通和区域经济社会发展，形成了以轨道交通类专业为特色，先进制造业、战略性新兴产业为支撑的七个专业群。铁道交通运营管理、铁道供电技术、铁道机车专业（群）是国家骨干专业和陕西省高水平专业群。学校毕业生就业率连续15年保持95%以上，85%就业于西安铁路局和地铁等大型国企，是陕西省就业工作先进单位。学校为社会培训员工年均3万人次。

（三）全力推动教育教学，提升学校内涵建设

学校先后获批"全国示范性职教集团"等5个国家级培育建设项目，获"全国职业教育先进单位"等荣誉表彰180余项，主持国家职教专业教学资源库5项、制定国家专业教学标准8项，教师获教学能力大赛国家级奖项7项，综合办学实力位居陕西

职业教育前列。近 3 年，师生荣获省级以上技能大赛奖项 518 项，其中国家级奖项 98 项。2022 年为全国高考文理科分数线均超过本科院校的 5 所高职院校之一。

（四）持续深化校企合作，助力产教融合型城市建设

不断深化产教融合校企合作，推进西安轨道交通职教集团实体化运行，与行业龙头企业共建 1 个未来轨道交通产业研究院、5 个产业学院、7 个产教融合实训基地和 6 个协同创新中心，与西安地铁等 80 家企业共建 273 个校内外实训实习基地，助力西安市开展产教融合型城市建设。

（五）坚持对外开放办学，服务内陆改革开放高地

学校的中俄合作办学机构——国际交通学院目前在校生达 691 人，留学俄罗斯圣彼得堡国立交通大学学生达 112 人，其中 28 名学生已获硕士学位。承担了肯尼亚蒙内铁路、中泰铁路等本土员工技能培训，累计接待各国政要、国际组织、驻华使节和境外教育机构代表来校考察交流 230 余人，与"一带一路"沿线 8 个国家有关方面签订合作办学协议。

（执笔人：张军　王旭波　惠敬文）

从"借船出海"到"造船出海"，助力"咸职品牌"启航远洋

咸阳职业技术学院

随着中国教育对外开放水平的逐步提升，我国职业教育已从"单向引进借鉴"走向"双向共建共享"。在这种时代背景下，本文正是以咸阳职业技术学院从引进、借鉴海外教学资源到向海外推广咸职教学资源的职业教育国际化品牌为例，介绍了学院的具体做法、成果及前景展望，探索走出一条"咸职标准—咸职质量—咸职品牌"的高质量职业教育国际化品牌发展之路。

一、基本情况

咸阳职业技术学院坚持国际化办学理念，秉承多元化发展思路，高度重视国际交流，积极开拓国际合作项目，优化创新国际合作模式。近年来，学校牵头成立"一带一路"幼儿教育联盟、中德汽车技能人才培养联盟等；连续 4 年担任省职教学会国际交流与合作工作委员会主委和秘书长单位；担任东南亚产教融合联盟理事长单位、中非职教联盟副理事长单位、"21 世纪海上丝绸之路职教研究会"副秘书长单位，学校校长杨卫军教授担任该研究会专家指导委员会专家委员；学校国际化办学成果多次获国内外各大媒体报道，连续多年荣获全省因公出国（境）管理工作先进单位及优秀个人、"丝绸之路"教育合作交流会承办工作先进集体及先进个人、省职教学会先进二级委员会及先进个人、世界竞争力 50 强、亚太影响力 50 强等荣誉。

近年来，学校向印度尼西亚、泰国、乌干达等"一带一路"沿线国家开展了多场中文+职业技能线上专题培训；2021 年学校师范学院教师团队编写的职业汉语教材被菲律宾巴利瓦格大学（Baliuag University）推广应用；2022 年学校汽车学院、师范学院、仪祉农林学院分别制订的汽车工程技术员岗位-5、婴幼儿托育师 6 级、畜牧兽医技术员 6 级等岗位标准入选坦桑尼亚国家岗位职业标准及配套人才培养方案输出项目第一、

二批立项建设单位。

二、主要做法

（一）"借船出海"学经验

1. 引入海外课程资源

2014 年起，学校与德国 F+U 萨克森职业培训学院共同举办汽车类专业中外合作办学项目，通过引进德国手工业协会"汽车机电服务技师""汽车营销工程师"等国际通用证书课程体系，对德国原版汽车课程和教学模式进行本土化开发，培养高技能汽车人才。该项目专业涵盖 18 个学习领域、110 个学习情境和 340 个工作任务，以培养具有国际服务理念的汽车售后市场高端技能型专门人才为目标，将德国优质课程资源本土化、校本化，形成了以资源包为载体的标准化课程体系，解决了专业传统课程内容滞后的问题，优化了专业课程体系。

2. 遴选教师海外培训

加大教师出国（境）研修访学支持力度，实施"团队式、专业化"的海外研修，学习先进教学理念，提升教师学术水平，将国外先进技术、方法引回来。学校先后派出 22 批 130 多人次赴新加坡、澳大利亚、加拿大、德国、芬兰等国访问和学习，并邀请德国、芬兰、澳大利亚等国专家线上为学院百余名教师开展专题培训。教师先后获得德国手工业协会（HWK）颁发的"TTT"证书、德国工商大会颁发的"国际职业培训师"资格证书及新加坡南洋理工学院、芬兰坦佩雷应用科学大学、新加坡国立教育学院等高校颁发的培训结业证书。

3. 研究海外职教模式

一是举办海外学习教师交流研讨会。学校要求参加海外学习培训的教师撰写学习心得并开展学习交流研讨会，以实现学习成果共享。二是鼓励教师立项海外职教研究相关课题。学校从制度及经费方面支持有海外学习及培训的教师针对国（境）外职业教育模式申请专项研究课题。至此，部分海外学习归来教师积极申请院、省级相关课题，并结合国内职业教育学情及我院院情，对海外职业教育中适合我院发展的相关理论进行研究创新，推动了我院职业教育国际化进程。

（二）融合锻造显特色

1. 融合本土文化特征

通过合作办学，学院积极引入德国、韩国等职教强国优势专业课程标准。在此基础上，学校专业教学团队在教学实践中积极探索开发适合本土国情及院情的模式，不断融入本土文化特征，继而在学前教育、汽车等学校特色优势专业中形成了具有可复制、可借鉴、可推广的国际化理实一体化课程教学体系，并先后被菲律宾、坦桑尼亚等"一带一路"沿线国家引入推广。

2. 融合岗位学情特色

一是基于专业岗位特征。课程教学以实操为主，采用工作流程导向法、项目教学法、情境教学法等，不断强化教学效果。二是结合学生就业方向。定期对接学生就业单位，将新技术、新工艺、新规范等融入教学标准中，及时更新知识体系。三是融入时代特征及文化特色。积极开发优质线上教学资源，推动构建"互联网+中文+技能+文化课程"教学体系，不断扩充课程教学受众面。

(三)"造船出海"扬品牌

近年来，依托优质课程资源和特色专业课程，学校以"学前教育、儿童保育、汉字文化、宠物美容"等课程主题先后向印尼、泰国、乌干达等"一带一路"国家开展多场中文+职业技能课程培训；同时，学校先后以线上线下相结合的方式招收和培养了来自26个国家的119名海外留学生。这些课程资源的输出，为打造职业教育国际化"咸职品牌"奠定了坚实基础。

三、治理成效

(一)教学成果不断涌现

1. 教学比赛成绩喜人

2020年，曾参与中德项目教学的4名青年教师选择以德国手工业协会（HWK）认证汽车机电诊断与维修技能证书中明确要求学生掌握的"考点"，创新凝练形成参赛作品《"冷"静一"夏"，轻松畅驾——汽车空调制冷系统维护与检修》，并组团参加全国职业院校技能大赛教学能力比赛，最终获得国赛一等奖的殊荣。在作品参赛过程中，课程团队将中外合作、校企协作、课程思政、劳动教育等课程育人机制巧妙结合，通过课程任务的实施，逐步提高学生的职业素养，建立职业使命感，培养学生精益求精的工匠精神，这正是学校教师团队在教学过程中将引入的海外资源融入本土课程文化的一次完美诠释。

2. 学生大赛捷报频传

2017年，学校派出4名老师、3名学生组团参加在俄罗斯哈巴罗夫斯克市举行的俄罗斯远东区第五届世界技能大赛（World Skills Russia）"移动机器人""汽车维修与养护"两个项目的比赛。我院参赛学生获"汽车维修与养护"项目最高奖项——"汽车专业大师奖"1项、"移动机器人"项目金牌2枚。此后，学校突出技能大赛在办学强院过程中的战略地位，以赛促教、以赛促学、以赛促改，全面提升办学质量和水平，推动大赛成果落地生根，2019年学校学生参加国省级职业技能大赛获奖总数居全省高职院校首位。2019年至今，学校学生获国省级各类技能大赛奖项280余项，获奖总数位居全省高职院校前列。

（二）品牌效应日益彰显

1. 职业汉语教材走向海外

学校"双高"专业建设群教师团队编写的中国职业教育职业汉语丛书《职业汉语学前教育日常用语》正式出版发行，并于2021年被菲律宾巴利瓦格大学推广应用。这是学校教学资源首次被海外院校采用，对学校职业教育国际化发展和确立咸职国际化职教品牌具有里程碑意义。

2. 岗位标准开发相继立项

2022年，我校参与中国职业院校为坦桑尼亚开发行业岗位职业标准及相关培训项目，经前后两批项目资料申报、汇报答辩等环节，我校汽车工程技术员岗位-5、婴幼儿托育师6级、畜牧兽医技术员6级等3项岗位标准入选坦桑尼亚国家岗位职业标准及配套人才培养方案输出项目第一、二批立项建设单位，并在第二批立项建设单位中作为项目牵头单位开展后续项目实施工作。此次标准开发工作是进一步确立"咸职品牌"，推动学校职业教育教学成果"走出去"实施成效的又一项有力证明。

（执笔人：左佳　魏文萍）

落实"四梁八柱"举措　实现学校高质量发展

青海交通职业技术学院

党中央、国务院高度重视职业教育发展，职业教育迎来了黄金期。青海交通职业技术学院作为青海省"双高计划"建设院校，确定了"四梁八柱"的发展思路，在顶层设计上聚焦"四梁"，在具体措施上对接"八柱"，通过"四梁八柱"具体举措，实现了多项工作取得突破，育人质量显著提高，社会服务能力不断增强，学校社会影响力不断扩大，有力推动了学校高质量发展；建成了内生式发展机制基本完善、办学活力不断增强、内部治理能力明显提升的"青海交院"治理模式。

一、基本情况

党中央、国务院高度重视职业教育发展，习近平总书记对职业教育工作做出一系列重要指示，强调"在全面建设社会主义现代化国家新征程中，职业教育前途广阔、大有可为"。职业教育迎来了黄金期。青海交通职业技术学院作为青海省"双高计划"建设院校和青海省"十四五"期间组建1所职业本科大学的筹建学校，抢抓机遇、乘势而上，确定了"四梁八柱"的发展思路，推动学校高质量发展。在顶层设计上聚焦"四梁"，即推进党的全面领导，实施党的建设"领航"等五大工程；推进"双高计划"建设；推进职业本科层次教育，积极开展职业本科大学组建工作；推进师生权益保障，巩固为民办实事成效，畅通民情反映机制，提升师生幸福指数。在具体措施上，对接"八柱"，即"五育并举"创新驱动，打造技术技能人才培养高地；四方平台助力发展，打造技术技能创新服务平台；生态优先对接"四地"，打造高水平专业群；通过"河湟行动"培育大量人才，打造高水平师资队伍；立足交通面向社会，提升服务发展能力；汇聚资源深化融合，提升校企合作水平；四大举措激发活力，提升学校治理水平；智慧引领数据融通，提升信息化水平。

二、主要做法

（一）五大工程引领发展，推进党的全面领导

学校坚持党的全面领导，坚定社会主义办学方向，落实立德树人根本任务，建立党委领导、校长治校、教授治学、民主管理的治理体系，开展"组织体系建设三年行动"，实施党的建设领航工程、意识形态守土工程、"三全育人"改革工程、组织体系提升工程、群团凝聚工程等"五大工程"，持续夯实基层党建工作基础，强化党建引领作用。坚持思政课程和课程思政同向同行，探索形成"5+3+4"思想政治工作体系，构建全员、全过程、全方位育人大思政工作格局。全面抓好"两个责任"落实，持续巩固党史学习教育成果，推动全面从严治党各项要求落地见效。

（二）攻坚克难踔厉奋发，推进"双高计划"建设

2021年3月，学校作为省级"双高计划"建设院校以来，强化顶层设计，高质量编制建设方案和任务书，制订"双高计划"激励约束机制，每位校领导牵头主抓1~2个重点项目，定期召开推进会议，解决难点问题，紧盯标志性成果，对获得国家级标志性成果的团队奖励资金30万元。通过学校上下齐心协力，开拓创新，多项工作取得历史性突破。

（三）科学统筹对标对表，推进职业本科层次教育

在省教育厅、省交通运输厅统筹指导下，学校党委抽调12名骨干人员，组建工作专班，凝聚智慧力量，形成强大合力，全面对照教育部《本科层次职业学校设置标准（试行）》，逐项对标分析，多次邀请省内外专家指导，完成组建工作方案、可行性论证报告、专业建设规划、师资队伍建设规划、风险评估报告等。专班按照组建工作方案和任务清单要求，反复修改专业建设规划，全力补齐师资队伍建设短板，为职业本科大学建设夯实基础。

（四）打破惯例破除顽疾，推进师生权益保障

实施绩效分配改革，完善职称评聘办法，打破"一聘定终身"的惯例，探索建立"高职低聘、低职高聘"的"跨层聘用"机制，形成"能上能下、能进能出、优胜劣汰、充满活力"的用人机制。细化任务目标考核体系，建立健全以业绩贡献和能力水

平为导向、以目标管理和目标考核为重点的绩效工资动态调整机制。完善《目标任务考核管理办法》，建立民情反映机制，充分调动全体教职员工的积极性，推动各项事业持续健康发展。

（五）"五育并举"创新驱动，打造技术技能人才培养高地

构建立体化思想政治教育模式，重构课程体系，推进"三教"改革，推广"1+X"证书试点，改革创新创业教育，提升学生认知能力、合作能力、创新能力和职业能力；实施美育校园工程、阳光青年工程、匠心筑梦工程，完善学生综合素质评价体系，实现学生德智体美劳全面发展。

（六）"四位一体"助力发展，打造技术技能创新服务平台

立足高原高寒地域特点和川藏新大通道新定位的区位优势，紧跟科技发展趋势，按照"聚焦行业、多维共建、实体运营、多方共赢"的原则，构建"六中心、三智库、三学院、一联盟""四位一体"实体平台，引领新兴产业创新发展，服务中小微企业的技术研发和产品升级，支持行业发展战略和政策规划建议，实现产教深度融合、校企深度合作、工学深度结合。

（七）生态优先对接"四地"，打造高原高寒特色专业群

对接交通运输产业链和区域产业发展战略，以道路桥梁工程技术专业为核心组建专业群，打造高原高寒道路建管养运复合型技术技能人才培养高地和应用技术研发服务平台；以汽车运用与维修技术专业为核心组建专业群，打造服务产业高端的复合型汽车维修技术技能人才培养高地和应用技术研发服务平台。

（八）"河湟行动"培育人才，打造高水平"双师"队伍

以"四有"标准开展师德师风教育，完善评价机制，压实主体责任；建立"双师"标准，加快"双师"队伍建设；开展"河湟行动"培育人才，引培高层次人才；聘请行业领军人才、大师名匠兼职任教，带动学校实践教学能力提升；培育道路桥梁工程技术和汽车运用与维修技术两个专业群高水平教师教学创新团队；重构教师发展中心，助力教师发展；改革教师评价，完善绩效分配体系，形成教师职业发展新生态。

（九）立足交通面向社会，提升服务发展水平

按照"立足交通、面向社会、拓展功能、强化服务"的理念，围绕服务产业高端

人才培养、服务科技成果转化应用、服务乡村振兴战略、服务全民终身学习 4 个服务维度，育训结合，持续提升面向社会经济发展的服务效能。

（十）汇聚资源深化融合，提升校企合作水平

按照"完善机制、深化融合、共建共享、协同育人"的原则，依托集团化办学、现代学徒制、企业订单班、校企合作联盟、校内外实训基地等载体，推行专业设置对接产业需求，课程内容对接职业标准，教学内容对接生产过程"三对接"，以健全机制、完善制度为保障，以拓宽路径、提升层次为手段，打造校企命运共同体，促进校企协同发展。

（十一）四大举措激发活力，提升学校治理水平

实施"治理文化—治理体系—治理结构—推进改革""四位一体"举措，理顺治理关系，完善以章程为核心的治理制度，健全多元学术组织体系，健全民主与监督工作机制，健全学校内部质量保障体系，推进校企改革，推进绩效分配改革，推进校院二级改革，推进信息化改革，建成内生式发展机制基本完善、办学活力不断增强、内部治理能力明显提升的"青海交院"治理模式。

（十二）智慧引领数据融通，提升信息化水平

结合学校现有信息化基础，综合运用云计算、大数据、人工智能、5G、物联网等新技术，围绕基础环境建设、综合服务平台构建、信息技术与教学融合、数字资源开放共享等方面，提升信息化水平，彰显信息化教学质量"倍增器"、教学管理"助推器"、教学方式"转换器"功能。

三、治理成效

通过"四梁八柱"具体举措，学校多项工作取得突破，育人质量显著提高，社会服务能力不断增强，社会影响力不断扩大，有力推动了学校高质量发展。

（一）多项工作取得突破

学校首次获批全国示范职教集团培育单位，国家虚拟仿真实训基地建设项目，新能源汽车检测与维修专业教师教学创新团队成功入选第二批国家级职业教育教师教学创新团队立项建设单位；首次入选国家级信息化标杆学校建设单位；首次获批教育部

中德先进职业教育合作首批试点院校，入选中非职教合作联盟首批培养单位；首次获得全国职业技能大赛中等职业学院班主任能力比赛二等奖 1 项；首次成功承办全国职业院校技能大赛中职组电子电路装调与应用赛项；首次获青海省科技进步二等奖 1 项，青海省教学成果一等奖 2 项；再次获得省级文明校园。这些成绩和荣誉基本为首次取得，为争创国家级"双高计划"建设院校和职业本科建设夯实基础。

（二）育人质量显著提高

近年来，学生获国家级二等奖 5 项、三等奖 13 项，学生就业去向落实率持续保持在 90% 以上，全省交通运输行业 70% 以上从业人员来自该校，绝大部分已成为行业骨干和中坚力量，部分学生成为党的十八、十九大代表、并获"全国劳动模范""五一劳动奖章"等荣誉；学校还为青藏高原高寒区域经济社会发展和交通运输行业提供了强有力技能人才支撑。

（三）社会服务能力不断增强

学校依托专业优势创办育才公路勘察设计有限公司以来，10 个校办产业积极发挥"校企合作、机制探索、学生实训、"双师"培养、社会服务、自我造血"的六大功能，服务到款额及培训收入年均 5536 万元，非学历培训年均 13000 人次。2011 年，学校牵头组建青海交通运输职业教育集团，目前有 171 家成员单位，形成"政府主导、四元协同、六位一体"的建设模式，实施"两工程一标准"，打通校企师资双向流通渠道，为西部欠发达地区职教集团建设提供范例。

（四）社会影响力不断扩大

学校是国家骨干高职院校，国家优质专科高等职业院校、第七届黄炎培职业教育优秀学校、国家现代学徒制第三批试点立项建设单位、第八批国家级专业技术人员继续教育基地；3 次荣获全国高职院校服务贡献 50 强，2 次荣获全国职业教育先进集体等荣誉称号。《中国教育报》等媒体报道学校改革与发展等 45 次，2017 年时任教育部部长陈宝生来学校调研指出，"学校校企合作、产教融合有特色，办学路子很好。"2022 年，职教集团案例在首届世界职业技术教育发展大会上入选典型案例展示交流。

注释：

[1]"四地"：将青海省建设成为世界级盐湖产业基地、国家清洁能源产业高地、

国际生态旅游目的地、绿色有机农畜产品输出地。

[2]"五大工程":实施党的建设领航工程,实施意识形态守土工程,实施"三全育人"改革工程,实施组织体系提升工程,实施群团凝聚工程。

[3]"四位一体":构建"六中心、三智库、三学院、一联盟"的实体平台,打造青海物联网技术应用协同创新中心、宝玉石鉴定与加工协同创新中心、青海省车用能源工程技术中心、无人机人工智能研发中心、智慧物流协同创新中心、高原高寒公路建设技术协同创新中心6个协同创新平台,重点开展物联网、交通大数据、高原高寒公路工程建设与养护、桥梁混凝土抗冻性与耐久性、高墩身大跨径桥梁施工、车用能源工程、人工智能等技术协同创新。

[4]"政府主导、四元协同、六位一体"的建设模式:"政府主导"是指青海省人民政府出台文件,各部门协同联动,集团建设指导委员会指导,学校牵头组建青海省首家政府主导型职业教育集团——青海交通运输职业教育集团,积极发挥政府的主导作用。"四元协同"是指政府、行业、企业、学校四方协同,统筹制定集团发展规划、顶层布局;加强职教集团制度体系建设,优化职教集团治理结构,完善职教集团运行机制,提高职教集团现代治理能力;举办集团技能大赛、校企文艺会演等活动,促进校企技能水平双提高、校企文化双融合。"六位一体"是指学校依托10个校办产业,发挥"校企合作、机制探索、教师轮岗、学生实训、社会服务、自我造血"六大功能,将校办产业较为成熟的校企合作新模式推广至职教集团,探索职教集团"产教融合的助推器、机制探索的新高地、学生实训的主课堂、"双师"培养的主阵地、社会服务的主渠道、学校发展的加油站""六位一体"的建设新模式。

[5]"两工程一标准":实施"百名教师进企业,百名企业骨干进课堂"的"双百工程",建立了兼职教师信息库,从企业聘请兼职教师、选派教师到企业挂职,打通校企师资双向流动渠道。

[6]"五维评价":围绕教育服务,我们要建立5个关键维度评价教师,即家长——教育服务的购买者;学生——教育服务的享受者;领导——教育服务的管理者;同行——教育服务的协作者;自身——教育服务的实践者。"五维评价"是适应教育服务时代的教师评价制度。将"奖惩性评价和发展性评价""自我评价和他人评价""定量精确评价和定性模糊评价"相结合,构建全方位的动态性教师评价体系。

(执笔人:熊鹏飞 王海春 王荣)

把握六个坚持 多维度推进现代职业院校治理体系建设

宁夏工商职业技术学院

宁夏工商职业技术学院遵循高职教育发展规律与类型特征，结合工作实际，精准把握"党的领导、校长负责、专家治学、民主管理、企业参与、社会监督"六个坚持，在法治、自治、智治、共治、善治上下功夫，落实办学自主权，不断强化法治思维的保障与约束，推进教育治理数字化转型，全面提升高职院校的治理能力，切实保障了学校各项工作高水平建设和高质量发展。

一、基本情况

在新一轮职业教育改革发展的当下，职业院校面临外部经济社会转型和自身治理转型双重叠加的机遇和挑战。为应对"百年未有之大变局"，回应日新月异的科学技术发展以及职业教育改革，宁夏工商职业技术学院以"双高计划"建设为契机，把握六个坚持，多维度推进校园治理现代化水平，为"中国之治"提供工商智慧，贡献职教力量。

宁夏工商职业技术学院将坚持党的领导作为根本保证，将立德树人作为根本任务、将职业教育高质量发展作为价值追求、将坚持职教类型特征作为根本遵循，着力推进"双高"建设。特别是学校遵循高职教育发展规律与类型特征，结合工作实际，精准把握"党的领导、校长负责、专家治学、民主管理、企业参与、社会监督"六个坚持，在法治、自治、智治、共治、善治上下足功夫，落实办学自主权，不断强化法治思维的保障与约束，推进教育治理数字化转型，全面提升高职院校的治理能力，切实保障了学校各项工作高水平建设和高质量发展。

二、主要做法

第一维度：坚持党的领导，明确治理新愿景

坚持和加强党的全面领导，将党委领导体制落实到学校内部治理体系完善和治理能力建设进程中，这是关系全局的根本问题。学校党委承担起管党治党、办学治校的主体责任，以党建引领各项工作高质量发展，聚焦学校高质量发展目标任务路径。2019年起，学校党委着眼于整体性优化，从体制机制入手，推动基层党组织将功能定位从管理转到服务上来，把工作重心转到服务改革、服务发展、服务师生、服务党员上来，大力实施党建"领航""铸魂""金钥匙"三大工程，大力推动党的建设和全面从严治党向"制度""治理"和"智慧"转变，先后开展"不忘初心、牢记使命"主题教育、党史学习教育等活动，召开学校党代会、团代会、学代会，明确了未来5年的10大新任务、9项战略重点，建成习近平新时代中国特色社会主义思想大讲堂1所，学党史展厅暨思政课实践教学中心1所，2021年党委书记抓党建述职考核在全省教育系统位列第二，全区职业院校位列第一。

第二维度：坚持校长负责，统筹治理新格局

学校始终坚持党委领导下的校长负责制，将校长负责作为各项工作实施、展现治理能力的坚实支撑和基本依托。完善以《章程》为统领的制度体系，构建起了"学校章程—基础制度—基本制度—具体制度"纵向分层级的现代大学治理制度体系。制定了《"十四五"发展规划及二〇三五远景目标》，明确了今后发展的指导思想、遵循原则、办学定位和总体目标。制定了学校"三定"方案，明确部门职责，优化部门职能，提升办事效能。制定《关于完善校园治理体系　提高治理能力的实施意见》，确定了涵盖7个领域31个方面53项具体任务清单，并于2021年通过自治区教育厅首批验收考核。同时，学校以目标体系、标准体系和内控体系建设为诊改工作的起点，以考核性诊改制度建设为抓手，以信息化智能平台建设为基础，建立了"五纵五横一平台"为基本框架的内部质量保证体系，完善"质量计划、质量控制和质量螺旋上升"管理流程，形成了常态化、网络化、全覆盖、具有较强预警功能和激励作用的内部质量保证体系。

第三维度：坚持专家治学，激发治理新动能

学校坚持突出多元共治，优化学术权力与行政权力的关系，完善以校级学术委员

会为核心的两级专家治学体系，建立健全学术委员会、专业建设委员会，加强高职特色学术文化建设，营造良好的学术氛围。充分认识学术委员会在高等学校治理架构中的重要地位，健全以学术委员会为核心的学术管理体系，统筹行使学术事务的决策、审议、评定和咨询等职权，充分发挥学术委员会在浓厚学术氛围、规范学术权利、推进学术民主、激发学术活力、推动学术繁荣、提升学术水平、促进学术发展等方面的积极作用。建立专家、教授、博士联席会议制度，不定期召开联席会议，研判学校专业设置、师资队伍建设、科学研究等工作，充分发挥专家、学者在办学治校中的指导、咨询、决策作用。同时，学校修订了《二级学院管理办法》，激发二级学院办学自主权，构建应用导向、教研结合、产教融合的学术评价体系，破除"五唯"现象，此外不断强化学术组织建设，打破学科专业、二级学院之间、校企之间的界线，打造基层学术共同体。

第四维度：坚持民主管理，提升治理新水平

学校致力谋取政治权力、行政权力、学术权力、民主权力和发展权力的最大公约数，强化党政协同，培育民主文化，理顺"党委领导、校长负责、教授治学、民主管理、多元参与"的治理层级，优化科学决策、依法行政、学术治理、民主监督、多元参与等机制，正确协调处理党委权力、行政权力、学术权力、民主权力、社会权力的关系。先后修订完善党委会、校长办公会、专题会议、书记办公会议事规则，推进决议有效落实。按照"一院一策、院为实体、权责匹配、分类支持"的原则，深化校院两级管理体制改革。围绕校园文化建设，打造"家和校荣、立德树人"具有工商特色的校园文化内涵。充分发挥工会、妇联、共青团、学生会等群团组织参与民主治校的作用，此外学校还不断完善党内监察巡察制度和党务校务公开制度，为民主管理营造民主文化的氛围，广大师生形成了深层次的民主意识、价值观念和行为规范。

第五维度：坚持企业参与，开启治理新模式

面对社会经济发展新形势，产教融合、校企合作新要求，学校注重顶层设计，换位思考，系统谋划，加强内外协同共治，制定管理办法等制度，创设校企协同共治的机制，以服务学生成长和企业需求为导向，打造校企命运共同体，为人才培养与学校发展培育良好的生态。学校紧密对接区域重点产业，深入行业一线调研，把握产业发展方向，找准龙头企业，深度开展合作，建立互利共享机制。目前组建产业学院6个，校企合作企业209家，召开学校政行企校办学理事会第二届大会以及5个职教集团年

会，签订并开设订单班，推动专业设置与产业需求对接、课程内容与职业标准对接、教学过程与生产过程对接、毕业证书与职业资格证书对接、职业教育与终身学习对接，实现校企"双元"育人模式。同时，积极开展企业新型学徒制、企业职工技能大赛、技能等级提升等项目，举办国家级、自治区级高级研修培训项目，服务区域经济社会发展效果进一步明显，产教融合、校企合作进程进一步深化。

第六维度：坚持社会监督，拓展治理新渠道

学校高质量发展离不开众多利益相关方的支持，更离不开利益相关方的监督。建立多渠道、多维度的监督机制，特别是社会监督，也是学校提升治理能力和水平的重要手段之一。为此，学校进一步完善社会监督机制，面向校内外利益相关方，建立信息收集、响应、反馈、失职追究等制度，并将响应时效、处理结果、服务对象满意度纳入绩效考核，定期公开学校党务、政务、人才培养质量等各类办学信息。同时，借助学校智慧校园系统，按利益相关方的不同关切及权限，依法依规按需实时公开办学数据，自觉接受社会监督，提升办学透明度。此外，学校还建立健全第三方人才培养质量评价制度，引入权威第三方评估机构，重点突出专业设置、课程改革、教学效果、学生满意度、社会贡献度、毕业生受社会认可度等指标权重，定期向社会公开学校人才培养质量报告和毕业生就业质量报告，接受社会监督，倒逼学校专业设置、人才培养、队伍建设、教学质量、学生管理、服务区域经济发展和企业创新等质量保证的关键环节、关键领域的改革与提升。同时，学校建立健全企业开放日活动制度，定期邀请企业负责人、专家技术人员等走进课堂，与不同年级不同专业的学生交流、座谈，了解学校人才培养工作并提出意见建议，及时反馈企业用人需求及岗位标准，多元化社会监督机制基本形成。

三、治理成效

把握六个坚持，多维度推进现代职业院校治理体系建设，有效推进学校"双高计划"建设进程，推进学校各项工作高质量发展，基本实现了"当地离不开、业内都认可、国内可交流"的办学愿景。

（一）人才培养和技术创新服务实现了"当地离不开"

学校人才培养质量不断提升，毕业生就业满意度为 90.87%，用人单位对毕业生满意度为 96.4%。同时，学校依托 3 个国家级协同创新中心，对接企业技术创新需求，

先后立项省部级以上课题 15 项，3 项科研成果得到省级领导肯定性批示，其中"关于我区农产品冷链物流转型升级的对策建议"还实现了省级成果转换应用。

（二）主要办学指标和标志性成果实现了"业内都认可"

近 3 年，学校参加全国高职院校教学能力比赛，获奖总成绩位居全国高职院校第 10；2021 年在全国职业院校技能大赛、"互联网+"大学生创新创业大赛、全国职业院校技能大赛教学能力比赛，学校总成绩位居"双高"院校第 48。此外，学校国赛一等奖教师团队先后受邀赴省内外院校开展多轮专题培训，参培教师千余人。

（三）融入和服务"一带一路"发展实现了"国际可交流"

学校围绕区域经济社会发展以及学校内涵式发展的要求和实际，大力实施国际化办学水平提升工程，积极拓宽开放办学视野。联合国内行业企业，与"一带一路"沿线国家职业院校开展合作办学和人才联合培养，共同打造高质量"一带一路"教育行动品牌项目。学校先后入选教育部首批智能制造领域中外人文交流人才培养基地试点院校和教育部中德先进职业教育合作项目建设院校。学校与法国 CAFA 葡萄酒 & 烈酒学院合作举办"国际侍酒师认证课程"专题讲座，成立法国 CAFA 葡萄酒 & 烈酒学院中国校区宁夏工商职业技术学院分院。此外，学校在优质教学资源引进、课程标准输出、师资访学研修、学生交流、技能培训等方面不断创新交流与合作模式，形成全方位、多模式的国际合作与交流格局，进一步扩大学校职业教育国际影响力。

（执笔人：薛新巧　申抒然）

打造职教治理新模式　助推学校高质量发展

宁夏职业技术学院（宁夏开放大学）

　　大学治理是教育治理的重要组成部分，在国家治理中具有独特的地位和作用。职业教育作为一种类型教育，在校园治理体系建设中理应体现职教特色。宁夏职业技术学院（宁夏开放大学）通过长期实践探索，稳抓十一项重点治理工作，实现了由经验"管理"向精准"治理"的转型，通过"五个一"构建了治理长效机制，被确定为自治区依法治校示范校立项建设单位，成为宁夏首批校园治理达标校，初步形成了具有地方认可、区域特色的高等职业教育治理模式。

一、基本情况

　　宁夏职业技术学院（宁夏开放大学）是一所集中高等职业教育、成人学历教育和非学历教育、继续教育等办学任务于一体的综合性高等学校，承担着健全宁夏职业教育体系、建设技能型社会的重要职责和构建宁夏终身教育体系、建设学习型社会的历史使命。学校由原宁夏广播电视大学、宁夏重工业职工大学、宁夏机械技工学校、宁夏职工科技学院、宁夏农业学校、宁夏农垦职工中等专业学校、宁夏轻工职工中等专业学校和宁夏人民武装学校经过三轮合并组建而成。学校是国家示范性高等职业技术学院、国家优质高等职业院校，是"全国职业教育先进单位""全国文明单位""国家高技能人才培训基地"，曾获"全国高技能人才培养突出贡献奖""黄炎培职业教育优秀学校奖"。2020年学校获批成为全国56所"中国特色高水平高职学校"建设单位之一，为宁夏职业教育高质量发展做出了积极贡献。

　　在多年的办学实践中，学校以构建具有鲜明职教特色的现代大学治理体系为目标，稳抓11项重点治理工作，实现了由经验"管理"向精准"治理"的转型，通过"五个一"构建了治理长效机制，被确定为自治区依法治校示范校立项建设单位，成为宁夏首批校园治理达标校，初步形成了具有地方认可、区域特色的高等职业教育治理模式。

二、主要做法

（1）熔铸治理文化，形成法治和工匠精神相融合的治理文化。始终坚持和加强党的全面领导，将学校治理作为"一把手"工程抓紧抓实。强化文化引领作用，打造"匠心筑梦"党建品牌，积极培育具有职业教育特征的校园文化，逐步形成工匠精神与法治精神深度融合的治理文化。建立常态化、长效化学习机制，深入学习研究职业教育相关理论，参考借鉴发达省区兄弟院校先进治理经验，组织开展"宁职（开大）精神大家谈"活动，通过研讨会、座谈交流、专题讲座等方式，厚植高效合作、协同发展的共识，不断提升各级领导干部和广大师生治理能力。

（2）理顺治理关系，优化以议事规则为核心的科学决策机制。贯彻执行党委领导下的校长负责制，坚持民主集中制原则，修订完善党委会、校长办公会、学术委员会和二级院系党政联席会等议事规则，科学界定各主体的责权，保障行业企业、社会、教师、学生等主体的政治权、行政权、学术权和监督权。理顺行政权与学术权之间的关系，确保专家学术自治，彰显其在人才培养中的主体地位。树立"多元、民主、参与"的理念，坚持"三重一大"事项集体决策，强化对校内权力的监督与制约，切实做到决策程序化、规范化、民主化和科学化。

（3）规范治理制度，完善以学校章程为统领的管理制度体系。以章程为依据，建立规章制度动态梳理和调整机制，修订完善组织人事、教学科研、资产采购、后勤服务等重点领域规章制度，形成"章程—学校基本制度—部门规章制度—二级院系运行制度"四级制度体系。对校内各项规章制度、管理文件进行全面、系统、细致的审查、清理、创设、修订、完善和废止，确保与章程协调一致。为保障"双高计划"建设项目顺利实施，研究形成了一整套项目建设管理制度和标准。围绕深化产教融合、实训基地建设、"1+X"证书制度、学分银行建设、专业（群）设置与动态调整、"三教"改革、"双师"队伍建设等领域，细化出台了一系列完备的规章制度，确保制度管人、流程管事。

（4）健全学术治理，构建以学术委员会为中心的多元学术治理体系。建立健全学术委员会、专业建设委员会、教材选用委员会等学术治理组织，以各自章程为依据规范运行机制，明确职责范围、议事规则和决策程序。建立学术评价体系，充分发挥多元学术治理组织在专业（群）规划建设和改革、资源配置、协同发展、人才培养等方面的积极作用，促进教学资源、实训条件、师资力量的共建共享。健全教材选用标准和质量评价反馈制度，为教材的选用和建设提供指导、咨询和把关，营造浓厚优良的学术氛围，实现专家治校、教授治学。

（5）注重风险治理，构筑法律顾问和内部控制风险防范体系。完善学校法律顾问制度，设置法律顾问室，强化师生法治意识和法律风险防控。健全合同管理制度，加强合同法律审查。梳理合同管理、校园安全事故、人事管理等风险清单，明确具体应对方法和措施。以学校校名、校徽申请注册商标18项，体现职教特征的"馨小宝""匠小宝"卡通形象申请版权登记和实用外观专利，有效防止校名校誉受到不法侵害。完善师生人身伤害事故纠纷的预防和处置预案。通过购买校方责任险、综合险等途径，健全风险分担机制。加强内部控制与风险评估，强化资产管理、工程建设及资金运行风险控制与内部审计监督。

（6）推进民主治理，发挥工会和教代会民主管理与监督职能。健全完善学校监督机制，有效发挥工会的桥梁纽带作用，依托教职工代表大会及其执委会，建立校内教师申诉制度，畅通诉求反映渠道，切实维护好教职工权益，促进民主管理与监督。深化党务校务信息公开，通过学校门户网站、OA办公系统等，将学校的重大决策、财务收支状况、教学设施改造、实训基地建设、人事任免、教职工待遇等事项及时向教职工公开。

（7）创新治理模式，逐步推进扩大二级院系管理自主权。深入实施"校院"两级管理体系改革，除需要学校统筹规划和统一管理的事项外，保证二级院系在人财物的配备、使用和管理等方面有较大程度的自主权，有效地将学校管理重心合理下移，充分发挥主体作用。将师资队伍从统一配备向自主建设转变，按专业发展规划有序建设"双师型"师资队伍。按照专业（群）建设情况、二级院系办学规模、学生数、教职工数等主要因素，将学生、人员、专项、办公、创收等经费依据标准划拨到二级院系，形成办学资源与办学规模、办学质量联动机制。

（8）深化多元治理，形成以校企命运共同体为载体的多元治理格局。完善校企合作评价、问责、准入退出制度，吸引更多优质企业参与合作办学，提高合作单位质量，推进实体化运作。建立产教对接机制，结合区域经济社会发展实际和产业特点，优化学校专业结构与布局，促进技术技能人才培养与地方重点扶持产业发展需求有机衔接。筹建学校理事会，优化组织运行，充分发挥理事会在人才培养、技术技能创新服务、专业群建设、"双师"队伍建设、提升服务发展水平等方面的积极作用，推动学校实现高质量发展目标。

（9）提升质量治理，建立以多元评价机制为基础的质量保障体系。坚持标准化建设，围绕教师教学创新团队、专业（群）建设、"双师型"教师培养、人才培养方案及课程标准等制定系列标准文件，通过采集、监测、分析、管理人才培养工作状态数据评估实施成效，紧盯区域经济社会发展需求，完善学校专业设置评估与动态调整机制。以行业企业用人标准为依据，实施专业（群）年度质量报告制度。完善由学校、行业企业和校外机构等共同参与的质量评价、反馈与改进机制，开展学生评教、督导评教、同行评价和教学质量社会评价。通过第三方机构开展在校生培养质量、毕业生发展质量、师资发展与保障等评价，主动接受社会监督和外部督导评估评价。

（10）改进人事治理，整合以激发人才创新活力为目标的人力资源治理体系。深化人事制度改革，完善岗位设置、职务聘任、考核评价、绩效工资分配、教师发展与晋升等机制，形成总量控制、动态调整的岗位聘任办法，分类建立科学、公平的考核评价体系，形成"岗位、职责、贡献、收入"相匹配的岗位管理模式。深化职称评聘制度改革，将师德师风和工作业绩作为职称评审的主要考核指标。建立以业绩贡献和能力水平为导向、以全方位全过程绩效为重点的收入分配体系，有效激发人才创新活力。

（11）升级信息化治理，建成以"互联网+"为依托的智慧校园治理平台。深入推进"互联网+教育"示范校建设，推动学校管理手段、管理模式、管理理念创新，实现从经验管理向精准治理的转变。深化"放管服"改革，将学校重点领域和关键环节纳入信息化管理系统，通过业务梳理、流程优化、服务前移、数据融通，建设基于数据中心的一站式网上办事大厅，精简和规范办事程序，提高办事效率，改进服务质量。建成大数据分析平台，对各项数据进行实时采集、存储、管理、挖掘分析、展示体验并动态监测及预警，为信息化治理和科学决策提供数据支撑，实现治理高效化、智能化。

三、治理成效

（1）聚力一个目标，确保校园治理工作有成果、能巩固。逐步建立健全了学校依法决策、民主参与、自我管理、自主办学的工作机制和现代大学制度。通过健全以学校章程为统领的规章制度体系，加强了规章制度"立改废"，进一步明确了工作职责、规范了工作程序、扩大了校务公开机制和校内监督机制，增强了师生员工法治观念和法律素质，提高了学校依法治校、民主管理的水平和依法办事的能力。

（2）提升一个认识，确保校园治理工作有高度、成氛围。通过党委中心组学习和教职工政治理论学习，不断提升思想认识，确保全校全员充分认识到做好新时代校园治理工作的重大意义，做到思想上高度重视、认识上高度统一、行动上高度自觉，主动担当作为。通过依法治校专题网，加强校园治理工作宣传，总结好经验、好模式，加强典型案例的宣传与推广，发挥好示范引领作用，带动校园治理能力全面提升。

（3）健全一套机制，确保校园治理工作有保障、有规范。建立健全校园治理工作领导体制，明确学校党政主要负责人作为推进校园治理工作第一责任人，亲自部署、亲自协调、亲自推进。落实校园治理主体责任制，制定下发《关于完善校园治理体系提高治理能力的实施方案》等文件，明确分工，细化措施，制定工作清单，建立工作台账，推进校园治理任务落实落地。建立健全督查考核奖惩机制，坚持跟踪问效，将校园治理工作作为学校各部门和个人年度考核评优的重要依据。建立校园治理工作报告制度，在学校领导班子成员及校内各部门主要负责人年度考核述职中专门对校园治理工作情况进行述职，并将依法治校作为重要内容向教职工代表大会报告。

（4）抓好一支队伍，确保校园治理工作有人抓、能抓好。完善机构设置，设立法律服务室作为校园治理、依法治校工作的专门机构。加强校园治理队伍建设，提升业务能力。健全校园治理、依法治校联络员制度，由学校各部门指定 1 人作为联络员，各单位联络员在领导小组及其办公室的统一指导下开展工作，负责法治教育、信息采集、材料上报等日常工作。

（5）落实一批举措，确保校园治理工作能落地、见实效。坚持立德树人根本任务，完善学校育人机制，构建了"思政课程+课程思政+网络思政"的"大思政"工作格局，"三全育人"改革成效显著，有效促进学生德智体美劳全面发展。健全教师权益保护机制和学生心理疏导机制。严格落实意识形态工作责任制，完善意识形态阵地管理制度，健全教育涉外事务安全管理机制。建立消除宗教妨碍教育联防联控机制，完善引导师生科学认识和理性对待宗教工作机制，坚决防范抵御宗教向校园渗透。完善校园治安防控机制，完善校园矛盾纠纷防范化解机制，逐步建立了机制健全、治理优良的平安美丽校园。

（执笔人：白萍红　李强　张森）

附　录

◎ 高等职业教育治理体系建设发展联盟章程
◎ 国家职业教育改革实施方案
◎ 教育部　财政部关于实施中国特色高水平高职
　　学校和专业建设计划的意见
◎ 职业教育提质培优行动计划（2020—2023 年）
◎ 中共中央办公厅　国务院办公厅印发《关于推动
　　现代职业教育高质量发展的意见》
◎ 中华人民共和国职业教育法
◎ 中共中央办公厅　国务院办公厅印发《关于深
　　化现代职业教育体系建设改革的意见》

附录一
高等职业教育治理体系建设发展联盟章程

　　高等职业教育治理体系建设发展联盟由北京财贸职业学院与世界职业教育大会组委会联合发起。面对国家对职业教育发展的高度重视，依托国家"双高计划"建设，贯彻落实《中共中央关于坚持和完善中国特色社会主义制度、推进国家治理体系和治理能力现代化若干重大问题的决定》《国务院关于加快发展现代职业教育的决定》《国家职业教育改革实施方案》等文件精神，高等职业教育治理体系建设发展联盟将全面服务于职业院校高质量发展需要，推进高等职业院校治理体系和治理能力的现代化发展，促进国内外高等职业院校紧密合作交流、资源共享，不断完善现代职业教育体系，推动国家经济社会发展培养高端技术技能人才，推进高等职业教育规模化、联盟化发展。特组建"高等职业教育治理体系建设发展联盟"，并制定本章程。

第一章　总　则

第一条　联盟名称

高等职业教育治理体系建设发展联盟（以下简称"联盟"）。

第二条　联盟性质

联盟由北京财贸职业学院与世界职业教育大会组委会牵头，联合陕西工业职业技术学院、浙江金融职业学院、青岛酒店管理职业技术学院、牛津城市学院等职业教育领域相关国内外职业院校、企业、科研院所和专业协（学）会等自愿参加的多元化、跨区域、非营利性的教育学术联合体。

第三条　联盟宗旨

以服务高等职业院校治理体系与治理能力现代化发展为宗旨，以平等、合作、诚信、创新、共赢为准则，以人才培养、专业建设、职工培训、技术服务、国际合作和文化传承等专项业务为纽带，通过充分深入的国际合作、校企合作、校际联合、学校与行业协（学）会和科研院所合作，整合联盟各方资源，实现联盟各方的责任共担、资源共用、成果共享、互惠共赢，打造职业教育精细化新品牌，更好地为学校高水平建设和职业教育事业发展服务。

第二章　目标和任务

第四条　工作目标

以"双高"建设为引领，以健全内部治理结构、健全质量自治体系、健全社会监督机制为核心，以提升学校治理水平为主攻方向，以满足经济社会发展对职业教育的需求为目标，学习国内外先进的学校管理体系，合理规划政、企、行、校相结合，打造教育链与产业链的融合平台，促进产业与职业教育相融合，激发办学活力、提升职教质量，带动联盟成员共同发展。

第五条　联盟主要开展职业教育领域人才培养、学术研究、实训基地建设、经验推广、治理体系标准建设、治理经验培训传播、国际合作等工作任务。

（一）搭建国际性的校际、校企交流平台。

（二）协调联盟内成员的交流互访、调研、培训等活动。

（三）组建专家智库团队，设立院校治理研究性机构。

（四）整合各方力量，协同研究高等职业院校治理体系建设与评估的共性问题，形成治理体系标准。

（五）广泛宣传联盟成员院校治理经验，推动高等职业院校治理体系标准的应用及推广，组织相关培训。

（六）协助提高职业教育活动及相关服务质量。

第三章　组织机构与管理

第六条　联盟设理事会和秘书处。理事会是联盟最高决策机构。理事会闭会期间，由理事长会行使理事会职能，执行理事会和理事长会决议。秘书处为双秘书处设置，为常设机构，设立在北京财贸职业学院和世界职业教育大会组委会，具体负责联盟的日常工作事务。理事会下设专家委员会。

第七条　联盟设理事长1人，常务副理事长3人，副理事长单位20家，副理事长20~30人。秘书长1人、常务副秘书长2~3人、副秘书长20人。联盟成员单位均为理事单位，理事一般由成员单位有关领导担任。常务副理事长和副理事长由成员单位提名、理事会选举产生；每个成员单位原则上设一名理事；理事会任期五年。

第八条　理事会原则上每年召开一次理事全体会议，须有三分之二以上理事出席。如遇特殊情况，可由理事长提议，召开临时理事会。若理事不能出席会议，可委托他人出席，理事会讨论的重要问题应根据平等、公正、互利原则，进行充分友好协商。理事会形成的决议须经全体理事的一半以上通过方为有效。

第九条　在理事长会休会期间，理事长行使理事长会职责。理事长会议根据需要不定期召开，须有三分之二以上人员出席。

第十条　理事会职责

（一）制定和讨论通过或修改联盟章程；

（二）选举和免去理事长、执行理事长、副理事长，推选和免去秘书长、副秘书长；

（三）决定办事机构和指导机构的设置；

（四）制定联盟发展规划和年度工作计划；

（五）审议理事会年度工作计划；

（六）审议通过联盟理事提出的议案；

（七）审议和决定联盟的其他重大事项。

第十一条　理事长会职责

（一）联盟重大事项的酝酿、研究，并提出建设性指导意见；

（二）对理事会的决定提出落实方案及措施；

（三）决定理事大会召开的时间、地点和审议的主要内容；

（四）讨论和决定联盟其他具体工作事项；

（五）审核和接受新的成员单位；

（六）监督联盟理事有无违反法律、法规、章程及各项决议的行为。

第十二条　专委会职责

（一）建立和完善专委会工作机构或机制；

（二）执行理事会、理事长会决议；

（三）制定专委会发展规划和年度计划；

（四）组织实施联盟规划、年度计划和专委会规划、年度计划；

（五）负责向理事长会、理事会报告工作；

第十三条　秘书处设秘书长一名，由理事长提名产生。副秘书长由理事长单位委派，并由秘书长提名产生。秘书处为常设管理机构，受理事会领导，并配备专职人员2~3名。

秘书处的主要职责是：

（一）负责联盟成员的联络协调等日常工作；

（二）执行理事会、理事长会决议；

（三）组织实施联盟年度工作计划；

（四）向理事会议、理事长会提交促进联盟发展的有关议案；

（五）负责联盟的平台建设、内外宣传和档案管理等工作；

（六）筹备组织理事会、理事长会等会议；

（七）代表联盟接受有关方面的捐赠并做好管理工作；

（八）负责完成理事长、执行理事长交办的其他日常工作。

第十四条　秘书长负责召集理事会会议及理事长会议。秘书长不能履行职责时，由秘书长授权常务副秘书长代为履行。

第十五条　专家委员会设主任委员一名，由理事长任命。副主任委员及委员若干名，由主任委员提名，报理事长会议批准。

第四章　联盟成员

第十六条　联盟成员的基本条件

（一）在我国有关部门注册，具有合法独立法人资格；

（二）自愿申请，承认并遵守本章程；

（三）享受联盟成员权利，承担联盟成员义务。

第十七条　联盟成员共同的权利与义务

（一）联盟成员享有以下权利

1. 优先参与联盟组织的有关高等职业院校治理体系建设的各项课题研究，并优先享受研究成果；

2. 优先参加联盟举办的有关高等职业院校治理体系建设的交流研讨、教师培训和经典案例评选等活动；

3. 优先享受联盟内智库专家团队对院校治理的诊断评估及咨询指导；

4. 优先享受联盟内各种职业教育资源和各类信息；

5. 对联盟工作开展和活动举办的建议权，执行联盟决议；

6. 对联盟内部项目信息、研究信息、活动信息、工作进展等的知情权；

7. 受联盟委托承办相关活动的权利。

（二）联盟成员必须履行以下义务

1. 遵守联盟章程及各项规定；

2. 提供旨在提高高等职业院校治理体系建设的信息，如绩效考评、制度建设、组织架构等方面的新信息；

3. 提供本校治理体系建设的优秀经验、典型案例；

4. 理事单位在人力、物力和经费方面支持联盟重大项目、课题及活动的开展。

第十八条　联盟新成员申请加入联盟，需填写并提交申请表，联盟秘书处按照本章程进行资格审查，符合条件，报理事会批准，由秘书处颁发联盟理事证书。联盟成员要求退出联盟时，应提前三个月向联盟理事会提出书面申请，经联盟理事会批准后，方可退出。

第十九条　联盟成员如违反本章程，损害联盟声誉和利益，情节严重且劝告无效，或长期（两年以上）不履行成员义务、不参加联盟活动，经联盟理事会半数以上表决通过，予以除名。成员除名后两年之内不得再次申请加入联盟。必要时将追究其单位法定代表人相关的法律责任。

第五章　财务和资产管理

第二十条　联盟经费来源

（一）联盟成员单位提供的赞助和支持；

（二）联盟所接受的社会捐助；

（三）联盟所得到的政府拨款；

（四）在业务范围内开展活动或服务的收益；

（五）通过科研项目、课题研究、社会培训、教材编写等多种方式筹集的资金；

（六）专委会工作经费由主任委员单位负责筹集；

（七）其他合法收入。

第二十一条　资产管理

（一）联盟经费主要用于组织会议、开展活动，以及相关专项工作等开支。联盟经费和资产必须用于本章程规定的业务范围和事业发展，不在成员单位中分配。联盟经费由秘书处单位代管，可设立专门账户，实行执行理事长签字审批制度，每年度向理事会报告财务状况。联盟资产任何单位和个人不得私自侵占或挪用。

（二）联盟依据国家有关法律法规，建立严格的财务管理制度，保证会计资料合法、完整、真实。

（三）社会捐赠、资助资金，必须接受审计机关的监督、审查，并将资金使用情况以适当方式向社会公布。

第六章　附　则

第二十二条　本章程如需修改，须经理事长会议讨论同意后报理事大会表决通过。

第二十三条　联盟因终止、解散或分立、合并等原因需要解体时，由理事会提出提案，经联盟代表大会 2/3 以上成员表决同意，并报批准单位同意。

第二十四条　联盟终止前，须在理事会的领导下成立清算小组，专职清理债权债务。剩余财产须在具有审计资质的财务审计机构监督下，按照国家有关规定，用于发展与联盟宗旨相关的事业。

第二十五条　本章程自联盟成立之日起生效。

第二十六条　本章程的解释权属联盟理事会。

附录二
国家职业教育改革实施方案

职业教育与普通教育是两种不同教育类型，具有同等重要地位。改革开放以来，职业教育为我国经济社会发展提供了有力的人才和智力支撑，现代职业教育体系框架全面建成，服务经济社会发展能力和社会吸引力不断增强，具备了基本实现现代化的诸多有利条件和良好工作基础。随着我国进入新的发展阶段，产业升级和经济结构调整不断加快，各行各业对技术技能人才的需求越来越紧迫，职业教育重要地位和作用越来越凸显。但是，与发达国家相比，与建设现代化经济体系、建设教育强国的要求相比，我国职业教育还存在着体系建设不够完善、职业技能实训基地建设有待加强、制度标准不够健全、企业参与办学的动力不足、有利于技术技能人才成长的配套政策尚待完善、办学和人才培养质量水平参差不齐等问题，到了必须下大力气抓好的时候。没有职业教育现代化就没有教育现代化。为贯彻全国教育大会精神，进一步办好新时代职业教育，落实《中华人民共和国职业教育法》，制定本实施方案。

总体要求与目标：坚持以习近平新时代中国特色社会主义思想为指导，把职业教育摆在教育改革创新和经济社会发展中更加突出的位置。牢固树立新发展理念，服务建设现代化经济体系和实现更高质量更充分就业需要，对接科技发展趋势和市场需求，完善职业教育和培训体系，优化学校、专业布局，深化办学体制改革和育人机制改革，以促进就业和适应产业发展需求为导向，鼓励和支持社会各界特别是企业积极支持职业教育，着力培养高素质劳动者和技术技能人才。经过5~10年左右时间，职业教育基本完成由政府举办为主向政府统筹管理、社会多元办学的格局转变，由追求规模扩张向提高质量转变，由参照普通教育办学模式向企业社会参与、专业特色鲜明的类型教育转变，大幅提升新时代职业教育现代化水平，为促进经济社会发展和提高国家竞争力提供优质人才资源支撑。

具体指标：到2022年，职业院校教学条件基本达标，一大批普通本科高等学校向应用型转变，建设 50 所高水平高等职业学校和 150 个骨干专业（群）。建成覆盖大部分行业领域、具有国际先进水平的中国职业教育标准体系。企业参与职业教育的积极性有较大提升，培育数以万计的产教融合型企业，打造一批优秀职业教育培训评价组织，推动建设 300 个具有辐射引领作用的高水平专业化产教融合实训基地。职业院校实践性教学课时原则上占总课时一半以上，顶岗实习时间一般为 6 个月。"双师型"教师（同时具备理论教学和实践教学能力的教师）占专业课教师总数超过一半，分专业建设一批国家级职业教育教师教学创新团队。从 2019 年开始，在职业院校、应用型本科高校启动"学历证书+若干职业技能等级证书"制度试点（以下称"1+X"证书制度试点）工作。

一、完善国家职业教育制度体系

（一）健全国家职业教育制度框架。

把握好正确的改革方向，按照"管好两端、规范中间、书证融通、办学多元"的原则，严把教学标准和毕业学生质量标准两个关口。将标准化建设作为统领职业教育发展的突破口，完善职业教育体系，为服务现代制造业、现代服务业、现代农业发展和职业教育现代化提供制度保障与人才支持。建立健全学校设置、师资队伍、教学教材、信息化建设、安全设施等办学标准，引领职业教育服务发展、促进就业创业。落实好立德树人根本任务，健全德技并修、工学结合的育人机制，完善评价机制，规范人才培养全过程。深化产教融合、校企合作，育训结合，健全多元化办学格局，推动企业深度参与协同育人，扶持鼓励企业和社会力量参与举办各类职业教育。推进资历框架建设，探索实现学历证书和职业技能等级证书互通衔接。

（二）提高中等职业教育发展水平。

优化教育结构，把发展中等职业教育作为普及高中阶段教育和建设中国特色职业教育体系的重要基础，保持高中阶段教育职普比大体相当，使绝大多数城乡新增劳动力接受高中阶段教育。改善中等职业学校基本办学条件。加强省级统筹，建好办好一批县域职教中心，重点支持集中连片特困地区每个地（市、州、盟）原则上至少建设一所符合当地经济社会发展和技术技能人才培养需要的中等职业学校。指导各地优化中等职业学校布局结构，科学配置并做大做强职业教育资源。加大对民族地区、贫困地区和残疾人职业教育的政策、金融支持力度，落实职业教育东西协作行动计划，办好内地少数民族中职班。完善招生机制，建立中等职业学校和普通高中统一招生平台，精准服务区域发展需求。积极招收初高中毕业未升学学生、退役军人、退役运动员、下岗职工、返乡农民工等接受中等职业教育；服务乡村振兴战略，为广大农村培养以新型职业农民为主体的农村实用人才。发挥中等职业学校作用，帮助部分学业困难学生按规定在职业学校完成义务教育，并接受部分职业技能学习。

鼓励中等职业学校联合中小学开展劳动和职业启蒙教育，将动手实践内容纳入中小学相关课程和学生综合素质评价。

（三）推进高等职业教育高质量发展。

把发展高等职业教育作为优化高等教育结构和培养大国工匠、能工巧匠的重要方式，使城乡新增劳动力更多接受高等教育。高等职业学校要培养服务区域发展的高素质技术技能人才，重点服务企业特别是中小微企业的技术研发和产品升级，加强社区教育和终身学习服务。建立"职教高考"制度，完善"文化素质+职业技能"的考试招生办法，提高生源质量，为学生接受高等职业教育提供多种入学方式和学习方式。在学前教育、护理、养老服务、健康服务、现代服务业等领域，扩大对初中毕业生实行中高职贯通培养的招生规模。启动实施中国特色高水平高等职业学校和专业建设计划，建设一批引领改革、支撑发展、中国特色、世界水平的高等职业学校和骨干专业（群）。根据高等学校设置制度规定，将符合条件的技师学院纳入高等学校序列。

（四）完善高层次应用型人才培养体系。

完善学历教育与培训并重的现代职业教育体系，畅通技术技能人才成长渠道。发展以职业需求为导向、以实践能力培养为重点、以产学研用结合为途径的专业学位研究生培养模式，加强专业学位硕士研究生培养。推动具备条件的普通本科高校向应用型转变，鼓励有条件的普通高校开办应用技术类型专业或课程。开展本科层次职业教育试点。制定中国技能大赛、全国职业院校技能大赛、世界技能大赛获奖选手等免试入学政策，探索长学制培养高端技术技能人才。服务军民融合发展，把军队相关的职业教育纳入国家职业教育大体系，共同做好面向现役军人的教育培训，支持其在服役期间取得多类职业技能等级证书，提升技术技能水平。落实好定向培养直招士官政策，推动地方院校与军队院校有效对接，推动优质职业教育资源向军事人才培养开放，建立军地网络教育资源共享机制。制订具体政策办法，支持适合的退役军人进入职业院校和普通本科高校接受教育和培训，鼓励支持设立退役军人教育培训集团（联盟），推动退役、培训、就业有机衔接，为促进退役军人特别是退役士兵就业创业作出贡献。

二、构建职业教育国家标准

（五）完善教育教学相关标准。

发挥标准在职业教育质量提升中的基础性作用。按照专业设置与产业需求对接、课程内容与职业标准对接、教学过程与生产过程对接的要求，完善中等、高等职业学校设置标准，规范职业院校设置；实施教师和校长专业标准，提升职业院校教学管理和教学实践能力。持续更新并推进专业目录、专业教学标准、课程标准、顶岗实习标准、实训条件建设标准（仪器设备配备规范）建设和在职业院校落地实施。巩固和发展国务院教育行政部门联合行业制定国家教学标准、职业院校依据标准自主制订人才培养方案的工作格局。

（六）启动"1+X"证书制度试点工作。

深化复合型技术技能人才培养培训模式改革，借鉴国际职业教育培训普遍做法，制订工作方案和具体管理办法，启动"1+X"证书制度试点工作。试点工作要进一步发挥好学历证书作用，夯实学生可持续发展基础，鼓励职业院校学生在获得学历证书的同时，积极取得多类职业技能等级证书，拓展就业创业本领，缓解结构性就业矛盾。国务院人力资源社会保障行政部门、教育行政部门在职责范围内，分别负责管理监督考核院校外、院校内职业技能等级证书的实施（技工院校内由人力资源社会保障行政部门负责），国务院人力资源社会保障行政部门组织制定职业标准，国务院教育行政部门依照职业标准牵头组织开发教学等相关标准。院校内培训可面向社会人群，院校外培训也可面向在校学生。各类职业技能等级证书具有同等效力，持有证书人员享受同等待遇。院校内实施的职业技能等级证书分为初级、中级、高级，是职业技能水平的凭证，反映职业活动和个人职业生涯发展所需要的综合能力。

（七）开展高质量职业培训。

落实职业院校实施学历教育与培训并举的法定职责，按照育训结合、长短结合、内外结合的要求，面向在校学生和全体社会成员开展职业培训。自2019年开始，围绕现代农业、先进制造业、现代服务业、战略性新兴产业，推动职业院校在10个左右技术技能人才紧缺领域大力开展职业培训。引导行业企业深度参与技术技能人才培养培训，促进职业院校加强专业建设、深化课程改革、增强实训内容、提高师资水平，全面提升教育教学质量。各级政府要积极支持职业培训，行政部门要简政放权并履行好监管职责，相关下属机构要优化服务，对于违规收取费用的要严肃处理。畅通技术技能人才职业发展通道，鼓励其持续获得适应经济社会发展需要的职业培训证书，引导和支持企业等用人单位落实相关待遇。对取得职业技能等级证书的离校未就业高校毕业生，按规定落实职业培训补贴政策。

（八）实现学习成果的认定、积累和转换。

加快推进职业教育国家"学分银行"建设，从 2019 年开始，探索建立职业教育个人学习账号，实现学习成果可追溯、可查询、可转换。有序开展学历证书和职业技能等级证书所体现的学习成果的认定、积累和转换，为技术技能人才持续成长拓宽通道。职业院校对取得若干职业技能等级证书的社会成员，支持其根据证书等级和类别免修部分课程，在完成规定内容学习后依法依规取得学历证书。对接受职业院校学历教育并取得毕业证书的学生，在参加相应的职业技能等级证书考试时，可免试部分内容。从 2019 年起，在有条件的地区和高校探索实施试点工作，制定符合国情的国家资历框架。

三、促进产教融合校企"双元"育人

（九）坚持知行合一、工学结合。

借鉴"双元制"等模式，总结现代学徒制和企业新型学徒制试点经验，校企共同研究制定人才培养方案，及时将新技术、新工艺、新规范纳入教学标准和教学内容，强化学生实习实训。健全专业设置定期评估机制，强化地方引导本区域职业院校优化专业设置的职责，原则上每 5 年修订 1 次职业院校专业目录，学校依据目录灵活自主设置专业，每年调整 1 次专业。健全专业教学资源库，建立共建共享平台的资源认证标准和交易机制，进一步扩大优质资源覆盖面。遴选认定一大批职业教育在线精品课程，建设一大批校企"双元"合作开发的国家规划教材，倡导使用新型活页式、工作手册式教材并配套开发信息化资源。每 3 年修订 1 次教材，其中专业教材随信息技术发展和产业升级情况及时动态更新。适应"互联网+职业教育"发展需求，运用现代信息技术改进教学方式方法，推进虚拟工厂等网络学习空间建设和普遍应用。

（十）推动校企全面加强深度合作。

职业院校应当根据自身特点和人才培养需要，主动与具备条件的企业在人才培养、技术创新、就业创业、社会服务、文化传承等方面开展合作。学校积极为企业提供所需的课程、师资等资源，企业应当依法履行实施职业教育的义务，利用资本、技术、知识、设施、设备和管理等要素参与校企合作，促进人力资源开发。校企合作中，学校可从中获得智力、专利、教育、劳务等报酬，具体分配由学校按规定自行处理。在开展国家产教融合建设试点基础上，建立产教融合型企业认证制度，对进入目录的产教融合型企业给予"金融+财政+土地+信用"的组合式激励，并按规定落实相关税收政策。试点企业兴办职业教育的投资符合条件的，可按投资额一定比例抵免该企业当年应缴教育费附加和地方教育附加。厚植企业承担职业教育责任的社会环境，推动职业院校和行业企业形成命运共同体。

（十一）打造一批高水平实训基地。

加大政策引导力度，充分调动各方面深化职业教育改革创新的积极性，带动各级政府、企业和职业院校建设一批资源共享，集实践教学、社会培训、企业真实生产和社会技术服务于一体的高水平职业教育实训基地。面向先进制造业等技术技能人才紧缺领域，统筹多种资源，建设若干具有辐射引领作用的高水平专业化产教融合实训基地，推动开放共享，辐射区域内学校和企业；鼓励职业院校建设或校企共建一批校内实训基地，提升重点专业建设和校企合作育人水平。积极吸引企业和社会力量参与，指导各地各校借鉴德国、日本、瑞士等国家经验，探索创新实训基地运营模式。提高实训基地规划、管理水平，为社会公众、职业院校在校生取得职业技能等级证书和企业提升人力资源水平提供有力支撑。

（十二）多措并举打造"双师型"教师队伍。

从 2019 年起，职业院校、应用型本科高校相关专业教师原则上从具有 3 年以上企业工作经历并具有高职以上学历的人员中公开招聘，特殊高技能人才（含具有高级工以上职业资格人员）可适当放宽学历要求，2020 年起基本不再从应届毕业生中招聘。加强职业技术师范院校建设，优化结构布局，引导一批高水平工科学校举办职业技术师范教育。实施职业院校教师素质提高计划，建立 100 个"双师型"教师培养培训基地，职业院校、应用型本科高校教师每年至少 1 个月在企业或实训基地实训，落实教师 5 年一周期的全员轮训制度。探索组建高水平、结构化教师教学创新团队，教师分工协作进行模块化教学。定期组织选派职业院校专业骨干教师赴国外研修访学。在职业院校实行高层次、高技能人才以直接考察的方式公开招聘。建立健全职业院校自主聘任兼职教师的办法，推动企业工程技术人员、高技能人才和职业院校教师双向流动。职业院校通过校企合作、技术服务、社会培训、自办企业等所得收入，可按一定比例作为绩效工资来源。

四、建设多元办学格局

（十三）推动企业和社会力量举办高质量职业教育。

各级政府部门要深化"放管服"改革，加快推进职能转变，由注重"办"职业教育向"管理与服务"过渡。政府主要负责规划战略、制定政策、依法依规监管。发挥企业重要办学主体作用，鼓励有条件的企业特别是大企业举办高质量职业教育，各级人民政府可按规定给予适当支持。完善企业经营管理和技术人员与学校领导、骨干教师相互兼职兼薪制度。2020 年初步建成 300 个示范性职业教育集团（联盟），带动中小企业参与。支持和规范社会力量兴办职业教育培训，鼓励发展股份制、混合所有制等职业院校和各类职业培训机构。建立公开透明规范的民办职业教育准入、审批制度，探索民办职业教育负面清单制度，建立健全退出机制。

（十四）做优职业教育培训评价组织。

职业教育包括职业学校教育和职业培训，职业院校和应用型本科高校按照国家教学标准和规定职责完成教学任务和职业技能人才培养。同时，也必须调动社会力量，补充校园不足，助力校园办学。能够依据国家有关法规和职业标准、教学标准完成的职业技能培训，要更多通过职业教育培训评价组织（以下简称培训评价组织）等参与实施。政府通过放宽准入，严格末端监督执法，严格控制数量，扶优、扶大、扶强，保证培训质量和学生能力水平。要按照在已成熟的品牌中遴选一批、在成长中的品牌中培育一批、在有需要但还没有建立项目的领域中规划一批的原则，以社会化机制公开招募并择优遴选培训评价组织，优先从制订过国家职业标准并完成标准教材编写，具有专家、师资团队、资金实力和 5 年以上优秀培训业绩的机构中选择。培训评价组织应对接职业标准，与国际先进标准接轨，按有关规定开发职业技能等级标准，负责实施职业技能考核、评价和证书发放。政府部门要加强监管，防止出现乱培训、滥发证现象。行业协会要积极配合政府，为培训评价组织提供好服务环境支持，不得以任何方式收取费用或干预企业办学行为。

五、完善技术技能人才保障政策

（十五）提高技术技能人才待遇水平。

支持技术技能人才凭技能提升待遇，鼓励企业职务职级晋升和工资分配向关键岗位、生产一线岗位和紧缺急需的高层次、高技能人才倾斜。建立国家技术技能大师库，鼓励技术技能大师建立大师工作室，并按规定给予政策和资金支持，支持技术技能大师到职业院校担任兼职教师，参与国家重大工程项目联合攻关。积极推动职业院校毕业生在落户、就业、参加机关事业单位招聘、职称评审、职级晋升等方面与普通高校毕业生享受同等待遇。逐步提高技术技能人才特别是技术工人收入水平和地位。机关和企事业单位招用人员不得歧视职业院校毕业生。国务院人力资源社会保障行政部门会同有关部门，适时组织清理调整对技术技能人才的歧视政策，推动形成人人皆可成才、人人尽展其才的良好环境。按照国家有关规定加大对职业院校参加有关技能大赛成绩突出毕业生的表彰奖励力度。办好职业教育活动周和世界青年技能日宣传活动，深入开展"大国工匠进校园""劳模进校园""优秀职校生校园分享"等活动，宣传展示大国工匠、能工巧匠和高素质劳动者的事迹和形象，培育和传承好工匠精神。

（十六）健全经费投入机制。

各级政府要建立与办学规模、培养成本、办学质量等相适应的财政投入制度，地方政府要按规定制定并落实职业院校生均经费标准或公用经费标准。在保障教育合理投入的同时，优化教育支出结构，新增教育经费要向职业教育倾斜。鼓励社会力量捐资、出资兴办职业教育，拓宽办学筹资渠道。进一步完善中等职业学校生均拨款制度，各地中等职业学校生均财政拨款水平可适当高于当地普通高中。各地在继续巩固落实好高等职业教育生均财政拨款水平达到12000元的基础上，根据发展需要和财力可能逐步提高拨款水平。组织实施好现代职业教育质量提升计划、产教融合工程等。经费投入要进一步突出改革导向，支持校企合作，注重向中西部、贫困地区和民族地区倾斜。进一步扩大职业院校助学金覆盖面，完善补助标准动态调整机制，落实对建档立卡等家庭经济困难学生的倾斜政策，健全职业教育奖学金制度。

六、加强职业教育办学质量督导评价

（十七）建立健全职业教育质量评价和督导评估制度。

以学习者的职业道德、技术技能水平和就业质量，以及产教融合、校企合作水平为核心，建立职业教育质量评价体系。定期对职业技能等级证书有关工作进行"双随机、一公开"的抽查和监督，从 2019 年起，对培训评价组织行为和职业院校培训质量进行监测和评估。实施职业教育质量年度报告制度，报告向社会公开。完善政府、行业、企业、职业院校等共同参与的质量评价机制，积极支持第三方机构开展评估，将考核结果作为政策支持、绩效考核、表彰奖励的重要依据。完善职业教育督导评估办法，建立职业教育定期督导评估和专项督导评估制度，落实督导报告、公报、约谈、限期整改、奖惩等制度。国务院教育督导委员会定期听取职业教育督导评估情况汇报。

（十八）支持组建国家职业教育指导咨询委员会。

为把握正确的国家职业教育改革发展方向，创新我国职业教育改革发展模式，提出重大政策研究建议，参与起草、制订国家职业教育法律法规，开展重大改革调研，提供各种咨询意见，进一步提高政府决策科学化水平，规划并审议职业教育标准等，在政府指导下组建国家职业教育指导咨询委员会。成员包括政府人员、职业教育专家、行业企业专家、管理专家、职业教育研究人员、中华职业教育社等团体和社会各方面热心职业教育的人士。通过政府购买服务等方式，听取咨询机构提出的意见建议并鼓励社会和民间智库参与。政府可以委托国家职业教育指导咨询委员会作为第三方，对全国职业院校、普通高校、校企合作企业、培训评价组织的教育管理、教学质量、办学方式模式、师资培养、学生职业技能提升等情况，进行指导、考核、评估等。

七、做好改革组织实施工作

（十九）加强党对职业教育工作的全面领导。

以习近平新时代中国特色社会主义思想特别是习近平总书记关于职业教育的重要论述武装头脑、指导实践、推动工作。加强党对教育事业的全面领导，全面贯彻党的教育方针，落实中央教育工作领导小组各项要求，保证职业教育改革发展正确方向。要充分发挥党组织在职业院校的领导核心和政治核心作用，牢牢把握学校意识形态工作领导权，将党建工作与学校事业发展同部署、同落实、同考评。指导职业院校上好思想政治理论课，实施好中等职业学校"文明风采"活动，推进职业教育领域"三全育人"综合改革试点工作，使各类课程与思想政治理论课同向同行，努力实现职业技能和职业精神培养高度融合。加强基层党组织建设，有效发挥基层党组织的战斗堡垒作用和共产党员的先锋模范作用，带动学校工会、共青团等群团组织和学生会组织建设，汇聚每一位师生员工的积极性和主动性。

（二十）完善国务院职业教育工作部际联席会议制度。

国务院职业教育工作部际联席会议由教育、人力资源社会保障、发展改革、工业和信息化、财政、农业农村、国资、税务、扶贫等单位组成，国务院分管教育工作的副总理担任召集人。联席会议统筹协调全国职业教育工作，研究协调解决工作中重大问题，听取国家职业教育指导咨询委员会等方面的意见建议，部署实施职业教育改革创新重大事项，每年召开两次会议，各成员单位就有关工作情况向联席会议报告。国务院教育行政部门负责职业教育工作的统筹规划、综合协调、宏观管理，国务院教育行政部门、人力资源社会保障行政部门和其他有关部门在职责范围内，分别负责有关的职业教育工作。各成员单位要加强沟通协调，做好相关政策配套衔接，在国家和区域战略规划、重大项目安排、经费投入、企业办学、人力资源开发等方面形成政策合力。推动落实《中华人民共和国职业教育法》，为职业教育改革创新提供重要的制度保障。

附录三
教育部　财政部关于实施中国特色高水平高职学校和专业建设计划的意见

为深入贯彻落实全国教育大会精神，落实《国家职业教育改革实施方案》，集中力量建设一批引领改革、支撑发展、中国特色、世界水平的高职学校和专业群，带动职业教育持续深化改革，强化内涵建设，实现高质量发展，现就实施中国特色高水平高职学校和专业建设计划（以下简称"双高计划"）提出如下意见。

一、总体要求

（一）指导思想

以习近平新时代中国特色社会主义思想为指导，牢固树立新发展理念，服务建设现代化经济体系和更高质量更充分就业需要，扎根中国、放眼世界、面向未来，强力推进产教融合、校企合作，聚焦高端产业和产业高端，重点支持一批优质高职学校和专业群率先发展，引领职业教育服务国家战略、融入区域发展、促进产业升级，为建设教育强国、人才强国作出重要贡献。

（二）基本原则

——坚持中国特色。扎根中国大地，全面贯彻党的教育方针，坚定社会主义办学方向，完善职业教育和培训体系，健全德技并修、工学结合的育人机制，服务新时代经济高质量发展，为中国产业走向全球产业中高端提供高素质技术技能人才支撑。

——坚持产教融合。创新高等职业教育与产业融合发展的运行模式，精准对接区域人才需求，提升高职学校服务产业转型升级的能力，推动高职学校和行业企业形成命运共同体，为加快建设现代产业体系，增强产业核心竞争力提供有力支撑。

——坚持扶优扶强。质量为先、以点带面，兼顾区域和产业布局，支持基础条件优良、改革成效突出、办学特色鲜明的高职学校和专业群率先发展，积累可复制、可借鉴的改革经验和模式，发挥示范引领作用。

——坚持持续推进。按周期、分阶段推进建设，实行动态管理、过程监测、有进有出、优胜劣汰，完善持续支持高水平高职学校和专业群建设的机制，实现高质量发展。

——坚持省级统筹。发挥地方支持职业教育改革发展的积极性和主动性，加大资金和政策保障力度。中央财政以奖补的形式通过相关转移支付给予引导支持。多渠道扩大资源供给，构建政府行业企业学校协同推进职业教育发展新机制。

（三）总体目标

围绕办好新时代职业教育的新要求，集中力量建设 50 所左右高水平高职学校和 150 个左右高水平专业群，打造技术技能人才培养高地和技术技能创新服务平台，支撑国家重点产业、区域支柱产业发展，引领新时代职业教育实现高质量发展。

到 2022 年，列入计划的高职学校和专业群办学水平、服务能力、国际影响显著提升，为职业教育改革发展和培养千万计的高素质技术技能人才发挥示范引领作用，使职业教育成为支撑国家战略和地方经济社会发展的重要力量。形成一批有效支撑职业教育高质量发展的政策、制度、标准。

到 2035 年，一批高职学校和专业群达到国际先进水平，引领职业教育实现现代化，为促进经济社会发展和提高国家竞争力提供优质人才资源支撑。职业教育高质量发展的政策、制度、标准体系更加成熟完善，形成中国特色职业教育发展模式。

二、改革发展任务

（四）加强党的建设

深入推进习近平新时代中国特色社会主义思想进教材进课堂进头脑，大力开展理想信念教育和社会主义核心价值观教育，构建全员全过程全方位育人的思想政治工作格局，实现职业技能和职业精神培养高度融合。落实党委领导下的校长负责制，充分发挥党组织在学校的领导核心和政治核心作用，牢牢把握意识形态主动权，引导广大师生树牢"四个意识"、坚定"四个自信"、坚决做到"两个维护"。加强基层党组织建设，将党的建设与学校事业发展同部署、同落实、同考评，有效发挥基层党组织战斗堡垒作用和共产党员先锋模范作用，带动学校工会、共青团等群团组织和学生会组织建设，为学校改革发展提供坚强组织保证。

（五）打造技术技能人才培养高地

落实立德树人根本任务，将社会主义核心价值观教育贯穿技术技能人才培养全过程。坚持工学结合、知行合一，加强学生认知能力、合作能力、创新能力和职业能力培养。加强劳动教育，以劳树德、以劳增智、以劳强体、以劳育美。培育和传承工匠精神，引导学生养成严谨专注、敬业专业、精益求精和追求卓越的品质。深化复合型技术技能人才培养培训模式改革，率先开展"学历证书+若干职业技能等级证书"制度试点。在全面提高质量的基础上，着力培养一批产业急需、技艺高超的高素质技术技能人才。

（六）打造技术技能创新服务平台

对接科技发展趋势，以技术技能积累为纽带，建设集人才培养、团队建设、技术服务于一体，资源共享、机制灵活、产出高效的人才培养与技术创新平台，促进创新成果与核心技术产业化，重点服务企业特别是中小微企业的技术研发和产品升级。加强与地方政府、产业园区、行业深度合作，建设兼具科技攻关、智库咨询、英才培养、创新创业功能，体现学校特色的产教融合平台，服务区域发展和产业转型升级。进一步提高专业群集聚度和配套供给服务能力，与行业领先企业深度合作，建设兼具产品研发、工艺开发、技术推广、大师培育功能的技术技能平台，服务重点行业和支柱产业发展。

（七）打造高水平专业群

面向区域或行业重点产业，依托优势特色专业，健全对接产业、动态调整、自我完善的专业群建设发展机制，促进专业资源整合和结构优化，发挥专业群的集聚效应和服务功能，实现人才培养供给侧和产业需求侧结构要素全方位融合。校企共同研制科学规范、国际可借鉴的人才培养方案和课程标准，将新技术、新工艺、新规范等产业先进元素纳入教学标准和教学内容，建设开放共享的专业群课程教学资源和实践教学基地。组建高水平、结构化教师教学创新团队，探索教师分工协作的模块化教学模式，深化教材与教法改革，推动课堂革命。建立健全多方协同的专业群可持续发展保障机制。

（八）打造高水平双师队伍

以"四有"标准打造数量充足、专兼结合、结构合理的高水平双师队伍。培育引进一批行业有权威、国际有影响的专业群建设带头人，着力培养一批能够改进企业产品工艺、解决生产技术难题的骨干教师，合力培育一批具有绝技绝艺的技术技能大师。聘请行业企业领军人才、大师名匠兼职任教。建立健全教师职前培养、入职培训和在职研修体系。建设教师发展中心，提升教师教学和科研能力，促进教师职业发展。创新教师评价机制，建立以业绩贡献和能力水平为导向、以目标管理和目标考核为重点的绩效工资动态调整机制，实现多劳多得、优绩优酬。

（九）提升校企合作水平

与行业领先企业在人才培养、技术创新、社会服务、就业创业、文化传承等方面深度合作，形成校企命运共同体。把握全球产业发展、国内产业升级的新机遇，主动参与供需对接和流程再造，推动专业建设与产业发展相适应，实质推进协同育人。施行校企联合培养、双主体育人的中国特色现代学徒制。推行面向企业真实生产环境的任务式培养模式。牵头组建职业教育集团，推进实体化运作，实现资源共建共享。吸引企业联合建设产业学院和企业工作室、实验室、创新基地、实践基地。

（十）提升服务发展水平

培养适应高端产业和产业高端需要的高素质技术技能人才，服务中国产业走向全球产业中高端。以应用技术解决生产生活中的实际问题，切实提高生产效率、产品质量和服务品质。加强新产品开发和技术成果的推广转化，推动中小企业的技术研发和产品升级，促进民族传统工艺、民间技艺传承创新。面向脱贫攻坚主战场，积极吸引贫困地区学生到"双高计划"学校就学。服务乡村振兴战略，广泛开展面向农业农村的职业教育和培训。面向区域经济社会发展急需紧缺领域，大力开展高技能人才培训。积极主动开展职工继续教育，拓展社区教育和终身学习服务。

（十一）提升学校治理水平

健全内部治理体系，完善以章程为核心的现代职业学校制度体系，形成学校自主管理、自我约束的体制机制，推进治理能力现代化。健全学校、行业、企业、社区等共同参与的学校理事会或董事会，发挥咨询、协商、议事和监督作用。设立校级学术委员会，统筹行使学术事务的决策、审议、评定和咨询等职权。设立校级专业建设委员会和教材选用委员会，指导和促进专业建设和教学改革。发挥教职工代表大会作用，审议学校重大问题。优化内部治理结构，扩大二级院系管理自主权，发展跨专业教学组织。

（十二）提升信息化水平

加快智慧校园建设，促进信息技术和智能技术深度融入教育教学和管理服务全过程，改进教学、优化管理、提升绩效。消除信息孤岛，保证信息安全，综合运用大数据、人工智能等手段推进学校管理方式变革，提升管理效能和水平。以"信息技术+"升级传统专业，及时发展数字经济催生的新兴专业。适应"互联网+职业教育"需求，推进数字资源、优秀师资、教育数据共建共享，助力教育服务供给模式升级。提升师生信息素养，建设智慧课堂和虚拟工厂，广泛应用线上线下混合教学，促进自主、泛在、个性化学习。

（十三）提升国际化水平

加强与职业教育发达国家的交流合作，引进优质职业教育资源，参与制订职业教育国际标准。开发国际通用的专业标准和课程体系，推出一批具有国际影响的高质量专业标准、课程标准、教学资源，打造中国职业教育国际品牌。积极参与"一带一路"建设和国际产能合作，培养国际化技术技能人才，促进中外人文交流。探索援助发展中国家职业教育的渠道和模式。开展国际职业教育服务，承接"走出去"中资企业海外员工教育培训，建设一批"鲁班工坊"，推动技术技能人才本土化。

三、组织实施

（十四）建立协同推进机制

国家有关部门负责宏观布局、统筹协调、经费管理等顶层设计，围绕经济社会发展和国家战略需要，适时调整建设重点，成立项目建设咨询专家委员会，为重大政策、总体方案、审核立项、监督评价等提供咨询和支撑。各地要加强政策支持和经费保障，动员各方力量支持项目建设，对接区域经济社会发展需求，构建以"双高计划"学校为引领，区域内高职学校协调发展的格局。"双高计划"学校要深化改革创新，聚焦建设任务，科学编制建设方案和任务书，健全责任机制，扎实推进建设，确保工作成效。

（十五）加强项目实施管理

"双高计划"每五年一个支持周期，2019 年启动第一轮建设。制定项目遴选管理办法，明确遴选条件和程序，公开申请、公平竞争、公正认定。项目遴选坚持质量为先、改革导向，以学校、专业的客观发展水平为基础，对职业教育发展环境好、重点工作推进有力、改革成效明显的省（区、市）予以倾斜支持。制定项目绩效评价办法，建立信息采集与绩效管理系统，实行年度评价项目建设绩效，中期调整项目经费支持额度；依据周期绩效评价结果，调整项目建设单位。发挥第三方评价作用，定期跟踪评价。建立信息公开公示网络平台，接受社会监督。

（十六）健全多元投入机制

各地新增教育经费向职业教育倾斜，在完善高职生均拨款制度、逐步提高生均拨款水平的基础上，对"双高计划"学校给予重点支持，中央财政通过现代职业教育质量提升计划专项资金对"双高计划"给予奖补支持，发挥引导作用。有关部门和行业企业以共建、共培等方式积极参与项目建设。项目学校以服务求发展，积极筹集社会资源，增强自我造血功能。

（十七）优化改革发展环境

各地要结合区域功能、产业特点探索差别化的职业教育发展路径，建立健全产教对接机制，促进人才培养与产业需求有机衔接。加大"双高计划"学校的支持力度，在领导班子、核定教师编制、高级教师岗位比例、绩效工资总量等方面按规定给予政策倾斜。深入推进"放管服"改革，在专业设置、内设机构及岗位设置、进人用人、经费使用管理上进一步扩大学校办学自主权。建立健全改革创新容错纠错机制，鼓励"双高计划"学校大胆试、大胆闯，激发和保护干部队伍敢于担当、干事创业的积极性、主动性、创造性。

附录四
职业教育提质培优行动计划（2020—2023 年）

为贯彻落实《国家职业教育改革实施方案》，办好公平有质量、类型特色突出的职业教育，提质培优、增值赋能、以质图强，加快推进职业教育现代化，更好地支撑我国经济社会持续健康发展，特制定职业教育提质培优行动计划（2020—2023 年）（以下简称"行动计划"）。

一、总体要求

（一）指导思想

以习近平新时代中国特色社会主义思想为指导，贯彻党的十九大和十九届二中、三中、四中全会精神，牢固树立新发展理念，落实高度重视、加快发展的工作方针，坚持服务高质量发展、促进高水平就业的办学方向，坚持职业教育与普通教育不同类型、同等重要的战略定位，着力夯实基础、补齐短板，着力深化改革、激发活力，加快构建纵向贯通、横向融通的中国特色现代职业教育体系，大幅提升新时代职业教育现代化水平和服务能力，为促进经济社会持续发展和提高国家竞争力提供多层次高质量的技术技能人才支撑。

（二）主要目标

通过建设，职业教育与经济社会发展需求对接更加紧密、同人民群众期待更加契合、同我国综合国力和国际地位更加匹配，中国特色现代职业教育体系更加完备、制度更加健全、标准更加完善、条件更加充足、评价更加科学。

——职业教育发展制度基本健全，职业学校层次结构合理，分类考试招生成为高职学校招生的主渠道，职业教育国家"学分银行"投入运行。

——国务院有关部门协同配合、地方落实主责的职业教育工作机制更加顺畅，政府行业企业学校职责清晰、同向发力，政府统筹管理、社会多元办学格局更加稳固。

——职业教育与普通教育规模大体相当、相互融通，职业学校办学定位清晰，专业设置和人才供给结构不断优化，每年向社会输送数以千万计的高质量技术技能人才。

——国家、省、校三级职业教育标准体系逐步完善，职业学校教学条件基本达标，评价体系更具职教特色，教师、教材、教法改革全面深化。

——职业学校办学水平、人才培养质量和就业质量整体提升，职业教育的吸引力和社会认可度大幅提高，有效支撑地方经济社会发展和国家重大战略。

（三）基本原则

——育人为本，质量为先。加强党对职业教育工作的全面领导，推进新时代职业学校思想政治工作改革创新。深化产教融合、校企合作，强化工学结合、知行合一，健全德技并修育人机制，完善多元共治的质量保证机制，推进职业教育高质量发展。

——固本强基，综合改革。聚焦薄弱环节，着力补短板、强弱项，夯实职业教育发展基础。系统推进体制机制、教育教学、评价体系改革，为职业教育发展注入新动力，激发职业学校办学活力。

——标准先行，试点突破。健全国家、省、校三级标准体系，完善标准落地的工作机制。以打造创新发展高地为抓手，推进关键改革，突破瓶颈制约，打造一批职业教育优质资源和品牌，带动职业教育大改革大发展。

——地方主责，协同推进。构建政府行业企业学校协同推进职业教育高质量发展的新机制，强化省级政府统筹，加强计划执行的过程管理、检查验收和结果应用，确保各项改革措施取得实效。

二、重点任务

（一）落实立德树人根本任务

1. 推动习近平新时代中国特色社会主义思想进教材进课堂进头脑

以习近平新时代中国特色社会主义思想特别是习近平总书记关于职业教育的重要论述武装头脑、指导实践、推动工作。推进理想信念教育常态化、制度化，落实《新时代爱国主义教育实施纲要》和《新时代公民道德建设纲要》，加强党史、新中国史、改革开放史、社会主义发展史教育和爱国主义、集体主义、社会主义教育。将劳动教育纳入职业学校人才培养方案，设立劳动教育必修课程，统筹勤工俭学、实习实训、社会实践、志愿服务等环节系统开展劳动教育。加强职业道德、职业素养、职业行为习惯培养，职业精神、工匠精神、劳模精神等专题教育不少于 16 学时。加强艺术类公共基础必修课程建设，强化实践体验，促进学生全面发展。加强职业教育研究，加快构建中国特色职业教育的思想体系、话语体系、政策体系和实践体系。

2. 构建职业教育"三全育人"新格局

加强党委对学校思想政治工作的全面领导，落实全员全过程全方位育人，引导职业学校全面统筹各领域、各环节、各方面的育人资源和育人力量，教育引导青年学生增强爱党爱国意识，听党话、跟党走。引导专业课教师加强课程思政建设，将思政教育全面融入人才培养方案和专业课程。构建省校两级培训体系，建立辅导员职务职级"双线"晋升通道，推动辅导员专业化、职业化发展。加强中职德育工作队伍建设，办好中职学校班主任业务能力比赛。鼓励从企业中聘请劳动模范、技术能手、大国工匠、道德楷模担任兼职德育导师，建设一支阅历丰富、有亲和力、身正为范的兼职德育工作队伍。将党建和思想政治工作评价指标全面纳入学校事业发展规划、专业质量评价、人才项目评审、教学科研成果评估等。到 2023 年，培育 200 所左右"三全育人"典型学校，培育遴选 100 个左右名班主任工作室，遴选 100 个左右德育特色案例。

3. 创新职业学校思想政治教育模式

加强中职学校思想政治、语文、历史和高职学校思想政治理论课课程建设，开足开齐开好必修课程，按照规定选用国家统编教材。高职学校应当根据全日制在校生总数，严格按照师生比不低于 1∶350 的比例核定专职思政课教师岗位，中职学校要加大专职思政课教师配备力度。实施职业学校党建和思政工作能力提升计划，开展德育管理人员、专职思政课教师培训。改革思政课教师考核办法，将政治素质作为教师考核第一标准。遵循职业学校学生认知规律，开发遴选学生喜闻乐见的课程资源，因地制宜实施情景式、案例式、活动式等教法，建设学生真心喜爱、终身受益、体现职业教育特点的思政课程。持续开展职业学校"文明风采"系列活动。充分挖掘和利用地方、企业德育教育资源，鼓励引导校企共建德育实践基地。到 2023 年，培训 10000 名左右德育骨干管理人员、思政课专任教师，遴选 100 个左右思政课教师研修基地，分级培育遴选 1000 个左右思想政治课教学创新团队、10000 个左右思想政治课示范课堂、10000 个左右具有职业教育特点的课程思政教育案例。

（二）推进职业教育协调发展

4. 强化中职教育的基础性作用

把发展中职教育作为普及高中阶段教育和建设中国特色现代职业教育体系的重要基础，保持高中阶段教育职普比大体相当。系统设计中职考试招生办法，使绝大多数城乡新增劳动力接受高中阶段教育。全面核查中职学校基本办学条件，整合"空、小、散、弱"学校，优化中职学校布局。结合实际，鼓励各地将政府投入的职业教育资源统一纳入中职学校（含技工学校、县级职业教育中心等）调配使用，提高中职学校办学效益。支持集中连片特困地区每个地市原则上至少建好办好 1 所符合当地经济社会发展需要的中职学校。建立普通高中和中职学校合作机制，探索课程互选、学分互认、资源互通，支持有条件的普通高中举办综合高中。加大"三区三州"等深度贫困地区的普职融通力度，发挥职业教育促进义务教育"控辍保学"作用。到 2023 年，中职学校教学条件基本达标，遴选 1000 所左右优质中职学校和 3000 个左右优质专业、300 所左右优质技工学校和 300 个左右优质专业。

5. 巩固专科高职教育的主体地位

把发展专科高职教育作为优化高等教育结构和培养大国工匠、能工巧匠的重要方式，输送区域发展急需的高素质技术技能人才。不限制专科高职学校招收中职毕业生的比例，适度扩大专升本招生计划，为部分有意愿的高职（专科）毕业生提供继续深造的机会。推动各地落实职业学校毕业生在落户、就业、参加机关事业单位招聘、职称评审、职级晋升等方面与普通高校毕业生享受同等待遇。扎实推进中国特色高水平高职学校和专业建设计划，加强绩效考核与评价，建成一批高技能人才培养培训基地和技术技能创新平台。探索高职专业认证。推进专科高职学校高质量发展，遴选 300 所左右省域高水平高职学校和 600 个左右高水平专业群。

6. 稳步发展高层次职业教育

把发展本科职业教育作为完善现代职业教育体系的关键一环，培养高素质创新型技术技能人才，畅通技术技能人才成长通道。稳步推进本科层次职业教育试点，支持符合条件的中国特色高水平高职学校建设单位试办职业教育本科专业。推动具备条件的普通本科高校向应用型转变。根据产业需要和行业特点，适度扩大专业学位硕士、博士培养规模，推动各地发展以职业需求为导向、以实践能力培养为重点、以产学研用结合为途径的专业学位研究生培养模式。

（三）完善服务全民终身学习的制度体系

7. 健全服务全民终身学习的职业教育制度

推进国家资历框架建设，建立各级各类教育培训学习成果认定、积累和转换机制。加快建设职业教育国家"学分银行"，制定学时学分记录规则，引导在校学生和社会学习者建立职业教育个人学习账号，存储、积累学习成果和技能财富。支持学校按照相关规则研制具体的学习成果转换办法，按程序受理学分兑换申请，符合条件的学生可免修部分课程或模块。支持国家开放大学体系创新发展，着力提高办学质量和水平，服务全民终身学习体系建设。

8. 推动学历教育与职业培训并举并重

落实职业学校并举实施学历教育与培训的法定职责，按照育训结合、长短结合、内外结合的要求，面向在校学生和全体社会成员开展职业培训。支持职业学校承担更多培训任务，成为落实《职业技能提升行动方案（2019—2021年)》的主力军，实现优质职业学校年培训人次达到在校生规模的2倍以上。深入推进"1+X"证书制度试点，及时总结试点工作经验做法，提高职业技能等级证书的行业企业认可度。发挥职业教育培训评价组织在实施职业技能培训中的重要主体作用。推动更多职业学校参与"1+X"证书制度实施，服务学生成长和高质量就业。引导有条件的普通高校和职业学校参与企业大学建设。根据军队需要保证职业学校定向培养士官质量。支持国家开放大学办好面向军队军士的学历继续教育。依托职业院校、培训机构、农业技术推广站等机构，面向"三农"提供全产业链技术培训服务及技术支持，为脱贫致富提供持续动力。引导职业学校和龙头企业联合建设500个左右示范性职工培训基地。

9. 强化职业学校的继续教育功能

面向在职员工、现役军人、退役军人、进城务工人员、转岗人员、城镇化进程中的新市民、城乡待业人员、残疾人、农村实用人才等社会群体开展多种形式的继续教育。鼓励职业学校积极参与社区教育和老年教育，与普通高校、开放大学（广播电视大学)、独立设置成人高校、各类继续教育机构互联互通、共建共享，形成服务全民终身学习的发展合力。实施"职业教育服务终身学习质量提升行动"，遴选200个左右示范性继续教育基地、2000门左右优质继续教育网络课程，在老年教育、特殊教育、学前教育、卫生护理、文化艺术等领域，遴选500个左右社区教育示范基地和老年大学示范校。

（四）深化职业教育产教融合、校企合作

10. 深化职业教育供给侧结构性改革

建立产业人才数据平台，发布产业人才需求报告，促进职业教育和产业人才需求精准对接。研制职业教育产教对接谱系图，指导优化职业学校和专业布局，重点服务现代制造业、现代服务业和现代农业。遴选建设一批产教融合型城市，推动试点城市建设开放型、共享型、智慧型实训基地。加大对农业农村等人才急需领域的职业教育供给，建设100所乡村振兴人才培养优质校，发挥好"国家级农村职业教育和成人教育示范县"等在服务乡村振兴战略中的重要作用。

11. 深化校企合作协同育人模式改革

建好用好行业职业教育教学指导委员会，提升行业举办和指导职业教育的能力。支持职业学校根据自身特点和人才培养需要，主动与具备条件的企业在人才培养培训、技术创新、就业创业、社会服务、文化传承等方面开展合作。支持国有企业和大型民营企业举办或参与举办职业教育，将企业办学情况纳入企业社会责任报告。支持行业领军企业主导建设全国性职教集团，分领域建设服务产业高端的技术技能人才标准和培养高地。全面推行现代学徒制和企业新型学徒制，鼓励企业利用资本、技术、知识、设施、设备和管理等要素参与校企合作。培育数以万计的产教融合型企业，建立覆盖主要专业领域的教师企业实践流动站，依托国有企业、大型民企建立1000个左右示范性流动站。发挥职教集团推进企业参与职业教育办学的纽带作用，打造500个左右实体化运行的示范性职教集团（联盟）、100个左右技工教育集团（联盟）。推动建设300个左右具有辐射引领作用的高水平专业化产教融合实训基地。

12. 完善校企合作激励约束机制

健全以企业为重要主导、职业学校为重要支撑、产业关键核心技术攻关为中心任务的产教融合创新机制。围绕关键核心技术，推动公共教学资源和实训资源共建共享。支持行业组织积极参与产教融合建设试点项目。对纳入产教融合型企业建设培育范围的试点企业，兴办职业教育的投资符合规定的，可按投资额的30%抵免当年应缴教育费附加和地方教育附加。充分发挥市场配置资源作用，鼓励地方开展混合所有制、股份制办学改革试点，推动各地建立健全省级产教融合型企业认证制度，落实"金融+财政+土地+信用"的组合式激励政策。

（五）健全职业教育考试招生制度

13. 健全高职分类考试招生制度

建立健全省级统筹的高职分类考试招生制度。完善高职教育招生计划分配和考试招生办法，每年春季省级教育行政部门统一组织开展以高职学校招生为主的分类考试。分类考试录取的学生不再参加普通高考。保留高职学校通过普通高考招生的渠道，保持分类考试招生为高职学校招生的主渠道。

14. 规范职业教育考试招生形式

鼓励中职毕业生通过高职分类考试报考高职学校。推动各地将技工学校纳入职业教育统一招生平台。鼓励退役军人、下岗职工、农民工和高素质农民等群体报考高职学校，可免予文化素质考试，只参加学校组织的与报考专业相关的职业适应性测试或职业技能测试。逐步取消现行的注册入学招生。规范长学制技术技能人才贯通培养，逐步取消中职本科贯通，适度扩大中职专科贯通，贯通专业以始读年龄小、培养周期长、技能要求高的专业为主。严格执行技能拔尖人才免试入学条件。

15. 完善"文化素质+职业技能"评价方式

完善高职分类考试内容和形式，推进"文化素质+职业技能"评价方式，引导不同阶段教育合理分流、协调发展，为学生接受高职教育提供多种入学方式。文化素质考试由省级教育行政部门根据《中等职业学校公共基础课课程标准》统一组织。职业技能测试分值不低于总分值的 50%，考试形式以操作考试为主，须充分体现岗位技能、通用技术等内容。省级教育行政部门按照专业大类统一制定职业适应性测试标准、规定测试方式。支持有条件的省份建立中职学生学业水平测试制度。鼓励高职学校与产教融合型企业联合招生。

（六）实施职业教育治理能力提升行动

16. 健全职业教育标准体系

发挥标准在职业教育质量提升中的基础性作用。适时修订中职学校、专科高职学校设置标准，研制本科职业学校设置标准。结合职业教育特点完善学位制度。实施职业学校教师、校长专业标准，制定"双师型"教师基本要求。统筹修（制）订衔接贯通、全面覆盖的中等、专科、本科职业教育专业目录及专业设置管理办法。构建国家、省、校三级专业教学标准体系，国家面向产业急需领域和量大面广的专业，修（制）订国家标准；各地根据经济社会发展需要和有关技术规范，补充制定区域性标准；职业学校全面落实国标和省标，开发具有校本特色的更高标准。

17. 完善办学质量监管评价机制

完善政府、行业企业、学校、社会等多方参与的质量监管评价机制。完善职业学校评价制度，把职业道德、职业素养、技术技能水平、就业质量和创业能力作为衡量人才培养质量的重要内容。研究制定职业学校办学质量考核办法，省级统筹开展职业学校办学质量考核，建立技能抽查、实习报告、毕业设计抽检等随机性检查制度。完善以章程为核心的校内规则制度体系，健全职业学校内部治理结构，深入推进职业学校教学工作诊断与改进制度建设，切实发挥学校质量保证主体作用。巩固国家、省、校三级质量年报发布制度，进一步提高质量年报编制水平和公开力度。完善职业教育督导评估办法，构建国家、省、校三级职业教育督导体系。

18. 打造高素质专业化管理队伍

强化职业学校校长队伍建设，完善选拔任用机制。落实和扩大职业学校办学自主权，健全完善职称评聘、分配制度等，支持学校在限额内自主设立内设机构，按规定自主设置岗位、自主确定用人计划、按规定自主招聘各类人才。建立国家、省、市（县）分级培训机制，组织开展职业学校校长和管理干部培训，造就一支政治过硬、品德高尚、业务精湛、治校有方的管理队伍。到2023年，集中培训5000名左右中职校长（书记）和1000名左右高职校长（书记），各级各类培训覆盖全部职业学校管理干部。

（七）实施职业教育"三教"改革攻坚行动

19. 提升教师"双师"素质

根据职业教育特点核定公办职业学校教职工编制。实施新一周期"全国职业院校教师素质提高计划"，校企共建"双师型"教师（含技工院校"一体化"教师，下同）培养培训基地和教师企业实践基地，落实5年一轮的教师全员培训制度。探索有条件的优质高职学校转型为职业技术师范类院校或开办职业技术师范专业，支持高水平工科院校分专业领域培养职业教育师资，构建"双师型"教师培养体系。改革职业学校专业教师晋升和评价机制，破除"五唯"倾向，将企业生产项目实践经历、业绩成果等纳入评价标准。完善职业学校自主聘任兼职教师的办法，实施现代产业导师特聘计划，设置一定比例的特聘岗位，畅通行业企业高层次技术技能人才从教渠道，推动企业工程技术人员、高技能人才与职业学校教师双向流动。改革完善职业学校绩效工资政策。职业学校通过校企合作、技术服务、社会培训取得的收入，可按一定比例作为绩效工资来源。各级人力资源社会保障、财政部门要充分考虑职业学校承担培训任务情况，合理核定绩效工资总量和水平。对承担任务较重的职业学校，在原总量基础上及时核增所需绩效工资总量。专业教师可按国家规定在校企合作企业兼职取酬。到2023年，专业教师中"双师型"教师占比超过50%，遴选一批国家"万人计划"教学名师、360个国家级教师教学创新团队。

20. 加强职业教育教材建设

完善职业教育教材规划、编写、审核、选用使用、评价监管机制。加强意识形态属性较强的哲学社会科学教材建设，纳入马克思主义理论研究和建设工程重点建设，做好教材统一使用工作。对接主流生产技术，注重吸收行业发展的新知识、新技术、新工艺、新方法，校企合作开发专业课教材。建立健全三年大修订、每年小修订的教材动态更新调整机制。根据职业学校学生特点创新教材形态，推行科学严谨、深入浅出、图文并茂、形式多样的活页式、工作手册式、融媒体教材。实行教材分层规划制度，引导地方建设国家规划教材领域以外的区域特色教材，在国家和省级规划教材不能满足的情况下，鼓励职业学校编写反映自身特色的校本专业教材。编写并用好中职思想政治、语文和历史统编教材。健全教材的分类审核、抽查和退出制度。到2023年，遴选10000种左右校企双元合作开发的职业教育规划教材，国家、省两级抽查教材的比例合计不低于50%，职业学校专业课程全部使用新近更新的教材。

21. 提升职业教育专业和课程教学质量

推动依据国家战略和区域产业发展需求、专业建设水平、就业质量等合理规划引导专业设置，建立退出机制。规范人才培养方案研制发布程序，建立职业学校人才培养方案公开制度，为行业指导、企业选择、学生学习、同行交流、社会监督提供便利。加强课堂教学日常管理，规范教学秩序。推动职业学校"课堂革命"，适应生源多样化特点，将课程教学改革推向纵深。加强实践性教学，实践性教学学时原则上占总学时数50%以上，积极推行认知实习、跟岗实习、顶岗实习等多种实习方式，可根据专业实际集中或分阶段安排。完善以学习者为中心的专业和课程教学评价体系，强化实习实训考核评价。鼓励教师团队对接职业标准和工作过程，探索分工协作的模块化教学组织方式。建立健全国家、省、校三级教学能力比赛机制。遴选1000个左右职业教育"课堂革命"典型案例，职业教育教学成果奖评选向课堂教学改革倾斜。

（八）实施职业教育信息化 2.0 建设行动

22. 提升职业教育信息化建设水平

落实《职业院校数字校园规范》，推动各地研制校本数据中心建设指南，指导职业学校系统设计学校信息化整体解决方案。引导职业学校提升信息化基础能力，建设高速稳定的校园网络，联通校内行政教学科研学生后勤等应用系统，统筹建设一体化智能化教学、管理与服务平台。推动信息技术和智能技术深度融入学校管理全过程，大幅提高决策和管理的精准化科学化水平。落实网络安全责任制，增强网络与信息安全管控能力。遴选300所左右职业教育信息化标杆学校。

23. 推动信息技术与教育教学深度融合

主动适应科技革命和产业革命要求，以"信息技术+"升级传统专业，及时发展数字经济催生的新兴专业。鼓励职业学校利用现代信息技术推动人才培养模式改革，满足学生的多样化学习需求，大力推进"互联网+""智能+"教育新形态，推动教育教学变革创新。探索建设政府引导、市场参与的职业教育资源共建共享机制，服务课程开发、教学设计、教学实施、教学评价。建立健全共建共享的资源认证标准和交易机制，推进国家、省、校三级专业教学资源库建设应用，进一步扩大优质资源覆盖面。遴选100个左右示范性虚拟仿真实训基地；面向公共基础课和量大面广的专业（技能）课，分级遴选5000门左右职业教育在线精品课程。引导职业学校开展信息化全员培训，提升教师和管理人员的信息化能力，以及学生利用网络信息技术和优质在线资源进行自主学习的能力。

（九）实施职业教育服务国际产能合作行动

24. 加快培养国际产能合作急需人才

加强职业学校与境外中资企业合作，支持职业学校到国（境）外办学，培育一批"鲁班工坊"，培养熟悉中华传统文化、中资企业急需的本土技术技能人才。鼓励国家开放大学建设海外学习中心，推动中国与产能合作国远程教育培训合作。统筹利用现有资源，实施"职业院校教师教学创新团队境外培训计划"，选派一大批专业带头人和骨干教师出国研修访学。鼓励引进国（境）外优质职业教育机构来华合作办学，促进国际经验的本土化、再创新。

25. 提升职业教育国际影响力

推进"中文+职业技能"项目，助力中国职业教育走出去，提升国际影响力。引导职业学校与国（境）外优秀职业教育机构联合开展学术研究、标准研制、师生交流等合作项目，促进国内职业教育优秀成果海外推介。对接联合国教科文组织，积极承办世界职业教育大会，在"一带一路"沿线国家举办中国职业教育发展成果展，贡献职业教育的中国智慧、中国经验和中国方案，展示当代中国良好形象。

（十）实施职业教育创新发展高地建设行动

26. 整省推进职业教育提质培优

主动适应国家区域发展战略，在东中西部布局 5 个左右国家职业教育改革省域试点。按照"一地一案、分区推进"原则，在学校设置、重点项目建设等方面加大政策供给，支持试点省份探索新时代区域职业教育改革发展新模式。引导地方落实主体责任，完善地方职业教育工作部门联席会议制度，推动各部门形成工作合力，优化职业教育办学体制机制，加强治理体系和治理能力现代化建设，探索职业学校毕业生高质量就业模式等。

27. 合力打造职业教育样板城市

国家、省、市三级推动，建设 10 个左右国家职业教育改革市域试点。支持地市政府把握功能区定位，加强市场化资源配置，在职业教育服务城市文明、服务城市创新、服务民生需求、服务绿色发展等领域重点突破、先行示范，率先建成与城市经济和民生相适应的现代职业教育体系，开创职业教育开放办学新格局，形成一批基层首创的改革经验。

三、组织实施

（一）加强党的全面领导

把加强党的全面领导落实到职业教育提质培优工作的各方面全过程。全面贯彻党的教育方针，落实中央教育工作领导小组各项要求，完善省（区、市）委教育工作领导小组定期研究职业教育工作制度。按照社会主义政治家、教育家的要求选好配强职业学校领导班子。职业学校要选优配强院（系）领导班子特别是党政正职，全面开展党组织"对标争先"建设计划，促进学校各级党组织组织力全面提升。全面实施教师党支部书记"双带头人"培育工程。强化党组织在职业学校的领导核心和政治核心作用，履行好管党治党主体责任，牢牢把握学校意识形态工作领导权，引导广大师生增强"四个意识"、坚定"四个自信"、做到"两个维护"。

（二）完善职业教育财政支持机制

新增教育经费要向职业教育倾斜，逐步建立与办学规模、培养成本、办学质量相适应的财政投入制度，进一步完善职业学校生均拨款制度，合理确定生均财政拨款水平。支持地方将职业教育纳入地方政府专项债券资金支持范围。鼓励社会力量兴办职业教育，健全成本分担机制，落实举办者的投入责任，拓宽经费来源渠道。各地可通过购买服务、助学贷款、奖助学金等方式对民办职业学校予以扶持。

（三）完善协同推进机制

国务院职业教育工作部际联席会议加强对"行动计划"实施工作的指导，教育部负责实施工作的统筹协调，国务院相关部门在职责分工范围内落实相应任务。完善国家职业教育指导咨询委员会工作机制，进一步提高政府科学化决策的水平。国务院相关部门建立"行动计划"执行情况检查通报制度。各地有关部门积极承接任务项目、制定工作方案、协调支持经费、加大政策供给，将"行动计划"与"十四五"事业发展同规划、同部署、同考核，确保改革发展任务落地。"行动计划"执行情况作为省级政府履行教育职责的重要内容。各地实施成效作为国家新一轮重大改革试点项目遴选的重要依据。

（四）营造良好发展氛围

加快推进修订和落实《中华人民共和国职业教育法》，鼓励地方因地制宜制定和颁布促进职业教育发展的地方性法规。办好全国职业院校技能大赛，发挥以赛促教促学的引领作用。办好职业教育活动周和世界青年技能日宣传活动，深入开展"大国工匠进校园""劳模进校园""优秀职校生校园分享"等活动。办好全民终身学习活动周，开展"百姓学习之星"和"终身学习品牌项目"等认定、宣传和展示活动。加强中央和地方主流媒体、新兴媒体对职业教育的宣传力度，打造一批形式多样的职业教育宣传品牌。鼓励职业学校建好用好新型宣传平台，讲好身边的职教故事。常态化开展职业学校校园开放、企业开放日、面向中小学生的职业体验、面向社会的便民服务、职教成果展示等宣传展示及服务活动，提升职业教育的影响力和美誉度。

附录五
中共中央办公厅　国务院办公厅印发
《关于推动现代职业教育高质量发展的意见》

职业教育是国民教育体系和人力资源开发的重要组成部分，肩负着培养多样化人才、传承技术技能、促进就业创业的重要职责。在全面建设社会主义现代化国家新征程中，职业教育前途广阔、大有可为。为贯彻落实全国职业教育大会精神，推动现代职业教育高质量发展，现提出如下意见。

一、总体要求

（一）指导思想。以习近平新时代中国特色社会主义思想为指导，深入贯彻党的十九大和十九届二中、三中、四中、五中全会精神，坚持党的领导，坚持正确办学方向，坚持立德树人，优化类型定位，深入推进育人方式、办学模式、管理体制、保障机制改革，切实增强职业教育适应性，加快构建现代职业教育体系，建设技能型社会，弘扬工匠精神，培养更多高素质技术技能人才、能工巧匠、大国工匠，为全面建设社会主义现代化国家提供有力人才和技能支撑。

（二）工作要求。坚持立德树人、德技并修，推动思想政治教育与技术技能培养融合统一；坚持产教融合、校企合作，推动形成产教良性互动、校企优势互补的发展格局；坚持面向市场、促进就业，推动学校布局、专业设置、人才培养与市场需求相对接；坚持面向实践、强化能力，让更多青年凭借一技之长实现人生价值；坚持面向人人、因材施教，营造人人努力成才、人人皆可成才、人人尽展其才的良好环境。

（三）主要目标

到 2025 年，职业教育类型特色更加鲜明，现代职业教育体系基本建成，技能型社会建设全面推进。办学格局更加优化，办学条件大幅改善，职业本科教育招生规模不低于高等职业教育招生规模的 10%，职业教育吸引力和培养质量显著提高。

到 2035 年，职业教育整体水平进入世界前列，技能型社会基本建成。技术技能人才社会地位大幅提升，职业教育供给与经济社会发展需求高度匹配，在全面建设社会主义现代化国家中的作用显著增强。

二、强化职业教育类型特色

（四）巩固职业教育类型定位。因地制宜、统筹推进职业教育与普通教育协调发展。加快建立"职教高考"制度，完善"文化素质+职业技能"考试招生办法，加强省级统筹，确保公平公正。加强职业教育理论研究，及时总结中国特色职业教育办学规律和制度模式。

（五）推进不同层次职业教育纵向贯通。大力提升中等职业教育办学质量，优化布局结构，实施中等职业学校办学条件达标工程，采取合并、合作、托管、集团办学等措施，建设一批优秀中等职业学校和优质专业，注重为高等职业教育输送具有扎实技术技能基础和合格文化基础的生源。支持有条件的中等职业学校根据当地经济社会发展需要试办社区学院。推进高等职业教育提质培优，实施好"双高计划"，集中力量建设一批高水平高等职业学校和专业。稳步发展职业本科教育，高标准建设职业本科学校和专业，保持职业教育办学方向不变、培养模式不变、特色发展不变。一体化设计职业教育人才培养体系，推动各层次职业教育专业设置、培养目标、课程体系、培养方案衔接，支持在培养周期长、技能要求高的专业领域实施长学制培养。鼓励应用型本科学校开展职业本科教育。按照专业大致对口原则，指导应用型本科学校、职业本科学校吸引更多中高职毕业生报考。

（六）促进不同类型教育横向融通。加强各学段普通教育与职业教育渗透融通，在普通中小学实施职业启蒙教育，培养掌握技能的兴趣爱好和职业生涯规划的意识能力。探索发展以专项技能培养为主的特色综合高中。推动中等职业学校与普通高中、高等职业学校与应用型大学课程互选、学分互认。鼓励职业学校开展补贴性培训和市场化社会培训。制定国家资历框架，建设职业教育国家学分银行，实现各类学习成果的认证、积累和转换，加快构建服务全民终身学习的教育体系。

三、完善产教融合办学体制

（七）优化职业教育供给结构。围绕国家重大战略，紧密对接产业升级和技术变革趋势，优先发展先进制造、新能源、新材料、现代农业、现代信息技术、生物技术、人工智能等产业需要的一批新兴专业，加快建设学前、护理、康养、家政等一批人才紧缺的专业，改造升级钢铁冶金、化工医药、建筑工程、轻纺制造等一批传统专业，撒并淘汰供给过剩、就业率低、职业岗位消失的专业，鼓励学校开设更多紧缺的、符合市场需求的专业，形成紧密对接产业链、创新链的专业体系。优化区域资源配置，推进部省共建职业教育创新发展高地，持续深化职业教育东西部协作。启动实施技能型社会职业教育体系建设地方试点。支持办好面向农村的职业教育，强化校地合作、育训结合，加快培养乡村振兴人才，鼓励更多农民、返乡农民工接受职业教育。支持行业企业开展技术技能人才培养培训，推行终身职业技能培训制度和在岗继续教育制度。

（八）健全多元办学格局。构建政府统筹管理、行业企业积极举办、社会力量深度参与的多元办学格局。健全国有资产评估、产权流转、权益分配、干部人事管理等制度。鼓励上市公司、行业龙头企业举办职业教育，鼓励各类企业依法参与举办职业教育。鼓励职业学校与社会资本合作共建职业教育基础设施、实训基地，共建共享公共实训基地。

（九）协同推进产教深度融合。各级政府要统筹职业教育和人力资源开发的规模、结构和层次，将产教融合列入经济社会发展规划。以城市为节点、行业为支点、企业为重点，建设一批产教融合试点城市，打造一批引领产教融合的标杆行业，培育一批行业领先的产教融合型企业。积极培育市场导向、供需匹配、服务精准、运作规范的产教融合服务组织。分级分类编制发布产业结构动态调整报告、行业人才就业状况和需求预测报告。

四、创新校企合作办学机制

（十）丰富职业学校办学形态。职业学校要积极与优质企业开展双边多边技术协作，共建技术技能创新平台、专业化技术转移机构和大学科技园、科技企业孵化器、众创空间，服务地方中小微企业技术升级和产品研发。推动职业学校在企业设立实习实训基地、企业在职业学校建设培养培训基地。推动校企共建共管产业学院、企业学院，延伸职业学校办学空间。

（十一）拓展校企合作形式内容。职业学校要主动吸纳行业龙头企业深度参与职业教育专业规划、课程设置、教材开发、教学设计、教学实施，合作共建新专业、开发新课程、开展订单培养。鼓励行业龙头企业主导建立全国性、行业性职教集团，推进实体化运作。探索中国特色学徒制，大力培养技术技能人才。支持企业接收学生实习实训，引导企业按岗位总量的一定比例设立学徒岗位。严禁向学生违规收取实习实训费用。

（十二）优化校企合作政策环境。各地要把促进企业参与校企合作、培养技术技能人才作为产业发展规划、产业激励政策、乡村振兴规划制定的重要内容，对产教融合型企业给予"金融+财政+土地+信用"组合式激励，按规定落实相关税费政策。工业和信息化部门要把企业参与校企合作的情况，作为各类示范企业评选的重要参考。教育、人力资源社会保障部门要把校企合作成效作为评价职业学校办学质量的重要内容。国有资产监督管理机构要支持企业参与和举办职业教育。鼓励金融机构依法依规为校企合作提供相关信贷和融资支持。积极探索职业学校实习生参加工伤保险办法。加快发展职业学校学生实习实训责任保险和人身意外伤害保险，鼓励保险公司对现代学徒制、企业新型学徒制保险专门确定费率。职业学校通过校企合作、技术服务、社会培训、自办企业等所得收入，可按一定比例作为绩效工资来源。

五、深化教育教学改革

（十三）强化双师型教师队伍建设。加强师德师风建设，全面提升教师素养。完善职业教育教师资格认定制度，在国家教师资格考试中强化专业教学和实践要求。制定"双师型"教师标准，完善教师招聘、专业技术职务评聘和绩效考核标准。按照职业学校生师比例和结构要求配齐专业教师。加强职业技术师范学校建设。支持高水平学校和大中型企业共建双师型教师培养培训基地，落实教师定期到企业实践的规定，支持企业技术骨干到学校从教，推进固定岗与流动岗相结合、校企互聘兼职的教师队伍建设改革。继续实施职业院校教师素质提高计划。

（十四）创新教学模式与方法。提高思想政治理论课质量和实效，推进习近平新时代中国特色社会主义思想进教材、进课堂、进头脑。举办职业学校思想政治教育课程教师教学能力比赛。普遍开展项目教学、情境教学、模块化教学，推动现代信息技术与教育教学深度融合，提高课堂教学质量。全面实施弹性学习和学分制管理，支持学生积极参加社会实践、创新创业、竞赛活动。办好全国职业院校技能大赛。

（十五）改进教学内容与教材。完善"岗课赛证"综合育人机制，按照生产实际和岗位需求设计开发课程，开发模块化、系统化的实训课程体系，提升学生实践能力。深入实施职业技能等级证书制度，完善认证管理办法，加强事中事后监管。及时更新教学标准，将新技术、新工艺、新规范、典型生产案例及时纳入教学内容。把职业技能等级证书所体现的先进标准融入人才培养方案。强化教材建设国家事权，分层规划，完善职业教育教材的编写、审核、选用、使用、更新、评价监管机制。引导地方、行业和学校按规定建设地方特色教材、行业适用教材、校本专业教材。

（十六）完善质量保证体系。建立健全教师、课程、教材、教学、实习实训、信息化、安全等国家职业教育标准，鼓励地方结合实际出台更高要求的地方标准，支持行业组织、龙头企业参与制定标准。推进职业学校教学工作诊断与改进制度建设。完善职业教育督导评估办法，加强对地方政府履行职业教育职责督导，做好中等职业学校办学能力评估和高等职业学校适应社会需求能力评估。健全国家、省、学校质量年报制度，定期组织质量年报的审查抽查，提高编制水平，加大公开力度。强化评价结果运用，将其作为批复学校设置、核定招生计划、安排重大项目的重要参考。

六、打造中国特色职业教育品牌

（十七）提升中外合作办学水平。办好一批示范性中外合作办学机构和项目。加强与国际高水平职业教育机构和组织合作，开展学术研究、标准研制、人员交流。在"留学中国"项目、中国政府奖学金项目中设置职业教育类别。

（十八）拓展中外合作交流平台。全方位践行世界技能组织2025战略，加强与联合国教科文组织等国际和地区组织的合作。鼓励开放大学建设海外学习中心，推进职业教育涉外行业组织建设，实施职业学校教师教学创新团队、高技能领军人才和产业紧缺人才境外培训计划。积极承办国际职业教育大会，办好办实中国—东盟教育交流周，形成一批教育交流、技能交流和人文交流的品牌。

（十九）推动职业教育走出去。探索"中文+职业技能"的国际化发展模式。服务国际产能合作，推动职业学校跟随中国企业走出去。完善"鲁班工坊"建设标准，拓展办学内涵。提高职业教育在出国留学基金等项目中的占比。积极打造一批高水平国际化的职业学校，推出一批具有国际影响力的专业标准、课程标准、教学资源。各地要把职业教育纳入对外合作规划，作为友好城市（省州）建设的重要内容。

七、组织实施

（二十）加强组织领导。各级党委和政府要把推动现代职业教育高质量发展摆在更加突出的位置，更好支持和帮助职业教育发展。职业教育工作部门联席会议要充分发挥作用，教育行政部门要认真落实对职业教育工作统筹规划、综合协调、宏观管理职责。国家将职业教育工作纳入省级政府履行教育职责督导评价，各省将职业教育工作纳入地方经济社会发展考核。选优配强职业学校主要负责人，建设高素质专业化职业教育干部队伍。落实职业学校在内设机构、岗位设置、用人计划、教师招聘、职称评聘等方面的自主权。加强职业学校党建工作，落实意识形态工作责任制，开展新时代职业学校党组织示范创建和质量创优工作，把党的领导落实到办学治校、立德树人全过程。

（二十一）强化制度保障。加快修订职业教育法，地方结合实际制定修订有关地方性法规。健全政府投入为主、多渠道筹集职业教育经费的体制。优化支出结构，新增教育经费向职业教育倾斜。严禁以学费、社会服务收入冲抵生均拨款，探索建立基于专业大类的职业教育差异化生均拨款制度。

（二十二）优化发展环境。加强正面宣传，挖掘宣传基层和一线技术技能人才成长成才的典型事迹，弘扬劳动光荣、技能宝贵、创造伟大的时代风尚。打通职业学校毕业生在就业、落户、参加招聘、职称评审、晋升等方面的通道，与普通学校毕业生享受同等待遇。对在职业教育工作中取得成绩的单位和个人、在职业教育领域作出突出贡献的技术技能人才，按照国家有关规定予以表彰奖励。各地将符合条件的高水平技术技能人才纳入高层次人才计划，探索从优秀产业工人和农业农村人才中培养选拔干部机制，加大技术技能人才薪酬激励力度，提高技术技能人才社会地位。

附录六
中华人民共和国职业教育法

（1996 年 5 月 15 日第八届全国人民代表大会常务委员会第十九次会议通过 2022 年 4 月 20 日第十三届全国人民代表大会常务委员会第三十四次会议修订）

目　录

第一章　总　则

第一条　为了推动职业教育高质量发展，提高劳动者素质和技术技能水平，促进就业创业，建设教育强国、人力资源强国和技能型社会，推进社会主义现代化建设，根据宪法，制定本法。

第二条　本法所称职业教育，是指为了培养高素质技术技能人才，使受教育者具备从事某种职业或者实现职业发展所需要的职业道德、科学文化与专业知识、技术技能等职业综合素质和行动能力而实施的教育，包括职业学校教育和职业培训。

机关、事业单位对其工作人员实施的专门培训由法律、行政法规另行规定。

第三条　职业教育是与普通教育具有同等重要地位的教育类型，是国民教育体系和人力资源开发的重要组成部分，是培养多样化人才、传承技术技能、促进就业创业的重要途径。

国家大力发展职业教育，推进职业教育改革，提高职业教育质量，增强职业教育适应性，建立健全适应社会主义市场经济和社会发展需要、符合技术技能人才成长规律的职业教育制度体系，为全面建设社会主义现代化国家提供有力人才和技能支撑。

第四条　职业教育必须坚持中国共产党的领导，坚持社会主义办学方向，贯彻国家的教育方针，坚持立德树人、德技并修，坚持产教融合、校企合作，坚持面向市场、促进就业，坚持面向实践、强化能力，坚持面向人人、因材施教。

实施职业教育应当弘扬社会主义核心价值观，对受教育者进行思想政治教育和职业道德教育，培育劳模精神、劳动精神、工匠精神，传授科学文化与专业知识，培养技术技能，进行职业指导，全面提高受教育者的素质。

第五条　公民有依法接受职业教育的权利。

第六条　职业教育实行政府统筹、分级管理、地方为主、行业指导、校企合作、社会参与。

第七条　各级人民政府应当将发展职业教育纳入国民经济和社会发展规划，与促进就业创业和推动发展方式转变、产业结构调整、技术优化升级等整体部署、统筹实施。

第八条　国务院建立职业教育工作协调机制，统筹协调全国职业教育工作。

国务院教育行政部门负责职业教育工作的统筹规划、综合协调、宏观管理。国务院教育行政部门、人力资源社会保障行政部门和其他有关部门在国务院规定的职责范围内，分别负责有关的职业教育工作。

省、自治区、直辖市人民政府应当加强对本行政区域内职业教育工作的领导，明确设区的市、县级人民政府职业教育具体工作职责，统筹协调职业教育发展，组织开展督导评估。

县级以上地方人民政府有关部门应当加强沟通配合，共同推进职业教育工作。

第九条　国家鼓励发展多种层次和形式的职业教育，推进多元办学，支持社会力量广泛、平等参与职业教育。

国家发挥企业的重要办学主体作用，推动企业深度参与职业教育，鼓励企业举办高质量职业教育。

有关行业主管部门、工会和中华职业教育社等群团组织、行业组织、企业、事业单位等应当依法履行实施职业教育的义务，参与、支持或者开展职业教育。

第十条　国家采取措施，大力发展技工教育，全面提高产业工人素质。

国家采取措施，支持举办面向农村的职业教育，组织开展农业技能培训、返乡创业就业培训和职业技能培训，培养高素质乡村振兴人才。

国家采取措施，扶持革命老区、民族地区、边远地区、欠发达地区职业教育的发展。

国家采取措施，组织各类转岗、再就业、失业人员以及特殊人群等接受各种形式的职业教育，扶持残疾人职业教育的发展。

国家保障妇女平等接受职业教育的权利。

第十一条　实施职业教育应当根据经济社会发展需要，结合职业分类、职业标准、职业发展需求，制定教育标准或者培训方案，实行学历证书及其他学业证书、培训证书、职业资格证书和职业技能等级证书制度。

国家实行劳动者在就业前或者上岗前接受必要的职业教育的制度。

第十二条　国家采取措施，提高技术技能人才的社会地位和待遇，弘扬劳动光荣、技能宝贵、创造伟大的时代风尚。

国家对在职业教育工作中做出显著成绩的单位和个人按照有关规定给予表彰、奖励。

每年 5 月的第二周为职业教育活动周。

第十三条　国家鼓励职业教育领域的对外交流与合作，支持引进境外优质资源发展职业教育，鼓励有条件的职业教育机构赴境外办学，支持开展多种形式的职业教育学习成果互认。

第二章　职业教育体系

第十四条　国家建立健全适应经济社会发展需要，产教深度融合，职业学校教育和职业培训并重，职业教育与普通教育相互融通，不同层次职业教育有效贯通，服务全民终身学习的现代职业教育体系。

国家优化教育结构，科学配置教育资源，在义务教育后的不同阶段因地制宜、统筹推进职业教育与普通教育协调发展。

第十五条　职业学校教育分为中等职业学校教育、高等职业学校教育。

中等职业学校教育由高级中等教育层次的中等职业学校（含技工学校）实施。

高等职业学校教育由专科、本科及以上教育层次的高等职业学校和普通高等学校实施。根据高等职业学校设置制度规定，将符合条件的技师学院纳入高等职业学校序列。

其他学校、教育机构或者符合条件的企业、行业组织按照教育行政部门的统筹规划，可以实施相应层次的职业学校教育或者提供纳入人才培养方案的学分课程。

第十六条 职业培训包括就业前培训、在职培训、再就业培训及其他职业性培训，可以根据实际情况分级分类实施。

职业培训可以由相应的职业培训机构、职业学校实施。

其他学校或者教育机构以及企业、社会组织可以根据办学能力、社会需求，依法开展面向社会的、多种形式的职业培训。

第十七条 国家建立健全各级各类学校教育与职业培训学分、资历以及其他学习成果的认证、积累和转换机制，推进职业教育国家学分银行建设，促进职业教育与普通教育的学习成果融通、互认。

军队职业技能等级纳入国家职业资格认证和职业技能等级评价体系。

第十八条 残疾人职业教育除由残疾人教育机构实施外，各级各类职业学校和职业培训机构及其他教育机构应当按照国家有关规定接纳残疾学生，并加强无障碍环境建设，为残疾学生学习、生活提供必要的帮助和便利。

国家采取措施，支持残疾人教育机构、职业学校、职业培训机构及其他教育机构开展或者联合开展残疾人职业教育。

从事残疾人职业教育的特殊教育教师按照规定享受特殊教育津贴。

第十九条 县级以上人民政府教育行政部门应当鼓励和支持普通中小学、普通高等学校，根据实际需要增加职业教育相关教学内容，进行职业启蒙、职业认知、职业体验，开展职业规划指导、劳动教育，并组织、引导职业学校、职业培训机构、企业和行业组织等提供条件和支持。

第三章　职业教育的实施

第二十条 国务院教育行政部门会同有关部门根据经济社会发展需要和职业教育特点，组织制定、修订职业教育专业目录，完善职业教育教学等标准，宏观管理指导职业学校教材建设。

第二十一条 县级以上地方人民政府应当举办或者参与举办发挥骨干和示范作用的职业学校、职业培训机构，对社会力量依法举办的职业学校和职业培训机构给予指导和扶持。

国家根据产业布局和行业发展需要，采取措施，大力发展先进制造等产业需要的新兴专业，支持高水平职业学校、专业建设。

国家采取措施，加快培养托育、护理、康养、家政等方面技术技能人才。

第二十二条　县级人民政府可以根据县域经济社会发展的需要，设立职业教育中心学校，开展多种形式的职业教育，实施实用技术培训。

教育行政部门可以委托职业教育中心学校承担教育教学指导、教育质量评价、教师培训等职业教育公共管理和服务工作。

第二十三条　行业主管部门按照行业、产业人才需求加强对职业教育的指导，定期发布人才需求信息。

行业主管部门、工会和中华职业教育社等群团组织、行业组织可以根据需要，参与制定职业教育专业目录和相关职业教育标准，开展人才需求预测、职业生涯发展研究及信息咨询，培育供需匹配的产教融合服务组织，举办或者联合举办职业学校、职业培训机构，组织、协调、指导相关企业、事业单位、社会组织举办职业学校、职业培训机构。

第二十四条　企业应当根据本单位实际，有计划地对本单位的职工和准备招用的人员实施职业教育，并可以设置专职或者兼职实施职业教育的岗位。

企业应当按照国家有关规定实行培训上岗制度。企业招用的从事技术工种的劳动者，上岗前必须进行安全生产教育和技术培训；招用的从事涉及公共安全、人身健康、生命财产安全等特定职业（工种）的劳动者，必须经过培训并依法取得职业资格或者特种作业资格。

企业开展职业教育的情况应当纳入企业社会责任报告。

第二十五条　企业可以利用资本、技术、知识、设施、设备、场地和管理等要素，举办或者联合举办职业学校、职业培训机构。

第二十六条　国家鼓励、指导、支持企业和其他社会力量依法举办职业学校、职业培训机构。

地方各级人民政府采取购买服务，向学生提供助学贷款、奖助学金等措施，对企业和其他社会力量依法举办的职业学校和职业培训机构予以扶持；对其中的非营利性职业学校和职业培训机构还可以采取政府补贴、基金奖励、捐资激励等扶持措施，参照同级同类公办学校生均经费等相关经费标准和支持政策给予适当补助。

第二十七条　对深度参与产教融合、校企合作，在提升技术技能人才培养质量、促进就业中发挥重要主体作用的企业，按照规定给予奖励；对符合条件认定为产教融合型企业的，按照规定给予金融、财政、土地等支持，落实教育费附加、地方教育附加减免及其他税费优惠。

第二十八条　联合举办职业学校、职业培训机构的，举办者应当签订联合办学协议，约定各方权利义务。

地方各级人民政府及行业主管部门支持社会力量依法参与联合办学，举办多种形式的职业学校、职业培训机构。

行业主管部门、工会等群团组织、行业组织、企业、事业单位等委托学校、职业培训机构实施职业教育的，应当签订委托合同。

第二十九条 县级以上人民政府应当加强职业教育实习实训基地建设，组织行业主管部门、工会等群团组织、行业组织、企业等根据区域或者行业职业教育的需要建设高水平、专业化、开放共享的产教融合实习实训基地，为职业学校、职业培训机构开展实习实训和企业开展培训提供条件和支持。

第三十条 国家推行中国特色学徒制，引导企业按照岗位总量的一定比例设立学徒岗位，鼓励和支持有技术技能人才培养能力的企业特别是产教融合型企业与职业学校、职业培训机构开展合作，对新招用职工、在岗职工和转岗职工进行学徒培训，或者与职业学校联合招收学生，以工学结合的方式进行学徒培养。有关企业可以按照规定享受补贴。

企业与职业学校联合招收学生，以工学结合的方式进行学徒培养的，应当签订学徒培养协议。

第三十一条 国家鼓励行业组织、企业等参与职业教育专业教材开发，将新技术、新工艺、新理念纳入职业学校教材，并可以通过活页式教材等多种方式进行动态更新；支持运用信息技术和其他现代化教学方式，开发职业教育网络课程等学习资源，创新教学方式和学校管理方式，推动职业教育信息化建设与融合应用。

第三十二条 国家通过组织开展职业技能竞赛等活动，为技术技能人才提供展示技能、切磋技艺的平台，持续培养更多高素质技术技能人才、能工巧匠和大国工匠。

第四章 职业学校和职业培训机构

第三十三条 职业学校的设立，应当符合下列基本条件：

（一）有组织机构和章程；

（二）有合格的教师和管理人员；

（三）有与所实施职业教育相适应、符合规定标准和安全要求的教学及实习实训场所、设施、设备以及课程体系、教育教学资源等；

（四）有必备的办学资金和与办学规模相适应的稳定经费来源。

设立中等职业学校，由县级以上地方人民政府或者有关部门按照规定的权限审批；

设立实施专科层次教育的高等职业学校，由省、自治区、直辖市人民政府审批，报国务院教育行政部门备案；设立实施本科及以上层次教育的高等职业学校，由国务院教育行政部门审批。

专科层次高等职业学校设置的培养高端技术技能人才的部分专业，符合产教深度融合、办学特色鲜明、培养质量较高等条件的，经国务院教育行政部门审批，可以实施本科层次的职业教育。

第三十四条　职业培训机构的设立，应当符合下列基本条件：

（一）有组织机构和管理制度；

（二）有与培训任务相适应的课程体系、教师或者其他授课人员、管理人员；

（三）有与培训任务相适应、符合安全要求的场所、设施、设备；

（四）有相应的经费。

职业培训机构的设立、变更和终止，按照国家有关规定执行。

第三十五条　公办职业学校实行中国共产党职业学校基层组织领导的校长负责制，中国共产党职业学校基层组织按照中国共产党章程和有关规定，全面领导学校工作，支持校长独立负责地行使职权。民办职业学校依法健全决策机制，强化学校的中国共产党基层组织政治功能，保证其在学校重大事项决策、监督、执行各环节有效发挥作用。

校长全面负责本学校教学、科学研究和其他行政管理工作。校长通过校长办公会或者校务会议行使职权，依法接受监督。

职业学校可以通过咨询、协商等多种形式，听取行业组织、企业、学校毕业生等方面代表的意见，发挥其参与学校建设、支持学校发展的作用。

第三十六条　职业学校应当依法办学，依据章程自主管理。

职业学校在办学中可以开展下列活动：

（一）根据产业需求，依法自主设置专业；

（二）基于职业教育标准制定人才培养方案，依法自主选用或者编写专业课程教材；

（三）根据培养技术技能人才的需要，自主设置学习制度，安排教学过程；

（四）在基本学制基础上，适当调整修业年限，实行弹性学习制度；

（五）依法自主选聘专业课教师。

第三十七条　国家建立符合职业教育特点的考试招生制度。

中等职业学校可以按照国家有关规定，在有关专业实行与高等职业学校教育的贯通招生和培养。

高等职业学校可以按照国家有关规定，采取文化素质与职业技能相结合的考核方式招收学生；对有突出贡献的技术技能人才，经考核合格，可以破格录取。

省级以上人民政府教育行政部门会同同级人民政府有关部门建立职业教育统一招生平台，汇总发布实施职业教育的学校及其专业设置、招生情况等信息，提供查询、报考等服务。

第三十八条 职业学校应当加强校风学风、师德师风建设，营造良好学习环境，保证教育教学质量。

第三十九条 职业学校应当建立健全就业创业促进机制，采取多种形式为学生提供职业规划、职业体验、求职指导等就业创业服务，增强学生就业创业能力。

第四十条 职业学校、职业培训机构实施职业教育应当注重产教融合，实行校企合作。

职业学校、职业培训机构可以通过与行业组织、企业、事业单位等共同举办职业教育机构、组建职业教育集团、开展订单培养等多种形式进行合作。

国家鼓励职业学校在招生就业、人才培养方案制定、师资队伍建设、专业规划、课程设置、教材开发、教学设计、教学实施、质量评价、科学研究、技术服务、科技成果转化以及技术技能创新平台、专业化技术转移机构、实习实训基地建设等方面，与相关行业组织、企业、事业单位等建立合作机制。开展合作的，应当签订协议，明确双方权利义务。

第四十一条 职业学校、职业培训机构开展校企合作、提供社会服务或者以实习实训为目的举办企业、开展经营活动取得的收入用于改善办学条件；收入的一定比例可以用于支付教师、企业专家、外聘人员和受教育者的劳动报酬，也可以作为绩效工资来源，符合国家规定的可以不受绩效工资总量限制。

职业学校、职业培训机构实施前款规定的活动，符合国家有关规定的，享受相关税费优惠政策。

第四十二条 职业学校按照规定的收费标准和办法，收取学费和其他必要费用；符合国家规定条件的，应当予以减免；不得以介绍工作、安排实习实训等名义违法收取费用。

职业培训机构、职业学校面向社会开展培训的，按照国家有关规定收取费用。

第四十三条 职业学校、职业培训机构应当建立健全教育质量评价制度，吸纳行业组织、企业等参与评价，并及时公开相关信息，接受教育督导和社会监督。

县级以上人民政府教育行政部门应当会同有关部门、行业组织建立符合职业教育特点的质量评价体系，组织或者委托行业组织、企业和第三方专业机构，对职业学校的办学质量进行评估，并将评估结果及时公开。

职业教育质量评价应当突出就业导向，把受教育者的职业道德、技术技能水平、就业质量作为重要指标，引导职业学校培养高素质技术技能人才。

有关部门应当按照各自职责，加强对职业学校、职业培训机构的监督管理。

第五章　职业教育的教师与受教育者

第四十四条　国家保障职业教育教师的权利，提高其专业素质与社会地位。

县级以上人民政府及其有关部门应当将职业教育教师的培养培训工作纳入教师队伍建设规划，保证职业教育教师队伍适应职业教育发展的需要。

第四十五条　国家建立健全职业教育教师培养培训体系。

各级人民政府应当采取措施，加强职业教育教师专业化培养培训，鼓励设立专门的职业教育师范院校，支持高等学校设立相关专业，培养职业教育教师；鼓励行业组织、企业共同参与职业教育教师培养培训。

产教融合型企业、规模以上企业应当安排一定比例的岗位，接纳职业学校、职业培训机构教师实践。

第四十六条　国家建立健全符合职业教育特点和发展要求的职业学校教师岗位设置和职务（职称）评聘制度。

职业学校的专业课教师（含实习指导教师）应当具有一定年限的相应工作经历或者实践经验，达到相应的技术技能水平。

具备条件的企业、事业单位经营管理和专业技术人员，以及其他有专业知识或者特殊技能的人员，经教育教学能力培训合格的，可以担任职业学校的专职或者兼职专业课教师；取得教师资格的，可以根据其技术职称聘任为相应的教师职务。取得职业学校专业课教师资格可以视情况降低学历要求。

第四十七条　国家鼓励职业学校聘请技能大师、劳动模范、能工巧匠、非物质文化遗产代表性传承人等高技能人才，通过担任专职或者兼职专业课教师、设立工作室等方式，参与人才培养、技术开发、技能传承等工作。

第四十八条　国家制定职业学校教职工配备基本标准。省、自治区、直辖市应当根据基本标准，制定本地区职业学校教职工配备标准。

县级以上地方人民政府应当根据教职工配备标准、办学规模等，确定公办职业学校教职工人员规模，其中一定比例可以用于支持职业学校面向社会公开招聘专业技术人员、技能人才担任专职或者兼职教师。

第四十九条 职业学校学生应当遵守法律、法规和学生行为规范，养成良好的职业道德、职业精神和行为习惯，努力学习，完成规定的学习任务，按照要求参加实习实训，掌握技术技能。

职业学校学生的合法权益，受法律保护。

第五十条 国家鼓励企业、事业单位安排实习岗位，接纳职业学校和职业培训机构的学生实习。接纳实习的单位应当保障学生在实习期间按照规定享受休息休假、获得劳动安全卫生保护、参加相关保险、接受职业技能指导等权利；对上岗实习的，应当签订实习协议，给予适当的劳动报酬。

职业学校和职业培训机构应当加强对实习实训学生的指导，加强安全生产教育，协商实习单位安排与学生所学专业相匹配的岗位，明确实习实训内容和标准，不得安排学生从事与所学专业无关的实习实训，不得违反相关规定通过人力资源服务机构、劳务派遣单位，或者通过非法从事人力资源服务、劳务派遣业务的单位或个人组织、安排、管理学生实习实训。

第五十一条 接受职业学校教育，达到相应学业要求，经学校考核合格的，取得相应的学业证书；接受职业培训，经职业培训机构或者职业学校考核合格的，取得相应的培训证书；经符合国家规定的专门机构考核合格的，取得相应的职业资格证书或者职业技能等级证书。

学业证书、培训证书、职业资格证书和职业技能等级证书，按照国家有关规定，作为受教育者从业的凭证。

接受职业培训取得的职业技能等级证书、培训证书等学习成果，经职业学校认定，可以转化为相应的学历教育学分；达到相应职业学校学业要求的，可以取得相应的学业证书。

接受高等职业学校教育，学业水平达到国家规定的学位标准的，可以依法申请相应学位。

第五十二条 国家建立对职业学校学生的奖励和资助制度，对特别优秀的学生进行奖励，对经济困难的学生提供资助，并向艰苦、特殊行业等专业学生适当倾斜。国家根据经济社会发展情况适时调整奖励和资助标准。

国家支持企业、事业单位、社会组织及公民个人按照国家有关规定设立职业教育奖学金、助学金，奖励优秀学生，资助经济困难的学生。

职业学校应当按照国家有关规定从事业收入或者学费收入中提取一定比例资金，用于奖励和资助学生。

省、自治区、直辖市人民政府有关部门应当完善职业学校资助资金管理制度，规范资助资金管理使用。

第五十三条　职业学校学生在升学、就业、职业发展等方面与同层次普通学校学生享有平等机会。

高等职业学校和实施职业教育的普通高等学校应当在招生计划中确定相应比例或者采取单独考试办法，专门招收职业学校毕业生。

各级人民政府应当创造公平就业环境。用人单位不得设置妨碍职业学校毕业生平等就业、公平竞争的报考、录用、聘用条件。机关、事业单位、国有企业在招录、招聘技术技能岗位人员时，应当明确技术技能要求，将技术技能水平作为录用、聘用的重要条件。事业单位公开招聘中有职业技能等级要求的岗位，可以适当降低学历要求。

第六章　职业教育的保障

第五十四条　国家优化教育经费支出结构，使职业教育经费投入与职业教育发展需求相适应，鼓励通过多种渠道依法筹集发展职业教育的资金。

第五十五条　各级人民政府应当按照事权和支出责任相适应的原则，根据职业教育办学规模、培养成本和办学质量等落实职业教育经费，并加强预算绩效管理，提高资金使用效益。

省、自治区、直辖市人民政府应当制定本地区职业学校生均经费标准或者公用经费标准。职业学校举办者应当按照生均经费标准或者公用经费标准按时、足额拨付经费，不断改善办学条件。不得以学费、社会服务收入冲抵生均拨款。

民办职业学校举办者应当参照同层次职业学校生均经费标准，通过多种渠道筹措经费。

财政专项安排、社会捐赠指定用于职业教育的经费，任何组织和个人不得挪用、克扣。

第五十六条　地方各级人民政府安排地方教育附加等方面的经费，应当将其中可用于职业教育的资金统筹使用；发挥失业保险基金作用，支持职工提升职业技能。

第五十七条　各级人民政府加大面向农村的职业教育投入，可以将农村科学技术开发、技术推广的经费适当用于农村职业培训。

第五十八条　企业应当根据国务院规定的标准，按照职工工资总额一定比例提取和使用职工教育经费。职工教育经费可以用于举办职业教育机构、对本单位的职工和准备招用人员进行职业教育等合理用途，其中用于企业一线职工职业教育的经费应当达到国家规定的比例。用人单位安排职工到职业学校或者职业培训机构接受职业教育的，应当在其接受职业教育期间依法支付工资，保障相关待遇。

企业设立具备生产与教学功能的产教融合实习实训基地所发生的费用，可以参照职业学校享受相应的用地、公用事业费等优惠。

第五十九条　国家鼓励金融机构通过提供金融服务支持发展职业教育。

第六十条　国家鼓励企业、事业单位、社会组织及公民个人对职业教育捐资助学，鼓励境外的组织和个人对职业教育提供资助和捐赠。提供的资助和捐赠，必须用于职业教育。

第六十一条　国家鼓励和支持开展职业教育的科学技术研究、教材和教学资源开发，推进职业教育资源跨区域、跨行业、跨部门共建共享。

国家逐步建立反映职业教育特点和功能的信息统计和管理体系。

县级以上人民政府及其有关部门应当建立健全职业教育服务和保障体系，组织、引导工会等群团组织、行业组织、企业、学校等开展职业教育研究、宣传推广、人才供需对接等活动。

第六十二条　新闻媒体和职业教育有关方面应当积极开展职业教育公益宣传，弘扬技术技能人才成长成才典型事迹，营造人人努力成才、人人皆可成才、人人尽展其才的良好社会氛围。

第七章　法律责任

第六十三条　在职业教育活动中违反《中华人民共和国教育法》、《中华人民共和国劳动法》等有关法律规定的，依照有关法律的规定给予处罚。

第六十四条　企业未依照本法规定对本单位的职工和准备招用的人员实施职业教育、提取和使用职工教育经费的，由有关部门责令改正；拒不改正的，由县级以上人民政府收取其应当承担的职工教育经费，用于职业教育。

第六十五条　职业学校、职业培训机构在职业教育活动中违反本法规定的，由教育行政部门或者其他有关部门责令改正；教育教学质量低下或者管理混乱，造成严重后果的，责令暂停招生、限期整顿；逾期不整顿或者经整顿仍达不到要求的，吊销办学许可证或者责令停止办学。

第六十六条　接纳职业学校和职业培训机构学生实习的单位违反本法规定，侵害学生休息休假、获得劳动安全卫生保护、参加相关保险、接受职业技能指导等权利的，依法承担相应的法律责任。

职业学校、职业培训机构违反本法规定，通过人力资源服务机构、劳务派遣单位或者非法从事人力资源服务、劳务派遣业务的单位或个人组织、安排、管理学生实习实训的，由教育行政部门、人力资源社会保障行政部门或者其他有关部门责令改正，没收违法所得，并处违法所得一倍以上五倍以下的罚款；违法所得不足一万元的，按一万元计算。

对前款规定的人力资源服务机构、劳务派遣单位或者非法从事人力资源服务、劳务派遣业务的单位或个人，由人力资源社会保障行政部门或者其他有关部门责令改正，没收违法所得，并处违法所得一倍以上五倍以下的罚款；违法所得不足一万元的，按一万元计算。

第六十七条　教育行政部门、人力资源社会保障行政部门或者其他有关部门的工作人员违反本法规定，滥用职权、玩忽职守、徇私舞弊的，依法给予处分；构成犯罪的，依法追究刑事责任。

第八章　附　则

第六十八条　境外的组织和个人在境内举办职业学校、职业培训机构，适用本法；法律、行政法规另有规定的，从其规定。

第六十九条　本法自 2022 年 5 月 1 日起施行。

附录七
中共中央办公厅　国务院办公厅印发
《关于深化现代职业教育体系建设改革的意见》

为深入贯彻落实党中央关于职业教育工作的决策部署和习近平总书记有关重要指示批示精神，持续推进现代职业教育体系建设改革，优化职业教育类型定位，现提出如下意见。

一、总体要求

1. 指导思想。以习近平新时代中国特色社会主义思想为指导，深入贯彻党的二十大精神，坚持和加强党对职业教育工作的全面领导，把推动现代职业教育高质量发展摆在更加突出的位置，坚持服务学生全面发展和经济社会发展，以提升职业学校关键能力为基础，以深化产教融合为重点，以推动职普融通为关键，以科教融汇为新方向，充分调动各方面积极性，统筹职业教育、高等教育、继续教育协同创新，有序有效推进现代职业教育体系建设改革，切实提高职业教育的质量、适应性和吸引力，培养更多高素质技术技能人才、能工巧匠、大国工匠，为加快建设教育强国、科技强国、人才强国奠定坚实基础。

2. 改革方向。深化职业教育供给侧结构性改革，坚持以人为本、能力为重、质量为要、守正创新，建立健全多形式衔接、多通道成长、可持续发展的梯度职业教育和培训体系，推动职普协调发展、相互融通，让不同禀赋和需要的学生能够多次选择、多样化成才；坚持以教促产、以产助教、产教融合、产学合作，延伸教育链、服务产业链、支撑供应链、打造人才链、提升价值链，推动形成同市场需求相适应、同产业结构相匹配的现代职业教育结构和区域布局。构建央地互动、区域联动，政府、行业、企业、学校协同的发展机制，鼓励支持省（自治区、直辖市）和重点行业结合自身特点和优势，在现代职业教育体系建设改革上先行先试、率先突破、示范引领，形成制度供给充分、条件保障有力、产教深度融合的良好生态。

二、战略任务

3. 探索省域现代职业教育体系建设新模式。围绕深入实施区域协调发展战略、区域重大战略等和全面推进乡村振兴，国家主导推动、地方创新实施，选择有迫切需要、条件基础和改革探索意愿的省（自治区、直辖市），建立现代职业教育体系建设部省协同推进机制，在职业学校关键能力建设、产教融合、职普融通、投入机制、制度创新、国际交流合作等方面改革突破，制定支持职业教育的金融、财政、土地、信用、就业和收入分配等激励政策的具体举措，形成有利于职业教育发展的制度环境和生态，形成一批可复制、可推广的新经验新范式。

4. 打造市域产教联合体。省级政府以产业园区为基础，打造兼具人才培养、创新创业、促进产业经济高质量发展功能的市域产教联合体。成立政府、企业、学校、科研机构等多方参与的理事会，实行实体化运作，集聚资金、技术、人才、政策等要素，有效推动各类主体深度参与职业学校专业规划、人才培养规格确定、课程开发、师资队伍建设，共商培养方案、共组教学团队、共建教学资源，共同实施学业考核评价，推进教学改革，提升技术技能人才培养质量；搭建人才供需信息平台，推行产业规划和人才需求发布制度，引导职业学校紧贴市场和就业形势，完善职业教育专业动态调整机制，促进专业布局与当地产业结构紧密对接；建设共性技术服务平台，打通科研开发、技术创新、成果转移链条，为园区企业提供技术咨询与服务，促进中小企业技术创新、产品升级。

5. 打造行业产教融合共同体。优先选择新一代信息技术产业、高档数控机床和机器人、高端仪器、航空航天装备、船舶与海洋工程装备、先进轨道交通装备、能源电子、节能与新能源汽车、电力装备、农机装备、新材料、生物医药及高性能医疗器械等重点行业和重点领域，支持龙头企业和高水平高等学校、职业学校牵头，组建学校、科研机构、上下游企业等共同参与的跨区域产教融合共同体，汇聚产教资源，制定教学评价标准，开发专业核心课程与实践能力项目，研制推广教学装备；依据产业链分工对人才类型、层次、结构的要求，实行校企联合招生，开展委托培养、订单培养和学徒制培养，面向行业企业员工开展岗前培训、岗位培训和继续教育，为行业提供稳定的人力资源；建设技术创新中心，支撑高素质技术技能人才培养，服务行业企业技术改造、工艺改进、产品升级。

三、重点工作

6. 提升职业学校关键办学能力。优先在现代制造业、现代服务业、现代农业等专业领域，组织知名专家、业界精英和优秀教师，打造一批核心课程、优质教材、教师团队、实践项目，及时把新方法、新技术、新工艺、新标准引入教育教学实践。做大做强国家职业教育智慧教育平台，建设职业教育专业教学资源库、精品在线开放课程、虚拟仿真实训基地等重点项目，扩大优质资源共享，推动教育教学与评价方式变革。面向新业态、新职业、新岗位，广泛开展技术技能培训，服务全民终身学习和技能型社会建设。

7. 加强"双师型"教师队伍建设。加强师德师风建设，切实提升教师思想政治素质和职业道德水平。依托龙头企业和高水平高等学校建设一批国家级职业教育"双师型"教师培养培训基地，开发职业教育师资培养课程体系，开展定制化、个性化培养培训。实施职业学校教师学历提升行动，开展职业学校教师专业学位研究生定向培养。实施职业学校名师（名匠）名校长培养计划。设置灵活的用人机制，采取固定岗与流动岗相结合的方式，支持职业学校公开招聘行业企业业务骨干、优秀技术和管理人才任教；设立一批产业导师特聘岗，按规定聘请企业工程技术人员、高技能人才、管理人员、能工巧匠等，采取兼职任教、合作研究、参与项目等方式到校工作。

8. 建设开放型区域产教融合实践中心。对标产业发展前沿，建设集实践教学、社会培训、真实生产和技术服务功能为一体的开放型区域产教融合实践中心。以政府主导、多渠道筹措资金的方式，新建一批公共实践中心；通过政府购买服务、金融支持等方式，推动企业特别是中小企业、园区提高生产实践资源整合能力，支持一批企业实践中心；鼓励学校、企业以"校中厂"、"厂中校"的方式共建一批实践中心，服务职业学校学生实习实训，企业员工培训、产品中试、工艺改进、技术研发等。政府投入的保持公益属性，建在企业的按规定享受教育用地、公用事业费等优惠。

9. 拓宽学生成长成才通道。以中等职业学校为基础、高职专科为主体、职业本科为牵引，建设一批符合经济社会发展和技术技能人才培养需要的高水平职业学校和专业；探索发展综合高中，支持技工学校教育改革发展。支持优质中等职业学校与高等职业学校联合开展五年一贯制办学，开展中等职业教育与职业本科教育衔接培养。完善职教高考制度，健全"文化素质+职业技能"考试招生办法，扩大应用型本科学校在职教高考中的招生规模，招生计划由各地在国家核定的年度招生规模中统筹安排。完善本科学校招收具有工作经历的职业学校毕业生的办法。根据职业学校学生特点，完善专升本考试办法和培养方式，支持高水平本科学校参与职业教育改革，推进职普融通、协调发展。

10. 创新国际交流与合作机制。持续办好世界职业技术教育发展大会和世界职业院校技能大赛，推动成立世界职业技术教育发展联盟。立足区域优势、发展战略、支柱产业和人才需求，打造职业教育国际合作平台。教随产出、产教同行，建设一批高水平国际化的职业学校，推出一批具有国际影响力的专业标准、课程标准，开发一批教学资源、教学设备。打造职业教育国际品牌，推进专业化、模块化发展，健全标准规范、创新运维机制；推广"中文+职业技能"项目，服务国际产能合作和中国企业走出去，培养国际化人才和中资企业急需的本土技术技能人才，提升中国职业教育的国际影响力。

四、组织实施

11. 加强党的全面领导。坚持把党的领导贯彻到现代职业教育体系建设改革全过程各方面，全面贯彻党的教育方针，坚持社会主义办学方向，落实立德树人根本任务。各级党委和政府要将发展职业教育纳入本地区国民经济和社会发展规划，与促进就业创业和推动发展方式转变、产业结构调整、技术优化升级等整体部署、统筹实施，并作为考核下一级政府履行教育职责的重要内容。职业学校党组织要把抓好党建工作作为办学治校的基本功，落实公办职业学校党组织领导的校长负责制，增强民办职业学校党组织的政治功能和组织功能。深入推进习近平新时代中国特色社会主义思想进教材、进课堂、进学生头脑，牢牢把握学校意识形态工作领导权，把思想政治工作贯穿学校教育管理全过程，大力培育和践行社会主义核心价值观，健全德技并修、工学结合的育人机制，努力培养德智体美劳全面发展的社会主义建设者和接班人。

12. 建立组织协调机制。完善国务院职业教育工作部际联席会议制度，建设集聚教育、科技、产业、经济和社会领域知名专家学者和经营管理者的咨询组织，承担职业教育政策咨询、标准研制、项目论证等工作。教育部牵头建立统筹协调推进机制，会同相关部门推动行业企业积极参与。省级党委和政府制定人才需求、产业发展和政策支持"三张清单"，健全落实机制。支持地方建立职业教育与培训管理机构，整合相关职能，统筹职业教育改革发展。

13. 强化政策扶持。探索地方政府和社会力量支持职业教育发展投入新机制，吸引社会资本、产业资金投入，按照公益性原则，支持职业教育重大建设和改革项目。将符合条件的职业教育项目纳入地方政府专项债券、预算内投资等的支持范围。鼓励金融机构提供金融服务支持发展职业教育。探索建立基于专业大类的职业教育差异化生均拨款制度。地方政府可以参照同级同类公办学校生均经费等相关经费标准和支持政策，对非营利性民办职业学校给予适当补助。完善中等职业学校学生资助办法，建立符合中等职业学校多样化发展要求的成本分担机制。用人单位不得设置妨碍职业学校毕业生平等就业、公平竞争的报考、录用、聘用条件。支持地方深化收入分配制度改革，提高生产服务一线技术技能人才工资收入水平。

14. 营造良好氛围。及时总结各地推进现代职业教育体系建设改革的典型经验，做好有关宣传报道，营造全社会充分了解、积极支持、主动参与职业教育的良好氛围。办好职业教育活动周，利用"五一"国际劳动节、教师节等重要节日加大对职业教育的宣传力度，挖掘和宣传基层一线技术技能人才成长成才的典型事迹。树立结果导向的评价方向，对优秀的职业学校、校长、教师、学生和技术技能人才按照国家有关规定给予表彰奖励，弘扬劳动光荣、技能宝贵、创造伟大的时代风尚。